EXAM PRESS ®

通関士試験学習書

通関士

教　科　書 ®

JN087623

通関士試験

「通関実務」

集中対策問題集 第3版

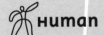

Human

ヒューマンアカデミー 著

笠原純一 監修

SHOEISHA

はじめに

　通関士試験の３時間目の試験範囲である実務問題では、輸出入申告書作成の問題と計算問題を攻略することが合格へのカギとなります。

　本書の姉妹書である『通関士教科書　通関士完全攻略ガイド』で実務試験に必要な基礎知識を学習したら、次は本書で実務問題攻略に必要な応用知識を学習し、通関士試験への対策を万全にしましょう。

　特に輸出入申告書作成の問題はその年により難易度に大きな差があり、とても難しい問題が出題される年もあれば、そうでない年もあります。また、出題される問題により、食品などのわかりやすい商品の問題もあれば、あまりなじみのない化学品などの商品が出題される場合もあります。ですから、なるべくいろいろな商品の問題にチャレンジすることで、どのような問題が出題されても動じないように訓練しておく必要があります。簡単な問題ばかりを解いていても難しい問題が解けるようにはなりません。そこで通関士完全攻略ガイドの学習にプラスして、より難易度の高い問題が出題された場合であっても合格に必要な点が取れるように学習するための参考書として編集したものが本書です。本書は、試験に必要な応用知識の習得だけでなく、問題を解きながら実践的な学習もできるように工夫されています。

　本書の大きな特徴として、以下の点があげられます。

1. 輸出入申告書対策、計算問題対策、分類問題対策と、通関士試験の３時間目の試験範囲である通関実務試験の学習テーマごとに分けて解説しているため、強化したい学習範囲ごとに集中的に学習できる。
2. 輸出入申告書対策の解説では、ひとつの解答に対して複数の計算方法で解説しているため、学習者のレベルに合わせて理解しやすい。
3. 輸出入申告書対策や計算問題対策では、オリジナルの練習問題なので本番同様の練習ができる。
4. 巻末の商品分類の一覧表を使用することで、各商品がどの類に分類されるかを効率よく学習できる。

　本書は、2017年に刊行された『通関士教科書「通関実務」集中対策問題集　第2版』を、最新の法令や出題傾向に合わせて改訂したものです。本書で学習を始められる方におかれましては、本書の姉妹書である『通関士教科書　通関士完全攻略ガイド』と『通関士教科書　通関士過去問題集』を併せて活用していただき、合格の成果をあげられることを期待しております。

ヒューマンアカデミー

通関士試験について

　通関士試験は、1日のうちに下表の3科目で行われます。各試験科目とも、筆記によるマークシート方式です。問題数などは年度によって変動することもあり、下記の情報は令和元年度（第53回）のものです。

	科目	試験時間	出題形式	問題	配点	内容
1時間目	通関業法	50分	選択式	第1〜5問	各5点計25点	文章中の5つの空欄に入る語句を選択肢から選ぶ
				第6〜10問	各2点計10点	5つの選択肢から「正しい」または「誤っている」ものをすべて選ぶ
			択一式	第11〜20問	各1点計10点	五肢択一
2時間目	関税法、関税定率法その他関税に関する法律及び外国為替及び外国貿易法（第6章に係る部分に限る。）	1時間40分	選択式	第1〜5問	各5点計25点	文章中の5つの空欄に入る語句を選択肢から選ぶ
				第6〜15問	各2点計20点	5つの選択肢から「正しい」または「誤っている」ものをすべて選ぶ
			択一式	第16〜30問	各1点計15点	五肢択一

（続く）

	科目	試験時間	出題形式	問題	配点	内容
3時間目	通関書類の作成要領その他通関手続の実務	1時間40分	選択式・計算式	第1問	5点	輸出入・港湾関連情報システム（NACCS）を使用して行う輸出申告の問題
				第2問	15点	輸出入・港湾関連情報システム（NACCS）を使用して行う輸入申告の問題
			選択式	第3〜7問	各2点計10点	5つの選択肢から「正しい」または「誤っている」ものをすべて選ぶ
			計算式	第8〜12問	各2点計10点	税額等の計算問題
			択一式	第13〜17問	各1点計5点	五肢択一

　本書は、上記のうち3時間目の「通関書類の作成要領その他通関手続の実務」を対象とした対策書です。

　本書で取り上げている商品分類問題は、選択式（第3〜7問）と択一式（第13〜17問）に数問出題されます。また、輸出入申告の問題は、商品分類問題や計算問題の要素を含んだ複雑な問題となっています。

受験案内

　例年7月上旬に「通関士試験受験案内」が発表され、試験の日程などの詳細が公告されます。以下は、例年の一般的な情報です。受験に際しては、税関ホームページ（https://www.customs.go.jp/tsukanshi/）に発表されるその年の「通関士試験受験案内」を必ず参照してください。

●試験日
10月上旬（通例10月第1日曜）

● 受験願書の受付期間

受験願書の提出方法	受付期間	受付時間
書面により提出	7月下旬〜8月上旬 (土曜日、日曜日を除く)	午前10時〜午後5時
NACCSを使用して 提出	7月下旬〜8月上旬 (土曜日、日曜日を含む)	受付期間初日の午前10時〜 受付期間最終日の午後5時

注1) NACCSにより受験願書の提出をする場合には、必ず上記の受付期間・時間内に受験手数料を電子納付する。受験手数料の納付及び受験票の提出があるまでは受理が保留されるので注意すること。

注2) その他、NACCSの利用申込み手続及び使用方法等の詳細については、輸出入・港湾関連情報処理センター株式会社(NACCSセンター)のホームページ(http://www.naccs.jp/)を参照。

● 試験時間

試験科目	時間
通関業法	9:30〜10:20
関税法、関税定率法その他関税に関する法律及び外国為替及び外国貿易法(同法第6章に係る部分に限る。)	11:00〜12:40
通関書類の作成要領その他通関手続の実務	13:50〜15:30

「その他関税に関する法律」とは、具体的には次のものをいう。

① 関税暫定措置法(昭和35年法律第36号)

② 日本国とアメリカ合衆国との間の相互協力及び安全保障条約第6条に基づく施設及び区域並びに日本国における合衆国軍隊の地位に関する協定の実施に伴う関税法等の臨時特例に関する法律(昭和27年法律第112号)

③ コンテナーに関する通関条約及び国際道路運送手帳による担保の下で行なう貨物の国際運送に関する通関条約(TIR条約)の実施に伴う関税法等の特例に関する法律(昭和46年法律第65号)

④ 物品の一時輸入のための通関手帳に関する通関条約(ATA条約)の実施に伴う関税法等の特例に関する法律(昭和48年法律第70号)

⑤ 電子情報処理組織による輸出入等関連業務の処理等に関する法律(昭和52年法律第54号)

これらの科目の出題範囲は、法律のほか、それぞれの法律に基づく関係政令、省令、告示及び通達とし、令和元年7月1日現在で施行されているものとする。上記の法令、告示及び通達以外の条約等(TIR条約、経済連携協定等)は、出題範囲に含まれない。

なお、通関業法に規定する通関業者に係る出題については、関税法第79条の2に規定する認定通関業者に係るものを含む。

● 試験の方法等

各試験科目とも筆記(マークシート方式)。

● 出題形式及び配点

iv〜vページの表を参照。

● 合格基準

試験合格のためには、各試験科目とも合格基準を満たす必要がある。

●受験資格
学歴、年齢、経歴、国籍等についての制限はなく、誰でもこの試験を受けることができる。

●試験実施地
北海道、宮城県、東京都、神奈川県、新潟県、静岡県、愛知県、大阪府、兵庫県、広島県、福岡県、熊本県、沖縄県

●受験手数料

受験願書の提出方法	受験手数料
書面により提出	3,000円
NACCSを使用して提出	2,900円

●受験に関する問い合わせ

函館税関通関業監督官	0138-40-4259
東京税関通関業監督官	03-3599-6316
横浜税関通関業監督官	045-212-6051
名古屋税関通関業監督官	052-654-4005
大阪税関通関業監督官	06-6576-3251
神戸税関通関業監督官	078-333-3026
門司税関通関業監督官	050-3530-8371
長崎税関通関業監督官	095-828-8628
沖縄地区税関通関業監督官	098-862-8658

注1) 各税関の通関業監督官である。
注2) 受験案内や試験の結果の概要等については、税関ホームページに掲載されている。
注3) 試験問題、解答、得点に関する照会には応じていない。

CONTENTS 【目次】

本書の内容は、令和2年5月1日現在の法令に準拠しています。本書刊行後の法改正につきましては、下記ホームページにてご案内いたします。

https://www.shoeisha.co.jp/book/download/9784798166322

※法改正情報のご提供は、本書第3版第1刷の刊行日（本書最終ページ参照）より2年間に限らせていただきます。
※上記ご提供期間およびURLは予告なく変更になることがあります。あらかじめご了承ください。

序章

通関実務攻略法

0

0-1 通関実務の学習の 3つのポイント

最初に、通関実務については何をどう学習すればよいか3つのポイントを示す。

⚓ 攻略法①：基本テキストで関税法や関税定率法を学習

本書の学習の前に、本書の姉妹書『通関士教科書 通関士完全攻略ガイド』を使用して関税法（第1編）や関税定率法（第2編）の内容をしっかりと学習する。

特に通関士試験の3時間目の試験範囲である「通関書類の作成要領その他通関手続の実務」（本書では「通関実務」と省略する。）を学習する上で大事な部分は

- ・輸入通関
- ・課税要件（課税物件確定時期と適用法令）
- ・関税額の確定
- ・関税等の納付及び納期限
- ・課税価格決定の原則
- ・課税価格決定方法の例外

である。これらを中心に関税法と関税定率法の条文を完全に理解してから通関実務の学習に取り組むとよいだろう。

⚓ 攻略法②：通関実務の学習内容を把握

通関実務の学習範囲は、

- ・輸出入申告書の作成問題
- ・各種計算問題
- ・商品分類問題
- ・関税法や関税定率法等の法律知識に関する問題

と大きく4つの範囲に分けられる。これら4つの学習範囲は勉強方法が各々異なるので、あらかじめどのような学習が必要かを把握してから勉強を進める必要がある。

なお本書では、これらの4つの学習範囲のうち、「輸出入申告書の作成問題」「各種計算問題」「商品分類問題」の3つについて解説する。「関税法や関税定率法等の法律知識に関する問題」については、姉妹書『完全攻略ガイド』を使用して学習してほしい。

⚓ 攻略法③：学習内容の「暗記」プラス「理解」が必要

通関士試験の1、2時間目の試験で合格点を取るには、基本テキストの内容と過去問題集の問題文及び解説をコツコツと暗記すれば十分に合格点を取れるが、3時間目の通関実務の試験はそれだけでは足りない。「暗記」に加えて学習内容の完全な「理解」が必要になる。また、表面的な「理解」ではなく、深い「理解」が合格の鍵となる。通関実務の学習では、内容を理解することができない事柄が出てきてもあきらめずになるべく「理解」するように努力してほしい。その地道な努力が必ず合格につながる。

0-2 現在の通関士試験の難易度について

　今の通関士試験では、通関業法や関税法などの法律知識を問う問題については基本テキストの学習と過去問題を繰り返し解くことでだれでも合格点を取ることが可能であるが、試験の3時間目に出題される通関実務試験だけは簡単には合格ラインに達することができない。ここでは、通関実務試験で合格ラインに達するためにはどうすればよいかを解説する。

通関士試験の合格率だけをみても試験の難易度はわからない

　最近の通関士試験は、試験の難易度にバラツキがある。といっても難易度が大きく異なっているのは通関実務試験のみであり、法律知識を問う1時間目の通関業法の試験、2時間目の関税法等の試験では毎年難易度にそれほど大きな差はない。しかし、3時間目の試験である通関実務試験は違う。毎年難易度が大きく異なるので試験の内容次第で合格できたりできなかったりと振り回されることになる。受験を考える際に過去の試験の合格率を確認する方は多いと思われるが、合格率を見ただけではその年の試験の難易度は分からない。なぜなら科目ごとの合格基準点は60%と思うかもしれないが、過去の合格基準点をよく見ると合格基準点が50%や55%になっている科目もあり、各科目の合格基準点を調整することで合格率の調整が行われているからである。そのため、単に合格率だけでは難易度が判断できない。例えば合格率が10%を超えている年であれば、数字上では比較的楽に合格できたと思われるかもしれないが、そのような場合でも、合格基準点が調整されている科目があった年の問題は難しい場合がある。過去の合格率の数字を見ただけでは、どの問題が難しかったのかは分からない。毎年試験を見続けていればそのようなことも判断できるのだが、はじめて受験される方には公表されている数字以上のことは分からず、試験が「全体的に難しかったのか」、それとも「一部だけが特に難しかったのか」、もしくは「それほど難しくはなかったのか」が判断できないだろう。

　そこでまず、試験のどの部分に特に難易度にバラツキがあるのかを説明していくので、これから学習される方は参考にしてほしい。

大事なことは通関士試験の難易度に左右されない学習

　過去10年間の試験の合格率は10%以下の年もあれば、20%以上の年もあるなど合

格率の差が大きい。だが、この10年間だけでも試験の難易度には大きな差がある。例えば数年前までの輸出入申告書の作成問題は難問が多く、とても決められた時間内ではすべての問題を解くことができないと思われるような問題が頻繁に出題されていたが、直近の問題ではその当時に比べれば比較的易しい問題が出題されている。3時間目の試験の試験時間が延長されたことも影響しているのかもしれないが、直近の問題では時間が足りなくなるようなことはないように思う。ただ、その直近の試験だけ見ても毎年の試験の難易度には大きな差がある。数年前の試験に比べれば3時間目の試験の難易度は下がってはいるが、難易度に差があっても影響されることなく、確実に合格ラインに達するにはどうすればよいのか。そこが学習の最大のポイントである。基本学習をしっかりと進めていけば出題内容が比較的易しい年であればかなりの確率で合格できるかもしれないが、たまたま難易度の高い問題が出題された年に受験したとしても確実に合格するためにはより高いレベルの理解が必要となる。当然に合格に必要な学習時間も増えることになる。出題内容が比較的易しい年であれば3カ月や4カ月の学習でも合格する人がいるのかもしれないが、そのような経験は難易度が高い問題が出題された年には何ら参考にはならない。つまり、確実に合格したいのであれば、どのような問題が出題さてもよいように準備をしておく必要があるということである。

🚢 特に難易度に差がある「通関実務」

　先ほども簡単に触れたが、通関士試験は1時間目の試験範囲から3時間目の試験範囲まで全体的に難易度に大きな差があるわけではない。たしかに10年以上前の試験と比較すれば全科目とも難易度は上がっているので、差があるといえばあることにはなるが、常に難易度に差があるのは3時間目の試験範囲である「通関実務」だ。

　1時間目の試験範囲である「通関業法」や、2時間目の試験範囲である「関税法・関税定率法など」も、毎年の難易度に多少の差があったりはするが、3時間目の「通関実務」と比較すればそれほどではないと思う。多少問題文が長かったり、以前は出題されていなかった範囲からの出題があったりするので、そのような部分では難易度に差があるように感じるかもしれないが、そういうことは以前からあったし、3時間目の試験の難易度の差と比較すればその難易度の差はわずかだ。

　1時間目や2時間目の試験では、主にそれぞれの法律の条文の知識や理解を問う問題が出題されているのだが、毎日コツコツと学習を続けて重要な条文を暗記していき、数年分の過去問を何度も解いておけばその年の難易度に左右されることなく十分に合格点を取ることが可能だ。1時間目や2時間目の試験で合格点を取れるか取れないかの分かれ目は単に勉強時間であると思う。つまり、1時間目と2時間目の試験範囲の学習は、基礎的な学習で十分であり、時間をかけてしっかりと学習をしていけば、誰でも合格点を取ることができるのだ。

1時間目や2時間目の試験には毎年難易度にそれほどの差がないということは、3時間目の「通関実務」の試験にのみ毎年の難易度に大きな差があり、そのことにより合否が左右されているということになる。

応用力が試される「通関実務」

3時間目の試験である「通関実務」の試験は、輸出入申告書の作成問題、さまざまな計算問題、商品の分類問題、関税法の問題、関税定率法の問題、関税暫定措置法の問題と、あらゆる分野から出題され、基本テキストや条文の暗記だけではとても対応できない問題が多く出題される。

また、輸入申告書の作成問題や課税価格の計算問題などは、関税定率法の条文や基本通達の知識を理解して、その知識を応用して問題を解かなければならない複合問題なので、単に過去問を多く解いただけ、又は基本テキストの文章を暗記するだけではとても対応しきれない。

輸入申告書の作成問題や課税価格の計算問題では、条文をそのまま暗記しているだけでは解くことが難しい問題が出されているのだが、そのような問題を解けるか解けないかで合格と不合格に分かれたりするので、これらの問題は落とすことができない。

今の「通関実務」試験で難易度の高い年の問題に対応していくには、まず関税法や関税定率法の条文を覚え、完全に理解し、さまざまな問題設定に対応できる応用力を付けておくしか方法がないと思う。このような問題に対応するために作られたのが本書なのである。

試験の難易度に応じた学習

では、難易度の高い年の「通関実務」試験にどのように対応すればよいのだろうか。

まず、ここで知っておいてほしいのは、難易度が比較的易しい年と比較すれば合格に最低限必要な学習範囲が、大幅に増えるということだ。

試験内容が比較的易しい年であれば条文を暗記して、過去問を解いて、簡単な輸出入申告書の作成問題と簡単な計算問題を解いておけば合格できるかもしれない。例えば、6か月程度まじめにコツコツと毎日2、3時間学習を続けていけば、基本テキストの内容について完全に理解していなくても、単に過去問を暗記しただけの暗記型の学習で十分に合格できる可能性が高い。だが難易度の高い年の場合はそう簡単に合格できない。理由はそのような暗記型の学習では対応できない問題が出題されるからである。

もちろん暗記型の学習でも難易度の高い年の問題にそこそこ対応することはできる。まじめに学習していれば、合格まであと一歩というところまでは到達すると思う。

しかし、暗記型の学習だけで難易度の高い年の問題に対応できる力がつくかと言えば、それだけでは無理だと言わざるを得ない。

また、難易度の高い年であれば、必要となる学習範囲も拡大することになる。つまり、試験内容が比較的易しい年の試験ではあまり真剣に勉強していなくても合否にほとんど影響がなかった学習範囲であっても、難易度の高い年の試験対策では合否に影響を与える必須の学習範囲となってくる。

例を挙げれば、まず「商品分類」の問題がある。試験内容が比較的易しい年の試験なら、第1類から第97類までにどのような商品が分類されるのかをほとんど覚えていなくて、商品分類の問題をすべて落としてしまっても、他の問題で得点できるので全く問題はない。

また、課税価格の計算問題も、問題の難易度が易しい年であれば、関税定率法や関税定率法施行令の条文の範囲を超える問題はほとんどないので、もし問題文に入っている関税定率法基本通達の内容について、全く分からなくてもその費用を加算するか加算しないかを勘で選択し、合っていれば得点でき、外れれば得点できないというだけで、この問題も他の問題の得点でカバーできればよいという程度のものとなる。

しかし、全体的に難易度の高い年の問題は、確実に得点を予想していた問題が難しくなり、「商品分類」の問題の方がはるかに簡単な問題だったりする。

では、難易度の高い年の試験対策としてはまず何をすればよいのか。

そこで最も重要な学習範囲が課税価格の計算問題に関する知識である。課税価格の計算問題に関する知識は、課税価格の計算問題の解答に必須の知識となるのと同時に、輸入申告書の作成問題の中の課税価格の計算問題にも応用できるため、この部分の知識が不足していると、3時間目の通関実務の全得点45点中、最低でも16点を落とす可能性が出てくる。もし、これらをすべて落とすことを前提に得点を計算すると、残りの29点の中から合格に必要な6割の27点を目指すことになってしまう。つまり、たったの2問しか間違えられなくなるのである。しかも、その29点の中には、商品分類問題が数問あり、商品分類問題をすべて得点することは至難の業なので、さらに1、2点は失うことを前提に得点の予想を立てる必要がある。

こう考えていくと、課税価格の計算問題及び輸入申告書の課税価格の計算問題で確実に得点できるよう学習していくことがいかに大事か分かると思う。しかも、3時間目の「通関実務」の試験範囲は、広範囲から出題されるため、関税法や関税定率法、関税暫定措置法の条文知識を問う問題はもちろんのこと、計算問題や商品分類問題など、幅広い問題からまんべんなく得点しなくては、合格点を取ることができない。

つまり、課税価格の計算問題以外の29点満点で合格を目指すような学習ではなく、45点満点を基準に合格を目指す学習が必要になるということだ。

ただし、これは「通関実務」の問題が全体的に難しい年の話であることを改めて指摘しておきたい。あとはそれぞれの方がどう考えるかによる。だが、受験される年の難

易度が事前に解からない以上、その年の試験で確実に合格するにはこのような学習が
必要になるということもわかると思う。

🚢 45点満点獲得を目標とした学習法

では、どうすれば45点満点を目指して試験に臨めるようになるのか。また、今年合
格を目指す人が3時間目の「通関実務」で確実に45点満点中27点の合格点を取るた
めに必要な学習とはどのようなものなのか。

それには、それぞれの法律の条文を覚える基礎学習と、計算などの問題に対応する
応用学習の2段構えで取り組まないと確実に合格できる力は身に付かない。

難易度が比較的易しい年なら、基本テキストと過去問を利用した基礎学習と少しの
応用学習で合格できたのだが、難易度の高い年の試験対策はそれらの基礎学習とかな
りの応用学習が必要になってくる。つまり、基礎学習の部分に変わりはなく、単純に応
用学習の部分が増えてくるということだ。

そこで3時間目の「通関実務」の学習としては以下のような手順が考えられる。

ステップ1：
『完全攻略ガイド』（本書の姉妹書である基本テキスト）の関税法の全範囲と関税
定率法の「課税価格の決定の原則」の条文を暗記し意味を完全に理解する。

ステップ2：
『完全攻略ガイド』の関税法と関税定率法の「課税価格の決定の原則」の各章末
に掲載されている問題を解いて問題に慣れていく。

ステップ3：

計算問題の学習：
『完全攻略ガイド』の第7編・第3章「関税額と課税価格の計算方法」に掲載され
ている関税の計算、延滞税の計算、過少申告加算税の計算、課税価格の計算の
問題を解いて、解説を読み、理解していく。

商品分類問題の学習：
『完全攻略ガイド』の第7編・第4章「関税率表の所属の決定」に掲載されている
第1類から第97類までに分類される各商品、各類の注の規定を覚えていく。本書
の「付録 商品分類一覧」で第1類から第97類までを一覧にしてまとめているので、
こちらも利用する。

輸出入申告書の学習：
『完全攻略ガイド』の第7編・第1章「輸出申告書の作成」、第2章「輸入申告書の
作成」に掲載されている問題を解きながら解答方法をマスターする。

ステップ4：
『通関士過去問題集』（本書の姉妹書である問題集）の第1編（関税法）、第2編
（関税定率法）、第7編（通関書類の作成及び通関実務）に掲載されている通関実
務に関連する問題を何度も解く（第1編と第2編の中のどの問題が3時間目の通
関実務によく出題されるか分からない場合には、すべての問題を何度も解くように
する。）。

ステップ5：｛ 本書に掲載されている関税定率法基本通達の解説を読み、輸出入申告書の問題、さまざまな計算問題、商品分類の問題を解いて、ハイレベルな問題へも対応できる力を身に付けていく。

ステップ6：｛ テキストを何度も読むことで知識を整理し、問題集に掲載されている問題を何度も解くことで解答の手順を再確認して本番の試験に備える。

　これらの手順を簡単にまとめれば、上記のステップ1からステップ4までが基礎学習で、ステップ5からステップ6までが応用学習になる。これは学習手順の一例にすぎないが、このように学習を進めていけば、基礎から学んで徐々に応用力を高めていくことができるはずだ。

　もちろん、このように進めるためには、この問題集を入手する前に既に基本書である『完全攻略ガイド』をしっかり読み込んでいて、過去問題集を何度も解いている必要がある。もし、まだあまり学習が進んでいないのなら、早く基礎部分の学習を進めていったほうがよいだろう。

　難易度の高い年の通関士試験の最大の難関は3時間目の「通関実務」の試験だ。この「通関実務」試験で合格点を取れることが、通関士試験の合否の分かれ目となる。

　応用学習までしっかりと進めていけば、3時間目の「通関実務」の試験に出題される知識のかなりの部分を習得することができる。それでも、学習の範囲外から試験問題が出題されたりするので、これで完全ということは言えないが、受験生は本番の試験で出題される知識でなるべく知らないものがない状態で試験に臨む必要があると思う。そうすれば、45点満点を基準に得点を計算することができる。

　45点満点なら、合格基準が6割の場合18点分の解答を間違えることができる。つまり、4割間違えても合格だ。しかし、これが29点満点を基準として試験に臨めば、わずか3点分の解答を間違えただけで不合格となってしまう。

　試験でミスはつきものだから、多少ミスをして点を失っても余裕があることが大事だ。そのためにもなるべく多くの試験に必要な知識を学び、45点満点に近い点数を目指して本番の試験に臨むことをお勧めする。

第1章

輸出申告書

1

1-0 輸出申告書作成問題の攻略法

はじめに、輸出申告書作成問題の攻略法を見ておこう。

攻略法その①：輸出申告書作成問題の問題文を毎回確認する

　輸出申告書の問題文は、はじめに今回出題される商品や解答方法についての説明文があり、次に解答の順序の説明、続いて少額合算についての説明、運賃等の費用の設定、商品説明、申告年月日という順番で並んでいる。商品説明や加算要素の設定などの順番は前後する場合もあるが、問題文のそれぞれの項目は毎回ほぼ同じである。ただ、個々の項目の内容については異なる場合があるので、「いつも同じ」と思い込まないようにし、念のために確認する必要がある。その中でも以下の項目に関しては特に注意すべきである。

ⅰ．少額合算の方法：いずれの方法で少額合算するのかを確認する。

ⅱ．商品説明の有無：仕入書（INVOICE）の記述と問題文の商品説明を確認する。

ⅲ．加算要素や控除費用の有無：加算費用や控除費用を確認する。

ⅳ．加算要素などの按分方法：加算要素などの費用の按分方法には複数の方法があるので、毎回確認する。

　これらの項目については、問題を解く際に毎回確認するように習慣づける。

攻略法その②：仕入書の価格より少額合算する貨物を判断する

　輸出申告書の問題では、必ず少額貨物がある。この少額貨物は毎回複数の少額貨物があり、それらを合算する必要がある。そこで、仕入書に記載されているそれぞれの貨物の価格より、その貨物が少額貨物になるのか、少額貨物にならないのかを判別する計算式を見ていくことにする。

例①
問題設定：

- 仕入書の合計額：CIF Los Angels 11,000 米ドル
- 仕入書に記載されている価格には、東京港における本船甲板渡し価格（FOB 価格）の 10％に相当する額の海上運賃及び保険料が加算されている。
- 輸出申告日の換算レート：100 円／ 1 米ドル

仕　入　書

輸出者　：　日本
輸入者　：　アメリカ

（CIF L.A.）

商品名	重量	合計金額
①商品A	1,000kg	2,000 米ドル
②商品B	2,000kg	3,000 米ドル
③商品C	8,000kg	6,000 米ドル
合計	11,000kg	CIF L.A. 11,000 米ドル

　この場合に、いずれの商品の輸出申告価格が 20 万円以下になるかどうかの判断基準額は、以下の計算式で計算することができる。

　20 万円以下の判断基準額＝

　20 万円 × 仕入書価格の合計額 ÷FOB 価格の合計額 ÷ 換算レート

そこでまず、FOB 価格の合計額を計算する。

　FOB 価格の合計額＋ FOB 価格の合計額 ×10％＝ CIF 価格の合計額

　∴　FOB 価格の合計額（1 ＋ 0.1）＝ 11,000 米ドル

　∴　FOB 価格の合計額＝ 11,000 米ドル ÷1.1

　∴　FOB 価格の合計額＝ 10,000 米ドル

したがって、

　20 万円以下の判断基準額＝ 20 万円 × 仕入書価格の合計額（＝ CIF 価格の合計額）

　　　　　　　　　　　　　÷FOB 価格の合計額 ÷ 換算レート

　　　　　　　　　＝ 20 万円 ×11,000 米ドル ÷10,000 米ドル ÷100 円

　　　　　　　　　＝ 2,200 米ドル

となり、これにより CIF 価格で 2,200 米ドル以下の商品が少額貨物であることが分かる。また、このことは別の式からも計算することができる。

　FOB 価格の合計額を 1 として、問題の設定より CIF 価格の合計額を FOB 価格の合

計額のプラス 10% と考えると以下の式が成り立つ。

FOB 価格の合計額：CIF 価格の合計額＝ 1 ： 1 ＋ 0.1

この式を整理すると、

FOB 価格の合計額 ×1.1 ＝ CIF 価格の合計額 × 1

となる。次に両辺を FOB 価格の合計額で割ると、

FOB 価格の合計額 ×1.1÷FOB 価格の合計額＝ CIF 価格の合計額 × 1 ÷FOB 価格の
合計額

∴　CIF 価格の合計額 ÷FOB 価格の合計額＝ 1.1

となる。

これらにより、

20 万円以下の判断基準額＝ 20 万円 × 仕入書価格の合計額（＝ CIF 価格の合計額）÷
FOB 価格の合計額 ÷ 換算レート

の式は、次のように置き換えることもできる。

20 万円以下の判断基準額＝ 20 万円 ×1.1÷ 換算レート

よって、これに換算レートを当てはめてみると、

$$= 20 万円 ×1.1÷100 円$$
$$= 2,200 米ドル$$

となる。この計算結果より、**仕入書価格が CIF 価格などの場合で、海上運賃及び保険料が FOB 価格の 10% 相当額である場合などは、少額貨物の基準額である 20 万円を 1.1 倍し換算レートで除すことで容易に判断できる。**

また、仕入書の商品 A の価格に注目し、A の仕入書価格から A の輸出申告価格を計算して、どの商品が少額貨物となるかを判断する方法もある。

商品 A の輸出申告価格：

2,000 米ドル ×FOB 価格の合計額 ÷ 仕入書価格の合計額 ×100 円
$$= 2,000 米ドル ×10,000 米ドル ÷11,000 米ドル ×100 円$$
$$= 181,818.18⋯円$$

これにより、商品 A の輸出申告価格は少額であることが分かるが、商品 B の輸出申告価格が少額であるかどうかは分からないので、商品 B の輸出申告価格も計算してみる。

商品 B の輸出申告価格：

3,000 米ドル ×FOB 価格の合計額 ÷ 仕入書価格の合計額 ×100 円
$$= 3,000 米ドル ×10,000 米ドル ÷11,000 米ドル ×100 円$$
$$= 272,727.27⋯円$$

そこで、商品 A は少額貨物であり、商品 B は少額貨物ではないことが分かる。

例②
問題設定：

- 仕入書の合計額：CIF Los Angels 10,000 米ドル
- 仕入書に記載されている価格には、その仕入書価格の 10％に相当する額の海上運賃及び保険料が加算されている。
- 輸出申告日の換算レート：100 円／1 米ドル

```
                        仕  入  書
輸出者  ：  日本
輸入者  ：  アメリカ

                                    (CIF L.A.)
        商品名          重量          合計金額
      ①商品 D        1,000kg          2,000 米ドル
      ②商品 E        2,000kg          3,000 米ドル
      ③商品 F        7,000kg          5,000 米ドル
               合計    10,000kg    CIF L.A. 10,000 米ドル
```

この場合に、いずれの商品の輸出申告価格が 20 万円以下になるかどうかの判断基準額は、以下の計算式で計算することができる。

まず、FOB 価格の合計額を計算する。

FOB 価格の合計額＝ CIF 価格の合計額 − CIF 価格の合計額 ×10％

FOB 価格の合計額＝ 10,000 米ドル − 10,000 米ドル ×10％

FOB 価格の合計額＝ 10,000 米ドル − 1,000 米ドル

FOB 価格の合計額＝ 9,000 米ドル

したがって、

20 万円以下の判断基準額＝ 20 万円 × 仕入書価格の合計額（＝ CIF 価格の合計額）÷
　　　　　　　　　　　　FOB 価格の合計額 ÷ 換算レート

　　　　　　　　　　＝ 20 万円 ×10,000 米ドル ÷9,000 米ドル ÷100 円

　　　　　　　　　　＝ 2,222.22…米ドル

つまり、CIF 価格で 2,222.22 米ドル以下の商品が少額貨物であることが分かる。

また、このことは別の式からも計算することができる。

CIF 価格の合計額を 1 として、問題の設定より FOB 価格の合計額を CIF 価格の合

計額のマイナス 10% と考えると以下の式が成り立つ。

FOB 価格の合計額：CIF 価格の合計額 = 1 − 0.1：1

この式を整理すると、

FOB 価格の合計額 × 1 = CIF 価格の合計額 × 0.9

となる。次に両辺を FOB 価格の合計額で割ると、

FOB 価格の合計額 × 1 ÷ FOB 価格の合計額 = CIF 価格の合計額 × 0.9 ÷ FOB 価格の合計額

∴　CIF 価格の合計額 ÷ FOB 価格の合計額 = 1 ÷ 0.9（= 10 ／ 9）

となる。

これらより、

20 万円以下の判断基準額 = 20 万円 × 仕入書価格の合計額（= CIF 価格の合計額）÷ FOB 価格の合計額 ÷ 換算レート

の式は、次のように置き換えることもできる。

20 万円以下の判断基準額 = 20 万円 ×（1 ÷ 0.9）÷ 換算レート

よって、これに換算レートを当てはめてみると、

= 20 万円 ÷ 0.9 ÷ 100 円

= 2,222.22 米ドル

となり、この結果より、**仕入書価格が CIF 価格などの場合で、海上運賃及び保険料が CIF 価格の 10% 相当額である場合などは、少額の基準額である、20 万円を 0.9 で除して換算レートで除すことで容易に判断できる。**

また、仕入書の商品 D の価格に注目し、D の仕入書価格から D の輸出申告価格を計算して、どの商品が少額貨物となるかを判断する方法もある。

商品 D の輸出申告価格：

2,000 米ドル × 0.9 × 100 円 = 180,000 円

これにより、商品 D の輸出申告価格は少額であることが分かるが、商品 E の輸出申告価格が少額であるかどうかは分からないので、商品 E の輸出申告価格も計算してみる。

商品 E の輸出申告価格：

3,000 米ドル × 0.9 × 100 円 = 270,000 円

そこで、商品 D は少額貨物であり、商品 E は少額貨物ではないことが分かる。

このように、それぞれの貨物が少額貨物かどうかを判断するための方法にはさまざまなものがあるので、自分が理解しやすい方法を選んで学習するといいだろう。

輸出申告書作成問題①（小麦等）

　別紙1の仕入書及び下記事項により、「小麦等」の輸出申告を輸出入・港湾関連情報処理システム（NACCS）を使用して行う場合、別紙2の輸出申告事項登録画面の統計品目番号欄（(a) 〜 (e)）に入力すべき統計品目番号を、別冊の「輸出統計品目表」（抜すい）を参照して、下の選択肢の中から選び、その番号を答えなさい。

記

1　統計品目番号が同一となるものがある場合には、これらを一欄にまとめる。

2　統計品目番号が異なるものの申告価格が20万円以下のものについては、これらを一括して一欄にまとめる。

　なお、この場合に入力すべき統計品目番号は、これらの品目のうち申告価格が最も大きいものの統計品目番号とし、10桁目は「X」とする。

3　輸出申告事項登録は、申告価格（上記1によりまとめられたものについては、その合計額）の大きいものから順に入力されるものとし、上記2により一括して一欄にまとめるものについては、最後の欄に入力されるものとする。

4　別紙1の仕入書に記載されている商品の特徴は以下のとおりである。

　(1) 仕入書中の商品に調製したものはない。

　(2) 仕入書1の商品は殻の除去やその他の加工をしたものではない。

　(3) 仕入書2及び4から8までの商品は食品加工用（food processing）の原料である。

5　買手は売手との契約において、取引の仲介を行ったものに対して仕入書に記載されている値引き前の価格の11％を手数料として支払うことになっているため、売手は当該手数料分を仕入書価格から控除して仕入書を作成し、当該値引き後の価格で買手は売手に支払いを行う。

6　別紙1の仕入書に記載されているそれぞれの品目の価格には、次の額が含まれている。

　(1) 輸出港における貨物の船積みに要する費用 ………………… 3％

　(2) 輸出港から輸入港までの海上運賃及び保険料 ……………… 7％

　(3) 輸入港から最終目的地までの運送料等 ……………………… 3％

7　別紙1の仕入書に記載されている米ドル建価格の本邦通貨への換算は、別紙3の「実勢外国為替相場の週間平均値」を参照して行う。

8　申告年月日は、令和××年10月1日とする。

[統計品目番号の選択肢]

① 1001110003　　② 1001190002　　③ 1001910000
④ 1001990006　　⑤ 1002100002　　⑥ 1002900006
⑦ 1006300002　　⑧ 1006400006　　⑨ 1101000003
⑩ 1102901004　　⑪ 1103110002　　⑫ 1103190001
⑬ 100111000X　　⑭ 100199000X　　⑮ 110100000X

別紙1

INVOICE

Seller	HAKODATE TRADING CO.,LTD.	Invoice No. and Date
	1-1 1-Chome Kasumigaseki,	HTC-142 Sep. 20, 20XX
	Chiyoda-ku Tokyo Japan	

Buyer	Country of Origin : Japan	
GTR Inc	L/C No.	Date
727-1 Yangjae-Dong Seocho-Ku Busan Korea	TMK-0966	Sep. 2, 20XX
Vessel Nippon Maru Voyage No.	Issuing Bank	
From Tokyo, Japan Date Oct. 4, 20XX	Seoul Bank	
To Busan, Korea	Other payment Terms	

Marks and Nos.	Description of Goods	Quantity	Unit Price (Per kg)	Amount
	Wheat, etc.			
	1) Durum wheat for seed, grains are present	1,700kg	US$1.00	US$1,700.00
	2) Meal of durum wheat for food processing	1,100kg	US$1.00	US$1,100.00
GTR	3) Rye for seed, grains are Present	1,600kg	US$1.00	US$1,600.00
BUSAN				
No.1-100	4) Groats of hard wheat for food processing	900kg	US$1.00	US$900.00
MADE IN JAPAN	5) Meslin for food processing (hard wheat 66.6%, rye 33.3%), grains are present	2,200kg	US$1.00	US$2,200.00
	6) Meslin flour for food processing (hard wheat 66.6%, rye 33.3%)	1,800kg	US$1.00	US$1,800.00
	7) Rice flour for food processing (rice 100%)	1,900kg	US$1.00	US$1,900.00
	8) Meal of rice for food processing	2,300kg	US$1.00	US$2,300.00
			DAP	US$13,500.00
			Commission ▲ 11%	US$1,485.00
	Hakodate Trading Co.,Ltd. (signature)		Total DAP	US$12,015.00

別紙２

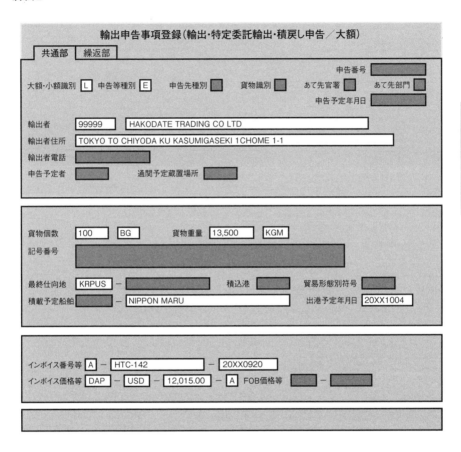

輸出申告事項登録（輸出・特定委託輸出・積戻し申告／大額）

共通部　繰返部

申告番号 ▢

大額・小額識別 L　申告等種別 E　申告先種別 ▢　貨物識別 ▢　あて先官署 ▢　あて先部門 ▢

申告予定年月日 ▢

輸出者　99999　HAKODATE TRADING CO LTD
輸出者住所　TOKYO TO CHIYODA KU KASUMIGASEKI 1CHOME 1-1
輸出者電話 ▢
申告予定者 ▢　通関予定蔵置場所 ▢

貨物個数　100　BG　貨物重量 13,500　KGM
記号番号 ▢

最終仕向地　KRPUS　－ ▢　積込港 ▢　貿易形態別符号 ▢
積載予定船舶 ▢　－ NIPPON MARU　出港予定年月日 20XX1004

インボイス番号等 A　－ HTC-142　－ 20XX0920
インボイス価格等 DAP　－ USD　－ 12,015.00　－ A　FOB価格等 ▢　－ ▢

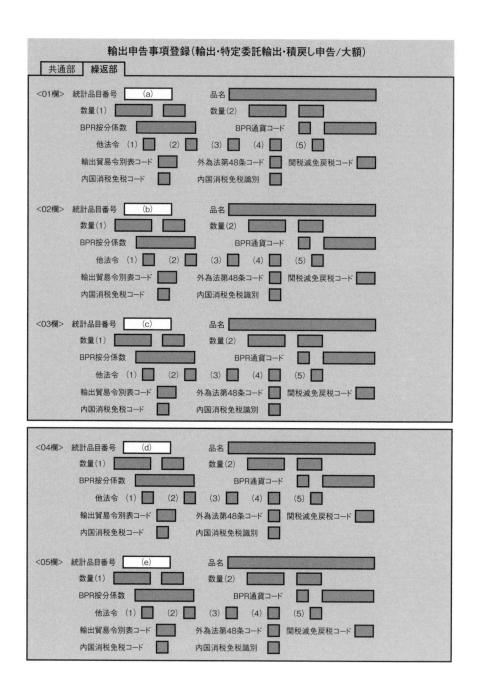

輸出申告事項登録（輸出・特定委託輸出・積戻し申告／大額）

共通部　繰返部

<01欄>　統計品目番号　(a)　　　　品名

　　　数量(1)　　　　　　　数量(2)

　　　BPR按分係数　　　　　　BPR通貨コード

　　　他法令　(1)　　(2)　　(3)　　(4)　　(5)

　　　輸出貿易令別表コード　　外為法第48条コード　　関税減免戻税コード

　　　内国消税免税コード　　内国消税免税識別

<02欄>　統計品目番号　(b)　　　　品名

　　　数量(1)　　　　　　　数量(2)

　　　BPR按分係数　　　　　　BPR通貨コード

　　　他法令　(1)　　(2)　　(3)　　(4)　　(5)

　　　輸出貿易令別表コード　　外為法第48条コード　　関税減免戻税コード

　　　内国消税免税コード　　内国消税免税識別

<03欄>　統計品目番号　(c)　　　　品名

　　　数量(1)　　　　　　　数量(2)

　　　BPR按分係数　　　　　　BPR通貨コード

　　　他法令　(1)　　(2)　　(3)　　(4)　　(5)

　　　輸出貿易令別表コード　　外為法第48条コード　　関税減免戻税コード

　　　内国消税免税コード　　内国消税免税識別

<04欄>　統計品目番号　(d)　　　　品名

　　　数量(1)　　　　　　　数量(2)

　　　BPR按分係数　　　　　　BPR通貨コード

　　　他法令　(1)　　(2)　　(3)　　(4)　　(5)

　　　輸出貿易令別表コード　　外為法第48条コード　　関税減免戻税コード

　　　内国消税免税コード　　内国消税免税識別

<05欄>　統計品目番号　(e)　　　　品名

　　　数量(1)　　　　　　　数量(2)

　　　BPR按分係数　　　　　　BPR通貨コード

　　　他法令　(1)　　(2)　　(3)　　(4)　　(5)

　　　輸出貿易令別表コード　　外為法第48条コード　　関税減免戻税コード

　　　内国消税免税コード　　内国消税免税識別

別紙3

実勢外国為替相場の週間平均値
（1米ドルに対する円相場）

期　　　　間	週間平均値
令和××.9. 2　～　令和××.9. 8	¥115.00
令和××.9. 9　～　令和××.9.15	¥110.00
令和××.9.16　～　令和××.9.22	¥120.00
令和××.9.23　～　令和××.9.29	¥105.00

第10類　穀物

注
1(A)　この類の各項の物品は、穀粒があるもの（穂又は茎に付いているかいないかを問わない。）に限り、当該各項に属する。
(B)　この類には、殻の除去その他の加工をした穀物を含まない。ただし、第10.06項には、玄米、精米、研磨した米、つや出しした米、パーボイルドライス及び砕米を含む。

2　第10.05項には、スイートコーンを含まない（第7類参照）。

号注
1　「デュラム小麦」とは、トリティクム・デュルム種の小麦及び当該種の種間交雑により生じた雑種で染色体数がトリティクム・デュルム種と同数(28)のものをいう。

Chapter 10　Cereals

Notes.
1.-(A) The products specified in the headings of this Chapter are to be classified in those headings only if grains are present, whether or not in the ear or on the stalk.
(B) The Chapter does not cover grains which have been hulled or otherwise worked. However, rice, husked, milled, polished, glazed, parboiled or broken remains classified in heading 10.06.

2.- Heading 10.05 does not cover sweet corn (Chapter 7).

Subheading Note.
1.- The term "durum wheat" means wheat of the *Triticum durum* species and the hybrids derived from the interspecific crossing of *Triticum durum* which have the same number (28) of chromosomes as that species.

番号 NO	細分番号 sub. no	NACCS用	品　　名	単位 UNIT I	単位 UNIT II	DESCRIPTION	参　考
10.01			小麦及びメスリン			Wheat and meslin :	
			－デュラム小麦			－ Durum wheat :	
1001.11	000	3	－－播種用のもの		MT	－ － Seed	植
1001.19	000	2	－－その他のもの		MT	－ － Other	〃
			－その他のもの			－ Other :	
1001.91	000	0	－－播種用のもの		MT	－ － Seed	〃
1001.99	000	6	－－その他のもの		MT	－ － Other	〃
10.02			ライ麦			Rye :	
1002.10	000	2	－播種用のもの		MT	－ Seed	〃
1002.90	000	6	－その他のもの		MT	－ Other	〃
10.03			大麦及び裸麦			Barley :	
1003.10	000	0	－播種用のもの		MT	－ Seed	〃
1003.90	000	4	－その他のもの		MT	－ Other	〃
10.04			オート			Oats :	
1004.10	000	5	－播種用のもの		MT	－ Seed	〃
1004.90	000	2	－その他のもの		MT	－ Other	〃
10.05			とうもろこし			Maize (corn) :	
1005.10	000	3	－播種用のもの		MT	－ Seed	〃
1005.90	000	0	－その他のもの		MT	－ Other	〃
10.06			米			Rice :	
1006.10	000	1	－もみ		MT	－ Rice in the husk (paddy or rough)	〃

番号 NO	細分 番号 sub. no	NACCS用	品　　名	単位 UNIT		DESCRIPTION	参　考
				I	II		
1006.20	000	5	－玄米		MT	－ Husked (brown) rice	植
1006.30	000	2	－精米(研磨してあるかないか又は つや出ししてあるかないかを問わ ない。)		MT	－ Semi-milled or wholly milled rice, whether or not polished or glazed	〃
1006.40	000	6	－砕米		MT	－ Broken rice	〃
10.07			**グレーンソルガム**			**Grain sorghum :**	
1007.10	000	6	－播種用のもの		MT	－ Seed	〃
1007.90	000	3	－その他のもの		MT	－ Other	〃
10.08			**そば、ミレット及びカナリーシード 並びにその他の穀物**			**Buckwheat, millet and canary seeds ; other cereals :**	
1008.10	000	4	－そば		MT	－ Buckwheat	〃
			－ミレット			－ Millet :	
1008.21	000	0	－－播種用のもの		MT	－ － Seed	〃
1008.29	000	6	－－その他のもの		MT	－ － Other	〃
1008.30	000	5	－カナリーシード		MT	－ Canary seeds	〃
1008.40	000	2	－フォニオ(ディギタリア属のもの)		MT	－ Fonio (*Digitaria spp.*)	〃
1008.50	000	6	－キヌア(ケノポディウム・クイノ ア)		MT	－ Quinoa (*Chenopodium quinoa*)	〃
1008.60	000	3	－ライ小麦		MT	－ Triticale	〃
1008.90	000	1	－その他の穀物		MT	－ Other cereals	〃

輸出申告書

第11類　穀粉、加工穀物、麦芽、でん粉、イヌリン及び小麦グルテン

Chapter 11　Products of the milling industry; malt; starches; inulin; wheat gluten

注
1　この類には、次の物品を含まない。
(a) いつた麦芽で、コーヒー代用物にしたもの(第09.01項及び第21.01項参照)
(b) 第19.01項の調製した穀粉、ひき割り穀物、ミール及びでん粉
(c) 第19.04項のコーンフレークその他の物品
(d) 第20.01項、第20.04項又は第20.05項の調製し又は保存に適する処理をした野菜
(e) 医療用品(第30類参照)
(f) 調製香料又は化粧品類の特性を有するでん粉(第33類参照)

Notes.
1.- This Chapter does not cover:
(a) Roasted malt put up as coffee substitutes (heading 09.01 or 21.01);
(b) Prepared flours, groats, meals or starches of heading 19.01;
(c) Corn flakes or other products of heading 19.04;
(d) Vegetables, prepared or preserved, of heading 20.01, 20.04 or 20.05;
(e) Pharmaceutical products (Chapter 30); or
(f) Starches having the character of perfumery, cosmetic or toilet preparations (Chapter 33).

番号 NO	細分番号 sub. no	NACCS用	品　名	単位 UNIT		DESCRIPTION	参　考
				I	II		
11.01							
1101.00	000	3	**小麦粉及びメスリン粉**		MT	Wheat or meslin flour	
11.02			**穀粉(小麦粉及びメスリン粉を除く。)**			Cereal flours other than of wheat or meslin:	
1102.20	000	2	－とうもろこし粉		MT	－ Maize (corn) flour	
1102.90			－その他のもの			－ Other:	
	100	4	－－米粉		MT	－ － Rice flour	
	900	6	－－その他のもの		MT	－ － Other	
11.03			**ひき割り穀物、穀物のミール及びペレット**			Cereal groats, meal and pellets:	
			－ひき割り穀物及び穀物のミール			－ Groats and meal:	
1103.11	000	2	－－小麦のもの		MT	－ － Of wheat	
1103.13	000	0	－－とうもろこしのもの		MT	－ － Of maize (corn)	
1103.19	000	1	－－その他の穀物のもの		MT	－ － Of other cereals	
1103.20	000	0	－ペレット		MT	－ Pellets	

解答・解説①（小麦等）

解答　　a：⑫、b：④、c：⑪、d：⑩、e：⑮

解説

換算レート：1ドル＝120.00円（9月16日〜9月22日）（10月1日の属する週の前々週のレート）

仕入書価格に含まれる費用：輸出申告価格は、本邦の輸出港における本船甲板渡し価格（＝FOB価格）であるから、仕入書の価格及び問題文記6を参考にして、仕入書価格（DAP価格）に含まれる輸出港から輸入港までの海上運賃及び海上保険料、輸入港から最終目的地までの運送料等に相当する額を控除する必要があるが、輸出港での船積み費用は控除できない。また、問題文記5にある仲介手数料については、関税法基本通達67−1−4（1）イ（イ）に、仲介手数料の合計額が貨物代金の10％相当額を超える場合であり、その仲介手数料が仕入書価格より値引きされ、その値引き額が仕入書に明記されている場合には、仕入書に表示された値引き前の価格を基にし、本邦の輸出港における本船甲板渡し価格（＝FOB価格）としてこれに必要な調整を加え計算した価格を輸出申告価格とすると規定されている。したがって、問題文記5より仲介手数料は仕入書価格の11％相当額であり、仕入書価格より1,485米ドルが値引きされているので、値引き前の仕入書価格により申告価格を計算する。これらより、仕入書に表示されたそれぞれのDAP価格から問題文記6にある輸出港から輸入港までの海上運賃及び海上保険料（7％）、輸入港から最終目的地までの運送料等（3％）に相当する額である、DAP価格の10％に相当する額を控除する。なお、東京港における本船甲板渡し価格（＝FOB価格）の合計額を算出する式は、FOB価格を1とすると以下の式ができる。

　　仕入書価格の合計額　：　FOB価格の合計額　＝　1　：　1−0.1

この式を整理すると、

　　仕入書価格の合計額　×　0.9　＝　FOB価格の合計額

したがって、

　　FOB価格の合計額　＝　仕入書価格の合計額　×　0.9

という式によりFOB価格の合計額を計算することができる。

そこで仕入書価格の合計額を上記式に当てはめて計算すると、

　　FOB価格の合計額　＝　US$13,500　×　0.9

　　　　　　　　　　　＝　US$12,150.00

となる。

少額合算基準額（DAP 価格）：200,000 円 × US$13,500（DAP 合計額：仕入書の合計額）
　　÷ US$12,150（FOB 合計額：輸出申告価格）÷ 120.00 円／ US$ = US$1,851.851…
　　（各商品は DAP 価格のため、少額合算基準額（20 万円）を DAP 価格の合計額に
　　対する FOB 価格の合計額の比を乗じて換算レートで割ると DAP 価格に換算し
　　た少額合算基準額が分かる。そして、この基準額を下回る DAP 価格の商品は、
　　仕入書番号 1、2、3、4、6 である。なお、FOB 価格における少額合算基準は、
　　200,000 円 ÷ 120.00 円／ US$ = US$1,666.666…となる。）

商品分類：

　　（少額貨物の可能性のあるものは、各 10 桁の最後の数字に（　）を付けている。）

1：100111000（3）　「播種用のデュラム小麦、穀粒があるもの」

　　①第 10 類注 1（A）及び第 10.01 項の規定より、穀粒がある穀物は第 10 類に分類される。

　　②小麦は第 10.01 項に分類する。

　　③デュラム小麦は第 1001.11 号又は第 1001.19 号に分類される。

　　④播種用の小麦であるので、「1001.11.000（3）」に分類される。

2：110311000（2）　「食品加工用のデュラム小麦のミール」

　　①穀物のミールは第 11 類に分類される。

　　②穀物のミールは第 11.03 項に分類される。

　　③穀物のミールは第 1103.11 号から第 1103.19 号に分類される。

　　④小麦のものであるので、「1103.11.000（2）」に分類される。

3：100210000（2）　「播種用のライ麦、穀粒があるもの」

　　①第 10 類注 1（A）及び第 10.02 項の規定より、穀粒がある穀物は第 10 類に分類される。

　　②ライ麦は第 10.02 項に分類する。

　　③播種用のライ麦であるので、「1002.10.000（2）」に分類される。

4：110311000（2）　「食品加工用の硬質小麦のひき割り小麦」

　　①ひき割りの穀物は第 11 類に分類される。

　　②ひき割りの穀物は第 11.03 項に分類される。

　　③ひき割りの穀物は第 1103.11 号から第 1103.19 号に分類される。

　　④小麦のものであるので、「1103.11.000（2）」に分類される。

5：1001990006　「食品加工用のメスリン（硬質小麦 66.6％、ライ麦 33.3％）、穀粒がある
　　もの」

　　①第 10 類注 1（A）及び第 10.01 項の規定より、穀粒がある穀物は第 10 類に分類される。

②メスリンは第10.01項に分類する。

③メスリンは、その他のものとして第1001.91号又は第1001.99号に分類される。

④食品加工用のメスリンであるので、「1001.99.0006」に分類される。

6：110100000（3）「食品加工用のメスリン粉（硬質小麦66.6％、ライ麦33.3％）」

①穀物の粉は第11類に分類される。

②メスリン粉は第11.01項に分類される。

③メスリン粉であるので、「1101.00.000（3）」に分類される。

7：1102901004 「食品加工用の米粉（米粉100％）」

①穀物の粉は第11類に分類される。

②穀物の粉は第11.02項に分類される。

③米粉は「－その他のもの」として第1102.90号に分類される。

④米粉であるので、「1102.90.1004」に分類される。

8：1103190001 「食品加工用の米のミール」

①穀物のミールは第11類に分類される。

②穀物のミールは第11.03項に分類される。

③穀物のミールは第1103.11号から第1103.19号に分類される。

④米のものであるので、「－－その他の穀物のもの」として「1103.19.0001」に分類される。

解答欄の確認：仕入書番号2と4の分類番号が同じなのでこれらを合算する。合算後の価格はUS$2,000.00（＝US$1,100.00 ＋ US$900.00）となるので、これらは少額貨物ではないことが分かる。他には仕入書番号が同じものがないので、少額合算を行う。少額貨物は結果的に仕入書番号1、3及び6であるのでこれらを合算して申告価格が最も大きい仕入書番号6に分類し、10桁目は「X」とする。ちなみに、これらの価格を確認しておくと次のようになる。US$1,700.00 ＋ US$1,600.00 ＋ US$1,800.00 ＝ US$5,100.00。あとは問題文に従い価格の大きい順に解答していき、少額合算したものは最後に解答していく。なお、輸出申告の問題では、申告価格の大小のみ判断すればよいので、円に換算せずに外国通貨のまま（例えば米ドルの金額のまま）判断するほうが、数字の桁数も少なく、計算によるミスもないので、仕入書に記載されている価格のまま判断するほうがよい。ただ、ここでは、学習の参考のために外国通貨を円に換算しておくので、余裕があれば、外国通貨を円に換算する方法も学習しておいてもらいたい。

解答：

a. ⑫ 1103190001（US$2,300.00）

US$2,300.00 × 0.9 × 120.00 円 = 248,400 円

b. ④ 1001990006（US$2,200.00）

US$2,200.00 × 0.9 × 120.00 円 = 237,600 円

c. ⑪ 1103110002（US$2,000.00）

US$2,000.00 × 0.9 × 120.00 円 = 216,000 円

d. ⑩ 1102901004（US$1,900.00）

US$1,900.00 × 0.9 × 120.00 円 = 205,200 円

e. ⑮ 110100000X（US$5,100.00）

US$5,100.00 × 0.9 × 120.00 円 = 550,800 円

1-2 輸出申告書作成問題②（がん具等）

　別紙1の仕入書及び下記事項により、「がん具等」の輸出申告を輸出入・港湾関連情報処理システム（NACCS）を使用して行う場合、別紙2の輸出申告事項登録画面の統計品目番号欄（(a) ～ (e)）に入力すべき統計品目番号を、別冊の「輸出統計品目表」（抜すい）を参照して、下の選択肢の中から選び、その番号をマークしなさい。

記

1　統計品目番号が同一となるものがある場合には、これらを一欄にまとめる。

2　統計品目番号が異なるものの申告価格が20万円以下のものについては、これらを一括して一欄にまとめる。

　　なお、この場合に入力すべき統計品目番号は、これらの品目のうち申告価格が最も大きいものの統計品目番号とし、10桁目は「X」とする。

3　輸出申告事項登録は、申告価格（上記1によりまとめられたものについては、その合計額）の大きいものから順に入力されるものとし、上記2により一括して一欄にまとめるものについては、最後の欄に入力されるものとする。

4　別紙1の仕入書に記載されている商品説明は以下のとおりである。

　　（1）仕入書の各商品はすべて人用のものであり、動物用のものはない。

　　（2）仕入書の1番目、2番目、6番目及び8番目の商品は、電動機（motor）で作動するものではない。

5　別紙1の仕入書に記載されている各商品の価格には、輸入港に到着するまでの海上運賃 US$1,400.00 及び海上保険料 US$100.00 が加算されている。なお、当該運賃等を控除する場合の申告価格への振り分けは価格按分とし、1円未満の端数がある場合は、これを切り捨てる。

6　輸出者は今回の輸出について輸入者に対し、輸入地の銀行の信用状の発行を義務付けたため、その信用状の発行にかかった費用の一部を銀行手数料として仕入書価格より控除することにした。当該銀行手数料は、仕入書価格の7％とした。

7　別紙1の仕入書に記載されている米ドル建価格の本邦通貨への換算は、別紙3の「実勢外国為替相場の週間平均値」を参照して行う。

8　申告年月日は、令和××年10月1日とする。

① 3604100006　　　② 3604900003　　　③ 8712000006
④ 8715000000　　　⑤ 9503000006　　　⑥ 9504200005
⑦ 9504300002　　　⑧ 9504400006　　　⑨ 9504509906
⑩ 9504900005　　　⑪ 871200000X　　　⑫ 871500000X
⑬ 950300000X　　　⑭ 950420000X　　　⑮ 950430000X

別紙1

INVOICE

Seller	Moji Boeki Co., Ltd	Invoice No. and Date
	1-1 1-Chome Kasumigaseki	MBC-552 Sep 23, 20XX
	Chiyoda-ku Tokyo Japan	

Buyer	Country of Origin : Japan	
YNY TRADING CO., LTD	L/C No.	Date
1234 East Grand Ave., Los Angeles, U.S.A.	HST-23747890	July15, 20XX

Vessel	On or about	
Nippon Maru	Oct. 5, 20XX	Issuing Bank
From Tokyo, Japan	Via	Los Angeles Bank
To Los Angeles, U.S.A.	Other payment Terms	

Marks and Nos.		Description of Goods	Quantity	Unit Price (per pc)	Amount
		Toys, etc.			
YNY	1	Dolls carriages of plastics, without motor	130pc	US$10	US$1,300.00
LOS ANGELES					
MADE IN JAPAN	2	Baby carriages of steel, without motor	10pc	US$230	US$2,300.00
	3	Billiard tables of wood	4pc	US$400	US$1,600.00
	4	Fireworks for toys	2,200pc	US$1	US$2,200.00
	5	Casino tables of wood (for roulette), not electric	3pc	US$700	US$2,100.00
	6	Children's bicycles of steel, not motorized	36pc	US$50	US$1,800.00
	7	Video game machines, operated by banknotes	1pc	US$1,700	US$1,700.00
	8	Toys baby pedal cars of plastics without motor	100pc	US$20	US$2,000.00

		Sub Total CIF	US$15,000.00
Moji Boeki Co., Ltd		Bank charge	▲ US$1,050.00
(signature)		Grand Total CIF	US$13,950.00

別紙２

輸出申告事項登録（輸出・特定委託輸出・積戻し申告／大額）

共通部　繰返部

申告番号 [　　　　]

大額・小額識別 [L] 申告等種別 [E] 申告先種別 [　] 貨物識別 [　] あて先官署 [　] あて先部門 [　]

申告予定年月日 [　　　　]

輸出者 [99999] [MOJI BOEKI CO LTD]
輸出者住所 [TOKYO TO CHIYODA KU KASUMIGASEKI 1CHOME 1-1]
輸出者電話 [　　　　]
申告予定者 [　　　　] 通関予定蔵置場所 [　　　]

貨物個数 [100] [CS] 貨物重量 [500] [KGM]
記号番号 [　　　　　　　　　　　　　]

最終仕向地 [USLAX] — [　　　　] 積込港 [　　] 貿易形態別符号 [　　]
積載予定船舶 [　　] — [NIPPON MARU] 出港予定年月日 [20XX1005]

インボイス番号等 [A] — [MBC-552] — [20XX0923]
インボイス価格等 [CIF] — [USD] — [13,950.00] — [A] FOB価格等 [　　] — [　　]

1
輸出申告書

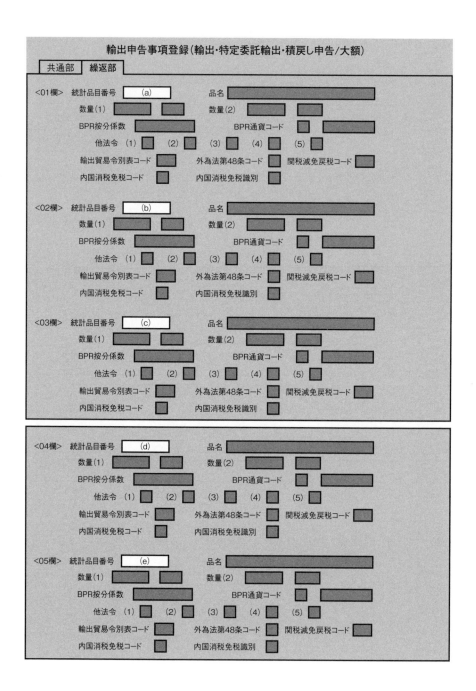

輸出申告事項登録（輸出・特定委託輸出・積戻し申告/大額）

共通部　繰返部

<01欄>　統計品目番号　(a)　　品名
数量(1)　　　　　　数量(2)
BPR按分係数　　　　　　BPR通貨コード
他法令　(1)　　(2)　　(3)　　(4)　　(5)
輸出貿易令別表コード　　外為法第48条コード　　関税減免戻税コード
内国消費税免税コード　　内国消費税免税識別

<02欄>　統計品目番号　(b)　　品名
数量(1)　　　　　　数量(2)
BPR按分係数　　　　　　BPR通貨コード
他法令　(1)　　(2)　　(3)　　(4)　　(5)
輸出貿易令別表コード　　外為法第48条コード　　関税減免戻税コード
内国消費税免税コード　　内国消費税免税識別

<03欄>　統計品目番号　(c)　　品名
数量(1)　　　　　　数量(2)
BPR按分係数　　　　　　BPR通貨コード
他法令　(1)　　(2)　　(3)　　(4)　　(5)
輸出貿易令別表コード　　外為法第48条コード　　関税減免戻税コード
内国消費税免税コード　　内国消費税免税識別

<04欄>　統計品目番号　(d)　　品名
数量(1)　　　　　　数量(2)
BPR按分係数　　　　　　BPR通貨コード
他法令　(1)　　(2)　　(3)　　(4)　　(5)
輸出貿易令別表コード　　外為法第48条コード　　関税減免戻税コード
内国消費税免税コード　　内国消費税免税識別

<05欄>　統計品目番号　(e)　　品名
数量(1)　　　　　　数量(2)
BPR按分係数　　　　　　BPR通貨コード
他法令　(1)　　(2)　　(3)　　(4)　　(5)
輸出貿易令別表コード　　外為法第48条コード　　関税減免戻税コード
内国消費税免税コード　　内国消費税免税識別

別紙3

実勢外国為替相場の週間平均値
（1米ドルに対する円相場）

期　　　　間	週間平均値
令和××.9. 3　～　令和××.9. 9	¥122.00
令和××.9.10　～　令和××.9.16	¥120.00
令和××.9.17　～　令和××.9.23	¥118.00
令和××.9.24　～　令和××.9.30	¥119.00

第36類　火薬類、火工品、マッチ、発火性合金及び調
製燃料

Chapter 36　Explosives; pyrotechnic products;
matches; pyrophoric alloys; certain
combustible preparations

注
1　この類には、2の(a)又は(b)の物品を除くほか、化学
的に単一の化合物を含まない。

2　第36.06項において可燃性材料の製品は、次の物品に限
る。
（a）メタアルデヒド、ヘキサメチレンテトラミンその他こ
れらに類する物質をタブレット状、棒状その他これらに
類する形状にした燃料及びアルコールをもととした燃料
その他これに類する調製燃料で固体又は半固体のもの

（b）たばこ用ライターその他これに類するライターの充て
んに使用する種類の液体燃料及び液化ガス燃料(容量が
300立方センチメートル以下の容器入りにしたものに限
る。)
（c）レジントーチ、付け木その他これらに類する物品

Notes.
1.- This Chapter does not cover separate chemically defined
compounds other than those described in Note 2 (a) or (b)
below.

2.- The expression "articles of combustible materials" in
heading 36.06 applies only to:
(a) Metaldehyde, hexamethylenetetramine and similar sub-
stances, put up in forms (for example, tablets, sticks or
similar forms) for use as fuels; fuels with a basis of alco-
hol, and similar prepared fuels, in solid or semi-solid
form;
(b) Liquid or liquefied-gas fuels in containers of a kind used
for filling or refilling cigarette or similar lighters and of
a capacity not exceeding 300 cm³; and

(c) Resin torches, firelighters and the like.

番号 NO	細分番号 sub. no	NACCS用	品　　名	単位 UNIT I	単位 UNIT II	DESCRIPTION	参　考
36.01							
3601.00	000	1	火薬		KG	Propellent powders	質1-3
36.02							
3602.00	000	6	爆薬		KG	Prepared explosives, other than propellent powders	〃
36.03							
3603.00	000	4	導火線、導爆線、火管、イグナイター及び雷管		KG	Safety fuses; detonating fuses; percussion or detonating caps; igniters; electric detonators	質1-1、1-2、1-3、2-41、4-6
36.04			花火、信号せん光筒、レインロケット、霧中信号用品その他の火工品			Fireworks, signalling flares, rain rockets, fog signals and other pyrotechnic articles:	
3604.10	000	6	－花火		KG	－ Fireworks	質1-3、4-6
3604.90	000	3	－その他のもの		KG	－ Other	質1-1、1-2、1-3、4-6

第87類 鉄道用及び軌道用以外の車両並びにその部分品及び附属品

Chapter 87 Vehicles other than railway or tramway rolling-stock, and parts and accessories thereof

注
1 この類には、専らレール走行用に設計した鉄道用又は軌道用の車両を含まない。
2 この類において「トラクター」とは、本来、車両、機器又は貨物をけん引し又は押すために作つた車両をいい、本来の用途に関連して、道具、種、肥料その他の物品を輸送するための補助器具を有するか有しないかを問わない。

　第87.01項のトラクター用に設計した互換性のある機械及び工具(トラクターに取り付けてあるかないかを問わない。)はトラクターとともに提示する場合であつても、それらがそれぞれ属する項に属する。

3 運転室を有する原動機付きシャシは、第87.02項から第87.04項までに属するものとし、第87.06項には属しない。
4 第87.12項には、すべての幼児用自転車を含む。その他の幼児用乗物は、第95.03項に属する。

Notes.
1.- This Chapter does not cover railway or tramway rolling-stock designed solely for running on rails.
2.- For the purposes of this Chapter, "tractors" means vehicles constructed essentially for hauling or pushing another vehicle, appliance or load, whether or not they contain subsidiary provision for the transport, in connection with the main use of the tractor, of tools, seeds, fertilisers or other goods.

　　Machines and working tools designed for fitting to tractors of heading 87.01 as interchangeable equipment remain classified in their respective headings even if presented with the tractor, and whether or not mounted on it.

3.- Motor chassis fitted with cabs fall in headings 87.02 to 87.04, and not in heading 87.06.
4.- Heading 87.12 includes all children's bicycles. Other children's cycles fall in heading 95.03.

番号 NO	細分番号 sub. no	NACCS用	品　　名	単位 UNIT I	単位 UNIT II	DESCRIPTION	参　考
87.12							
8712.00	000	6	自転車(運搬用三輪自転車を含むものとし、原動機付きのものを除く。)		NO	Bicycles and other cycles (including delivery tricycles), not motorised	

番号 NO	細分番号 sub. no	NACCS用	品　　名	単位 UNIT I	単位 UNIT II	DESCRIPTION	参　考
87.15							
8715.00	000	0	乳母車及びその部分品		KG	Baby carriages and parts thereof	

第95類 がん具、遊戯用具及び運動用具並びにこれら
の部分品及び附属品

注
1　この類には、次の物品を含まない。
(a)　ろうそく（第34.06項参照）
(b)　第36.04項の花火その他の火工品

(c)　第39類、第42.06項又は第11部の糸、単繊維、ひも、ガッ
　　トその他これらに類する物品で、釣り用のものを特定の
　　長さに切つたもののうち釣糸に仕上げてないもの
(d)　第42.02項、第43.03項又は第43.04項のスポーツバッ
　　グその他の容器
(e)　第61類又は第62類の紡織用繊維製の運動用衣類及び特
　　殊衣類（肘、膝又はそけい部にパッド又は詰物等のさ細
　　な保護用部分を有するか有しないかを問わない。例えば、
　　フェンシング用衣類及びサッカーのゴールキーパー用
　　ジャージー）並びに第61類又は第62類の紡織用繊維製の
　　仮装用の衣類
(f)　第63類の紡織用繊維製の帆（ボート用、セールボード
　　用又はランドクラフト用のものに限る。）及び旗類
(g)　第64類のスポーツ用の履物（アイススケート又はロー
　　ラースケートを取り付けたスケート靴を除く。）及び第65
　　類の運動用帽子
(h)　つえ、むちその他これらに類する製品（第66.02項参照）
　　及びこれらの部分品（第66.03項参照）
(ij)　人形その他のがん具に使用する第70.18項のガラス製
　　の眼（取り付けてないものに限る。）
(k)　第15部の注2の卑金属製のはん用性の部分品（第15部
　　参照）及びプラスチック製のこれに類する物品（第39類参
　　照）
(l)　第83.06項のベル、ゴングその他これらに類する物品
(m)　液体ポンプ（第84.13項参照）、液体又は気体のろ過機
　　及び清浄機（第84.21項参照）、電動機（第85.01項参照）、
　　トランスフォーマー（第85.04項参照）、ディスク、テープ、
　　不揮発性半導体記憶装置、スマートカードその他の媒体
　　（記録してあるかないかを問わない。）（第85.23項参照）、
　　無線遠隔制御機器（第85.26項参照）並びにコードレス赤
　　外線遠隔操作装置（第85.43項参照）

(n)　第17部のスポーツ用車両（ボブスレー、トボガンその
　　他これらに類する物品を除く。）
(o)　幼児用自転車（第87.12項参照）
(p)　カヌー、スキフその他これらに類するスポーツ用ボー
　　ト（第89類参照）及びこれらの推進用具（木製品について
　　は、第44類参照）
(q)　運動用又は戸外遊戯用の眼鏡その他これに類する物品
　　（第90.04項参照）
(r)　おとり笛及びホイッスル（第92.08項参照）
(s)　第93類の武器その他の物品

Chapter 95　Toys, games and sports requisites;
parts and accessories thereof

Notes.
1.- This Chapter does not cover:
　(a) Candles (heading 34.06);
　(b) Fireworks or other pyrotechnic articles of heading
　　36.04;
　(c) Yarns, monofilament, cords or gut or the like for fishing,
　　cut to length but not made up into fishing lines, of Chap-
　　ter 39, heading 42.06 or Section XI;
　(d) Sports bags or other containers of heading 42.02, 43.03
　　or 43.04;
　(e) Fancy dress of textiles, of Chapter 61 or 62; sports
　　clothing and special articles of apparel of textiles, of
　　Chapter 61 or 62, whether or not incorporating inciden-
　　tally protective components such as pads or padding in
　　the elbow, knee or groin areas (for example, fencing
　　clothing or soccer goalkeeper jerseys);
　(f) Textile flags or bunting, or sails for boats, sailboards or
　　land craft, of Chapter 63;
　(g) Sports footwear (other than skating boots with ice or
　　roller skates attached) of Chapter 64, or sports head-
　　gear of Chapter 65;
　(h) Walking-sticks, whips, riding-crops or the like (heading
　　66.02), or parts thereof (heading 66.03);
　(ij) Unmounted glass eyes for dolls or other toys, of heading
　　70.18;
　(k) Parts of general use, as defined in Note 2 to Section XV,
　　of base metal (Section XV), or similar goods of plastics
　　(Chapter 39);
　(l) Bells, gongs or the like of heading 83.06;
　(m) Pumps for liquids (heading 84.13), filtering or purifying
　　machinery and apparatus for liquids or gases (heading
　　84.21), electric motors (heading 85.01), electric trans-
　　formers (heading 85.04), discs, tapes, solid-state non-vol-
　　atile storage devices, "smart cards" and other media for
　　the recording of sound or of other phenomena, whether
　　or not recorded (heading 85.23), radio remote control
　　apparatus (heading 85.26) or cordless infrared remote
　　control devices (heading 85.43);
　(n) Sports vehicles (other than bobsleighs, toboggans and
　　the like) of Section XVII;
　(o) Children's bicycles (heading 87.12);
　(p) Sports craft such as canoes and skiffs (Chapter 89), or
　　their means of propulsion (Chapter 44 for such articles
　　made of wood);
　(q) Spectacles, goggles or the like, for sports or outdoor
　　games (heading 90.04);
　(r) Decoy calls or whistles (heading 92.08);
　(s) Arms or other articles of Chapter 93;

(t) 電気花飾り(第94.05項参照)
(u) 一脚、二脚、三脚その他これらに類する物品(第96.20項参照)
(v) ラケット用ガット、テントその他のキャンプ用品並びに手袋、ミトン及びミット(構成する材料により該当する項に属する。)
(w) 食卓用品、台所用品、化粧用品、じゆうたんその他の紡織用繊維の床用敷物、衣類、ベッドリネン、テーブルリネン、トイレットリネン、キッチンリネンその他これらに類する実用的機能を有する物品(構成する材料によりそれぞれ該当する項に属する。)
2 この類には、天然若しくは養殖の真珠、天然、合成若しくは再生の貴石若しくは半貴石又は貴金属若しくは貴金属を張つた金属をさ細な部分にのみ使用したものを含む。
3 この類の物品に専ら又は主として使用する部分品及び附属品は、1の物品を除くほか、当該この類の物品が属する項に属する。
4 この類の注1のものを除くほか、第95.03項には、この項の物品と一以上の物品(輸出統計品目表の解釈に関する通則3(b)のセットではないもので、単独で提示する場合は他の項に属するものに限る。)とを組み合わせたものを含む(小売用にしたもの及びがん具の重要な特性を有する組合せにしたものに限る。)。
5 第95.03項には、その意匠、形状又は構成材料から専ら動物用と認められるもの(例えば、ペット用がん具)を含まない(それぞれ該当する項に属する。)。

号注
1 第9504.50号には、次の物品を含む。
(a) ビデオゲーム用のコンソール(テレビジョン受像機、モニターその他の外部のスクリーン又は表面に画像を再生するものに限る。)
(b) ビデオスクリーンを自蔵するビデオゲーム用の機器(携帯用であるかないかを問わない。)
この号には、硬貨、銀行券、バンクカード、トークンその他の支払手段により作動するビデオゲーム用のコンソール又は機器(第9504.30号参照)を含まない。

(t) Electric garlands of all kinds (heading 94.05);
(u) Monopods, bipods, tripods and similar articles (heading 96.20);
(v) Racket strings, tents or other camping goods, or gloves, mittens and mitts (classified according to their constituent material); or
(w) Tableware, kitchenware, toilet articles, carpets and other textile floor coverings, apparel, bed linen, table linen, toilet linen, kitchen linen and similar articles having a utilitarian function (classified according to their constituent material).
2.– This Chapter includes articles in which natural or cultured pearls, precious or semi-precious stones (natural, synthetic or reconstructed), precious metal or metal clad with precious metal constitute only minor constituents.
3.– Subject to Note 1 above, parts and accessories which are suitable for use solely or principally with articles of this Chapter are to be classified with those articles.
4.– Subject to the provisions of Note 1 above, heading 95.03 applies, *inter alia*, to articles of this heading combined with one or more items, which cannot be considered as sets under the terms of General Interpretative Rule 3 (b), and which, if presented separately, would be classified in other headings, provided the articles are put up together for retail sale and the combinations have the essential character of toys.
5.– Heading 95.03 does not cover articles which, on account of their design, shape or constituent material, are identifiable as intended exclusively for animals, for example, "pet toys" (classification in their own appropriate heading).

Subheading Note.
1.– Subheading 9504.50 covers :
(a) Video game consoles from which the image is reproduced on a television receiver, a monitor or other external screen or surface; or
(b) Video game machines having a self-contained video screen, whether or not portable.
This subheading does not cover video game consoles or machines operated by coins, banknotes, bank cards, tokens or by any other means of payment (subheading 9504.30).

番号 NO	細分番号 sub. no	NACCS用	品　名	単位 UNIT		DESCRIPTION	参　考
				I	II		
95.03							
9503.00	000	6	三輪車、スクーター、足踏み式自動車その他これらに類する車輪付き玩具、人形用乳母車、人形、その他の		KG	Tricycles, scooters, pedal cars and similar wheeled toys; dolls' carriages; dolls; other toys; reduced-size ("scale") models and	賀1-2、4-1の2、13-4

番号 NO	細分番号 sub. no	NACCS用	品 名	単位 UNIT I	単位 UNIT II	DESCRIPTION	参 考
(9503.00)			玩具、縮尺模型その他これに類する娯楽用模型（作動するかしないかを問わない。）及びパズル			similar recreational models, working or not; puzzles of all kinds	
95.04			ビデオゲーム用のコンソール及び機器、遊戯場用、テーブルゲーム用又は室内遊戯用の物品（ピンテーブル、ビリヤード台、カジノ用に特に製造したテーブル及びボーリングアレー用自動装置を含む。）			Video game consoles and machines, articles for funfair, table or parlour games, including pintables, billiards, special tables for casino games and automatic bowling alley equipment:	
9504.20	000	5	－ビリヤード用の物品及び附属品		KG	－ Articles and accessories for billiards of all kinds	
9504.30	000	2	－その他のゲーム用のもの（硬貨、銀行券、バンクカード、トークンその他の支払手段により作動するものに限るものとし、ボーリングアレー用自動装置を除く。）	NO	KG	－ Other games, operated by coins, banknotes, bank cards, tokens or by any other means of payment, other than automatic bowling alley equipment	質Ⅱ-35の2
9504.40	000	6	－遊戯用カード	ST	KG	－ Playing cards	
9504.50			－ビデオゲーム用のコンソール又は機器（第9504.30号の物品を除く。）			－ Video game consoles and machines, other than those of subheading 9504.30:	
	100	5	－－テレビジョン受像機を使用する種類のビデオゲーム		KG	－ － Video games of a kind used with a television receiver	〃
			－－その他のもの			－ － Other:	
	910	3	－－－電子式ゲーム用具（電池内蔵式のもの）	NO	KG	－ － － Electronic games, with self-contained batteries	
	990	6	－－－その他のもの	NO	KG	－ － － Other	〃
9504.90	000	5	－その他のもの	NO	KG	－ Other	質Ⅱ-35の2、Ⅱ-36

解答・解説②（がん具等）

解 答　a：⑤、b：④、c：①、d：⑩、e：⑪

解 説

換算レート：1ドル＝118.00円（9月17日〜9月23日）（10月1日の属する週の前々週のレート）

仕入書価格に含まれる費用：輸出申告価格は、本邦の輸出港における本船甲板渡し価格（＝FOB価格）であるから、仕入書の価格及び問題文記5を参考にして、仕入書価格（CIF価格）に含まれる輸入港に到着するまでの海上運賃US$1,400.00及び海上保険料US$100.00を価格按分により輸出申告価格から控除する必要がある。また、問題文記6にある銀行手数料については、関税法基本通達67－1－4（1）イ（ロ）に、銀行手数料の合計額が貨物代金の5％相当額を超える場合であり、その銀行手数料が仕入書価格より値引きされ、その値引き額が仕入書に明記されている場合には、仕入書に表示された値引き前の価格を基にし、本邦の輸出港における本船甲板渡し価格（＝FOB価格）としてこれに必要な調整を加え計算した価格を輸出申告価格とすると規定されている。したがって、問題文記6より銀行手数料は仕入書価格の7％相当額であり、仕入書価格より1,050米ドルが値引きされているので、値引き前の仕入書価格により申告価格を計算する。これらより、仕入書に表示されたそれぞれのCIF価格から問題文記5にある輸入港に到着するまでの海上運賃US$1,400.00及び海上保険料US$100.00を価格按分により控除する。なお、東京港における本船甲板渡し価格（＝FOB価格）の合計額を算出する式は、FOB価格を1とすると以下の式ができる。

ちなみに、FOB価格の合計額は、

　　FOB価格の合計額　＝　仕入書価格の合計額　－　US$1,400　－　US$100

という式により計算することができる。

そこで仕入書価格の合計額を上記式に当てはめて計算すると、

　　FOB価格の合計額　＝　US$15,000　－　US$1,400　－　US$100
　　　　　　　　　　＝　US$13,500

となる。

少額合算基準額（CIF価格）：200,000円×US$15,000（CIF合計額：仕入書の合計額）÷US$13,500（FOB合計額：輸出申告価格）÷118.00円／US$＝US$1,883.239…（各商品はCIF価格のため、少額合算基準額（20万円）をCIF価格の合計額に対す

る FOB 価格の合計額の比を乗じて換算レートで割ると CIF 価格に換算した少額
合算基準額が分かる。そして、この基準額を下回る CIF 価格の商品は、仕入書番
号1、3、6、7である。なお、FOB 価格における少額合算基準は、200,000 円 ÷
118.00 円／ US$ = US$1,694.915…となる。)

商品分類：

（少額貨物の可能性のあるものは、各 10 桁の最後の数字に（　）を付けている。）

1：950300000（6）「プラスチック製の人形用乳母車、電動機なし」
　　①がん具は第 95 類に分類される。
　　②人形用乳母車であるので、「9503.00.000（6）」に分類される。

2：8715000000　「鉄鋼製の乳母車、電動機なし」
　　①鉄道用以外の車両は第 87 類に分類される。
　　②乳母車は第 87.15 項に分類される。
　　③乳母車であるので、「8715.00.0000」に分類される。

3：950420000（5）「木製のビリヤード台」
　　①がん具及び遊戯用具は第 95 類に分類される。
　　②ビリヤード台は第 95.04 項に分類する。
　　③ビリヤード用の物品であるので、「9504.20.000（5）」に分類される。

4：3604100006　「がん具の花火」
　　①火薬類は第 36 類に分類される。
　　②花火は第 36.04 項に分類される。
　　③花火であるので、「3604.10.0006」に分類される。

5：9504900005　「木製のカジノテーブル（ルーレット用）、電気式のものではない」
　　①遊戯用具は第 95 類に分類される。
　　②遊技場用の物品は第 95.04 項に分類する。
　　③カジノ用のテーブルは、第 9504.20 号から第 9504.50 号までに該当するものがない
　　　ので、その他のものとして第 9504.90 号に分類される。
　　④カジノ用のテーブルであるので、その他のものとして「9504.90.0005」に分類される。

6：871200000（6）「鉄鋼製の幼児用自転車、原動機付のものではない」
　　①鉄道用以外の車両は第 87 類に分類される。
　　②第 87 類注 4 の規定より幼児用自転車は第 87.12 項に分類される。

③自転車であるので、「8712.00.000 (6)」に分類される。

7：950430000 (2)　「ビデオゲーム用の機器、銀行券により作動するもの」
①がん具及び遊戯用具は第 95 類に分類される。
②遊戯用具は第 95.04 項に分類される。
③銀行券により作動するビデオゲーム用の機器であるので、第 9504.50 号の規定より第 9504.50 号に該当せず、「9504.30.000 (2)」に分類される。

8：9503000006　「プラスチック製のがん具の幼児用足踏み式自動車、電動機なし」
①がん具は第 95 類に分類される。
②足踏み式自動車であるので、「9503.00.0006」に分類される。

解答欄の確認：仕入書番号 1 と 8 の分類番号が同じなのでこれらを合算する。合算後の価格は US\$3,300.00（= US\$1,300.00 + US\$2,000.00）となるので、これらは少額貨物ではないことが分かる。ほかには仕入書番号が同じものがないので、少額合算を行う。少額貨物は結果的に仕入書番号 3、6 及び 7 であるのでこれらを合算して申告価格が最も大きい仕入書番号 6 に分類し、10 桁目は「X」とする。ちなみに、これらの価格を確認しておくと次のようになる。US\$1,600.00 + US\$1,800.00 + US\$1,700.00 = US\$5,100.00。あとは問題文に従い価格の大きい順に解答していき、少額合算したものは最後に解答していく。なお、輸出申告の問題では、申告価格の大小のみ判断すればよいので、円に換算せずに外国通貨のまま（例えば米ドルの金額のまま）判断するほうが、数字の桁数も少なく、計算によるミスもないので、仕入書に記載されている価格のまま判断するほうがよい。ただ、ここでは、学習の参考のために外国通貨を円に換算しておくので、余裕があれば、外国通貨を円に換算する方法も学習しておいてもらいたい。

解答：
a. ⑤ 9503000006（US\$3,300.00）
US\$3,300 × US\$13,500 ÷ US\$15,000 × 118.00 円 = 350,460 円
b. ④ 8715000000（US\$2,300.00）
US\$2,300 × US\$13,500 ÷ US\$15,000 × 118.00 円 = 244,260 円
c. ① 3604100006（US\$2,200.00）
US\$2,200 × US\$13,500 ÷ US\$15,000 × 118.00 円 = 233,640 円
d. ⑩ 9504900005（US\$2,100.00）
US\$2,100 × US\$13,500 ÷ US\$15,000 × 118.00 円 = 223,020 円
e. ⑪ 871200000X（US\$5,100.00）
US\$5,100 × US\$13,500 ÷ US\$15,000 × 118.00 円 = 541,620 円

　別紙１の仕入書及び下記事項により、「各種ケース等」の輸出申告を輸出入・港湾関連情報処理システム（NACCS）を使用して行う場合、別紙２の輸出申告事項登録画面の統計品目番号欄（(a)〜(e)）に入力すべき統計品目番号を、別冊の「輸出統計品目表」（抜すい）を参照して、下の選択肢の中から選び、その番号を答えなさい。

記

1　統計品目番号が同一となるものがある場合には、これらを一欄にまとめる。
2　統計品目番号が異なるものの申告価格が20万円以下のものについては、これらを一括して一欄にまとめる。
　　なお、この場合に入力すべき統計品目番号は、これらの品目のうち申告価格が最も大きいものの統計品目番号とし、10桁目は「X」とする。
3　輸出申告事項登録は、申告価格（上記１によりまとめられたものについては、その合計額）の大きいものから順に入力されるものとし、上記２により一括して一欄にまとめるものについては、最後の欄に入力されるものとする。
4　別紙１の仕入書に記載されている価格には、東京港における本船甲板渡し価格（FOB価格）の10％に相当する額の海上運賃及び海上保険料が加算されている。
5　仕入書の１番目、６番目、８番目の商品は、鍛造又は型打ちをしたものではなく、鉄鋼の線から製造したものではない。また、仕入書の１番目から３番目の商品は、通常ハンドバッグに入れて携帯するように特に製造されたかなり小さいサイズのものである。
6　別紙１の仕入書に記載されている米ドル建価格の本邦通貨への換算は、別紙３の「実勢外国為替相場の週間平均値」を参照して行う。
7　申告年月日は、令和××年９月27日とする。

[統計品目番号の選択肢]

① 3923100005	② 3923290000	③ 4202110006
④ 4202120005	⑤ 4202310000	⑥ 4202320006
⑦ 4202390006	⑧ 4202910003	⑨ 4202920002
⑩ 4202190005	⑪ 7326190001	⑫ 7326900000
⑬ 420212000X	⑭ 420231000X	⑮ 732690000X

別紙1

INVOICE

Seller	Kumamoto Boeki Co., Ltd		Invoice No. and Date	
	1-1 1-Chome Kasumigaseki,		HFC-972 Sep. 21, 20XX	
	Chiyoda-ku Tokyo Japan			

Buyer		Country of Origin : Japan	
ALS TRADING CO., LTD		L/C No.	Date
1902 Rampart St., San Diego, U.S.A.		ALS-00325675	Sep. 2, 20XX

Vessel	On or about	Issuing Bank	
Yamagata Maru	Oct.1, 20XX	San Diego Bank	

From Tokyo, Japan	Via		

To San Diego, U.S.A.		Other payment Terms	

Marks and Nos.		Description of Goods	Quantity	Unit Price (per PC)	Amount
		Cases and Bags.			
	1	Cigarette-cases	200pc	US$5.00	US$1,000.00
		made of steel, not cast articles			
	2	Cigarette-cases	100pc	US$21.00	US$2,100.00
		made of leather(inner and outer			
		surface)			
	3	Toilet bags made of	1,000pc	US$2.40	US$2,400.00
		sheeting of plastics(polyesters),			
ALS		designed for prolonged use			
SAN DIEGO	4	Brief cases made of	200pc	US$10.00	US$2,000.00
MADE IN JAPAN		sheeting of plastics(polyesters),			
		designed for prolonged use			
	5	Bags with handle	5,000pc	US$0.46	US$2,300.00
		made of sheeting of plastics			
		(polyesters), not designed			
		for prolonged use			
	6	Vanity-cases made	500pc	US$2.80	US$1,400.00
		of steel, not cast articles			
	7	Vanity-cases made	1,600pc	US$1.00	US$1,600.00
		of paperboard			
	8	Bottle-cases made	500pc	US$3.00	US$1,500.00
		of steel, not cast articles			
Kumamoto Boeki Co., Ltd			Total CIF		US$14,300.00
(signature)					

輸出申告書 1

別紙2

輸出申告事項登録（輸出・特定委託輸出・積戻し申告／大額）

共通部　繰返部

				申告番号 [____]

大額・小額識別 [L]　申告等種別 [E]　申告先種別 [__]　貨物識別 [__]　あて先官署 [__]　あて先部門 [__]

申告予定年月日 [_____]

輸出者　99999　KUMAMOTO BOEKI CO LTD

輸出者住所　TOKYO TO CHIYODA KU KASUMIGASEKI 1CHOME 1-1

輸出者電話 [_____]

申告予定者 [_____]　通関予定蔵置場所 [_____]

貨物個数　1000　[CS]　　貨物重量　5,000　[KGM]

記号番号 [_____]

最終仕向地　USSAN　[_____]　積込港 [____]　貿易形態別符号 [____]

積載予定船舶 [____] — YAMAGATA MARU　　出港予定年月日　20XX1001

インボイス番号等 [A] — HFC-972 — 20XX0921

インボイス価格等 [CIF] — [USD] — 14,300.00 — [A] FOB価格等 [____] — [____]

輸出申告事項登録(輸出・特定委託輸出・積戻し申告/大額)

共通部	繰返部

<01欄> 統計品目番号 (a) 品名

数量(1) 　　　　　 数量(2)

BPR按分係数 　　　　　 BPR通貨コード

他法令 (1) (2) (3) (4) (5)

輸出貿易令別表コード 外為法第48条コード 関税減免戻税コード

内国消税免税コード 内国消税免税識別

<02欄> 統計品目番号 (b) 品名

数量(1) 　　　　　 数量(2)

BPR按分係数 　　　　　 BPR通貨コード

他法令 (1) (2) (3) (4) (5)

輸出貿易令別表コード 外為法第48条コード 関税減免戻税コード

内国消税免税コード 内国消税免税識別

<03欄> 統計品目番号 (c) 品名

数量(1) 　　　　　 数量(2)

BPR按分係数 　　　　　 BPR通貨コード

他法令 (1) (2) (3) (4) (5)

輸出貿易令別表コード 外為法第48条コード 関税減免戻税コード

内国消税免税コード 内国消税免税識別

<04欄> 統計品目番号 (d) 品名

数量(1) 　　　　　 数量(2)

BPR按分係数 　　　　　 BPR通貨コード

他法令 (1) (2) (3) (4) (5)

輸出貿易令別表コード 外為法第48条コード 関税減免戻税コード

内国消税免税コード 内国消税免税識別

<05欄> 統計品目番号 (e) 品名

数量(1) 　　　　　 数量(2)

BPR按分係数 　　　　　 BPR通貨コード

他法令 (1) (2) (3) (4) (5)

輸出貿易令別表コード 外為法第48条コード 関税減免戻税コード

内国消税免税コード 内国消税免税識別

1 輸出申告書

別紙3

実勢外国為替相場の週間平均値
（1米ドルに対する円相場）

期　　　間	週間平均値
令和××.9. 2 ～ 令和××.9. 8	¥95.00
令和××.9. 9 ～ 令和××.9.15	¥100.00
令和××.9.16 ～ 令和××.9.22	¥97.50
令和××.9.23 ～ 令和××.9.29	¥102.50

第7部　プラスチック及びゴム並びにこれらの製品

Section VII　Plastics and articles thereof; rubber and articles thereof

注
1　二以上の独立した構成成分（その一部又は全部がこの部に属し、かつ、第6部又はこの部の生産品を得るために相互に混合するものに限る。）から成るセットにした物品は、当該構成成分が次のすべての要件を満たす場合に限り、当該生産品が属する項に属する。

(a)　取りそろえた状態からみて、詰め替えることなく共に使用するためのものであることが明らかに認められること。
(b)　共に提示するものであること。
(c)　当該構成成分の性質又は相対的な量の比のいずれかにより互いに補完し合うものであることが認められること。

2　プラスチック及びゴム並びにこれらの製品で、モチーフ、字又は絵を印刷したもののうち、当該モチーフ、字又は絵がこれらの物品の本来の用途に対し付随的でないものは、第49類に属する。ただし、第39.18項又は第39.19項の物品を除く。

Notes.
1.- Goods put up in sets consisting of two or more separate constituents, some or all of which fall in this Section and are intended to be mixed together to obtain a product of Section VI or VII, are to be classified in the heading appropriate to that product, provided that the constituents are:
(a) having regard to the manner in which they are put up, clearly identifiable as being intended to be used together without first being repacked;
(b) presented together; and
(c) identifiable, whether by their nature or by the relative proportions in which they are present, as being complementary one to another.
2.- Except for the goods of heading 39.18 or 39.19, plastics, rubber, and articles thereof, printed with motifs, characters or pictorial representations, which are not merely incidental to the primary use of the goods, fall in Chapter 49.

第39類　プラスチック及びその製品

Chapter 39　Plastics and articles thereof

注
1　この表において「プラスチック」とは、第39.01項から第39.14項までの材料で、重合の段階又はその後の段階で、加熱、加圧その他の外部の作用（必要に応じ溶剤又は可塑剤を加えることができる。）の下で、鋳造、押出し、圧延その他の方法により成形することができ、かつ、外部の作用の除去後もその形を維持することができるものをいう。

　この表においてプラスチックには、バルカナイズドファイバーを含むものとし、第11部の紡織用繊維とみなされる材料を含まない。

2　この類には、次の物品を含まない。
(a)　第27.10項又は第34.03項の調製潤滑剤
(b)　第27.12項又は第34.04項のろう
(c)　化学的に単一の有機化合物（第29類参照）

(d)　ヘパリン及びその塩（第30.01項参照）
(e)　第39.01項から第39.13項までの物品を揮発性有機溶剤に溶かした溶液（溶剤の含有量が全重量の50％を超えるものに限るものとし、コロジオンを除く。第32.08項参照）及び第32.12項のスタンプ用のはく

(f)　第34.02項の有機界面活性剤及び調製品

Notes.
1.- Throughout the Nomenclature the expression "plastics" means those materials of headings 39.01 to 39.14 which are or have been capable, either at the moment of polymerisation or at some subsequent stage, of being formed under external influence (usually heat and pressure, if necessary with a solvent or plasticiser) by moulding, casting, extruding, rolling or other process into shapes which are retained on the removal of the external influence.
　Throughout the Nomenclature any reference to "plastics" also includes vulcanised fibre. The expression, however, does not apply to materials regarded as textile materials of Section XI.
2.- This Chapter does not cover:
(a) Lubricating preparations of heading 27.10 or 34.03;
(b) Waxes of heading 27.12 or 34.04;
(c) Separate chemically defined organic compounds (Chapter 29);
(d) Heparin or its salts (heading 30.01);
(e) Solutions (other than collodions) consisting of any of the products specified in headings 39.01 to 39.13 in volatile organic solvents when the weight of the solvent exceeds 50% of the weight of the solution (heading 32.08); stamping foils of heading 32.12;
(f) Organic surface-active agents or preparations of head-

1

輸出申告書

(g) ランガム及びエステルガム（第38.06項参照）

(g) Run gums or ester gums (heading 38.06);

(h) 鉱物油（ガソリンを含む。）用又は鉱物油と同じ目的に使用するその他の液体用の調製添加剤（第38.11項参照）

(h) Prepared additives for mineral oils (including gasoline) or for other liquids used for the same purposes as mineral oils (heading 38.11);

(ij) ポリグリコール、シリコーンその他の第39類の重合体をもととした調製液圧液（第38.19項参照）

(ij) Prepared hydraulic fluids based on polyglycols, silicones or other polymers of Chapter 39 (heading 38.19);

(k) 診断用又は理化学用の試薬（プラスチック製の支持体を使用したものに限る。第38.22項参照）

(k) Diagnostic or laboratory reagents on a backing of plastics (heading 38.22);

(l) 第40類の合成ゴム及びその製品

(l) Synthetic rubber, as defined for the purposes of Chapter 40, or articles thereof;

(m) 動物用の装着具（第42.01項参照）及び第42.02項のトランク、スーツケース、ハンドバッグその他の容器

(m) Saddlery or harness (heading 42.01) or trunks, suitcases, handbags or other containers of heading 42.02;

(n) 第46類のさなだ、枝条細工物その他の製品

(n) Plaits, wickerwork or other articles of Chapter 46;

(o) 第48.14項の壁面被覆材

(o) Wall coverings of heading 48.14;

(p) 第11部の物品（紡織用繊維及びその製品）

(p) Goods of Section XI (textiles and textile articles);

(q) 第12部の物品（例えば、履物、帽子、傘、つえ及びむち並びにこれらの部分品）

(q) Articles of Section XII (for example, footwear, headgear, umbrellas, sun umbrellas, walking-sticks, whips, riding-crops or parts thereof);

(r) 第71.17項の身辺用模造細貨類

(r) Imitation jewellery of heading 71.17;

(s) 第16部の物品（機械類及び電気機器）

(s) Articles of Section XVI (machines and mechanical or electrical appliances);

(t) 第17部の航空機又は車両の部分品

(t) Parts of aircraft or vehicles of Section XVII;

(u) 第90類の物品（例えば、光学用品、眼鏡のフレーム及び製図機器）

(u) Articles of Chapter 90 (for example, optical elements, spectacle frames, drawing instruments);

(v) 第91類の物品（例えば、時計のケース）

(v) Articles of Chapter 91 (for example, clock or watch cases);

(w) 第92類の物品（例えば、楽器及びその部分品）

(w) Articles of Chapter 92 (for example, musical instruments or parts thereof);

(x) 第94類の物品（例えば、家具、ランプその他の照明器具、イルミネーションサイン及びプレハブ建築物）

(x) Articles of Chapter 94 (for example, furniture, lamps and lighting fittings, illuminated signs, prefabricated buildings);

(y) 第95類の物品（例えば、がん具、遊戯用具及び運動用具）

(y) Articles of Chapter 95 (for example, toys, games, sports requisites); or

(z) 第96類の物品（例えば、ブラシ、ボタン、スライドファスナー、くし、喫煙用パイプの吸い口及び柄、シガレットホルダー類、魔法瓶その他これに類する容器の部分品、ペン、シャープペンシル並びに一脚、二脚、三脚その他これに類する物品）

(z) Articles of Chapter 96 (for example, brushes, buttons, slide fasteners, combs, mouthpieces or stems for smoking pipes, cigarette-holders or the like, parts of vacuum flasks or the like, pens, propelling pencils, and monopods, bipods, tripods and similar articles).

3 第39.01項から第39.11項までには、化学合成により製造した物品で次のもののみを含む。

3.- Headings 39.01 to 39.11 apply only to goods of a kind produced by chemical synthesis, falling in the following categories:

(a) 減圧蒸留法により蒸留した場合において1,013ミリバールに換算したときの温度300度における留出容量が全容量の60%未満の液状の合成ポリオレフィン（第39.01項及び第39.02項参照）

(a) Liquid synthetic polyolefins of which less than 60% by volume distils at 300℃, after conversion to 1,013 millibars when a reduced-pressure distillation method is used (headings 39.01 and 39.02);

(b) 低重合のクマロン－インデン系樹脂（第39.11項参照）

(b) Resins, not highly polymerised, of the coumarone-indene type (heading 39.11);

(c) その他の合成重合体で平均5以上の単量体から成るもの

(c) Other synthetic polymers with an average of at least 5 monomer units;

(d) シリコーン（第39.10項参照）

(d) Silicones (heading 39.10);

番号 NO	細分番号 sub. no	N A C C S 用	品 名	単位 UNIT I	単位 UNIT II	DESCRIPTION	参 考
39.22			プラスチック製の浴槽、シャワーバス、台所用流し、洗面台、ビデ、便器、便座、便器用の覆い、水洗用の水槽その他これらに類する衛生用品			Baths, shower-baths, sinks, wash-basins, bidets, lavatory pans, seats and covers, flushing cisterns and similar sanitary ware, of plastics :	
3922.10	000	0	−浴槽、シャワーバス、台所用流し及び洗面台		KG	− Baths, shower-baths, sinks and wash-basins	
3922.20	000	4	−便座及び便器用の覆い		KG	− Lavatory seats and covers	
3922.90	000	4	−その他のもの		KG	− Other	
39.23			プラスチック製の運搬用又は包装用の製品及びプラスチック製の栓、ふた、キャップその他これらに類する物品			Articles for the conveyance or packing of goods, of plastics ; stoppers, lids, caps and other closures, of plastics :	
3923.10	000	5	−箱、ケース、クレートその他これらに類する製品		KG	− Boxes, cases, crates and similar articles	
			−袋(円すい状のものを含む。)			− Sacks and bags (including cones):	
3923.21	000	1	−−エチレンの重合体製のもの		KG	− − Of polymers of ethylene	
3923.29	000	0	−−その他のプラスチック製のもの		KG	− − Of other plastics	實5-1
3923.30	000	6	−瓶、フラスコその他これらに類する製品		KG	− Carboys, bottles, flasks and similar articles	
3923.40	000	3	−スプール、コップ、ボビンその他これらに類する支持物		KG	− Spools, cops, bobbins and similar supports	
3923.50	000	0	−栓、ふた、キャップその他これらに類する物品		KG	− Stoppers, lids, caps and other closures	〃
3923.90	000	2	−その他のもの		KG	− Other	〃
39.24			プラスチック製の食卓用品、台所用品その他の家庭用品及び化粧用品			Tableware, kitchenware, other household articles and hygienic or toilet articles, of plastics :	
3924.10	000	3	−食卓用品及び台所用品		KG	− Tableware and kitchenware	
3924.90	000	0	−その他のもの		KG	− Other	
39.25			プラスチック製の建築用品(他の項に該当するものを除く。)			Builders' ware of plastics, not elsewhere specified or included :	
3925.10	000	1	−貯蔵槽、タンク、おけその他これらに類する容器(容積が300リットルを超えるものに限る。)		KG	− Reservoirs, tanks, vats and similar containers, of a capacity exceeding 300 l	實3の2-2、5-1、5-3、12-2
3925.20	000	5	−戸及び窓並びにこれらの枠並びに戸の敷居		KG	− Doors, windows and their frames and thresholds for doors	實2-45

番号 NO	細分番号 sub. no	NACCS用	品　名	単位 UNIT I	単位 UNIT II	DESCRIPTION	参　考
3925.30	000	2	－よろい戸、日よけ（ベネシャンブラインドを含む。）その他これらに類する製品及びこれらの部分品		KG	－Shutters, blinds (including Venetian blinds) and similar articles and parts thereof	
3925.90	000	5	－その他のもの		KG	－Other	貿3の2-2、5-3、12-2
39.26			その他のプラスチック製品及び第39.01項から第39.14項までの材料（プラスチックを除く。）から成る製品			Other articles of plastics and articles of other materials of headings 39.01 to 39.14:	
3926.10	000	6	－事務用品及び学用品		KG	－Office or school supplies	
3926.20	000	3	－衣類及び衣類附属品（手袋、ミトン及びミットを含む。）	DZ	KG	－Articles of apparel and clothing accessories (including gloves, mittens and mitts)	貿3の2-2、5-3
3926.30	000	0	－家具用又は車体用の取付具その他これに類する取付具		KG	－Fittings for furniture, coachwork or the like	貿12-2
3926.40	000	4	－小像その他の装飾品		KG	－Statuettes and other ornamental articles	
3926.90	000	3	－その他のもの		KG	－Other	貿2-17、2-45、3の2-2、4-2、4-3、4-15、5-1、5-3、5-18、12-2、12-7、12-8、13-2、13-3、15-1

第42類 革製品及び動物用装着具並びに旅行用具、ハ
ンドバッグその他これらに類する容器並びに
腸の製品

注
1 この類において「革」には、シャモア革(コンビネーショ
ンシャモア革を含む。)、パテントレザー、パテントラミネー
テッドレザー及びメタライズドレザーを含む。

2 この類には、次の物品を含まない。
(a) 外科用のカットガットその他これに類する縫合材(殺
菌したものに限る。第30.06項参照)
(b) 毛皮又は人造毛皮を裏張りし又は外側に付けた衣類及
び衣類附属品(第43.03項及び第43.04項参照。毛皮又は
人造毛皮を単にトリミングとして使用したもの並びに手
袋、ミトン及びミットを除く。)

(c) 網地から製造した製品(第56.08項参照)
(d) 第64類の物品
(e) 第65類の帽子及びその部分品
(f) 第66.02項のむちその他の製品
(g) カフスボタン、腕輪その他の身辺用模造細貨類(第
71.17項参照)
(h) あぶみ、くつわ、真ちゅう製動物用装飾具、留金その
他の動物用装着具の取付具及びトリミング(個別に提示
するものに限る。主として第15部に属する。)
(ij) ドラムその他これに類する楽器の革、弦その他の楽器
の部分品(第92.09項参照)
(k) 第94類の物品(例えば、家具及びランプその他の照明
器具)
(l) 第95類の物品(例えば、がん具、遊戯用具及び運動用具)

(m) 第96.06項のボタン、プレスファスナー、スナップファ
スナー及びプレススタッド並びにこれらの部分品(ボタ
ンモールドを含む。)並びにボタンのブランク
3(A) 第42.02項には、2の規定により除かれる物品のほか、
次の物品を含まない。
(a) 取手付きのプラスチックシート製の袋(印刷して
あるかないかを問わないものとし、長期間の使用を
目的としないものに限る。第39.23項参照)
(b) 組物材料の製品(第46.02項参照)
(B) 第42.02項又は第42.03項の製品には、取付具又は装飾
物を構成する部分品として貴金属若しくは貴金属を張つ
た金属、天然若しくは養殖の真珠又は天然、合成若しく
は再生の貴石若しくは半貴石を使用したもの(当該部分
品が当該製品に重要な特性を与えていないものに限る。)
を含む。当該部分品が当該製品に重要な特性を与えてい
る場合には、当該製品は、第71類に属する。

Chapter 42 Articles of leather; saddlery and har-
ness; travel goods, handbags and similar
containers; articles of animal gut (other
than silk-worm gut)

Notes.
1.- For the purposes of this Chapter, the term "leather" in-
cludes chamois (including combination chamois) leather,
patent leather, patent laminated leather and metallised
leather.

2.- This Chapter does not cover:
(a) Sterile surgical catgut or similar sterile suture materials
(heading 30.06);
(b) Articles of apparel or clothing accessories (except
gloves, mittens and mitts), lined with furskin or artificial
fur or to which furskin or artificial fur is attached on
the outside except as mere trimming (heading 43.03 or
43.04);
(c) Made up articles of netting (heading 56.08);
(d) Articles of Chapter 64;
(e) Headgear or parts thereof of Chapter 65;
(f) Whips, riding-crops or other articles of heading 66.02;
(g) Cuff-links, bracelets or other imitation jewellery (heading
71.17);
(h) Fittings or trimmings for harness, such as stirrups, bits,
horse brasses and buckles, separately presented (gener-
ally Section XV);
(ij) Strings, skins for drums or the like, or other parts of
musical instruments (heading 92.09);
(k) Articles of Chapter 94 (for example, furniture, lamps
and lighting fittings);
(l) Articles of Chapter 95 (for example, toys, games, sports
requisites); or
(m) Buttons, press-fasteners, snap-fasteners, press-studs, but-
ton moulds or other parts of these articles, button
blanks, of heading 96.06.
3.-(A) In addition to the provisions of Note 2 above, heading
42.02 does not cover:
(a) Bags made of sheeting of plastics, whether or not
printed, with handles, not designed for prolonged use
(heading 39.23);
(b) Articles of plaiting materials (heading 46.02).
(B) Articles of headings 42.02 and 42.03 which have parts of
precious metal or metal clad with precious metal, of
natural or cultured pearls, of precious or semi-precious
stones (natural, synthetic or reconstructed) remain clas-
sified in those headings even if such parts constitute
more than minor fittings or minor ornamentation, pro-
vided that these parts do not give the articles their es-
sential character. If, on the other hand, the parts give
the articles their essential character, the articles are to

4　第42.03項において衣類及び衣類附属品には、手袋、ミトン及びミット（運動用又は保護用のものを含む。）、エプロンその他の保護衣類、ズボンつり、ベルト、負い革並びに腕輪（時計用のものを除く。第91.13項参照）を含む。

4.- For the purposes of heading 42.03, the expression "articles of apparel and clothing accessories" applies, *inter alia*, to gloves, mittens and mitts (including those for sport or for protection), aprons and other protective clothing, braces, belts, bandoliers and wrist straps, but excluding watch straps (heading 91.13).

番号 NO	細分番号 sub. no	NACCS用	品　名	単位 UNIT I	単位 UNIT II	DESCRIPTION	参　考
42.01							
4201.00	000	5	動物用装着具（引き革、引き綱、ひざ当て、口輪、くら敷き、くら袋、犬用のコートその他これらに類する物品を含むものとし、材料を問わない。）		KG	Saddlery and harness for any animal (including traces, leads, knee pads, muzzles, saddle cloths, saddle bags, dog coats and the like), of any material	
42.02			旅行用バッグ、断熱加工された飲食料用バッグ、化粧用バッグ、リュックサック、ハンドバッグ、買物袋、財布、マップケース、シガレットケース、たばこ入れ、工具袋、スポーツバッグ、瓶用ケース、宝石入れ、おしろい入れ、刃物用ケースその他これらに類する容器（革、コンポジションレザー、プラスチックシート、紡織用繊維、バルカナイズドファイバー若しくは板紙から製造し又は全部若しくは大部分をこれらの材料若しくは紙で被覆したものに限る。）及びトランク、スーツケース、携帯用化粧道具入れ、エグゼクティブケース、書類かばん、通学用かばん、眼鏡用ケース、双眼鏡用ケース、写真機用ケース、楽器用ケース、銃用ケース、けん銃用のホルスターその他これらに類する容器			Trunks, suit-cases, vanity-cases, executive-cases, brief-cases, school satchels, spectacle cases, binocular cases, camera cases, musical instrument cases, gun cases, holsters and similar containers; travelling-bags, insulated food or beverages bags, toilet bags, rucksacks, handbags, shopping-bags, wallets, purses, map-cases, cigarette-cases, tobacco-pouches, tool bags, sports bags, bottle-cases, jewellery boxes, powder-boxes, cutlery cases and similar containers, of leather or of composition leather, of sheeting of plastics, of textile materials, of vulcanised fibre or of paperboard, or wholly or mainly covered with such materials or with paper:	
			－トランク、スーツケース、携帯用化粧道具入れ、エグゼクティブケース、書類かばん、通学用かばんその他これらに類する容器			－ Trunks, suit-cases, vanity-cases, executive-cases, brief-cases, school satchels and similar containers:	
4202.11	000	6	－－外面が革製又はコンポジションレザー製のもの	NO	KG	－ － With outer surface of leather or of composition leather	貿II-36、II-37、IIの2
4202.12	000	5	－－外面がプラスチック製又は紡織用繊維製のもの	NO	KG	－ － With outer surface of plastics or of textile materials	
4202.19	000	5	－－その他のもの	NO	KG	－ － Other	貿II-36、II-37
			－ハンドバッグ（取手が付いていないものを含むものとし、肩ひもが付いているかいないかを問わない。）			－ Handbags, whether or not with shoulder strap, including those without handle:	
4202.21	000	3	－－外面が革製又はコンポジション	NO	KG	－ － With outer surface of leather or of	貿II-36、II-

番号 NO	細分 番号 sub. no	NACCS用	品 名	単位 UNIT I	単位 UNIT II	DESCRIPTION	参 考
(4202.21)			レザー製のもの			composition leather	37、IIの2
4202.22	000	2	－－外面がプラスチックシート製又は紡織用繊維製のもの	NO	KG	－－With outer surface of sheeting of plastics or of textile materials	
4202.29	000	2	…－その他のもの	NO	KG	－－Other	賀II-36、II-37
			－ポケット又はハンドバッグに通常入れて携帯する製品			－Articles of a kind normally carried in the pocket or in the handbag:	
4202.31	000	0	－－外面が革製又はコンポジションレザー製のもの	DZ	KG	－－With outer surface of leather or of composition leather	賀II-36、II-37、IIの2
4202.32	000	6	－－外面がプラスチックシート製又は紡織用繊維製のもの	DZ	KG	－－With outer surface of sheeting of plastics or of textile materials	
4202.39	000	6	－－その他のもの	DZ	KG	－－Other	賀II-36、II-37
			－その他のもの			－Other:	
4202.91	000	3	－－外面が革製又はコンポジションレザー製のもの	DZ	KG	－－With outer surface of leather or of composition leather	賀II-36、II-37、IIの2
4202.92	000	2	－－外面がプラスチックシート製又は紡織用繊維製のもの	DZ	KG	－－With outer surface of sheeting of plastics or of textile materials	
4202.99	000	2	－－その他のもの	DZ	KG	－－Other	賀II-36、II-37
42.03			衣類及び衣類附属品(革製又はコンポジションレザー製のものに限る。)			Articles of apparel and clothing accessories, of leather or of composition leather:	
4203.10	000	5	－衣類	DZ	KG	－Articles of apparel	賀II-36、II-37、IIの2
			－手袋、ミトン及びミット			－Gloves, mittens and mitts:	
4203.21			－－特に運動用に製造したもの			－－Specially designed for use in sports:	
	100	3	－－－野球用のもの	DZ	KG	－－－For baseball	〃
	900	5	－－－その他のもの	DZ	KG	－－－Other	〃
4203.29	000	0	－－その他のもの	DZ	KG	－－Other	〃
4203.30	000	6	－ベルト及び負い革	DZ	KG	－Belts and bandoliers	〃
4203.40	000	3	－その他の衣類附属品		KG	－Other clothing accessories	〃
42.05							
4205.00	000	4	その他の革製品及びコンポジションレザー製品		KG	Other articles of leather or of composition leather	賀II-36、II-37
42.06							
4206.00	000	2	腸、ゴールドビーターススキン、ぼうこう又は腱の製品		KG	Articles of gut (other than silk-worm gut), of goldbeater's skin, of bladders or of tendons	

第73類　鉄鋼製品

Chapter 73　Articles of iron or steel

注

1　この類において「鋳鉄」とは、含有する元素のうち鉄の重量が最大の鋳造品で、第72類の注1(d)に定義する鋼の化学的組成を有しないものをいう。

2　この類において「線」とは、熱間成形又は冷間成形をした製品で、横断面の最大寸法が16ミリメートル以下のもの（横断面の形状を問わない。）をいう。

Notes.

1.- In this Chapter the expression "cast iron" applies to products obtained by casting in which iron predominates by weight over each of the other elements and which do not comply with the chemical composition of steel as defined in Note 1 (d) to Chapter 72.

2.- In this Chapter the word "wire" means hot or cold-formed products of any cross-sectional shape, of which no cross-sectional dimension exceeds 16 mm.

番号 NO	細分番号 sub. no	NACCS用	品 名	単位 UNIT I	II	DESCRIPTION	参 考
73.25			その他の鋳造製品（鉄鋼製のものに限る。）			Other cast articles of iron or steel:	
7325.10	000	5	－非可鍛鋳鉄製のもの		KG	－ Of non-malleable cast iron	質1-1、2-22、12-2
			－その他のもの			－ Other:	
7325.91	000	1	－－粉砕機用のグラインディングボールその他これに類する製品		KG	－－ Grinding balls and similar articles for mills	質1-1
7325.99	000	0	－－その他のもの		KG	－－ Other	質1-1、2-22、12-2
73.26			その他の鉄鋼製品			Other articles of iron or steel:	
			－鍛造又は型打ちをしたもの（更に加工したものを除く。）			－ Forged or stamped, but not further worked:	
7326.11	000	2	－－粉砕機用のグラインディングボールその他これに類する製品		KG	－－ Grinding balls and similar articles for mills	質1-1
7326.19	000	1	－－その他のもの		KG	－－ Other	質1-1、2-22、4-7、4-15、12-2
7326.20	000	0	－鉄鋼の線から製造したもの		KG	－ Articles of iron or steel wire	質1-1
7326.90	000	0	－その他のもの		KG	－ Other	質1-1、2-10、2-22、3-2、4-7、4-15、5-18、12-2、12-7、15-1

解答・解説③（各種ケース等）

解答　a：⑩、b：⑫、c：⑥、d：②、e：⑭

解説

換算レート：1ドル＝100.00円（9月9日〜9月15日）（9月27日の属する週の前々週のレート）

仕入書価格に含まれる費用：輸出申告価格は、本邦の輸出港における本船甲板渡し価格（＝FOB価格）であるから、仕入書価格に含まれる輸出港から輸入港までの海上運賃及び海上保険料に相当する額を控除する必要がある。したがって、仕入書に表示されたそれぞれのCIF価格から問題文記4にある海上運賃及び海上保険料に相当する額である、東京港における本船渡し価格（FOB価格）の10％に相当する額を控除する。なお、東京港における本船渡し価格（FOB価格）の合計額を算出する式は、FOB価格を1とすると以下の式ができる。

　　仕入書価格の合計額　：　FOB価格の合計額　＝　1＋0.1　：　1

この式を整理すると、

　　仕入書価格の合計額　＝　FOB価格の合計額　×　1.1

したがって、

　　FOB価格の合計額　＝　仕入書価格の合計額　÷　1.1

という式によりFOB価格の合計額を計算することができる。

そこで仕入書価格の合計額を上記式に当てはめて計算すると、

　　FOB価格の合計額　＝　US$14,300　÷　1.1

　　　　　　　　　　＝　US$13,000.00

となる。

少額合算基準額（CIF価格）：

　　200,000円×US$14,300（CIF合計額：仕入書の合計額）÷US$13,000（FOB合計額：輸出申告価格）÷100.00円／US$＝US$2,200.00

　　各商品はCIF価格のため、少額合算基準額（20万円）をCIF価格の合計額に対するFOB価格の合計額の比を乗じて換算レートで割るとCIF価格に換算した少額合算基準額が分かる。そして、この基準額を下回るCIF価格の商品は、仕入書番号1、2、4、6、7、8である。なお、FOB価格における少額合算基準は、

　　200,000円÷100.00円／US$＝US$2,000

となる。

商品分類：

（少額貨物の可能性のあるものは、各 10 桁の最後の数字に（　）を付けている。）

1：732690000（0）　「鉄鋼製のシガレットケース、鋳造製品ではない」

①第 42 類の表題より容器類は第 42 類に該当するので、第 42.02 項の規定を確認すると、シガレットケースという規定があるが、第 42.02 項に分類されるシガレットケースには、革製・プラスチックシート製・繊維製・板紙製など材質に限定がある。したがって、鉄鋼製のシガレットケースは第 42.02 項に分類されず、材質より鉄鋼製品として第 73 類に分類される。

②鋳造製品ではないので第 73.26 項に分類される。

③問題文記 5 より、鍛造又は型打ちしたものではなく、鉄鋼の線から製造したものでもないので第 7326.90 号に分類される。

④第 7326.90 号はさらに細分されていないので、「7326.90.000（0）」に分類される。

2：420231000（0）　「内面と外面が革製のシガレットケース」

①第 42 類の表題より容器類は第 42 類に該当するので、第 42.02 項の規定を確認すると、シガレットケースという規定があり、革製のシガレットケースは第 42.02 項に該当するので、容器として第 42 類に分類される。

②革製のシガレットケースは第 42.02 項に分類される。

③問題文記 5 より、通常ハンドバッグに入れて携帯するように特に製造されたシガレットケースであるから、ハンドバッグに通常入れて携帯する製品として第 4202.31 号から第 4202.39 号に分類される。

④外面が革製のものであるので、「4202.31.000（0）」に分類される。

3：4202320006　「プラスチック（ポリエステル）シート製の化粧用バッグ、長期間の使用を目的とするもの」

①第 42 類の表題より容器類は第 42 類に該当するので、第 42.02 項の規定を確認すると、化粧用バッグという規定があり、プラスチックシート製の化粧用バッグは第 42.02 項に該当するので、容器として第 42 類に分類される。

②プラスチックシート製の化粧用バッグは第 42.02 項に分類される。

③問題文記 5 より、通常ハンドバッグに入れて携帯するように特に製造された化粧用バッグであるから、ハンドバッグに通常入れて携帯する製品として第 4202.31 号から第 4202.39 号に分類される。

④外面がプラスチックシート製のものであるので、「4202.32.0006」に分類される。

4：420212000（5）「プラスチック（ポリエステル）シート製の書類かばん、長期間の使用を目的とするもの」

①第42類の表題より容器類は第42類に該当するので、第42.02項の規定を確認すると、書類かばんという規定があり、材質にかかわらず書類かばんは第42.02項に該当するので、容器として第42類に分類される。

②書類かばんは第42.02項に分類される。

③書類かばんは第4202.11号から第4202.19号に分類される。

④外面がプラスチックシート製のものであるので、「4202.12.000（5）」に分類される。

5：3923290000「プラスチック（ポリエステル）シート製の取手付の袋、長期間の使用を目的としないもの」

①第42類の表題より容器類は第42類に該当するので、類の注の規定を確認すると、第42類注3（A）（a）に、長期間の使用を目的としない取手付きのプラスチックシート製の袋は第42類に含まないとあり、第39.23項参照とあるのでプラスチック製品として第39類に分類される。

②プラスチック製の運搬用又は包装用の製品は第39.23項に分類される。

③袋は第3923.21号又は第3923.29号に分類される。

④ポリエステル製のものあるので、「3923.29.0000」に分類される。

6：420219000（5）「鉄鋼製の携帯用化粧道具入れ、鋳造製品ではない」

①第42類の表題より容器類は第42類に該当するので、第42.02項の規定を確認すると、携帯用化粧道具入れという規定があり、材質にかかわらず携帯用化粧道具入れは第42.02項に該当するので、容器として第42類に分類される。

②携帯用化粧道具入れは第42.02項に分類される。

③携帯用化粧道具入れは第4202.11号から第4202.19号に分類される。

④外面が鉄鋼製のものであるので、その他のものとして「4202.19.000（5）」に分類される。

7：420219000（5）「板紙製の携帯用化粧道具入れ」

①第42類の表題より容器類は第42類に該当するので、第42.02項の規定を確認すると、携帯用化粧道具入れという規定があり、材質にかかわらず携帯用化粧道具入れは第42.02項に該当するので、容器として第42類に分類される。

②携帯用化粧道具入れは第42.02項に分類される。

③携帯用化粧道具入れは第4202.11号から第4202.19号に分類される。

④外面が板紙製のものであるので、その他のものとして「4202.19.000（5）」に分類される。

8：732690000（0）　「鉄鋼製の瓶用ケース、鋳造製品ではない」

　　①第42類の表題より容器類は第42類に該当するので、第42.02項の規定を確認すると、瓶用ケースという規定があるが、第42.02項に分類される瓶用ケースには、革製・プラスチックシート製・繊維製・板紙製など材質に限定がある。したがって、鉄鋼製の瓶用ケースは第42.02項に分類されず、材質より鉄鋼製品として第73類に分類される。

　　②鋳造製品ではないので第73.26項に分類される。

　　③問題文記5より、鍛造又は型打ちしたものではなく、鉄鋼の線から製造したものでもないので第7326.90号に分類される。

　　④第7326.90号はさらに細分されていないので、「7326.90.000（0）」に分類される。

解答欄の確認：仕入書番号1及び8と、仕入書番号6及び7の統計品目番号が同じなのでそれぞれ合算する。合算後の価格は次のようになる。

　　仕入書番号1及び8が

　　　US$1,000.00 ＋ US$1,500.00 ＝ US$2,500.00

　　仕入書番号6及び7が

　　　US$1,400.00 ＋ US$1,600.00 ＝ US$3,000.00

これらの結果より、合算したものは先ほど計算した基準額を上回るので少額貨物ではないことが分かる。

続いて少額合算を行う。少額貨物は仕入書番号2及び4であるのでこれらを合算して申告価格が大きい仕入書番号2に分類し、10桁目は「X」とする。ちなみに、これらの価格も確認しておくと次のようになる。

　　　US$2,100.00 ＋ US$2,000.00 ＝ US$4,100.00

それ以外の商品の統計品目番号はすべて異なっているので、あとは問題文に従い価格の大きい順に解答し、少額貨物を最後に解答していく。なお、輸出申告の問題では、申告価格の大小のみ判断すればよいので、円に換算せずに外国通貨のまま（例えば米ドルの金額のまま）判断するほうが、数字の桁数も少なく、計算によるミスもないので、仕入書に記載されている価格のまま判断するほうがよい。ただ、ここでは、学習の参考のために外国通貨を円に換算しておくので、余裕があれば、外国通貨を円に換算する方法も学習しておいてもらいたい。

解答：

　a.　⑩ 4202190005（US$3,000.00）

　　　US$3,000.00 × US$13,000 ÷ US$14,300 × 100.00 円 ＝ 272,727 円

　　参考までに別の計算式も示しておく。

　　　US$3,000.00 ÷ 1.1 × 100.00 円 ＝ 272,727 円

b. ⑫ 7326900000（US$2,500.00）

US$2,500.00 × US$13,000 ÷ US$14,300 × 100.00 円 = 227,272 円

c. ⑥ 4202320006（US$2,400.00）

US$2,400.00 × US$13,000 ÷ US$14,300 × 100.00 円 = 218,181 円

d. ② 3923290000（US$2,300.00）

US$2,300.00 × US$13,000 ÷ US$14,300 × 100.00 円 = 209,090 円

e. ⑭ 420231000X（US$4,100.00）

US$4,100.00 × US$13,000 ÷ US$14,300 × 100.00 円 = 372,727 円

輸出申告書作成問題④
（組物材料の製品等）

　別紙1の仕入書及び下記事項により、「組物材料及びその製品等」の輸出申告を輸出入・港湾関連情報処理システム（NACCS）を使用して行う場合、別紙2の輸出申告事項登録画面の統計品目番号欄（(a)～(e)）に入力すべき統計品目番号を、別冊の「輸出統計品目表」（抜すい）を参照して、下の選択肢の中から選び、その番号を答えなさい。

記

1　統計品目番号が同一となるものがある場合には、これらを一欄にまとめる。

2　統計品目番号が異なるものの申告価格が20万円以下のものについては、これらを一括して一欄にまとめる。

　　なお、この場合に入力すべき統計品目番号は、これらの品目のうち申告価格が最も大きいものの統計品目番号とし、10桁目は「X」とする。

3　輸出申告事項登録は、申告価格（上記1によりまとめられたものについては、その合計額）の大きいものから順に入力されるものとし、上記2により一括して一欄にまとめるものについては、最後の欄に入力されるものとする。

4　別紙1の仕入書に記載されている商品の特徴は以下のとおりである。

　　仕入書の7番目と8番目の貨物は、主として紡織用繊維の製造に使用する植物性材料及び植物性繊維（調製したものを含む。）ではなく、紡織用繊維の材料としての用途のみに適する状態に加工したその他の植物性材料でもない。

5　買手は売手との契約において、取引の仲介を行ったものに対して仕入書に記載されている価格の20%を手数料として支払うことになっているため、売手は当該手数料分を仕入書価格から控除して仕入書を作成し、当該値引き後の価格で買手は売手に支払を行う。

6　別紙1の仕入書に記載されているそれぞれの品目の価格には、次の額が含まれている。

　（1）輸出港における貨物の船積みに要する費用 …………………… 3%

　（2）目的地（輸入港）までの海上運賃及び保険料 ………………… 7%

　（3）輸入港における貨物の船卸しの費用 ………………………… 1%

7　別紙1の仕入書に記載されている米ドル建価格の本邦通貨への換算は、別紙3の「実勢外国為替相場の週間平均値」を参照して行う。

8　申告年月日は、令和××年10月1日とする。

[統計品目番号の選択肢]

① 1401100002	② 1401900006	③ 4601210003
④ 4601290002	⑤ 4601920002	⑥ 4601940000
⑦ 4601990002	⑧ 4602110004	⑨ 5607509003
⑩ 5607900001	⑪ 9603100006	⑫ 9603901005
⑬ 140190000X	⑭ 460121000X	⑮ 460129000X

別紙1

I N V O I C E

Seller   MIYAZAKI EXPORT & IMPORT INC.   Invoice No. and Date

1- 1 1-Chome Kasumigaseki,   NEI-142 Sep. 20, 20XX

Chiyoda-ku Tokyo Japan

Buyer	Country of Origin Japan	
KMK Inc	L/C No.	Date
727- 1 Yangjae − Dong Seocho-Ku Busan Korea	TMK-0966	Aug.2,20XX
Vessel Nippon Maru Voyage No.	Issuing Bank	
From Tokyo, Japan Date Oct. 4, 20XX	Seoul Bank	
To Busan, Korea	Other payment Terms	

Marks and Nos.	Description of Goods	Quantity	Unit Price (kg)	Amount
	Bamboos and Reeds Products			
	1) Screens of reeds	300kg	US$6.00	US$1,800.00
	2) Basketwork of bamboos	460kg	US$5.00	US$2,300.00
KMK	3) Twine of reeds	1,500kg	US$2.00	US$3,000.00
BUSAN	: made up articles			
No.1-1000	4) Mats of bamboos	480kg	US$5.00	US$2,400.00
MADE IN JAPAN				
	5) Mats of reeds	220kg	US$5.00	US$1,100.00
	6) Brooms of Bamboos, consisting of	540kg	US$5.00	US$2,700.00
	bamboo bound together with handles			
	7) Dyed bamboos of a kind used	2,200kg	US$1.00	US$2,200.00
	primarily for plaiting			
	(split and cut to length bamboo)			
	8) Bleached reeds of a kind used	2,500kg	US$1.00	US$2,500.00
	primarily for plaiting			
			DPU	US$18,000.00
		Commission ▲ 20%		US$3,600.00
		Total	DPU	US$14,400.00
1,000C/T : 8,200kgs		MIYAZAKI EXPORT & IMPORT INC.		
		(signature)		

別紙2

輸出申告事項登録（輸出・特定委託輸出・積戻し申告／大額）

共通部　繰返部

申告番号 [　　　　　]

大額・小額識別 [L]　申告等種別 [E]　申告先種別 [　]　貨物識別 [　]　あて先官署 [　]　あて先部門 [　]

申告予定年月日 [　　　　　]

輸出者　[99999]　[MIYAZAKI EXPORT AND IMPORT INC]

輸出者住所　[TOKYO TO CHIYODA KU KASUMIGASEKI 1CHOME 1-1]

輸出者電話　[　　　]

申告予定者 [　　　]　通関予定蔵置場所 [　　　]

貨物個数 [1000] [CT]　貨物重量 [8,200] [KGM]

記号番号 [　　　　　　　　　　　　]

最終仕向地 [KRPUS] — [　　　　]　積込港 [　　]　貿易形態別符号 [　　]

積載予定船舶 [　　] — [NIPPON MARU]　出港予定年月日 [20XX1004]

インボイス番号等 [A] — [NEI-142] — [20XX0920]

インボイス価格等 [DPU] — [USD] — [14,400.00] — [A]　FOB価格等 [　　] — [　　]

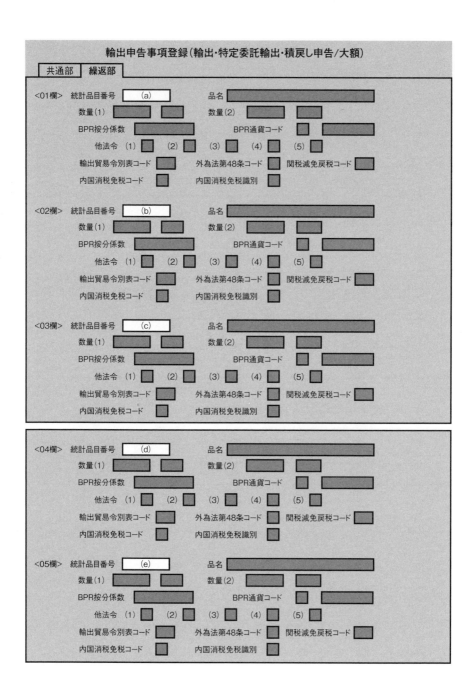

実勢外国為替相場の週間平均値
（1米ドルに対する円相場）

期　　　　間	週間平均値
令和 ×× . 9. 2　～　令和 ×× . 9. 8	¥85.00
令和 ×× . 9. 9　～　令和 ×× . 9. 15	¥87.50
令和 ×× . 9. 16　～　令和 ×× . 9. 22	¥90.00
令和 ×× . 9. 23　～　令和 ×× . 9. 29	¥89.00

1

輸出申告書

別冊

輸出統計品目表（抜すい）

第14類　植物性の組物材料及び他の類に該当しない植物性生産品

注
1　この類には、主として紡織用繊維の製造に使用する植物性材料及び植物性繊維（調製したものを含む。）並びに紡織用繊維の材料としての用途のみに適する状態に加工したその他の植物性材料を含まないものとし、これらの物品は、第11部に属する。

2　第14.01項には、竹（割り、縦にひき、特定の長さに切り、端を丸め、漂白し、不燃加工をし、磨き又は染色したものであるかないかを問わない。）及びオージア、あしその他これらに類する植物を割つたもの並びにとうのしん及びとうを引き抜き又は割つたものを含むものとし、チップウッド（第44.04項参照）を含まない。
3　第14.04項には、木毛（第44.05項参照）及びほうき又はブラシの製造用に結束し又は房状にした物品（第96.03項参照）を含まない。

Chapter 14　Vegetable plaiting materials; vegetable products not elsewhere specified or included

Notes.
1.- This Chapter does not cover the following products which are to be classified in Section XI: vegetable materials or fibres of vegetable materials of a kind used primarily in the manufacture of textiles, however prepared, or other vegetable materials which have undergone treatment so as to render them suitable for use only as textile materials.

2.- Heading 14.01 applies, *inter alia*, to bamboos (whether or not split, sawn lengthwise, cut to length, rounded at the ends, bleached, rendered non-inflammable, polished or dyed), split osier, reeds and the like, to rattan cores and to drawn or split rattans. The heading does not apply to chipwood (heading 44.04).
3.- Heading 14.04 does not apply to wood wool (heading 44.05) and prepared knots or tufts for broom or brush making (heading 96.03).

番号 NO	細分番号 sub. no	NACCS用	品　名	単位 UNIT I	単位 UNIT II	DESCRIPTION	参　考
14.01			主として組物に使用する植物性材料（例えば、穀物のわらで清浄にし、漂白し又は染色したもの、竹、とう、あし、いぐさ、オージア、ラフィア及びライム樹皮）			Vegetable materials of a kind used primarily for plaiting (for example, bamboos, rattans, reeds, rushes, osier, raffia, cleaned, bleached or dyed cereal straw, and lime bark):	
1401.10	000	2	－竹		KG	－ Bamboos	植
1401.20	000	6	－とう		KG	－ Rattans	
1401.90	000	6	－その他のもの		KG	－ Other	〃
14.04			植物性生産品（他の項に該当するものを除く。）			Vegetable products not elsewhere specified or included:	
1404.20	000	0	－コットンリンター		KG	－ Cotton linters	〃
1404.90	000	0	－その他のもの		KG	－ Other	

64 | 第1章　輸出申告書

第46類　わら、エスパルトその他の組物材料の製品並びにかご細工物及び枝条細工物

Chapter 46　Manufactures of straw, of esparto or of other plaiting materials; basketware and wickerwork

注

1　この類において「組物材料」とは、組合せその他これに類する加工方法に適する状態又は形状の材料をいい、当該材料には、わら、オージア、柳、竹、とう、いぐさ、あし、経木その他の植物性材料のストリップ（例えば、樹皮のストリップ、細い葉及びラフィアその他の広い葉から得たストリップ）、紡績してない天然の紡織用繊維及びプラスチックの単繊維、ストリップその他これらに類する物品並びに紙のストリップを含むものとし、革、コンポジションレザー、フェルト又は不織布のストリップ、人髪、馬毛、紡織用繊維のローピング及び糸並びに第54類の単繊維、ストリップその他これらに類する物品を含まない。

2　この類には、次の物品を含まない。

(a)　第48.14項の壁面被覆材

(b)　ひも、綱及びケーブル（組んであるかないかを問わない。第56.07項参照）

(c)　第64類又は第65類の履物及び帽子並びにこれらの部分品

(d)　かご細工製の乗物及びそのボデー（第87類参照）

(e)　第94類の物品（例えば、家具及びランプその他の照明器具）

3　第46.01項において「組物材料又はさなだその他これに類する組物材料の物品を平行につないだ物品」とは、組物材料又はさなだその他これに類する組物材料の物品を並列にしたものをつなぎ合わせてシート状にしたものをいい、つなぎ合わせるために使用した材料が紡績した紡織用繊維であるかないかを問わない。

Notes.

1.- In this Chapter the expression "plaiting materials" means materials in a state or form suitable for plaiting, interlacing or similar processes; it includes straw, osier or willow, bamboos, rattans, rushes, reeds, strips of wood, strips of other vegetable material (for example, strips of bark, narrow leaves and raffia or other strips obtained from broad leaves), unspun natural textile fibres, monofilament and strip and the like of plastics and strips of paper, but not strips of leather or composition leather or of felt or nonwovens, human hair, horsehair, textile rovings or yarns, or monofilament and strip and the like of Chapter 54.

2.- This Chapter does not cover:

(a) Wall coverings of heading 48.14;

(b) Twine, cordage, ropes or cables, plaited or not (heading 56.07);

(c) Footwear or headgear or parts thereof of Chapter 64 or 65;

(d) Vehicles or bodies for vehicles of basketware (Chapter 87); or

(e) Articles of Chapter 94 (for example, furniture, lamps and lighting fittings).

3.- For the purposes of heading 46.01, the expression "plaiting materials, plaits and similar products of plaiting materials, bound together in parallel strands" means plaiting materials, plaits and similar products of plaiting materials, placed side by side and bound together, in the form of sheets, whether or not the binding materials are of spun textile materials.

番号 NO	細分番号 sub. no	NACCS用	品　　名	単位 UNIT		DESCRIPTION	参　考
				I	II		
46.01			さなだその他これに類する組物材料から成る物品（ストリップ状であるかないかを問わない。）並びに組物材料又はさなだその他これに類する組物材料から成る物品を平行につなぎ及び織つたものであつてシート状のもの（最終製品（敷物、壁掛け等）であるかないかを問わない。）			Plaits and similar products of plaiting materials, whether or not assembled into strips; plaiting materials, plaits and similar products of plaiting materials, bound together in parallel strands or woven, in sheet form, whether or not being finished articles (for example, mats, matting, screens):	
			－敷物及びすだれ（植物性材料製のものに限る。）			－ Mats, matting and screens of vegetable materials:	
4601.21	000	3	－－竹製のもの		KG	－ － Of bamboo	植
4601.22	000	2	－－とう製のもの		KG	－ － Of rattan	〃

番号 NO	細分 番号 sub. no	N A C C S 用	品　　　名	単位 UNIT I	単位 UNIT II	DESCRIPTION	参　考
4601.29	000	2	－－その他のもの		KG	－－Other	植
			－その他のもの			－Other:	
4601.92	000	2	－－竹製のもの		KG	－－Of bamboo	〃
4601.93	000	1	－－とう製のもの		KG	－－Of rattan	〃
4601.94	000	0	－－その他の植物性材料製のもの		KG	－－Of other vegetable materials	〃
4601.99	000	2	－－その他のもの		KG	－－Other	
46.02			かご細工物、枝条細工物その他の製品（組物材料から直接造形したもの及び第46.01項の物品から製造したものに限る。）及びへちま製品			Basketwork, wickerwork and other articles, made directly to shape from plaiting materials or made up from goods of heading 46.01; articles of loofah:	
			－植物性材料製のもの			－Of vegetable materials:	
4602.11	000	4	－－竹製のもの		KG	－－Of bamboo	〃
4602.12	000	3	－－とう製のもの		KG	－－Of rattan	〃
4602.19	000	3	－－その他のもの		KG	－－Other	〃
4602.90	000	2	－その他のもの		KG	－Other	

第56類 ウォッディング、フェルト、不織布及び特殊
　　　糸並びにひも、綱及びケーブル並びにこれら
　　　の製品

注
1　この類には、次の物品を含まない。
　(a)　第33類の香料若しくは化粧料、第34.01項のせっけん
　　　若しくは洗浄剤、第34.05項の磨き料、クリームその他
　　　これらに類する調製品又は第38.09項の織物柔軟剤等の
　　　物質又は調製品を染み込ませ、塗布し又は被覆した
　　　ウォッディング、フェルト及び不織布(紡織用繊維が単
　　　に媒体となつているものに限る。)

　(b)　第58.11項の紡織用繊維の物品
　(c)　天然又は人造の研磨材料の粉又は粒をフェルト又は不
　　　織布に付着させたもの(第68.05項参照)
　(d)　凝結雲母又は再生雲母をフェルト又は不織布により裏
　　　張りしたもの(第68.14項参照)
　(e)　金属のはくをフェルト又は不織布により裏張りしたも
　　　の(主として第14部又は第15部に属する。)
　(f)　第96.19項の生理用のナプキン(パッド)及びタンポン、
　　　乳児用のおむつ及びおむつ中敷きその他これらに類する
　　　物品
2　フェルトには、ニードルルームフェルト及び紡織用繊維
　　のウェブから成る織物類でウェブ自体の繊維を使用してス
　　テッチボンディング方式により当該織物類の抱合力を高め
　　たものを含む。
3　第56.02項及び第56.03項には、それぞれフェルト及び
　　不織布で、プラスチック又はゴム(性状が密又は多泡性で
　　あるものに限る。)を染み込ませ、塗布し、被覆し又は積層
　　したものを含む。
　　また、第56.03項には、プラスチック又はゴムを結合剤
　　として使用した不織布を含む。
　　ただし、第56.02項及び第56.03項には、次の物品を含
　　まない。
　(a)　フェルトにプラスチック又はゴムを染み込ませ、塗布
　　　し、被覆し又は積層したもので紡織用繊維の重量が全重
　　　量の50%以下の物品及びフェルトをプラスチック又はゴ
　　　ムの中に完全に埋め込んだ物品(第39類及び第40類参照)
　(b)　不織布をプラスチック又はゴムの中に完全に埋め込ん
　　　だ物品及び不織布の両面をすべてプラスチック又はゴム
　　　で塗布し又は被覆した物品でその結果生ずる色彩の変化
　　　を考慮することなく塗布し又は被覆したことを肉眼によ
　　　り判別することができるもの(第39類及び第40類参照)

　(c)　フェルト又は不織布と多泡性のプラスチック又はセル
　　　ラーラバーの板、シート又はストリップとを結合したも
　　　ので、当該フェルト又は不織布を単に補強の目的で使用
　　　したもの(第39類及び第40類参照)
4　第56.04項には、紡織用繊維の糸及び第54.04項又は第

Chapter 56 Wadding, felt and nonwovens; special
　　　　　　yarns; twine, cordage, ropes and cables
　　　　　　and articles thereof

Notes.
1.- This Chapter does not cover:
　(a) Wadding, felt or nonwovens, impregnated, coated or
　　　covered with substances or preparations (for example,
　　　perfumes or cosmetics of Chapter 33, soaps or deter-
　　　gents of heading 34.01, polishes, creams or similar prep-
　　　arations of heading 34.05, fabric softeners of heading
　　　38.09) where the textile material is present merely as a
　　　carrying medium;
　(b) Textile products of heading 58.11;
　(c) Natural or artificial abrasive powder or grain, on a back-
　　　ing of felt or nonwovens (heading 68.05);
　(d) Agglomerated or reconstituted mica, on a backing of
　　　felt or nonwovens (heading 68.14);
　(e) Metal foil on a backing of felt or nonwovens (generally
　　　Section XIV or XV); or
　(f) Sanitary towels (pads) and tampons, napkins and napkin
　　　liners for babies and similar articles of heading 96.19.

2.- The term "felt" includes needleloom felt and fabrics con-
　　sisting of a web of textile fibres the cohesion of which has
　　been enhanced by a stitch-bonding process using fibres
　　from the web itself.
3.- Headings 56.02 and 56.03 cover respectively felt and non-
　　wovens, impregnated, coated, covered or laminated with
　　plastics or rubber whatever the nature of these materials
　　(compact or cellular).
　　　　　Heading 56.03 also includes nonwovens in which
　　plastics or rubber forms the bonding substance.
　　　　　Headings 56.02 and 56.03 do not, however, cover:

　(a) Felt impregnated, coated, covered or laminated with
　　　plastics or rubber, containing 50% or less by weight of
　　　textile material or felt completely embedded in plastics
　　　or rubber (Chapter 39 or 40);
　(b) Nonwovens, either completely embedded in plastics or
　　　rubber, or entirely coated or covered on both sides with
　　　such materials, provided that such coating or covering
　　　can be seen with the naked eye with no account being
　　　taken of any resulting change of colour (Chapter 39 or
　　　40); or
　(c) Plates, sheets or strip of cellular plastics or cellular rub-
　　　ber combined with felt or nonwovens, where the textile
　　　material is present merely for reinforcing purposes
　　　(Chapter 39 or 40).
4.- Heading 56.04 does not cover textile yarn, or strip or the

54.05項のストリップその他これに類する物品で、染み込ませ、塗布し又は被覆したことを肉眼により判別することができないものを含まない（通常、第50類から第55類までに属する。）。この場合において、染み込ませ、塗布し又は被覆した結果生ずる色彩の変化を考慮しない。

like of heading 54.04 or 54.05, in which the impregnation, coating or covering cannot be seen with the naked eye (usually Chapters 50 to 55); for the purpose of this provision, no account should be taken of any resulting change of colour.

番号 NO	細分番号 sub. no	NACCS用	品　名	単位 UNIT I	II	DESCRIPTION	参　考
56.01			紡織用繊維のウォッディング及びその製品並びに長さが5ミリメートル以下の紡織用繊維（フロック）、紡織用繊維のダスト及びミルネップ			Wadding of textile materials and articles thereof; textile fibres, not exceeding 5 mm in length (flock), textile dust and mill neps :	
			－紡織用繊維のウォッディング及びその製品			－ Wadding of textile materials and articles thereof :	
5601.21	000	5	－－綿製のもの		KG	－ － Of cotton	実3の2-2
5601.22	000	4	－－人造繊維製のもの		KG	－ － Of man-made fibres	〃
5601.29	000	4	－－その他のもの		KG	－ － Other	〃
5601.30	000	3	－紡織用繊維のフロック、ダスト及びミルネップ		KG	－ Textile flock and dust and mill neps	
56.02			フェルト（染み込ませ、塗布し、被覆又は積層したものであるかないかを問わない。）			Felt, whether or not impregnated, coated, covered or laminated :	
5602.10	000	0	－ニードルルームフェルト及びスティッチボンディング方式により製造した織物類	SM	KG	－ Needleloom felt and stitch-bonded fibre fabrics	
			－その他のフェルト（染み込ませ、塗布し、被覆し又は積層したものを除く。）			－ Other felt, not impregnated, coated, covered or laminated :	
5602.21	000	3	－－羊毛製又は繊獣毛製のもの	SM	KG	－ － Of wool or fine animal hair	
5602.29	000	2	－－その他の紡織用繊維製のもの	SM	KG	－ － Of other textile materials	
5602.90	000	4	－その他のもの	SM	KG	－ Other	
56.03			不織布（染み込ませ、塗布し、被覆し又は積層したものであるかないかを問わない。）			Nonwovens, whether or not impregnated, coated, covered or laminated :	
			－人造繊維の長繊維製のもの			－ Of man-made filaments :	
5603.11			－－重量が1平方メートルにつき25グラム以下のもの			－ － Weighing not more than 25 g/m² :	
	200	1	－－－ポリエステル製のもの	SM	KG	－ － － Of polyesters	
	900	1	－－－その他のもの	SM	KG	－ － － Other	実5-3、5-18、15-1
5603.12			－－重量が1平方メートルにつき25グラムを超え70グラム以下のもの			－ － Weighing more than 25 g/m² but not more than 70 g/m² :	

番号 NO	細分番号 sub. no	NACCS用	品　名	単位 UNIT I	II	DESCRIPTION	参　考
5603.94			－－重量が1平方メートルにつき150グラムを超えるもの			－ － Weighing more than 150 g/m² :	
	100	0	－－－ナイロンその他のポリアミド製のもの	SM	KG	－ － － Of nylon or other polyamides	実5-18、15-1

番号 NO	細分 番号 sub. no	NACCS用	品　名	単位 UNIT I	単位 UNIT II	DESCRIPTION	参　考
(5603.94)	200	2	－－－ポリエステル製のもの	SM	KG	－－－Of polyesters	
	900	2	－－－その他のもの	SM	KG	－－－Other	賀5-3
56.04			ゴム糸及びゴムひも（紡織用繊維で被覆したものに限る。）並びに紡織用繊維の糸及び第54.04項又は第54.05項のストリップその他これに類する物品（ゴム又はプラスチックを染み込ませ、塗布し又は被覆したものに限る。）			Rubber thread and cord, textile covered; textile yarn, and strip and the like of heading 54.04 or 54.05, impregnated, coated, covered or sheathed with rubber or plastics :	
5604.10	000	3	－ゴム糸及びゴムひも（紡織用繊維で被覆したものに限る。）		KG	－ Rubber thread and cord, textile covered	
5604.90			－その他のもの			－ Other :	
	100	2	－－強力糸（ナイロンその他のポリアミド、ポリエステル又はビスコースレーヨンのもので、染み込ませ又は塗布したものに限る。）		KG	－－High tenacity yarn of nylon or other polyamides, of polyesters or of viscose rayon, impregnated or coated	賀5-18、15-1
	900	4	－－－その他のもの		KG	－－Other	
56.05							
5605.00	000	4	金属を交えた糸（紡織用繊維の糸及び第54.04項又は第54.05項のストリップその他これに類する物品で、糸状、ストリップ状又は粉状の金属と結合したもの及び金属で被覆したものに限るものとし、ジンプヤーンであるかないかを問わない。）		KG	Metallised yarn, whether or not gimped, being textile yarn, or strip or the like of heading 54.04 or 54.05, combined with metal in the form of thread, strip or powder or covered with metal	〃
56.06							
5606.00	000	2	ジンプヤーン（第54.04項又は第54.05項のストリップその他これに類する物品をしんに使用したものを含むものとし、第56.05項のもの及び馬毛をしん糸に使用したジンプヤーンを除く。）、シェニールヤーン（フロックシェニールヤーンを含む。）及びループウェールヤーン		KG	Gimped yarn, and strip and the like of heading 54.04 or 54.05, gimped (other than those of heading 56.05 and gimped horsehair yarn); chenille yarn (including flock chenille yarn); loop wale-yarn	
56.07			ひも、綱及びケーブル（組んであるかないか又はゴム若しくはプラスチックを染み込ませ、塗布し若しくは被覆したものであるかないかを問わない。）			Twine, cordage, ropes and cables, whether or not plaited or braided and whether or not impregnated, coated, covered or sheathed with rubber or plastics :	
			－サイザルその他のアゲーブ属の紡織用繊維製のもの			－ Of sisal or other textile fibres of the genus *Agave* :	
5607.21	000	0	－－結束用又は包装用のひも		KG	－－Binder or baler twine	
5607.29	000	6	－－その他のもの		KG	－－Other	
			－ポリエチレン製又はポリプロピレン製のもの			－ Of polyethylene or polypropylene :	

番号 NO	細分 番号 sub. no	NACCS用	品 名	単位 UNIT I	単位 UNIT II	DESCRIPTION	参 考
5607.41	000	1	－－結束用又は包装用のひも		KG	－－Binder or baler twine	
5607.49	000	0	－－その他のもの		KG	－－Other	
5607.50			－その他の合成繊維製のもの			－Of other synthetic fibres:	
	100	1	－－ナイロンその他のポリアミド製のもの		KG	－－Of nylon or other polyamides	質5-18、15-1
	200	3	－－ポリエステル製のもの		KG	－－Of polyesters	
	900	3	－－その他のもの		KG	－－Other	
5607.90	000	1	－その他のもの		KG	－Other	
56.08			**結び網地(ひも又は網から製造したものに限る。)及び漁網その他の網(製品にしたもので、紡織用繊維製のものに限る。)**			Knotted netting of twine, cordage or rope; made up fishing nets and other made up nets, of textile materials:	
			－人造繊維製のもの			－Of man-made textile materials:	
5608.11			－－漁網(製品にしたものに限る。)			－－Made up fishing nets:	
	100	3	－－－ナイロンその他のポリアミド製のもの		KG	－－－Of nylon or other polyamides	質5-18、15-1、II-35の3
	900	5	－－－その他のもの		KG	－－－Other	〃
5608.19	000	0	－－その他のもの		KG	－－Other	質II-38
5608.90	000	6	－その他のもの		KG	－Other	質II-35の3
56.09							
5609.00	000	3	**糸、第54.04項若しくは第54.05項のストリップその他これに類する物品、ひも、網又はケーブルの製品(他の項に該当するものを除く。)**		KG	Articles of yarn, strip or the like of heading 54.04 or 54.05, twine, cordage, rope or cables, not elsewhere specified or included	

第96類　雑品

<table>
<tr><td>

注

1　この類には、次の物品を含まない。

（a）化粧用鉛筆（第33類参照）

（b）第66類の物品（例えば、傘又はつえの部分品）

（c）身辺用模造細貨類（第71.17項参照）

（d）第15部の注2の卑金属製のはん用性の部分品（第15部参照）及びプラスチック製のこれに類する物品（第39類参照）

（e）第82類の刃物その他の物品で彫刻用、細工用又は成形用の材料から製造した柄その他の部分品を有するもの。ただし、第96.01項及び第96.02項には、これらの刃物その他の物品の柄その他の部分品で単独で提示するものを含む。

（f）第90類の物品（例えば、眼鏡のフレーム（第90.03項参照）、製図用からす口（第90.17項参照）及び医療用又は獣医用の特殊ブラシ（第90.18項参照））

（g）第91類の物品（例えば、時計のケース）

（h）楽器並びにその部分品及び附属品（第92類参照）

（ij）第93類の物品（武器及びその部分品）

（k）第94類の物品（例えば、家具及びランプその他の照明器具）

（l）第95類の物品（がん具、遊戯用具及び運動用具）

（m）美術品、収集品及びこっとう（第97類参照）

2　第96.02項において「植物性又は鉱物性の彫刻用又は細工用の材料」とは、次の物品をいう。

（a）彫刻用又は細工用に供する種類の種、殻、ナットその他これらに類する植物性材料（例えば、コロゾ及びドームナット）

（b）こはく及び海泡石（凝結させたものを含む。）並びに黒玉及び鉱物性の黒玉代用品

3　第96.03項においてほうき又はブラシの製造用に結束し又は房状にした物品は、獣毛、植物性繊維その他の材料を結束し又は房状にしたもので、小分けすることなく取り付けてほうき又はブラシとするもの及びほうき又はブラシに取り付けるために先端のトリミングその他のさ細な加工のみを必要とするものに限る。

4　この類の物品（第96.01項から第96.06項まで又は第96.15項の物品を除く。）には、全部又は一部に貴金属若しくは貴金属を張つた金属、天然若しくは養殖の真珠又は天然、合成若しくは再生の貴石若しくは半貴石を使用した物品を含む。第96.01項から第96.06項まで及び第96.15項には、天然若しくは養殖の真珠、天然、合成若しくは再生の

</td><td>

Chapter 96　Miscellaneous manufactured articles

Notes.

1.- This Chapter does not cover:

(a) Pencils for cosmetic or toilet uses (Chapter 33);

(b) Articles of Chapter 66 (for example, parts of umbrellas or walking-sticks);

(c) Imitation jewellery (heading 71.17);

(d) Parts of general use, as defined in Note 2 to Section XV, of base metal (Section XV), or similar goods of plastics (Chapter 39);

(e) Cutlery or other articles of Chapter 82 with handles or other parts of carving or moulding materials; heading 96.01 or 96.02 applies, however, to separately presented handles or other parts of such articles;

(f) Articles of Chapter 90 (for example, spectacle frames (heading 90.03), mathematical drawing pens (heading 90.17), brushes of a kind specialised for use in dentistry or for medical, surgical or veterinary purposes (heading 90.18));

(g) Articles of Chapter 91 (for example, clock or watch cases);

(h) Musical instruments or parts or accessories thereof (Chapter 92);

(ij) Articles of Chapter 93 (arms and parts thereof);

(k) Articles of Chapter 94 (for example, furniture, lamps and lighting fittings);

(l) Articles of Chapter 95 (toys, games, sports requisites); or

(m) Works of art, collectors' pieces or antiques (Chapter 97).

2.- In heading 96.02 the expression "vegetable or mineral carving material" means:

(a) Hard seeds, pips, hulls and nuts and similar vegetable materials of a kind used for carving (for example, corozo and dom);

(b) Amber, meerschaum, agglomerated amber and agglomerated meerschaum, jet and mineral substitutes for jet.

3.- In heading 96.03 the expression "prepared knots and tufts for broom or brush making" applies only to unmounted knots and tufts of animal hair, vegetable fibre or other material, which are ready for incorporation without division in brooms or brushes, or which require only such further minor processes as trimming to shape at the top, to render them ready for such incorporation.

4.- Articles of this Chapter, other than those of headings 96.01 to 96.06 or 96.15, remain classified in the Chapter whether or not composed wholly or partly of precious metal or metal clad with precious metal, of natural or cultured pearls, or precious or semi-precious stones (natural, synthetic or reconstructed). However, headings 96.01 to

</td></tr>
</table>

貴石若しくは半貴石又は貴金属若しくは貴金属を張った金属をさ細な部分にのみ使用した物品を含む。

96.06 and 96.15 include articles in which natural or cultured pearls, precious or semi-precious stones (natural, synthetic or reconstructed), precious metal or metal clad with precious metal constitute only minor constituents.

番号 NO	細分番号 sub. no	NACCS用	品 名	単位 UNIT I	II	DESCRIPTION	参 考
96.01			アイボリー、骨、かめの甲、角、枝角、さんご、真珠光沢を有する貝殻その他の動物性の彫刻用又は細工用の材料(加工したものに限る。)及び製品(これらの材料から製造したものに限るものとし、成形により得た製品を含む。)			Worked ivory, bone, tortoise-shell, horn, antlers, coral, mother-of-pearl and other animal carving material, and articles of these materials (including articles obtained by moulding):	
9601.10	000	3	ーアイボリー(加工したものに限る。)及びその製品		KG	ー Worked ivory and articles of ivory	質Ⅱ-36、Ⅱ-37
9601.90	000	0	ーその他のもの		KG	ー Other	〃
96.02							
9602.00	000	4	植物性又は鉱物性の彫刻用又は細工用の材料(加工したものに限る。)及び製品(これらの材料から製造したものに限る。)、成形品、彫刻品及び細工品(ろう、ステアリン、天然ガム、天然レジン又はモデリングペーストから製造したものに限る。)、他の項に該当しないその他の成形品、彫刻品及び細工品並びに硬化させてないゼラチン(加工したものに限るものとし、第35.03項のゼラチンを除く。)及び硬化させてないゼラチンの製品		KG	Worked vegetable or mineral carving material and articles of these materials; moulded or carved articles of wax, of stearin, of natural gums or natural resins or of modelling pastes, and other moulded or carved articles, not elsewhere specified or included; worked, unhardened gelatin (except gelatin of heading 35.03) and articles of unhardened gelatin	
96.03			ほうき、ブラシ(機械類又は車両の部分品として使用するブラシを含む。)、動力駆動式でない手動床掃除機、モップ及び羽毛ダスター、ほうき又はブラシの製造用に結束し又は房状にした物品、ペイントパッド、ペイントローラー並びにスクイージー(ローラースクイージーを除く。)			Brooms, brushes (including brushes constituting parts of machines, appliances or vehicles), hand-operated mechanical floor sweepers, not motorised, mops and feather dusters; prepared knots and tufts for broom or brush making; paint pads and rollers; squeegees (other than roller squeegees):	
9603.10	000	6	ーほうき及びブラシ(小枝その他の植物性材料を結束したものに限るものとし、柄を有するか有しないかを問わない。)	NO	KG	ー Brooms and brushes, consisting of twigs or other vegetable materials bound together, with or without handles	
			ー歯ブラシ、ひげそり用ブラシ、ヘアブラシ、つめ用ブラシ、まつげ用ブラシその他化粧用ブラシ(器具の部分品を構成するブラシを含むものとし、身体に直接使用するものに限る。)			ー Tooth brushes, shaving brushes, hair brushes, nail brushes, eyelash brushes and other toilet brushes for use on the person, including such brushes constituting parts of appliances:	
9603.21	000	2	ーー歯ブラシ(義歯用ブラシを含	NO	KG	ーー Tooth brushes, including dental-plate	

番号 NO	細分 番号 sub. no	N A C C S 用	品　　　名	単位 UNIT I	II	DESCRIPTION	参　考
(9603.21)			む。)			brushes	
9603.29	000	1	－－その他のもの	NO	KG	－－Other	
9603.30	000	0	－美術用又は筆記用の筆その他これ に類するブラシで化粧用のもの	NO	KG	－Artists' brushes, writing brushes and similar brushes for the application of cosmetics	
9603.40	000	4	－塗装用、ワニス用その他これらに 類する用途に供するブラシ(第 9603.30号のブラシを除く。)、ペ イントパッド及びペイントロー ラー	NO	KG	－Paint, distemper, varnish or similar brushes (other than brushes of subhead- ing 9603.30); paint pads and rollers	
9603.50	000	1	－その他のブラシ(機械類又は車両 の部分品を構成するものに限る。)	NO	KG	－Other brushes constituting parts of ma- chines, appliances or vehicles	
9603.90			－その他のもの			－Other:	
	100	5	－－ほうき及びブラシ	NO	KG	－－Brooms and brushes	
	900	0	－－その他のもの	NO	KG	－－Other	賀Ⅱ-36、Ⅱ- 37、鳥

解答・解説④（組物材料の製品等）

解答　a：⑩、b：④、c：⑪、d：②、e：⑭

解説

換算レート：1ドル＝90.00円（9月16日〜9月22日）（10月1日の属する週の前々週のレート）

仲介手数料：値引き前の仕入書価格から仲介手数料として10％相当額を超える価格が値引き額として明記されている場合には、値引き前の仕入書価格となる。そこで設問では、仕入書に表示された値引き前の価格（DPU US$18,000）から仲介手数料として値引き前の価格の20％相当額（US$3,600）が控除されているため、輸出申告価格の計算の際には値引き前の価格、つまり、DPU US$18,000で計算することになり、仲介手数料は考慮する必要がない。

> **参考**　貨物代金が有償で輸出される貨物については、原則としてその貨物の現実の決済金額を基とするが、次に掲げる場合には、それぞれに掲げる価格を基にして、本邦の輸出港における本船甲板渡し価格に必要な調整を加え計算した価格とする。
> 仕入書等に表示された値引き前の価格に、以下に掲げる額を超える値引き額が明記されている場合には、その仕入書等に表示された値引き前の価格となる。
> ①仲介手数料及び代理店手数料については、その手数料の合計額が当該貨物代金の10％相当額
> ②領事査証料、検量料、その他の検査手数料及び銀行手数料については、その手数料の合計額が貨物代金の5％相当額
> （関税法基本通達67−1−4）

仕入書価格に含まれる費用：輸出申告価格は、本邦の輸出港における本船甲板渡し価格（＝FOB価格）であるから、仕入書価格であるDPU価格（荷卸持込渡し価格）より、輸出港から輸入地のターミナルまでの費用を控除する必要がある。したがって、輸出申告価格の計算の際には問題文記6（1）の「輸出港における貨物の船積みに要する費用」（3％）は仕入書価格より控除する必要はないが、問題文記6（2）の「目的地（輸入港）までの海上運賃及び保険料」（7％）と同記（3）の「輸入港における貨物の船卸しの費用」（1％）は仕入書価格から控除して計算する。つまり、仕入書価格の8％相当額を仕入書価格より控除して計算する必要がある。

少額合算基準額（DPU 価格）：

    200,000 円 × US$18,000.00（＝仕入書価格の合計額）÷ US$16,560.00（＝
US$18,000.00 ×（1 － 0.08）：FOB 価格の合計額）÷ 90.00 円／US$ ＝
US$2,415.458…

各商品は DPU 価格の 8 ％相当額の運賃・保険料等を含んだ価格となっているため、少額合算基準額（20 万円）を 0.92（＝ 1 － 0.08）で除して換算レートで割ると DPU 価格に換算した少額合算基準額が分かる。そして、この基準額を下回るDPU 価格の商品は、仕入書番号 1、2、4、5、7 である。なお、FOB 価格における少額合算基準は、

    200,000 円 ÷ 90.00 円／US$ ＝ US$2,222.222…

となる。

なお、上記の少額合算基準額を計算する式の中の FOB 価格の合計額は、以下の計算式でも計算できる。

まず、仕入書価格の合計額を 1 とすると以下の式ができる。

    仕入書価格の合計額　：　FOB 価格の合計額　＝　1　：　1 － 0.08

この式を整理すると、

    仕入書価格の合計額　×　0.92　＝　FOB 価格の合計額

したがって、

    FOB 価格の合計額　＝　仕入書価格の合計額　×　0.92

という式により FOB 価格の合計額を計算することができる。

そこで仕入書価格の合計額を上記式に当てはめて計算すると、

    FOB 価格の合計額　＝　US$18,000.00　×　0.92

                   ＝　US$16,560.00

となる。

商品分類：

（少額貨物の可能性のあるものは、各 10 桁の最後の数字に（　）を付けている。）

1：460129000（2） 「あし製のすだれ」

    ①組物材料の製品は第 46 類に分類される。

    ②組物材料から成る物品を平行につないでいるすだれは、第 46.01 項に分類される。

    ③植物性材料製のすだれは第 4601.21 号から第 4601.29 号に分類される。

    ④あし製のすだれであるので、その他のものとして「4601.29.000（2）」に分類される。

2：460211000（4） 「竹製のかご細工物」

    ①組物材料のかご細工物は第 46 類に分類される。

    ②かご細工物は第 46.02 項に分類される。

③植物性材料製のものは第 4602.11 号から第 4602.19 号に分類される。

④竹製のものは「4602.11.000 (4)」に分類される。

3：5607900001　「あし製のひも、製品」

①ひもは第 56 類に分類される。

②ひもは第 56.07 項に分類される。

③材料があしであるので、第 5607.90 号のその他のものに分類される。

④第 5607.90 号はさらに細分されていないので、「5607.90.0001」に分類される。

4：460121000 (3)　「竹製の敷物」

①組物材料の製品は第 46 類に分類される。

②組物材料から成る物品を織ったものであってシート状のものは、第 46.01 項に分類
　される。

③植物性材料製の敷物は第 4601.21 号から第 4601.29 号に分類される。

④竹製の敷物であるので、「4601.21.000 (3)」に分類される。

5：460129000 (2)　「あし製の敷物」

①組物材料の製品は第 46 類に分類される。

②組物材料から成る物品を織ったものであってシート状のものは、第 46.01 項に分類
　される。

③植物性材料製の敷物は第 4601.21 号から第 4601.29 号に分類される。

④あし製の敷物であるので、その他のものとして「4601.29.000 (2)」に分類される。

6：9603100006　「柄を有する竹を結束したほうき」

①ほうきは雑品として第 96 類に分類される。

②ほうきは第 96.03 項に分類される。

③植物性材料を結束したほうきは第 9603.10 号に分類される。

④第 9603.10 号はさらに細分されていないので、「9603.10.0006」に分類される。

7：140110000 (2)　「主として組物に使用する染色した竹、割って特定の長さに切ったも
　の」

①植物性の組物材料は第 14 類に分類される。

②主として組物に使用する植物性材料は、第 14.01 項に分類される。

③竹は第 1401.10 号に分類される。

④第 1401.10 号はさらに細分されていないので、「1401.10.000 (2)」に分類される。

8：1401900006　「主として組物に使用する漂白したあし」

　①植物性の組物材料は第14類に分類される。

　②主として組物に使用する植物性材料は、第14.01項に分類される。

　③あしはその他のものとして第1401.90号に分類される。

　④第1401.90号はさらに細分されていないので、「1401.90.0006」に分類される。

解答欄の確認：仕入書番号1と5の統計品目番号が同じなのでこれらを合算する。合算後の価格はUS$2,900.00（＝US$1,800.00＋US$1,100.00）となるので、これらは少額貨物ではないことが分かる。他には統計品目番号が同じものがないので、少額合算を行う。結果的に少額貨物は仕入書番号2、4及び7であるのでこれらを合算して申告価格が最も大きい仕入書番号4の「460121000」に分類し、10桁目は「X」とする。ちなみに、これらの価格を確認しておくと次のようになる。

　　US$2,300.00 ＋ US$2,400.00 ＋ US$2,200.00 ＝ US$6,900.00

あとは問題文に従い価格の大きい順に解答していき、少額合算したものは最後に解答していく。なお、輸出申告の問題では、申告価格の大小のみ判断すればよいので、円に換算せずに外国通貨のまま（例えば米ドルの金額のまま）判断するほうが、数字の桁数も少なく、計算によるミスもないので、仕入書に記載されている価格のまま判断するほうがよい。ただ、ここでは、学習の参考のために外国通貨を円に換算しておくので、余裕があれば、外国通貨を円に換算する方法も学習しておいてもらいたい。

解答：

a. ⑩ 5607900001（US$3,000.00）

　　US$3,000.00×US$16,560.00÷US$18,000.00×90.00円＝248,400円

　　参考までに別の計算式も示しておく。

　　US$3,000.00×0.92×90.00円＝248,400円

b. ④ 4601290002（US$2,900.00）

　　US$2,900.00×US$16,560.00÷US$18,000.00×90.00円＝240,120円

c. ⑪ 9603100006（US$2,700.00）

　　US$2,700.00×US$16,560.00÷US$18,000.00×90.00円＝223,560円

d. ② 1401900006（US$2,500.00）

　　US$2,500.00×US$16,560.00÷US$18,000.00×90.00円＝207,000円

e. ⑭ 460121000X（US$6,900.00）

　　US$6,900.00×US$16,560.00÷US$18,000.00×90.00円＝571,320円

1-5 輸出申告書作成問題⑤ （繊維製品等）

　別紙1の仕入書及び下記事項により、「繊維製品等」の輸出申告を輸出入・港湾関連情報処理システム（NACCS）を使用して行う場合、別紙2の輸出申告事項登録画面の統計品目番号欄（(a)〜(e)）に入力すべき統計品目番号を、別冊の「輸出統計品目表」（抜すい）を参照して、下の選択肢の中から選び、その番号を答えなさい。

記

1　統計品目番号が同一となるものがある場合には、これらを一欄にまとめる。
2　統計品目番号が異なるものの申告価格が20万円以下のものについては、これらを一括して一欄にまとめる。
　　なお、この場合に入力すべき統計品目番号は、これらの品目のうち申告価格が最も大きいものの統計品目番号とし、10桁目は「X」とする。
3　輸出申告事項登録は、申告価格（上記1によりまとめられたものについては、その合計額）の大きいものから順に入力されるものとし、上記2により一括して一欄にまとめるものについては、最後の欄に入力されるものとする。
4　別紙1の仕入書に記載されている商品の特徴は以下のとおりである。
　(1) 仕入書の各品名に記載されている括弧内の構成材料は、各商品の全重量に対する各材料の構成比率を表している。また、すべて新品のものであり中古のものはない。
　(2) 仕入書の5番目の商品中の「true hemp」とは麻である。
　(3) 仕入書の6番目と7番目の商品は、パイル編物ではない。
5　買手は売手との契約において、取引の仲介を行ったものに対して仕入書に記載されている価格の15%を手数料として支払うことになっているため、売手は当該手数料分を仕入書価格から控除して仕入書を作成し、当該値引き後の価格で買手は売手に支払を行う。
6　別紙1の仕入書に記載されているそれぞれの品目の価格には、次の額が含まれている。
　(1) 輸出港における貨物の船積みに要する費用　　……………… 3％
　(2) 目的地（輸入港）までの海上運賃及び保険料 ……………… 8％
　(3) 輸入港における貨物の船卸しの費用　　……………………… 2％
7　別紙1の仕入書に記載されている米ドル建価格の本邦通貨への換算は、別紙3の「実勢外国為替相場の週間平均値」を参照して行う。

8　申告年月日は、令和 ×× 年 10 月 1 日とする。

［統計品目番号の選択肢］

① 5701900002	② 5702390002	③ 5702410000
④ 5702990005	⑤ 5703200005	⑥ 6002409000
⑦ 6002900002	⑧ 6003200000	⑨ 6004101003
⑩ 6302600006	⑪ 6302910003	⑫ 570190000X
⑬ 570320000X	⑭ 600410100X	⑮ 630319000X

別紙1

INVOICE

Seller	YAMANASHI EXPORT & IMPORT INC. 1-1 1-Chome Kasumigaseki, Chiyoda-ku Tokyo Japan		Invoice No. and Date NEI-142 Sep. 20, 20XX	

Buyer		Country of Origin Japan	
KMK Inc 727- 1 Yangjae － Dong Seocho-Ku Busan Korea		L/C No. TMK-0966	Date Aug.2,20XX

Vessel Nippon Maru	Voyage No.	Issuing Bank Seoul Bank
From Tokyo, Japan	Date Oct. 4, 20XX	
To Busan, Korea		Other payment Terms

Marks and Nos.	Description of Goods	Quantity	Unit Price (Per pc, m3)	Amount
	TEXTILE ARTICLES			
	1) Kitchen linen of terry towelling (cotton100%) : made up articles	2,100Pcs	US$1.00	US$2,100.00
	2) Knotted Carpets (cotton 100%) : made up rugs	4,000m³	US$0.50	US$2,000.00
	3) Curtains of knitted fabrics (cotton100%) : made up articles	220pcs	US$10.00	US$2,200.00
KMK BUSAN No.1-500 MADE IN JAPAN	4) Woven Carpets of pile construction (wool 70%, Nylon30%) : made up rugs, not tufted, not flocked	1,000m³	US$3.10	US$3,100.00
	5) Knotted Carpets (true hemp 100%) : made up rugs	1,400m³	US$0.50	US$700.00
	6) Knitted fabrics (cotton 60%, Nylon30%, elastomeric yarn 6%, rubber yarn4%) : width 28cm	1,400m³	US$2.00	US$2,800.00
	7) Knitted fabrics (cotton 55%, Nylon39%, elastomeric yarn 6%) : width 33cm	1,300m³	US$2.00	US$2,600.00
	8) Tufted Carpet (Nylon100%) : made up rugs	500m³	US$5.00	US$2,500.00
		DPU		US$18,000.00
		Commission ▲ 15%		US$2,700.00
		Total DPU		US$15,300.00
500C/T : 5,000kgs		YAMANASHI EXPORT & IMPORT INC. (signature)		

別紙 2

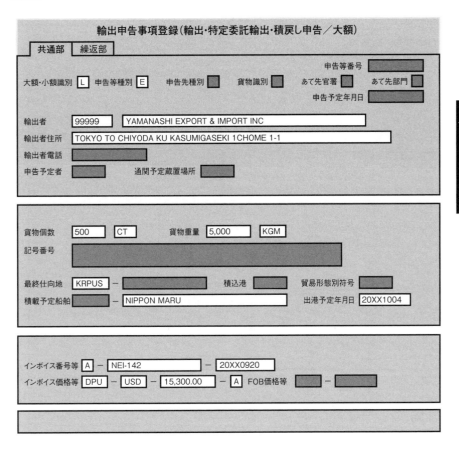

輸出申告事項登録(輸出・特定委託輸出・積戻し申告／大額)

共通部 繰返部

申告等番号 [   ]

大額・小額識別 [L] 申告等種別 [E] 申告先種別 [ ] 貨物識別 [ ] あて先官署 [ ] あて先部門 [ ]

申告予定年月日 [   ]

輸出者 [99999] [YAMANASHI EXPORT & IMPORT INC   ]
輸出者住所 [TOKYO TO CHIYODA KU KASUMIGASEKI 1CHOME 1-1]
輸出者電話 [   ]
申告予定者 [   ] 通関予定蔵置場所 [   ]

貨物個数 [500] [CT] 貨物重量 [5,000] [KGM]
記号番号 [   ]

最終仕向地 [KRPUS] — [   ] 積込港 [   ] 貿易形態別符号 [   ]
積載予定船舶 [   ] — [NIPPON MARU   ] 出港予定年月日 [20XX1004]

インボイス番号等 [A] — [NEI-142   ] — [20XX0920]
インボイス価格等 [DPU] — [USD] — [15,300.00] — [A] FOB価格等 [   ] — [   ]

[   ]

輸出申告事項登録（輸出・特定委託輸出・積戻し申告/大額）

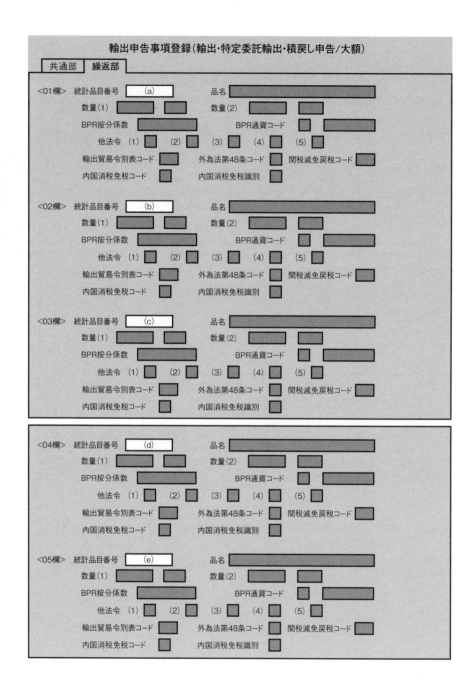

共通部　繰返部

<01欄>　統計品目番号　(a)　　　　品名

数量(1)　　　　数量(2)

BPR按分係数　　　　BPR通貨コード

他法令　(1)　(2)　(3)　(4)　(5)

輸出貿易令別表コード　　外為法第48条コード　関税減免戻税コード

内国消税免税コード　　　内国消税免税識別

<02欄>　統計品目番号　(b)　　　　品名

数量(1)　　　　数量(2)

BPR按分係数　　　　BPR通貨コード

他法令　(1)　(2)　(3)　(4)　(5)

輸出貿易令別表コード　　外為法第48条コード　関税減免戻税コード

内国消税免税コード　　　内国消税免税識別

<03欄>　統計品目番号　(c)　　　　品名

数量(1)　　　　数量(2)

BPR按分係数　　　　BPR通貨コード

他法令　(1)　(2)　(3)　(4)　(5)

輸出貿易令別表コード　　外為法第48条コード　関税減免戻税コード

内国消税免税コード　　　内国消税免税識別

<04欄>　統計品目番号　(d)　　　　品名

数量(1)　　　　数量(2)

BPR按分係数　　　　BPR通貨コード

他法令　(1)　(2)　(3)　(4)　(5)

輸出貿易令別表コード　　外為法第48条コード　関税減免戻税コード

内国消税免税コード　　　内国消税免税識別

<05欄>　統計品目番号　(e)　　　　品名

数量(1)　　　　数量(2)

BPR按分係数　　　　BPR通貨コード

他法令　(1)　(2)　(3)　(4)　(5)

輸出貿易令別表コード　　外為法第48条コード　関税減免戻税コード

内国消税免税コード　　　内国消税免税識別

別紙3

実勢外国為替相場の週間平均値
（1米ドルに対する円相場）

期　　　　間	週間平均値
令和××. 9. 2 ～ 令和××. 9. 8	¥84.50
令和××. 9. 9 ～ 令和××. 9. 15	¥85.50
令和××. 9. 16 ～ 令和××. 9. 22	¥86.50
令和××. 9. 23 ～ 令和××. 9. 29	¥86.90

第57類　じゅうたんその他の紡織用繊維の床用敷物

Chapter 57　Carpets and other textile floor coverings

注

1　この類において「じゅうたんその他の紡織用繊維の床用敷物」とは、使用時の露出面が紡織用繊維である床用敷物をいうものとし、床用敷物としての特性を有する物品で他の用途に供するものを含む。

2　この類には、床用敷物の下敷きを含まない。

Notes.

1.- For the purposes of this Chapter, the term "carpets and other textile floor coverings" means floor coverings in which textile materials serve as the exposed surface of the article when in use and includes articles having the characteristics of textile floor coverings but intended for use for other purposes.

2.- This Chapter does not cover floor covering underlays.

番号 NO	細分番号 sub. no	NACCS用	品　　名	単位 UNIT I	単位 UNIT II	DESCRIPTION	参　考
57.01			じゅうたんその他の紡織用繊維の床用敷物（結びパイルのものに限るものとし、製品にしたものであるかないかを問わない。）			Carpets and other textile floor coverings, knotted, whether or not made up:	
5701.10	000	5	－羊毛製又は繊獣毛製のもの	SM	KG	－ Of wool or fine animal hair	賢Ⅱの2
5701.90	000	2	－その他の紡織用繊維製のもの	SM	KG	－ Of other textile materials	〃
57.02			じゅうたんその他の紡織用繊維の床用敷物（ケレムラグ、シュマックラグ、カラマニラグその他これらに類する手織りの敷物を含み、織物製のものに限るものとし、製品にしたものであるかないかを問わず、タフトし又はフロック加工をしたものを除く。）			Carpets and other textile floor coverings, woven, not tufted or flocked, whether or not made up, including "Kelem", "Schumacks", "Karamanie" and similar hand-woven rugs:	
5702.10	000	3	－ケレムラグ、シュマックラグ、カラマニラグその他これらに類する手織りの敷物	SM	KG	－ "Kelem", "Schumacks", "Karamanie" and similar hand-woven rugs	〃
5702.20	000	0	－ココやし繊維（コイヤ）製の床用敷物	SM	KG	－ Floor coverings of coconut fibres (coir)	〃
			ーーその他のもの（パイル織物のものに限るものとし、製品にしたものを除く。）			－ Other, of pile construction, not made up:	
5702.31	000	3	ーー羊毛製又は繊獣毛製のもの	SM	KG	－ － Of wool or fine animal hair	〃
5702.32	000	2	ーー人造繊維材料製のもの	SM	KG	－ － Of man-made textile materials	〃
5702.39	000	2	ーーその他の紡織用繊維製のもの	SM	KG	－ － Of other textile materials	〃
			ーーその他のもの（パイル織物のもので製品にしたものに限る。）			－ Other, of pile construction, made up:	
5702.41	000	0	ーー羊毛製又は繊獣毛製のもの	SM	KG	－ － Of wool or fine animal hair	〃
5702.42	000	6	ーー人造繊維材料製のもの	SM	KG	－ － Of man-made textile materials	〃
5702.49	000	6	ーーその他の紡織用繊維製のもの	SM	KG	－ － Of other textile materials	〃
5702.50	000	5	－その他のもの（パイル織物のもの及び製品にしたものを除く。）	SM	KG	－ Other, not of pile construction, not made up	〃

番号 NO	細分 番号 sub. no	NACCS用	品　名	単位 UNIT		DESCRIPTION	参　考
				I	II		
			－その他のもの（製品にしたものに限るものとし、パイル織物のものを除く。）			－Other, not of pile construction, made up:	
5702.91	000	6	－－羊毛製又は繊獣毛製のもの	SM	KG	－－Of wool or fine animal hair	賀Ⅱの2
5702.92	000	5	－－人造繊維材料製のもの	SM	KG	－－Of man-made textile materials	〃
5702.99	000	5	－－その他の紡織用繊維製のもの	SM	KG	－－Of other textile materials	〃
57.03			じゆうたんその他の紡織用繊維の床用敷物（タフトしたものに限るものとし、製品にしたものであるかないかを問わない。）			Carpets and other textile floor coverings, tufted, whether or not made up:	
5703.10	000	1	－羊毛製又は繊獣毛製のもの	SM	KG	－Of wool or fine animal hair	〃
5703.20	000	5	－ナイロンその他のポリアミド製のもの	SM	KG	－Of nylon or other polyamides	賀5-18、15-1、Ⅱの2
5703.30	000	2	－その他の人造繊維材料製のもの	SM	KG	－Of other man-made textile materials	〃
5703.90	000	5	－その他の紡織用繊維製のもの	SM	KG	－Of other textile materials	〃
57.04			じゆうたんその他の紡織用繊維の床用敷物（フェルト製のものに限るものとし、製品にしたものであるかないかを問わず、タフトし又はフロック加工をしたものを除く。）			Carpets and other textile floor coverings, of felt, not tufted or flocked, whether or not made up:	
5704.10	000	6	－タイル（表面積が0.3平方メートル以下のものに限る。）	SM	KG	－Tiles, having a maximum surface area of 0.3 m²	賀Ⅱの2
5704.20	000	3	－タイル（表面積が0.3平方メートルを超え1平方メートル以下のものに限る。）	SM	KG	－Tiles, having a maximum surface area exceeding 0.3 m² but not exceeding 1 m²	〃
5704.90	000	3	－その他のもの	SM	KG	－Other	〃
57.05							
5705.00	000	0	じゆうたんその他の紡織用繊維の床用敷物（製品にしたものであるかないかを問わないものとし、この類の他の項に該当するものを除く。）	SM	KG	Other carpets and other textile floor coverings, whether or not made up	賀5-18、15-1、Ⅱの2

第60類 メリヤス編物及びクロセ編物

Chapter 60 Knitted or crocheted fabrics

注
1 この類には、次の物品を含まない。
(a) 第58.04項のクロセ編みのレース
(b) 第58.07項のメリヤス編み又はクロセ編みのラベル、バッジその他これらに類する物品
(c) メリヤス編物及びクロセ編物で、染み込ませ、塗布し、被覆し又は積層したもの(第59類参照)。ただし、メリヤス編み又はクロセ編みのパイル編物で、染み込ませ、塗布し、被覆し又は積層したものは、第60.01項に属する。
2 この類には、衣類、室内用品その他これらに類する物品に使用する種類の金属糸製の編物を含む。

3 この表においてメリヤス編みの物品には、ステッチボンディング方式により得た物品でチェーンステッチが紡織用繊維の糸のものを含む。

号注
1 第6005.35号には、ポリエチレンの単繊維又はポリエステルのマルチフィラメントの編物で、重量が1平方メートルにつき30グラム以上55グラム以下、網目が1平方センチメートルにつき20穴以上100穴以下であり、アルファーシペルメトリン(ISO)、クロルフェナピル(ISO)、デルタメトリン(INN、ISO)、ラムダーシハロトリン(ISO)、ペルメトリン(ISO)又はピリミホスメチル(ISO)を染み込ませ又は塗布したものを含む。

Notes.
1.- This Chapter does not cover:
(a) Crochet lace of heading 58.04;
(b) Labels, badges or similar articles, knitted or crocheted, of heading 58.07; or
(c) Knitted or crocheted fabrics, impregnated, coated, covered or laminated, of Chapter 59. However, knitted or crocheted pile fabrics, impregnated, coated, covered or laminated, remain classified in heading 60.01.
2.- This Chapter also includes fabrics made of metal thread and of a kind used in apparel, as furnishing fabrics or for similar purposes.
3.- Throughout the Nomenclature any reference to "knitted" goods includes a reference to stitch-bonded goods in which the chain stitches are formed of textile yarn.

Subheading Note.
1.- Subheading 6005.35 covers fabrics of polyethylene monofilament or of polyester multifilament, weighing not less than 30 g/m² and not more than 55 g/m², having a mesh size of not less than 20 holes/cm² and not more than 100 holes/cm², and impregnated or coated with α-cypermethrin (ISO), chlorfenapyr (ISO), deltamethrin (INN, ISO), λ-cyhalothrin (ISO), permethrin (ISO) or pirimiphos-methyl (ISO).

番号 NO	細分番号 sub. no	NACCS用	品　　名	単位 UNIT I	単位 UNIT II	DESCRIPTION	参　考
60.01			パイル編物(ロングパイル編物及びテリー編物を含むものとし、メリヤス編み又はクロセ編みのものに限る。)			Pile fabrics, including "long pile" fabrics and terry fabrics, knitted or crocheted:	
6001.10	000	0	－ロングパイル編物	SM	KG	－"Long pile" fabrics	質Ⅱ-36、Ⅱ-37、鳥
			－ループドパイル編物			－Looped pile fabrics:	
6001.21	000	3	－－綿製のもの	SM	KG	－－Of cotton	
6001.22	000	2	－－人造繊維製のもの	SM	KG	－－Of man-made fibres	
6001.29	000	2	－－その他の紡織用繊維製のもの	SM	KG	－－Of other textile materials	〃
			－その他のもの			－Other:	
6001.91	000	3	－－綿製のもの	SM	KG	－－Of cotton	
6001.92			－－人造繊維製のもの			－－Of man-made fibres:	
	100	4	－－－たてメリヤスのもの	SM	KG	－－－Warp knitted fabrics	
	900	6	－－－その他のもの	SM	KG	－－－Other	
6001.99	000	2	－－その他の紡織用繊維製のもの	SM	KG	－－Of other textile materials	〃

番号 NO	細分番号 sub. no	N A C C S 用	品　　名	単位 UNIT I	単位 UNIT II	DESCRIPTION	参　考
60.02			メリヤス編物及びクロセ編物(幅が30センチメートル以下で、弾性糸又はゴム糸の重量が全重量の5％以上のものに限るものとし、第60.01項のものを除く。)			Knitted or crocheted fabrics of a width not exceeding 30 cm, containing by weight 5 % or more of elastomeric yarn or rubber thread, other than those of heading 60.01 :	
6002.40			－弾性糸の重量が全重量の5％以上のもの(ゴム糸を含まないものに限る。)			－Containing by weight 5 % or more of elastomeric yarn but not containing rubber thread :	
			－－合成繊維製のもの			－－Of synthetic fibres :	
	210	3	－－－たてメリヤスのもの	SM	KG	－－－Warp knitted fabrics	
	290	6	－－－その他のもの	SM	KG	－－－Other	
	900	0	－－その他の紡織用繊維製のもの	SM	KG	－－Of other textile materials	賃Ⅱ-36、Ⅱ-37、鳥
6002.90	000	2	－その他のもの	SM	KG	－Other	〃
60.03			メリヤス編物及びクロセ編物(幅が30センチメートル以下のものに限るものとし、第60.01項及び第60.02項のものを除く。)			Knitted or crocheted fabrics of a width not exceeding 30 cm, other than those of heading 60.01 or 60.02 :	
6003.10	000	3	－羊毛製又は繊獣毛製のもの	SM	KG	－Of wool or fine animal hair	〃
6003.20	000	0	－綿製のもの	SM	KG	－Of cotton	
6003.30			－合成繊維製のもの			－Of synthetic fibres :	
	110	2	－－たてメリヤスのもの	SM	KG	－－Warp knitted fabrics	
	190	5	－－その他のもの	SM	KG	－－Other	
6003.40	000	1	－再生繊維又は半合成繊維製のもの	SM	KG	－Of artificial fibres	
6003.90	000	0	－その他のもの	SM	KG	－Other	
60.04			メリヤス編物及びクロセ編物(幅が30センチメートルを超え、弾性糸又はゴム糸の重量が全重量の5％以上のものに限るものとし、第60.01項のものを除く。)			Knitted or crocheted fabrics of a width exceeding 30 cm, containing by weight 5 % or more of elastomeric yarn or rubber thread, other than those of heading 60.01 :	
6004.10			－弾性糸の重量が全重量の5％以上のもの(ゴム糸を含まないものに限る。)			－Containing by weight 5 % or more of elastomeric yarn but not containing rubber thread :	
	100	3	－－綿製のもの	SM	KG	－－Of cotton	
			－－人造繊維製のもの			－－Of man-made fibres :	
	410	5	－－－たてメリヤスのもの	SM	KG	－－－Warp knitted fabrics	
	490	1	－－－その他のもの	SM	KG	－－－Other	
	900	5	－－その他の紡織用繊維製のもの	SM	KG	－－Of other textile materials	〃
6004.90	000	5	－その他のもの	SM	KG	－Other	〃

第63類 紡織用繊維のその他の製品、セット、中古の
衣類、紡織用繊維の中古の物品及びぼろ

注
1 第1節の物品は、紡織用繊維の織物類を製品にしたもの
に限る。
2 第1節には、次の物品を含まない。
(a) 第56類から第62類までの物品
(b) 第63.09項の中古の衣類その他の物品
3 第63.09項には、次の物品のみを含む。
(a) 次の紡織用繊維製の物品
(i) 衣類及び衣類附属品並びにこれらの部分品
(ii) 毛布及びひざ掛け
(iii) ベッドリネン、テーブルリネン、トイレットリネン
及びキッチンリネン
(iv) 室内用品(第57.01項から第57.05項までのじゅうた
ん及び第58.05項の織物を除く。)
(b) 履物及び帽子で、石綿以外の材料のもの

ただし、第63.09項には、(a)又は(b)の物品で次のいず
れの要件も満たすもののみを含む。

(i) 使い古したものであることが外観から明らかであ
ること。
(ii) ばら積み又はベール、サックその他これらに類する
包装で提示すること。

号注
1 第6304.20号には、アルファーシペルメトリン(ISO)、
クロルフェナビル(ISO)、デルタメトリン(INN、ISO)、
ラムダーシハロトリン(ISO)、ペルメトリン(ISO)又はピ
リミホスメチル(ISO)を染み込ませた又は塗布したたてメリ
ヤス編物から製造した物品を含む。

Chapter 63 Other made up textile articles; sets;
worn clothing and worn textile articles;
rags

Notes.
1.- Sub-Chapter I applies only to made up articles, of any tex-
tile fabric.
2.- Sub-Chapter I does not cover:
(a) Goods of Chapters 56 to 62; or
(b) Worn clothing or other worn articles of heading 63.09.
3.- Heading 63.09 applies only to the following goods:
(a) Articles of textile materials:
(i) Clothing and clothing accessories, and parts thereof;
(ii) Blankets and travelling rugs;
(iii) Bed linen, table linen, toilet linen and kitchen linen;

(iv) Furnishing articles, other than carpets of headings
57.01 to 57.05 and tapestries of heading 58.05;
(b) Footwear and headgear of any material other than as-
bestos.
In order to be classified in this heading, the articles
mentioned above must comply with both of the following
requirements:
(i) they must show signs of appreciable wear, and

(ii) they must be presented in bulk or in bales, sacks or
similar packings.

Subheading Note.
1.- Subheading 6304.20 covers articles made from warp knit
fabrics, impregnated or coated with α-cypermethrin (ISO),
chlorfenapyr (ISO), deltamethrin (INN, ISO), λ-cyhalothrin
(ISO), permethrin (ISO) or pirimiphos-methyl (ISO).

番号 NO	細分 番号 sub. no	NACCS用	品 名	単位 UNIT		DESCRIPTION	参 考
				I	II		
			第1節 紡織用繊維のその他の製品			I.- OTHER MADE UP TEXTILE ARTI-CLES	
63.01			毛布及びひざ掛け			Blankets and travelling rugs :	
6301.10	000	2	-電気毛布	NO	KG	- Electric blankets	賢II-36、II-37、IIの2、鳥
6301.20	000	6	-ひざ掛け及び毛布(電気毛布を除く。)(羊毛製又は繊獣毛製のものに限る。)	NO	KG	- Blankets (other than electric blankets) and travelling rugs, of wool or of fine animal hair	〃
6301.30	000	3	-ひざ掛け及び毛布(電気毛布を除く。)(綿製のものに限る。)	NO	KG	- Blankets (other than electric blankets) and travelling rugs, of cotton	賢IIの2
6301.40	000	0	-ひざ掛け及び毛布(電気毛布を除く。)(合成繊維製のものに限る。)	NO	KG	- Blankets (other than electric blankets) and travelling rugs, of synthetic fibres	〃

番号 NO	細分番号 sub. no	N A C C S 用	品　名	単位 UNIT			DESCRIPTION	参　考
				I	II			
6301.90	000	6	－その他の毛布及びひざ掛け	NO	KG		－Other blankets and travelling rugs	質Ⅱの2
63.02			**ベッドリネン、テーブルリネン、トイレットリネン及びキッチンリネン**				Bed linen, table linen, toilet linen and kitchen linen:	
6302.10	000	0	－ベッドリネン（メリヤス編み又はクロセ編みのものに限る。）	DZ	KG		－Bed linen, knitted or crocheted	質Ⅱ-36、Ⅱ-37、鳥
			－その他のベッドリネン（なせんしたものに限る。）				－Other bed linen, printed:	
6302.21	000	3	－－綿製のもの	DZ	KG		－－Of cotton	
6302.22	000	2	－－人造繊維製のもの	DZ	KG		－－Of man-made fibres	
6302.29	000	2	－－その他の紡織用繊維製のもの	DZ	KG		－－Of other textile materials	〃
			－その他のベッドリネン				－Other bed linen:	
6302.31	000	0	－－綿製のもの	DZ	KG		－－Of cotton	質Ⅱの2
6302.32	000	6	－－人造繊維製のもの	DZ	KG		－－Of man-made fibres	〃
6302.39	000	6	－－その他の紡織用繊維製のもの	DZ	KG		－－Of other textile materials	質Ⅱ-36、Ⅱ-37、Ⅱの2、鳥
6302.40	000	5	－テーブルリネン（メリヤス編み又はクロセ編みのものに限る。）	DZ	KG		－Table linen, knitted or crocheted	質Ⅱ-36、Ⅱ-37、鳥
			－その他のテーブルリネン				－Other table linen:	
6302.51	000	1	－－綿製のもの	DZ	KG		－－Of cotton	質Ⅱの2
6302.53	000	6	－－人造繊維製のもの	DZ	KG		－－Of man-made fibres	〃
6302.59	000	0	－－その他の紡織用繊維製のもの	DZ	KG		－－Of other textile materials	質Ⅱ-36、Ⅱ-37、Ⅱの2、鳥
6302.60	000	6	－トイレットリネン及びキッチンリネン（テリータオル地その他のテリー織物で綿製のものに限る。）	DZ	KG		－Toilet linen and kitchen linen, of terry towelling or similar terry fabrics, of cotton	質Ⅱ-36、Ⅱ-37、鳥
			－その他のもの				－Other:	
6302.91	000	3	－－綿製のもの	DZ	KG		－－Of cotton	質Ⅱの2
6302.93	000	1	－－人造繊維製のもの	DZ	KG		－－Of man-made fibres	〃
6302.99	000	2	－－その他の紡織用繊維製のもの	DZ	KG		－－Of other textile materials	質Ⅱ-36、Ⅱ-37、Ⅱの2、鳥
63.03			**カーテン（ドレープを含む。）、室内用ブラインド、カーテンバランス及びベッドバランス**				Curtains (including drapes) and interior blinds; curtain or bed valances:	
			－メリヤス編み又はクロセ編みのもの				－Knitted or crocheted:	
6303.12	000	3	－－合成繊維製のもの	DZ	KG		－－Of synthetic fibres	
6303.19	000	3	－－その他の紡織用繊維製のもの	DZ	KG		－－Of other textile materials	質Ⅱ-36、Ⅱ-37、鳥
			－その他のもの				－Other:	
6303.91	000	1	－－綿製のもの	DZ	KG		－－Of cotton	質Ⅱの2
6303.92	000	0	－－合成繊維製のもの	DZ	KG		－－Of synthetic fibres	〃
6303.99	000	0	－－その他の紡織用繊維製のもの	DZ	KG		－－Of other textile materials	質Ⅱ-36、Ⅱ-37、Ⅱの2、鳥

解答・解説⑤（繊維製品等）

解答　a：③、b：⑦、c：①、d：⑨、e：⑬

解説

換算レート：1ドル＝86.50円（9月16日〜9月22日）（10月1日の属する週の前々週のレート）

仲介手数料：値引き前の仕入書価格から仲介手数料として10％相当額を超える価格が値引き額として明記されている場合には、値引き前の仕入書価格となる。したがって、仕入書に表示された値引き前の価格（DPU US$18,000）から仲介手数料として値引き前の価格の15％相当額（US$2,700）が控除されているため、輸出申告価格の計算の際には、値引き前の価格で計算することになり、仲介手数料は考慮する必要がない。

仕入書に含まれている価格：仕入書価格はDPU価格（荷卸持込渡し価格）であるので、輸入地での荷卸しまでの費用が含まれている。したがって、輸出申告価格の計算の際には「輸出港における貨物の船積みに要する費用」は含まれるが、「目的地（輸入港）までの海上運賃及び保険料」（8％）と「輸入港における貨物の船卸しの費用」（2％）は輸出申告価格から控除して計算する。

少額合算基準額（DPU価格）：

　　200,000円 ×US$18,000.00（DPU価格合計額）÷US$16,200.00（FOB価格合計額）
　　÷86.50円／US$ ＝ US$2,569.043……

各商品はDPU価格のため、少額合算基準額（20万円）をDPU価格の合計額に対するFOB価格の合計額の比を乗じて換算レートで割るとDPU価格に換算した少額合算基準額が分かる。そして、この基準額を下回るDPU価格の商品は、仕入書番号1、2、3、5、8である。また、DPU価格での少額合算基準額は、次の式でも計算することができる。

　　200,000円 ÷0.9÷86.50円／US$ ＝ US$2,569.043……

なお、FOB価格の合計額は、次の式により算出することができる。

　　US$18,000（各DPU価格の合計額）×（8％ ＋ 2％）＝ US$1,800（輸入港までの海上運賃及び海上保険料、輸入港における船卸し費用の合計額）

　　US$18,000（各DPU価格の合計額）− US$1,800（輸入港までの海上運賃及び海上保険料、輸入港における船卸し費用の合計額）＝ US$16,200（FOB価

格の合計額）

参考 FOB価格の合計額を計算する別の計算式：US$18,000（各DPU価格の合計額）×90%（DPU価格のうちの、FOB費用に相当する割合）＝US$16,200

なお、FOB価格における少額合算基準は、

200,000円 ÷86.50円／US$ ＝ US$2,312.138……

となる。

商品分類：

（少額貨物の可能性のあるものは、各10桁の最後の数字に（　）を付けている。）

1：630260000 (6)「テリータオル地のキッチンリネン（綿100%）：製品にしたもの」

①紡織用繊維製のキッチンリネンは紡織用繊維製のその他の製品、つまり、他の類に該当しない紡織用繊維製の製品として第63類に分類される。

②キッチンリネンは第63.02項に分類される。

③テリータオル地の織物で綿製のキッチンリネンであるので「6302.60.000 (6)」に分類される。

2：570190000 (2)「結びパイルのじゅうたん（綿100%）：製品にしたもの」

①紡織用繊維製のじゅうたんは第57類に分類される。

②結びパイルのじゅうたんは第57.01項に分類される。

③綿製のじゅうたんであるので「5701.90.000 (2)」に分類される。

3：630319000 (3)「メリヤス編みのカーテン（綿100%）：製品にしたもの」

①紡織用繊維製のカーテンは紡織用繊維製のその他の製品、つまり、他の類に該当しない紡織用繊維製の製品として第63類に分類される。

②カーテンは第63.03項に分類される。

③メリヤス編みのカーテンは、第6303.12号と第6303.19号の規定（－メリヤス編み又はクロセ編みのもの）より、第6303.12号か第6303.19号に分類される。

④綿製のカーテンであるので「6303.19.000 (3)」に分類される。

4：5702410000 「パイル織物のじゅうたん（羊毛70%、ナイロン30%）：製品にしたもの、タフトし又はフロック加工したものではない」

①紡織用繊維製のじゅうたんは第57類に分類される。

②タフトし又はフロック加工していない織物製のじゅうたんは第57.02項に分類される。

③パイル織物の織物製のじゅうたんで製品にしたものは、第5702.41号から第5702.49号の規定（－その他のもの（パイル織物のもので製品にしたものに限る。））より、第5702.41号から第5702.49号に分類される。

④羊毛製のじゅうたんであるので「5702.41.0000」に分類される。

5：570190000（2）「結びパイルのじゅうたん（麻100％）：製品にしたもの」

①紡織用繊維製のじゅうたんは第57類に分類される。

②結びパイルのじゅうたんは第57.01項に分類される。

③麻製のじゅうたんであるので「5701.90.000（2）」に分類される。

6：6002900002 「メリヤス編物（綿60％、ナイロン30％、弾性糸6％、ゴム糸4％）：幅28cm」

①メリヤス編物は第60類に分類される。

②問題文記4（3）よりこのメリヤス編物はパイル編物ではなく、幅が28cmで、弾性糸の重量が全重量の6％であるので、第60.02項に分類される。

③ゴム糸を含む編物であるので、第6002.90号に分類される。

④第6002.90号はさらに細分されていないので、「6002.90.0002」に分類される。

7：6004101003 「メリヤス編物（綿55％、ナイロン39％、弾性糸6％）：幅33cm」

①メリヤス編物は第60類に分類される。

②問題文記4（3）よりこのメリヤス編物はパイル編物ではなく、幅が33cmで、弾性糸の重量が全重量の6％であるので、第60.04項に分類される。

③ゴム糸を含まない編物であるので、第6004.10号に分類される。

④綿製のメリヤス編物であるので「6004.10.1003」に分類される。

8：570320000（5）「タフトしたじゅうたん（ナイロン100％）：製品にしたもの」

①紡織用繊維製のじゅうたんは第57類に分類される。

②タフトしたじゅうたんは第57.03項に分類される。

③ナイロン製のじゅうたんであるので「5703.20.000（5）」に分類される。

解答欄の確認：まず仕入書番号2及び5は同一の統計品目番号であるので、あらかじめ合算する。仕入書番号2及び5の合算額はUS$2,700.00（＝US$2,000.00＋US$700.00）となるので、これらは少額貨物ではないことが分かる。

それ以外の統計品目番号はすべて異なっているので、20万円以下のものを問題文に従い少額合算していく。その際入力すべき統計品目番号はこれらのうち最も申告価格が大きい仕入書番号8の品目番号「570320000」とし、NACCS用番号は「X」とする。なお、少額貨物を合算するとUS$6,800.00（＝US$2,100.00＋US$2,200.00＋US$2,500.00）となる。あとは問題文に従い価格の大きい順に解答していき、少額合算したものは最後に解答していく。

なお、輸出申告の問題では、申告価格の大小のみ判断すればよいので、円に換算せずに外国通貨のまま（例えば米ドルの金額のまま）判断するほうが、数字の桁数も少なく、計算によるミスもないので、仕入書に記載されている価格のまま判断するほうがよい。ただ、ここでは、学習の参考のために外国通貨を円に換算しておくので、余裕があれば、外国通貨を円に換算する方法も学習しておいてもらいたい。

解答：

a. ③ 5702410000（US$3,100.00）

US$3,100.00×US$16,200.00（FOB 価格合計額）÷US$18,000.00（DPU 価格合計額）×86.50 円 = 241,335 円

　cf.　US$3,100.00×0.9×86.5 円 = 241,335 円

　　　円に換算する式は、上のように二通り例示しておいたので、参考にしていただきたい。

b. ⑦ 6002900002（US$2,800.00）

US$2,800.00×US$16,200.00（FOB 価格合計額）÷US$18,000.00（DPU 価格合計額）×86.50 円 = 217,980 円

c. ① 5701900002（US$2,700.00）

US$2,700.00×US$16,200.00（FOB 価格合計額）÷US$18,000.00（DPU 価格合計額）×86.50 円 = 210,195 円

d. ⑨ 6004101003（US$2,600.00）

US$2,600.00×US$16,200.00（FOB 価格合計額）÷US$18,000.00（DPU 価格合計額）×86.50 円 = 202,410 円

e. ⑬ 570320000X（US$6,800.00）

US$6,800.00×US$16,200.00（FOB 価格合計額）÷US$18,000.00（DPU 価格合計額）×86.50 円 = 529,380 円

1-6 輸出申告書作成問題⑥ （牛肉製品等）

　別紙1の仕入書及び下記事項により、「牛肉製品等」の輸出申告を輸出入・港湾関連情報処理システム（NACCS）を使用して行う場合、別紙2の輸出申告事項登録画面の統計品目番号欄（(a) ～ (e)）に入力すべき統計品目番号を、別冊の「輸出統計品目表」（抜すい）及び別紙4の国内分類例規を参照して、下の選択肢の中から選び、その番号を答えなさい。

記

1　統計品目番号が同一となるものがある場合には、これらを一欄にまとめる。

2　統計品目番号が異なるものの申告価格が20万円以下のものについては、これらを一括して一欄にまとめる。

　なお、この場合に入力すべき統計品目番号は、これらの品目のうち申告価格が最も大きいものの統計品目番号とし、10桁目は「X」とする。

3　輸出申告事項登録は、申告価格（上記1によりまとめられたものについては、その合計額）の大きいものから順に入力されるものとし、上記2により一括して一欄にまとめるものについては、最後の欄に入力されるものとする。

4　別紙1の仕入書に記載されている商品の特徴は以下のとおりである。

　（1）仕入書の3番目及び8番目の貨物は食塩のみにより味付したものである。

　（2）仕入書の8番目の貨物のみ食用のものではないが、その他の貨物はすべて食用のものである。また、すべての貨物について第16類号注1に規定する「均質調製品」のものはない。

　（3）仕入書の4番目の貨物は、肉にこしょうを添加したもので、こしょうが分析の結果から明らかに確認でき、かつ、適度の味覚を有するものである。

5　別紙1の仕入書に記載されているそれぞれの品目の価格には、次の額が含まれている。

　イ　輸出港における貨物の船積みに要する費用 ……………………… 3％

　ロ　輸入港までの海上運賃及び保険料　………………………………… 7％

　ハ　輸入港における貨物の船卸しの費用 ……………………………… 1％

　ニ　輸入港から最終目的地までの運送料 ……………………………… 2％

6　別紙1の仕入書に記載されている米ドル建価格の本邦通貨への換算は、別紙3の「実勢外国為替相場の週間平均値」を参照して行う。

7　申告年月日は、令和××年9月27日とする。

[統計品目番号の選択肢]

① 0201100001　　② 0202100006　　③ 0504000000
④ 0511990006　　⑤ 1601000004　　⑥ 1602500001
⑦ 1602900003　　⑧ 1902194906　　⑨ 1902200005
⑩ 1902301004　　⑪ 1902309006　　⑫ 020210000X
⑬ 050400000X　　⑭ 051199000X　　⑮ 160250000X

別紙1

I N V O I C E

Seller	Saga Beef Co., Ltd		Invoice No. and Date	
	1 - 1 1 -Chome Kasumigaseki		HBC-552 Sep. 23, 20XX	
	Chiyoda-ku Tokyo Japan			

Buyer	Country of Origin : Japan	
ABY TRADING CO., LTD	L/C No.	Date
1234 East Grand Ave., Los Angeles, U.S.A.	HST-23747890	July 15, 20XX

Vessel	On or about	Issuing Bank	
Yokohama Maru	Oct. 1, 20XX	Los Angeles Bank	
From Tokyo, Japan	Via		
To Los Angeles, U.S.A.		Other payment Terms	

Marks and Nos.		Description of Goods	Quantity	Unit Price (per KG)	Amount
		Meat Products etc.			
	1	Smoked stomachs (pieces) of bovine animals	230kg	US$10.00	US$2,300.00
	2	Sausages : 100% meat of bovine animals	200kg	US$10.00	US$2,000.00
	3	Frozen salted meat (carcassess) of bovine animals	245kg	US$10.00	US$2,450.00
ABY	4	Prepared meat (carcassess) of bovine animals	240kg	US$10.00	US$2,400.00
LOS ANGELES					
MADE IN JAPAN	5	Instant ramen (25% : dried meat of bovine animals, 72% : noodles (Wheat flour), 3% : other (salt,pepper,oil,etc.)), not cooked	220kg	US$10.00	US$2,200.00
	6	Frozen guts (pieces) of bovine animals	210kg	US$10.00	US$2,100.00
	7	Stuffed pasta (40% : dried meat of bovine animals, 50% : pasta, 10% : other (salt, etc.)), not cooked	100kg	US$30.50	US$3,050.00
	8	Salted meat (carcassess) of bovine animals	1,000kg	US$2.50	US$2,500.00
		Saga Beef Co., Ltd (signature)		Total DAP	US$19,000.00

別紙2

輸出申告事項登録（輸出・特定委託輸出・積戻し申告／大額）

| 共通部 | 繰返部 |

申告番号 ▢

大額・小額識別 L 申告等種別 E 申告先種別 ▢ 貨物識別 ▢ あて先官署 ▢ あて先部門 ▢

申告予定年月日 ▢

輸出者 99999 SAGA BEEF CO LTD

輸出者住所 TOKYO TO CHIYODA KU KASUMIGASEKI 1CHOME 1-1

輸出者電話 ▢

申告予定者 ▢ 通関予定蔵置場所 ▢

貨物個数 500 CT 貨物重量 2,445 KGM

記号番号 ▢

最終仕向地 USLAX － ▢ 積込港 ▢ 貿易形態別符号 ▢

積載予定船舶 ▢ － YOKOHAMA MARU 出港予定年月日 20XX1001

インボイス番号等 A － HBC-552 20XX0923

インボイス価格等 DAP － USD － 19,000.00 A FOB価格等 ▢ － ▢

1

輸出申告書

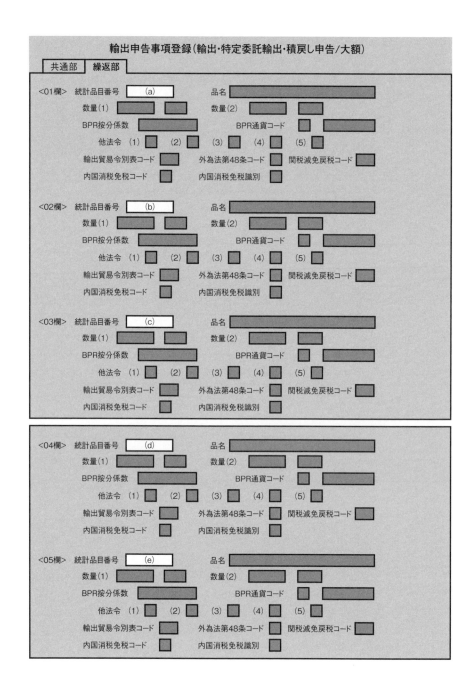

輸出申告事項登録(輸出・特定委託輸出・積戻し申告/大額)

共通部　繰返部

<01欄> 統計品目番号 (a)　　品名
数量(1)　　　数量(2)
BPR按分係数　　BPR通貨コード
他法令 (1)　(2)　(3)　(4)　(5)
輸出貿易令別表コード　外為法第48条コード　関税減免戻税コード
内国消税免税コード　内国消税免税識別

<02欄> 統計品目番号 (b)　　品名
数量(1)　　　数量(2)
BPR按分係数　　BPR通貨コード
他法令 (1)　(2)　(3)　(4)　(5)
輸出貿易令別表コード　外為法第48条コード　関税減免戻税コード
内国消税免税コード　内国消税免税識別

<03欄> 統計品目番号 (c)　　品名
数量(1)　　　数量(2)
BPR按分係数　　BPR通貨コード
他法令 (1)　(2)　(3)　(4)　(5)
輸出貿易令別表コード　外為法第48条コード　関税減免戻税コード
内国消税免税コード　内国消税免税識別

<04欄> 統計品目番号 (d)　　品名
数量(1)　　　数量(2)
BPR按分係数　　BPR通貨コード
他法令 (1)　(2)　(3)　(4)　(5)
輸出貿易令別表コード　外為法第48条コード　関税減免戻税コード
内国消税免税コード　内国消税免税識別

<05欄> 統計品目番号 (e)　　品名
数量(1)　　　数量(2)
BPR按分係数　　BPR通貨コード
他法令 (1)　(2)　(3)　(4)　(5)
輸出貿易令別表コード　外為法第48条コード　関税減免戻税コード
内国消税免税コード　内国消税免税識別

別紙3

実勢外国為替相場の週間平均値
（1米ドルに対する円相場）

期　　　　間	週間平均値
令和××.9. 2 ～ 令和××.9. 8	¥95.00
令和××.9. 9 ～ 令和××.9.15	¥90.00
令和××.9.16 ～ 令和××.9.22	¥97.00
令和××.9.23 ～ 令和××.9.29	¥93.90

別紙4

国内分類例規

（1）食塩のみにより味付したものは第2類に分類する。

（2）こしょう等の香辛料又は調味料を添加したものにあっては、添加物が分析の結果から明らかに確認でき、かつ、適度の味覚を有するものを第16類に分類する。

別冊　　　　　　輸出統計品目表（抜すい）

第2類　肉及び食用のくず肉

注
1　この類には、次の物品を含まない。
(a)　第02.01項から第02.08項まで又は第02.10項の物品で、食用に適しないもの

(b)　動物の腸、ぼうこう及び胃(第05.04項参照)並びに動物の血(第05.11項及び第30.02項参照)
(c)　動物性脂肪(第15類参照。第02.09項の物品を除く。)

備考
1　この表においてくず肉には、別段の定めがあるものを除くほか、臓器を含む。

Chapter 2　Meat and edible meat offal

Note.
1.- This Chapter does not cover:
(a) Products of the kinds described in headings 02.01 to 02.08 or 02.10, unfit or unsuitable for human consumption;
(b) Guts, bladders or stomachs of animals (heading 05.04) or animal blood (heading 05.11 or 30.02); or
(c) Animal fat, other than products of heading 02.09 (Chapter 15).

Additional Note.
1.- Throughout this Schedule the term "offal" is to be taken to include, unless otherwise provided, internal organs.

番号 NO	細分番号 sub. no	NACCS用	品名	単位 UNIT I	II	DESCRIPTION	参考
02.01			牛の肉(生鮮のもの及び冷蔵したものに限る。)			Meat of bovine animals, fresh or chilled:	
0201.10	000	1	－枝肉及び半丸枝肉		KG	－Carcasses and half-carcasses	家
0201.20	000	5	－その他の骨付き肉		KG	－Other cuts with bone in	〃
0201.30			－骨付きでない肉			－Boneless:	
	100	4	－－ロインのもの		KG	－－Loin	〃
	200	6	－－かた、うで及びもものもの		KG	－－Chuck, Clod and Round	〃
	300	1	－－ばらのもの		KG	－－Brisket and plate	〃
	900	6	－－その他のもの		KG	－－Other	〃
02.02			牛の肉(冷凍したものに限る。)			Meat of bovine animals, frozen:	
0202.10	000	6	－枝肉及び半丸枝肉		KG	－Carcasses and half-carcasses	家、質Ⅱの2
0202.20	000	3	－その他の骨付き肉		KG	－Other cuts with bone in	〃
0202.30			－骨付きでない肉			－Boneless:	
	100	2	－－ロインのもの		KG	－－Loin	〃
	200	4	－－かた、うで及びもものもの		KG	－－Chuck, Clod and Round	〃
	300	6	－－ばらのもの		KG	－－Brisket and plate	〃
	900	4	－－その他のもの		KG	－－Other	〃
02.03			豚の肉(生鮮のもの及び冷蔵し又は冷凍したものに限る。)			Meat of swine, fresh, chilled or frozen:	
			－生鮮のもの及び冷蔵したもの			－Fresh or chilled:	
0203.11	000	3	－－枝肉及び半丸枝肉		KG	－－Carcasses and half-carcasses	家
0203.12	000	2	－－骨付きのもも肉及び肩肉並びにこれらを分割したもの(骨付きのものに限る。)		KG	－－Hams, shoulders and cuts thereof, with bone in	〃
0203.19	000	2	－－その他のもの		KG	－－Other	〃

第5類　動物性生産品（他の類に該当するものを除く。）

Chapter 5　Products of animal origin, not elsewhere specified or included

注
1　この類には、次の物品を含まない。
　(a)　食用の物品（動物の腸、ぼうこう又は胃の全形のもの及び断片並びに動物の血で、液状のもの及び乾燥したものを除く。）
　(b)　原皮及び毛皮（第41類及び第43類参照。第05.05項の物品並びに第05.11項の原皮くず及び毛皮くずを除く。）
　(c)　動物性紡織用繊維（第11部参照。馬毛及びそのくずを除く。）
　(d)　ほうき又はブラシの製造用に結束し又は房状にした物品（第96.03項参照）
2　第05.01項において毛を長さにより選別したもの（毛の向きをそろえたものを除く。）は、加工したものとみなさない。

3　この表において象、かば、せいうち、いっかく又はいのししのきば、さい角及びすべての動物の歯は、アイボリーとする。
4　この表において「馬毛」とは、馬類の動物又は牛のたてがみ及び尾毛をいう。第05.11項には、馬毛及びそのくず（支持物を使用することなく又は支持物を使用して層状にしてあるかないかを問わない。）を含む。

Notes.
1.- This Chapter does not cover:
　(a) Edible products (other than guts, bladders and stomachs of animals, whole and pieces thereof, and animal blood, liquid or dried);
　(b) Hides or skins (including furskins) other than goods of heading 05.05 and parings and similar waste of raw hides or skins of heading 05.11 (Chapter 41 or 43);
　(c) Animal textile materials, other than horsehair and horsehair waste (Section XI); or
　(d) Prepared knots or tufts for broom or brush making (heading 96.03).
2.- For the purposes of heading 05.01, the sorting of hair by length (provided the root ends and tip ends respectively are not arranged together) shall be deemed not to constitute working.
3.- Throughout the Nomenclature, elephant, hippopotamus, walrus, narwhal and wild boar tusks, rhinoceros horns and the teeth of all animals are regarded as "ivory".
4.- Throughout the Nomenclature, the expression "horsehair" means hair of the manes or tails of equine or bovine animals. Heading 05.11 covers, *inter alia*, horsehair and horsehair waste, whether or not put up as a layer with or without supporting material.

番号 NO	細分番号 sub. no	NACCS用	品　　名	単位 UNIT I	II	DESCRIPTION	参　考
05.01							
0501.00	000	6	人髪（加工してないものに限るものとし、洗つてあるかないかを問わない。）及びそのくず		KG	Human hair, unworked, whether or not washed or scoured ; waste of human hair	
05.02			豚毛、いのししの毛、あなぐまの毛その他ブラシ製造用の獣毛及びこれらのくず			Pigs', hogs' or boars' bristles and hair ; badger hair and other brush making hair ; waste of such bristles or hair :	
0502.10	000	1	－豚毛及びいのししの毛並びにこれらのくず		KG	－ Pigs', hogs' or boars' bristles and hair and waste thereof	家
0502.90	000	5	－その他のもの		KG	－ Other	〃
05.04							
0504.00	000	0	動物（魚を除く。）の腸、ぼうこう又は胃の全形のもの及び断片（生鮮のもの及び冷蔵し、冷凍し、塩蔵し、塩水漬けし、乾燥し又はくん製したものに限る。）		KG	Guts, bladders and stomachs of animals (other than fish), whole and pieces thereof, fresh, chilled, frozen, salted, in brine, dried or smoked	〃

番号 NO	細分 番号 sub. no	NACCS用	品 名	単位 UNIT I	単位 UNIT II	DESCRIPTION	参 考
05.11			動物性生産品(他の項に該当するものを除く。)及び第1類又は第3類の動物で生きていないもののうち食用に適しないもの			Animal products not elsewhere specified or included; dead animals of Chapter 1 or 3, unfit for human consumption:	
0511.10	000	4	－牛の精液		KG	－Bovine semen	家
			－その他のもの			－Other:	
0511.91	000	0	－－魚又は甲殻類、軟体動物若しくはその他の水棲無脊椎動物の物品及び第3類の動物で生きていないもの		KG	－－Products of fish or crustaceans, molluscs or other aquatic invertebrates; dead animals of Chapter 3	質Ⅱ-36
0511.99	000	6	－－その他のもの		KG	－－Other	質Ⅱ-36、Ⅱ-37、家

第4部　調製食料品、飲料、アルコール、食酢、
　　　 たばこ及び製造たばこ代用品

注
1　この部において「ペレット」とは、直接圧縮すること又は
　全重量の3%以下の結合剤を加えることにより固めた物品
　をいう。

第16類　肉、魚又は甲殻類、軟体動物若しくはその他
　　　 の水棲無脊椎動物の調製品

注
1　この類には、第2類、第3類又は第05.04項に定める方
　法により調製し又は保存に適する処理をした肉、くず肉、
　魚並びに甲殻類、軟体動物及びその他の水棲無脊椎動物を
　含まない。
2　ソーセージ、肉、くず肉、血、魚又は甲殻類、軟体動物
　若しくはその他の水棲無脊椎動物の一以上を含有する調製
　食料品で、これらの物品の含有量の合計が全重量の20%を
　超えるものは、この類に属する。この場合において、これ
　らの物品の二以上を含有する調製食料品については、最大
　の重量を占める成分が属する項に属する。前段及び中段の
　いずれの規定も、第19.02項の詰めをした物品及び第21.03
　項又は第21.04項の調製品については、適用しない。

号注
1　第1602.10号において「均質調製品」とは、微細に均質化
　した肉、くず肉又は血から成る乳幼児用又は食餌療法用の
　調製品(小売用のもので正味重量が250グラム以下の容器入
　りにしたものに限る。)をいう。この場合において、調味、
　保存その他の目的のために当該調製品に加えた少量の構成
　成分は考慮しないものとし、当該調製品が少量の肉又はく
　ず肉の目に見える程度の細片を含有するかしないかを問わ
　ない。同号は、第16.02項の他のいかなる号にも優先する。

2　第16.04項又は第16.05項の号において、慣用名のみで
　定める魚並びに甲殻類、軟体動物及びその他の水棲無脊椎
　動物は、第3類において同一の慣用名で定める魚並びに甲
　殻類、軟体動物及びその他の水棲無脊椎動物と同一の種に
　属する。

Section IV　Prepared foodstuffs; beverages,
　　　　　 spirits and vinegar; tobacco and
　　　　　 manufactured tobacco substitutes

Note.
1.- In this Section the term "pellets" means products which
　have been agglomerated either directly by compression or
　by the addition of a binder in a proportion not exceeding
　3% by weight.

Chapter 16　Preparations of meat, of fish or of
　　　　　 crustaceans, molluscs or other aquatic
　　　　　 invertebrates

Notes.
1.- This Chapter does not cover meat, meat offal, fish, crusta-
　ceans, molluscs or other aquatic invertebrates, prepared
　or preserved by the processes specified in Chapter 2 or 3
　or heading 05.04.
2.- Food preparations fall in this Chapter provided that they
　contain more than 20% by weight of sausage, meat, meat
　offal, blood, fish or crustaceans, molluscs or other aquatic
　invertebrates, or any combination thereof. In cases where
　the preparation contains two or more of the products
　mentioned above, it is classified in the heading of Chapter
　16 corresponding to the component or components which
　predominate by weight. These provisions do not apply to
　the stuffed products of heading 19.02 or to the prepara-
　tions of heading 21.03 or 21.04.

Subheading Notes.
1.- For the purposes of subheading 1602.10, the expression
　"homogenised preparations" means preparations of meat,
　meat offal or blood, finely homogenised, put up for retail
　sale as food suitable for infants or young children or for
　dietetic purposes, in containers of a net weight content
　not exceeding 250 g. For the application of this definition
　no account is to be taken of small quantities of any ingre-
　dients which may have been added to the preparation for
　seasoning, preservation or other purposes. These prepara-
　tions may contain a small quantity of visible pieces of
　meat or meat offal. This subheading takes precedence
　over all other subheadings of heading 16.02.
2.- The fish, crustaceans, molluscs and other aquatic inverte-
　brates specified in the subheadings of heading 16.04 or
　16.05 under their common names only, are of the same
　species as those mentioned in Chapter 3 under the same
　name.

番号 NO	細分 番号 sub. no	N A C C S 用	品　　名	単位 UNIT I	単位 UNIT II	DESCRIPTION	参　考
16.01							
1601.00	000	4	ソーセージその他これに類する物品 （肉、くず肉又は血から製造したも のに限る。）及びこれらの物品をもと とした調製食料品		KG	Sausages and similar products, of meat, meat offal or blood; food preparations based on these products	家
16.02			その他の調製をし又は保存に適する 処理をした肉、くず肉及び血			Other prepared or preserved meat, meat offal or blood :	
1602.10	000	6	－均質調製品		KG	－ Homogenised preparations	〃
1602.20	000	3	－動物の肝臓のもの		KG	－ Of liver of any animal	〃
			－第01.05項の家きんのもの			－ Of poultry of heading 01.05:	
1602.31	000	6	－－七面鳥のもの		KG	－－ Of turkeys	〃
1602.32	000	5	－－鶏（ガルルス・ドメスティクス） のもの		KG	－－ Of fowls of the species Gallus domes- ticus	〃
1602.39	000	5	－－その他のもの		KG	－－ Other	〃
			－豚のもの			－ Of swine:	
1602.41	000	3	－－もも肉及びこれを分割したもの		KG	－－ Hams and cuts thereof	〃
1602.42	000	2	－－肩肉及びこれを分割したもの		KG	－－ Shoulders and cuts thereof	〃
1602.49	000	2	－－その他のもの（混合物を含む。）		KG	－－ Other, including mixtures	〃
1602.50	000	1	－牛のもの		KG	－ Of bovine animals	〃
1602.90	000	3	－その他のもの（動物の血の調製品 を含む。）		KG	－ Other, including preparations of blood of any animal	〃
16.03							
1603.00	000	0	肉、魚又は甲殻類、軟体動物若しく はその他の水棲無脊椎動物のエキス 及びジュース		KG	Extracts and juices of meat, fish or crusta- ceans, molluscs or other aquatic inverte- brates	〃

第19類　穀物、穀粉、でん粉又はミルクの調製品及び
　　　　ベーカリー製品

Chapter 19　Preparations of cereals, flour, starch
or milk; pastrycooks' products

注
1　この類には、次の物品を含まない。
(a)　ソーセージ、肉、くず肉、血、魚又は甲殻類、軟体動物若しくはその他の水棲無脊椎動物の一以上を含有する調製食料品で、これらの物品の含有量の合計が全重量の20％を超えるもの(第16類参照。第19.02項の詰物をした物品を除く。)
(b)　飼料用のビスケットその他の穀粉又はでん粉の調製飼料(第23.09項参照)

(c)　第30類の医薬品その他の物品
2　第19.01項において次の用語の意義は、それぞれ次に定めるところによる。
(a)　「ひき割り穀物」とは、第11類の「ひき割り穀物」をいう。
(b)　「穀粉」及び「ミール」とは、次の物品をいう。
　(1)　第11類の穀粉及びミール
　(2)　他の類の植物性の粉及びミール(乾燥野菜(第07.12項参照)、ばれいしよ(第11.05項参照)又は乾燥した豆(第11.06項参照)の粉及びミールを除く。)

3　第19.04項には、完全に脱脂したココアとして計算したココアの含有量が全重量の6％を超える調製品及び第18.06項のチョコレートその他のココアを含有する調製食料品で完全に覆つた調製品を含まない(第18.06項参照)。

4　第19.04項において「その他の調製をしたもの」とは、第10類又は第11類の項又は注に定める調製又は加工の程度を超えて調製又は加工をしたものをいう。

Notes.
1.- This Chapter does not cover:
(a) Except in the case of stuffed products of heading 19.02, food preparations containing more than 20% by weight of sausage, meat, meat offal, blood, fish or crustaceans, molluscs or other aquatic invertebrates, or any combination thereof (Chapter 16);
(b) Biscuits or other articles made from flour or from starch, specially prepared for use in animal feeding (heading 23.09); or
(c) Medicaments or other products of Chapter 30.
2.- For the purposes of heading 19.01:

(a) The term "groats" means cereal groats of Chapter 11;
(b) The terms "flour" and "meal" mean:
(1) Cereal flour and meal of Chapter 11, and
(2) Flour, meal and powder of vegetable origin of any Chapter, other than flour, meal or powder of dried vegetables (heading 07.12), of potatoes (heading 11.05) or of dried leguminous vegetables (heading 11.06).

3.- Heading 19.04 does not cover preparations containing more than 6% by weight of cocoa calculated on a totally defatted basis or completely coated with chocolate or other food preparations containing cocoa of heading 18.06 (heading 18.06).

4.- For the purposes of heading 19.04, the expression "otherwise prepared" means prepared or processed to an extent beyond that provided for in the headings of or Notes to Chapter 10 or 11.

番号 NO	細分番号 sub. no	NACCS用	品　名	単位 UNIT I	単位 UNIT II	DESCRIPTION	参　考
19.01			麦芽エキス並びに穀粉、ひき割り穀物、ミール、でん粉又は麦芽エキスの調製食料品(ココアを含有するものにあつては完全に脱脂したココアとして計算したココアの含有量が全重量の40％未満のものに限るものとし、他の項に該当するものを除く。)及び第04.01項から第04.04項までの物品の調製食料品(ココアを含有するものにあつては完全に脱脂したココアとして計算したココアの含有量が全重量の5％未満のものに限るものとし、他の項に該当するものを除く。)			Malt extract; food preparations of flour, groats, meal, starch or malt extract, not containing cocoa or containing less than 40 % by weight of cocoa calculated on a totally defatted basis, not elsewhere specified or included; food preparations of goods of headings 04.01 to 04.04, not containing cocoa or containing less than 5 % by weight of cocoa calculated on a totally defatted basis, not elsewhere specified or included:	

番号 NO	細分番号 sub. no	NACCS用	品 名	単位 UNIT I	単位 UNIT II	DESCRIPTION	参 考
1901.10	000	3	－乳幼児用の調製品（小売用にしたものに限る。）		KG	－Preparations suitable for infants or young children, put up for retail sale	
1901.20	000	0	－第19.05項のベーカリー製品製造用の混合物及び練り生地		KG	－Mixes and doughs for the preparation of bakers' wares of heading 19.05	
1901.90	000	0	－その他のもの		KG	－Other	
19.02			スパゲッティ、マカロニ、ヌードル、ラザーニヤ、ニョッキ、ラビオリ、カネローニその他のパスタ（加熱による調理をし、肉その他の材料を詰め又はその他の調製をしたものであるかないかを問わない。）及びクースクース（調製してあるかないかを問わない。）			Pasta, whether or not cooked or stuffed (with meat or other substances) or otherwise prepared, such as spaghetti, macaroni, noodles, lasagne, gnocchi, ravioli, cannelloni; couscous, whether or not prepared :	
			－パスタ（加熱による調理をし、詰物をし又はその他の調製をしたものを除く。）			－Uncooked pasta, not stuffed or otherwise prepared :	
1902.11	000	0	－－卵を含有するもの		KG	－－Containing eggs	
1902.19			－－その他のもの			－－Other :	
	300	5	－－－各成分のうち米粉の重量が最大のもの		KG	－－－Foods, the largest single ingredient of which is rice flour by weight	
			－－－その他のもの			－－－Other :	
	410	3	－－－－スパゲッティ及びマカロニ		KG	－－－－Spaghetti and macaroni	
	420	6	－－－－うどん、そうめん及びそば		KG	－－－－Udon, somen and soba	
	490	6	－－－－その他のもの		KG	－－－－Other	
1902.20	000	5	－パスタ（詰物をしたものに限るものとし、加熱による調理をしてあるかないか又はその他の調製をしてあるかないかを問わない。）		KG	－Stuffed pasta, whether or not cooked or otherwise prepared	
1902.30			－その他のパスタ			－Other pasta :	
	100	4	－－インスタントラーメンその他の即席めん類		KG	－－Instant Ramen and other instant noodles	
	900	6	－－その他のもの		KG	－－Other	
1902.40	000	6	－クースクース		KG	－Couscous	

解答・解説⑥（牛肉製品等）

解答　a：⑥、b：③、c：⑨、d：④、e：⑫

解説

換算レート：1ドル = 90.00円（9月9日〜9月15日）（9月27日の属する週の前々週のレート）

仕入書価格に含まれる費用：輸出申告価格は、本邦の輸出港における本船甲板渡し価格（= FOB価格）であるから、問題文記5の規定より仕入書価格に含まれる、ロの費用（仕入書価格の7％の海上運賃・保険料）、ハの費用（仕入書価格の1％の船卸し費用）、ニの費用（仕入書価格の2％の輸入港からの運送料）を控除する必要がある。なお、東京港における本船甲板渡し価格（FOB価格）の合計額を算出する式は、仕入書価格を1とすると以下の式ができる。

　　仕入書価格の合計額　：　FOB価格の合計額　=　1　：　1 − 0.1

この式を整理すると、

　　FOB価格の合計額　=　仕入書価格の合計額　×　0.9

という式によりFOB価格の合計額を計算することができる。

そこで仕入書価格の合計額を上記式に当てはめて計算すると、

　　FOB価格の合計額　=　US\$19,000　×　0.9

　　　　　　　　　　　=　US\$17,100

となる。

少額合算基準額（DAP価格）：

　　200,000円 ÷ 0.9 ÷ 90.00円／US\$ = US\$2,469.135…

　　各商品は、問題文記5にあるロの費用（仕入書価格の7％の海上運賃・保険料）、ハの費用（仕入書価格の1％の船卸し費用）、ニの費用（仕入書価格の2％の輸入港からの運送料）を含んだDAP価格となっているため、ロからニまでを合計した仕入書価格の10％相当額を仕入書価格より控除すればFOB価格を算出することができる。したがって、少額合算基準額（20万円）を0.9で除して換算レートで割るとDAP価格に換算した少額合算基準額が分かる。そして、この基準額を下回るDAP価格の商品は、仕入書番号1、2、3、4、5、6である。なお、FOB価格における少額合算基準は、

　　200,000円 ÷ 90.00円 = US\$2,222.222…

となる。

1-6　輸出申告書作成問題⑥（牛肉製品等）解答・解説 | **107**

商品分類：

（少額貨物の可能性のあるものは、各 10 桁の最後の数字に（　）を付けている。）

1：050400000（0）　「くん製した牛の胃、断片状のもの」

①第 2 類の類注 1（ｂ）及び第 5 類の類注 1（a）より動物の胃は第 5 類に分類される。

②くん製した断片状の動物の胃は第 05.04 項に分類される。

③第 0504.00 号はさらに細分されていないので、「0504.00.000（0）」に分類される。

2：160100000（4）　「ソーセージ、牛肉 100％」

①肉の調製品は第 16 類の類注 2 の規定より第 16 類に分類される。

②肉から製造したソーセージは第 16.01 項に分類される。

③第 1601.00 号はさらに細分されていないので、「1601.00.000（4）」に分類される。

3：020210000（6）　「冷凍した塩漬けの牛肉、枝肉」

①別紙 4 の国内分類例規（1）より食塩のみにより味付した食用の動物の肉は第 2 類に分類される。

②冷凍した牛の肉は第 02.02 項に分類される。

③枝肉は「0202.10.000（6）」に分類される。

4：160250000（1）　「調製をした牛肉、枝肉」

①問題文記 4（3）の規定及び別紙 4 の国内分類例規（2）の規定より第 16 類に分類される。

②調製した肉は第 16.02 項に分類される。

③牛肉は第 1602.50 号に分類される。

④第 1602.50 号はさらに細分されていないので、「1602.50.000（1）」に分類される。

5：160250000（1）　「加熱による調理をしていないインスタントラーメン、乾燥した牛肉 25％、麺（小麦粉）72％、他（塩、こしょう、油等）3 ％」

①第 16 類の類注 2 及び第 19 類の類注 1（a）より肉の含有量が 20％を超えている調製食料品は第 16 類に分類される。

②肉の調製食料品は第 16.02 項に分類される。

③牛肉の調製食料品は第 1602.50 号に分類される。

④第 1602.50 号はさらに細分されていないので、「1602.50.000（1）」に分類される。

6：050400000（0）　「冷凍した牛の腸、断片状のもの」

①第2類の類注1（b）及び第5類の類注1（a）より動物の腸は第5類に分類される。

②冷凍した断片状の動物の腸は第05.04項に分類される。

③第0504.00号はさらに細分されていないので、「0504.00.000（0）」に分類される。

7：1902200005　「加熱による調理をしていない詰物をしたパスタ、乾燥した牛肉40％、

パスタ麺50％、他（塩等）10％」

①第16類の類注2及び第19類の類注1（a）より詰物をしたパスタは肉の含有量が20％を超えていても第19類に分類される。

②パスタは第19.02項に分類される。

③詰物をしたパスタは第1902.20号に分類される。

④第1902.20号はさらに細分されていないので、「1902.20.0005」に分類される。

8：0511990006　「塩漬けの牛肉、枝肉」

①問題文記4（2）より食用の肉ではないので、第2類の類注1（a）の規定より、第2類には該当せず、食用でない肉として第5類に分類される。

②食用に適しない肉であるから、動物性生産品として第05.11項に分類される。

③牛の精液ではなく、魚等のものでもないので、「0511.99.0006」に分類される。

解答欄の確認：仕入書番号1及び6と、仕入書番号4及び5の統計品目番号が同じなのでそれぞれ合算する。合算後の価格は次のようになる。仕入書番号1及び6がUS$4,400.00（＝US$2,300.00＋US$2,100.00）となり、仕入書番号4及び5がUS$4,600.00（＝US$2,400.00＋US$2,200.00）となるので、これらは少額貨物ではないことが分かる。

続いて少額合算を行う。少額貨物は仕入書番号2及び3であるのでこれらを合算して申告価格が大きい仕入書番号3に分類し、10桁目は「X」とする。ちなみに、これらの価格も確認しておくと次のようになる。

　US$2,000.00＋US$2,450.00＝US$4,450.00

それ以外の商品の統計品目番号はすべて異なっているので、あとは問題文に従い価格の大きい順に解答し、少額貨物を最後に解答していく。

なお、輸出申告の問題では、申告価格の大小のみ判断すればよいので、円に換算せずに外国通貨のまま（例えば米ドルの金額のまま）判断するほうが、数字の桁数も少なく、計算によるミスもないので、仕入書に記載されている価格のまま判断するほうがよい。ただ、ここでは、学習の参考のために外国通貨を円に換算しておくので、余裕があれば、外国通貨を円に換算する方法も学習しておいてもらいたい。

解答：

- **a.** ⑥ 1602500001（US$4,600.00）

  US$4,600.00×0.9×90.00 円＝ 372,600 円

- **b.** ③ 0504000000（US$4,400.00）

  US$4,400.00×0.9×90.00 円＝ 356,400 円

- **c.** ⑨ 1902200005（US$3,050.00）

  US$3,050.00×0.9×90.00 円＝ 247,050 円

- **d.** ④ 0511990006（US$2,500.00）

  US$2,500.00×0.9×90.00 円＝ 202,500 円

- **e.** ⑫ 020210000X（US$4,450.00）

  US$4,450.00×0.9×90.00 円＝ 360,450 円

1-7 輸出申告書作成問題⑦（医療用機器等）

別紙1の仕入書及び下記事項により、「医療用機器等」の輸出申告を輸出入・港湾関連情報処理システム（NACCS）を使用して行う場合、別紙2の輸出申告事項登録画面の統計品目番号欄（(a) ～ (e)）に入力すべき統計品目番号を、別冊の「輸出統計品目表」（抜すい）を参照して、下の選択肢の中から選び、その番号を答えなさい。

記

1　統計品目番号が同一となるものがある場合には、これらを一欄にまとめる。

2　統計品目番号が異なるものの申告価格が20万円以下のものについては、これらを一括して一欄にまとめる。

　　なお、この場合に入力すべき統計品目番号は、これらの品目のうち申告価格が最も大きいものの統計品目番号とし、10桁目は「X」とする。

3　輸出申告事項登録は、申告価格（上記1によりまとめられたものについては、その合計額）の大きいものから順に入力されるものとし、上記2により一括して一欄にまとめるものについては、最後の欄に入力されるものとする。

4　仕入書の1番目の貨物と8番目の貨物は別々に使用されるために輸入されるものである。

5　別紙1の仕入書に記載されているそれぞれの品目の価格に加算し、又は減算すべき費用がある場合の当該費用の申告価格への振り分けは価格按分とする。

6　別紙1の仕入書に記載されている米ドル建価格の本邦通貨への換算は、別紙3の「実勢外国為替相場の週間平均値」を参照して行う。

7　申告年月日は、令和××年9月30日とする。

[統計品目番号の選択肢]

① 3005109004	② 3005900004	③ 3006500000
④ 8419200005	⑤ 8419890006	⑥ 8419900005
⑦ 9018310000	⑧ 9018321001	⑨ 9018329003
⑩ 9018390006	⑪ 9019200002	⑫ 9021290003
⑬ 300590000X	⑭ 841920000X	⑮ 902139000X

別紙1

INVOICE

Seller	Oita Trading Co., Ltd	Invoice No. and Date
	1- 1 1-Chome Kasumigaseki,	HTC-317　Sep.　28, 20XX
	Chiyoda-ku Tokyo Japan	

Buyer	Country　of　Origin : Japan	
TRC TRADING CO., LTD	L/C　No.	Date
30　Tambul Road, Kuala Lumpur, MALAYSIA	TRC-99843186	Aug. 18, 20XX

Vessel	On or about	Issuing　Bank	
Nagoya Maru	Oct.　3, 20XX	Malaysia　Bank	
From　Tokyo, Japan	Via		
To　Port Kelang, Malaysia		Other　payment　Terms	

Marks and Nos.		Description of Goods	Quantity	Unit Price (per PC)	Amount
		Medical instruments, etc.			Ex-worksUS$
	1	Electrically heated medical sterilisers	2pc	US$850.00	US$1,700.00
	2	Metal Needles for syringes	550pc	US$3.00	US$1,650.00
	3	Artificial eye (made of plastics)	20pc	US$87.50	US$1,750.00
TRC					
PORT KELANG	4	Artificial respiration Apparatus	1pc	US$5,000.00	US$5,000.00
MADE IN JAPAN					
	5	Catheters of plastics	10pc	US$210.00	US$2,100.00
	6	First-aid kits	32pc	US$50.00	US$1,600.00
	7	Bandages, no adhesive dressings and no other articles having an adhesive layer	1,900pc	US$1.00	US$1,900.00
	8	Parts for electrically surgical sterilisers	46pc	US$50.00	US$2,300.00
		Inland freight & other charges (Tokyo)			US$2,000.00
		Freight & Insurance (Tokyo-Port Kelang)			US$4,000.00
Oita Trading Co., Ltd (signature)				Total　CIF	US$24,000.00

別紙2

輸出申告事項登録（輸出・特定委託輸出・積戻し申告／大額）

| 共通部 | 繰返部 |

申告番号 ▢

大額・小額識別 [L]　申告等種別 [E]　申告先種別 ▢　貨物識別 ▢　あて先官署 ▢　あて先部門 ▢

申告予定年月日 ▢

輸出者　[99999]　[OITA TRADING CO LTD]

輸出者住所　[TOKYO TO CHIYODA KU KASUMIGASEKI 1CHOME 1-1]

輸出者電話 ▢

申告予定者 ▢　通関予定蔵置場所 ▢

貨物個数 [500] [CT]　貨物重量 [3,000] [KGM]

記号番号 ▢

最終仕向地 [MYPKG] － ▢　積込港 ▢　貿易形態別符号 ▢

積載予定船舶 ▢ － [NAGOYA MARU]　出港予定年月日 [20XX1003]

インボイス番号等 [A] － [HTC-317] － [20XX0928]

インボイス価格等 [CIF] － [USD] － [24,000.00] [A] FOB価格等 ▢ － ▢

輸出申告書

輸出申告事項登録（輸出・特定委託輸出・積戻し申告／大額）

共通部　繰返部

<01欄>　統計品目番号　(a)　　　　品名

数量(1)　　　　　　数量(2)

BPR按分係数　　　　　　BPR通貨コード

他法令　(1)　　(2)　　(3)　　(4)　　(5)

輸出貿易令別表コード　　外為法第48条コード　　関税減免戻税コード

内国消税免税コード　　内国消税免税識別

<02欄>　統計品目番号　(b)　　　　品名

数量(1)　　　　　　数量(2)

BPR按分係数　　　　　　BPR通貨コード

他法令　(1)　　(2)　　(3)　　(4)　　(5)

輸出貿易令別表コード　　外為法第48条コード　　関税減免戻税コード

内国消税免税コード　　内国消税免税識別

<03欄>　統計品目番号　(c)　　　　品名

数量(1)　　　　　　数量(2)

BPR按分係数　　　　　　BPR通貨コード

他法令　(1)　　(2)　　(3)　　(4)　　(5)

輸出貿易令別表コード　　外為法第48条コード　　関税減免戻税コード

内国消税免税コード　　内国消税免税識別

<04欄>　統計品目番号　(d)　　　　品名

数量(1)　　　　　　数量(2)

BPR按分係数　　　　　　BPR通貨コード

他法令　(1)　　(2)　　(3)　　(4)　　(5)

輸出貿易令別表コード　　外為法第48条コード　　関税減免戻税コード

内国消税免税コード　　内国消税免税識別

<05欄>　統計品目番号　(e)　　　　品名

数量(1)　　　　　　数量(2)

BPR按分係数　　　　　　BPR通貨コード

他法令　(1)　　(2)　　(3)　　(4)　　(5)

輸出貿易令別表コード　　外為法第48条コード　　関税減免戻税コード

内国消税免税コード　　内国消税免税識別

別紙3

実勢外国為替相場の週間平均値
（1米ドルに対する円相場）

期　　　　間	週間平均値
令和××. 9. 2 ～ 令和××. 9. 8	¥90.00
令和××. 9. 9 ～ 令和××. 9. 15	¥95.00
令和××. 9. 16 ～ 令和××. 9. 22	¥100.00
令和××. 9. 23 ～ 令和××. 9. 29	¥105.00

別冊　　　　　　　　　　輸出統計品目表（抜すい）

第30類　医療用品

注
1　この類には、次の物品を含まない。
　(a)　食餌療法用の食料、強化食料、食餌補助剤、強壮飲料、
　　　鉱水その他の飲食物（静脈注射用の栄養剤を除く。）（第4
　　　部参照）

　(b)　喫煙者の禁煙補助用の調製品（例えば、錠剤、チュー
　　　インガム及びパッチ（経皮投与剤））（第21.06項及び第
　　　38.24項参照）
　(c)　歯科用に特に焼き又は細かく粉砕したプラスター（第
　　　25.20項参照）
　(d)　精油のアキュアスディスチレート及びアキュアスソ
　　　リューションで、医薬用に適するもの（第33.01項参照）
　(e)　第33.03項から第33.07項までの調製品（治療作用又は
　　　予防作用を有するものを含む。）
　(f)　第34.01項のせつけんその他の物品で医薬品を加えた
　　　もの
　(g)　プラスターをもととした歯科用の調製品（第34.07項参
　　　照）
　(h)　治療用又は予防用に調製してない血液アルブミン（第
　　　35.02項参照）
2　第30.02項において「免疫産品」とは、単クローン抗体
　（MAB）、抗体フラグメント、抗体複合体、抗体フラグメ
　ント複合体、インターロイキン、インターフェロン（IFN）、
　ケモカイン、ある種の腫瘍壊死因子（TNF）、成長因子
　（GF）、赤血球生成促進因子、コロニー刺激因子（CSF）そ
　の他の免疫学的過程の制御に直接関与するペプチド及びた
　んぱく質（第29.37項の物品を除く。）をいう。

3　第30.03項、第30.04項及び4(d)においては、次に定め
　るところによる。
　(a)　混合してないものには、次の物品を含む。
　　(1)　混合してないものの水溶液
　　(2)　第28類又は第29類のすべての物品
　　(3)　第13.02項の一の植物性エキスで、単に標準化した
　　　もの及び溶媒に溶かしたもの
　(b)　混合したものには、次の物品を含む。
　　(1)　コロイド状の溶液及び懸濁体（コロイド硫黄を除
　　　く。）
　　(2)　植物性材料の混合物を処理して得た植物性エキ
　　　ス
　　(3)　天然の鉱水を蒸発させて得た塩及び濃縮物

4　第30.06項には、次の物品のみを含む。当該物品は、第
　30.06項に属するものとし、この表の他の項には属しない。

　(a)　外科用のカットガットその他これに類する縫合材（外
　　　科用又は歯科用の吸収性糸を含むものとし、殺菌したも

Chapter 30　Pharmaceutical products

Notes.
1.- This Chapter does not cover:
　(a) Foods or beverages (such as dietetic, diabetic or forti-
　　　fied foods, food supplements, tonic beverages and miner-
　　　al waters), other than nutritional preparations for intra-
　　　venous administration (Section IV);
　(b) Preparations, such as tablets, chewing gum or patches
　　　(transdermal systems), intended to assist smokers to
　　　stop smoking (heading 21.06 or 38.24);
　(c) Plasters specially calcined or finely ground for use in
　　　dentistry (heading 25.20);
　(d) Aqueous distillates or aqueous solutions of essential oils,
　　　suitable for medicinal uses (heading 33.01);
　(e) Preparations of headings 33.03 to 33.07, even if they
　　　have therapeutic or prophylactic properties;
　(f) Soap or other products of heading 34.01 containing add-
　　　ed medicaments;
　(g) Preparations with a basis of plaster for use in dentistry
　　　(heading 34.07); or
　(h) Blood albumin not prepared for therapeutic or prophy-
　　　lactic uses (heading 35.02).
2.- For the purposes of heading 30.02, the expression "immu-
　　nological products" applies to peptides and proteins (other
　　than goods of heading 29.37) which are directly involved
　　in the regulation of immunological processes, such as
　　monoclonal antibodies (MAB), antibody fragments, anti-
　　body conjugates and antibody fragment conjugates, inter-
　　leukins, interferons (IFN), chemokines and certain tumor
　　necrosis factors (TNF), growth factors (GF), hematopoie-
　　tins and colony stimulating factors (CSF).
3.- For the purposes of headings 30.03 and 30.04 and of Note
　　4 (d) to this Chapter, the following are to be treated:
　(a) As unmixed products:
　　(1) Unmixed products dissolved in water;
　　(2) All goods of Chapter 28 or 29; and
　　(3) Simple vegetable extracts of heading 13.02, merely
　　　standardised or dissolved in any solvent;
　(b) As products which have been mixed:
　　(1) Colloidal solutions and suspensions (other than colloi-
　　　dal sulphur);
　　(2) Vegetable extracts obtained by the treatment of mix-
　　　tures of vegetable materials; and
　　(3) Salts and concentrates obtained by evaporating natu-
　　　ral mineral waters.
4.- Heading 30.06 applies only to the following, which are to
　　be classified in that heading and in no other heading of the
　　Nomenclature:
　(a) Sterile surgical catgut, similar sterile suture materials
　　　(including sterile absorbable surgical or dental yarns)

のに限る。)及び切開創縫合用の接着剤(殺菌したものに
限る。)
(b) ラミナリア及びラミナリア栓(殺菌したものに限る。)
(c) 外科用又は歯科用の吸収性止血材(殺菌したものに限
る。)並びに外科用又は歯科用の癒着防止材(殺菌したも
のに限るものとし、吸収性であるかないかを問わない。)
(d) エックス線検査用造影剤及び患者に投与する診断用試
薬(混合してないもので投与量にしたもの及び二以上の
成分から成るもので検査用又は診断用に混合したものに
限る。)

(e) 血液型判定用試薬
(f) 歯科用セメントその他の歯科用充てん材料及び接骨用
セメント
(g) 救急箱及び救急袋
(h) 避妊用化学調製品(第29.37項のホルモンその他の物質
又は殺精子剤をもととしたものに限る。)

(ij) 医学又は獣医学において外科手術若しくは診療の際に
人若しくは動物の身体の潤滑剤として又は人若しくは動
物の身体と診療用機器とを密着させる薬品としての使用
に供するよう調製したゲル
(k) 薬剤廃棄物(当初に意図した使用に適しない薬剤。例
えば、使用期限を過ぎたもの)

(l) 瘻造設術用と認められるもの(例えば、結腸造瘻用、
回腸造瘻用又は人口尿路開設術用の特定の形状に裁断し
たパウチ並びにこれらの接着性ウエハー及び面板)

and sterile tissue adhesives for surgical wound closure;

(b) Sterile laminaria and sterile laminaria tents;
(c) Sterile absorbable surgical or dental haemostatics; ster-
ile surgical or dental adhesion barriers, whether or not
absorbable;
(d) Opacifying preparations for X-ray examinations and di-
agnostic reagents designed to be administered to the
patient, being unmixed products put up in measured
doses or products consisting of two or more ingredients
which have been mixed together for such uses;
(e) Blood-grouping reagents;
(f) Dental cements and other dental fillings; bone recon-
struction cements;
(g) First-aid boxes and kits;
(h) Chemical contraceptive preparations based on hor-
mones, on other products of heading 29.37 or on sper-
micides;
(ij) Gel preparations designed to be used in human or vet-
erinary medicine as a lubricant for parts of the body for
surgical operations or physical examinations or as a cou-
pling agent between the body and medical instruments;
(k) Waste pharmaceuticals, that is, pharmaceutical products
which are unfit for their original intended purpose due
to, for example, expiry of shelf life; and
(l) Appliances identifiable for ostomy use, that is, colosto-
my, ileostomy and urostomy pouches cut to shape and
their adhesive wafers or faceplates.

番号 NO	細分 番号 sub. no	NACCS用	品　　名	単位 UNIT		DESCRIPTION	参　考
				I	II		
30.05			脱脂綿、ガーゼ、包帯その他これら に類する製品(例えば、被覆材、ば んそうこう及びパップ剤)で、医薬 を染み込ませ若しくは塗布し又は医 療用若しくは獣医用として小売用の 形状若しくは包装にしたもの			Wadding, gauze, bandages and similar ar- ticles (for example, dressings, adhesive plasters, poultices), impregnated or coated with pharmaceutical substances or put up in forms or packings for retail sale for med- ical, surgical, dental or veterinary purpos- es:	
3005.10			一接着性を有する被覆材その他の接 着層を有する製品			- Adhesive dressings and other articles having an adhesive layer:	
	100	2	--ばんそうこうその他のプラス ター	KG (LL)		- - Plasters	

番号 NO	細分番号 sub. no	NACCS用	品 名	単位 UNIT I	単位 UNIT II	DESCRIPTION	参 考
(3005.10)	900	4	－－その他のもの		KG (I.I.)	－－Other	
3005.90	000	4	－その他のもの		KG (I.I.)	－Other	
30.06			この類の注4の医療用品			Pharmaceutical goods specified in Note 4 to this Chapter:	
3006.10	000	5	－外科用のカットガットその他これ に類する縫合材(外科用又は歯科 用の吸収性糸を含む。)、切開創縫 合用の接着剤、ラミナリア、ラミ ナリア栓、外科用又は歯科用の吸 収性止血材及び外科用又は歯科用 の癒着防止材(吸収性があるかな いかを問わない。)(殺菌したもの に限る。)		KG (I.I.)	－Sterile surgical catgut, similar sterile suture materials (including sterile ab- sorbable surgical or dental yarns) and sterile tissue adhesives for surgical wound closure; sterile laminaria and sterile laminaria tents; sterile absorb- able surgical or dental haemostatics; sterile surgical or dental adhesion barri- ers, whether or not absorbable	質5-1、5-2、5- 3、5-15、5-18、 15-1
3006.20	000	2	－血液型判定用試薬		KG (I.I.)	－Blood-grouping reagents	
3006.30	000	6	－エックス線検査用造影剤及び患者 に投与する診断用試薬		KG (I.I.)	－Opacifying preparations for X-ray ex- aminations; diagnostic reagents de- signed to be administered to the patient	質1-13、1-14
3006.40	000	3	－歯科用セメントその他の歯科用充 てん材料及び接骨用セメント		KG (I.I.)	－Dental cements and other dental fill- ings; bone reconstruction cements	
3006.50	000	0	－救急箱及び救急袋		KG (I.I.)	－First-aid boxes and kits	
3006.60	000	4	－避妊用化学調製品(第29.37項のホ ルモンその他の物質又は殺精子剤 をもととしたものに限る。)		KG (I.I.)	－Chemical contraceptive preparations based on hormones, on other products of heading 29.37 or on spermicides	
3006.70	000	1	－医学又は獣医学において外科手術 若しくは診療の際に人若しくは動 物の身体の潤滑剤として又は人若 しくは動物の身体と診療用機器と を密着させる薬品としての使用に 供するよう調製したゲル		KG (I.I.)	－Gel preparations designed to be used in human or veterinary medicine as a lu- bricant for parts of the body for surgi- cal operations or physical examinations or as a coupling agent between the body and medical instruments	
			－その他のもの			－Other:	

第16部　機械類及び電気機器並びにこれらの部分品並びに録音機、音声再生機並びにテレビジョンの映像及び音声の記録用又は再生用の機器並びにこれらの部分品及び附属品

Section XVI　Machinery and mechanical appliances; electrical equipment; parts thereof; sound recorders and reproducers, television image and sound recorders and reproducers, and parts and accessories of such articles

注
1　この部には、次の物品を含まない。
(a)　伝動用又はコンベヤ用のベルト及びベルチングで、第39類のプラスチック製のもの及び加硫ゴム製のもの(第40.10項参照)並びに機械類、電気機器その他の技術的用途に供する種類の加硫ゴム(硬質ゴムを除く。)製品(第40.16項参照)

(b)　革製品及びコンポジションレザー製品(第42.05項参照)並びに毛皮製品(第43.03項参照)で、機械類その他の技術的用途に供する種類のもの

(c)　ボビン、スプール、コップ、コーン、コア、リールその他これらに類する巻取用品(材料を問わない。例えば、第39類、第40類、第44類、第48類及び第15部参照)
(d)　ジャカードその他これに類する機械に使用するせん孔カード(例えば、第39類、第48類及び第15部参照)
(e)　伝動用又はコンベヤ用の紡織用繊維製ベルト及びベルチング(第59.10項参照)及び技術的用途に供する紡織用繊維製のその他の製品(第59.11項参照)
(f)　第71.02項から第71.04項までの天然、合成又は再生の貴石及び半貴石並びに第71.16項の製品でこれらの貴石又は半貴石のみから成るもの(針に加工したサファイヤ及びダイヤモンドで、取り付けられていないものを除く(第85.22項参照)。)
(g)　第15部の注2の卑金属製のはん用性の部分品(第15部参照)及びプラスチック製のこれに類する物品(第39類参照)
(h)　ドリルパイプ(第73.04項参照)
(ij)　金属の線又はストリップから製造したエンドレスベルト(第15部参照)
(k)　第82類又は第83類の物品
(l)　第17部の物品
(m)　第90類の物品
(n)　第91類の時計その他の物品
(o)　第82.07項の互換性工具、これに類する互換性工具(作用する部分を構成する材料により、例えば、第40類、第42類、第43類、第45類、第59類、第68.04項又は第69.09項に属する。)及び機械の部分品として使用する種類のブラシ(第96.03項参照)

(p)　第95類の物品

Notes.
1.- This Section does not cover:
(a) Transmission or conveyor belts or belting, of plastics of Chapter 39, or of vulcanised rubber (heading 40.10), or other articles of a kind used in machinery or mechanical or electrical appliances or for other technical uses, of vulcanised rubber other than hard rubber (heading 40.16);
(b) Articles of leather or of composition leather (heading 42.05) or of furskin (heading 43.03), of a kind used in machinery or mechanical appliances or for other technical uses;
(c) Bobbins, spools, cops, cones, cores, reels or similar supports, of any material (for example, Chapter 39, 40, 44 or 48 or Section XV);
(d) Perforated cards for Jacquard or similar machines (for example, Chapter 39 or 48 or Section XV);
(e) Transmission or conveyor belts or belting of textile material (heading 59.10) or other articles of textile material for technical uses (heading 59.11);
(f) Precious or semi-precious stones (natural, synthetic or reconstructed) of headings 71.02 to 71.04, or articles wholly of such stones of heading 71.16, except unmounted worked sapphires and diamonds for styli (heading 85.22);
(g) Parts of general use, as defined in Note 2 to Section XV, of base metal (Section XV), or similar goods of plastics (Chapter 39);
(h) Drill pipe (heading 73.04);
(ij) Endless belts of metal wire or strip (Section XV);
(k) Articles of Chapter 82 or 83;
(l) Articles of Section XVII;
(m) Articles of Chapter 90;
(n) Clocks, watches or other articles of Chapter 91;
(o) Interchangeable tools of heading 82.07 or brushes of a kind used as parts of machines (heading 96.03); similar interchangeable tools are to be classified according to the constituent material of their working part (for example, in Chapter 40, 42, 43, 45 or 59 or heading 68.04 or 69.09);
(p) Articles of Chapter 95; or

番号 NO	細分番号 sub. no	NACCS用	品 名	単位 UNIT I	単位 UNIT II	DESCRIPTION	参 考
84.19			加熱、調理、ばい焼、蒸留、精留、減菌、殺菌、蒸気加熱、乾燥、蒸発、凝縮、冷却その他の温度変化による方法により材料を処理する機器(理			Machinery, plant or laboratory equipment, whether or not electrically heated (excluding furnaces, ovens and other equipment of heading 85.14), for the treatment of ma-	

番号 NO	細分番号 sub. no	NACCS用	品 名	単位 UNIT I	単位 UNIT II	DESCRIPTION	参 考
(84.19)			化学用のものを含み、電気加熱式のもの(第85.14項の電気炉及びその他の機器を除く。)であるかないかを問わないものとし、家庭用のものを除く。)並びに瞬間湯沸器及び貯蔵式湯沸器(電気式のものを除く。)			terials by a process involving a change of temperature such as heating, cooking, roasting, distilling, rectifying, sterilising, pasteurising, steaming, drying, evaporating, vaporising, condensing or cooling, other than machinery or plant of a kind used for domestic purposes; instantaneous or storage water heaters, non-electric:	
			−瞬間湯沸器及び貯蔵式湯沸器(電気式のものを除く。)			−Instantaneous or storage water heaters, non-electric:	
8419.11	000	0	−−瞬間ガス湯沸器	NO	KG	−−Instantaneous gas water heaters	貿Ⅱ-35の2
8419.19	000	6	−−その他のもの	NO	KG	−−Other	〃
8419.20	000	5	−医療用又は理化学用の滅菌器	NO	KG	−Medical, surgical or laboratory sterilisers	貿3の2-2,7-18
			−乾燥機			−Dryers:	
8419.31	000	1	−−農産物用のもの	NO	KG	−−For agricultural products	貿3の2-2、Ⅱ-35の2
8419.32	000	0	−−木材用、紙パルプ用、紙用又は板紙用のもの	NO	KG	−−For wood, paper pulp, paper or paperboard	〃
8419.39	000	0	−−その他のもの	NO	KG	−−Other	貿3の2-2,7-18、Ⅱ-35の2
8419.40	000	6	−蒸留用又は精留用の機器	NO	KG	−Distilling or rectifying plant	貿2-10,3-2,7-18、Ⅱ-35の2
8419.50	000	3	−熱交換装置	NO	KG	−Heat exchange units	貿2-2、2-7,2-10,3-2,7-18、Ⅱ-35の2
8419.60	000	0	−気体液化装置	NO	KG	−Machinery for liquefying air or other gases	貿2-10,3-2,7-18、Ⅱ-35の2
			−その他の機器			−Other machinery, plant and equipment:	
8419.81	000	0	−−ホットドリンク製造用又は食品の調理用若しくは加熱用の機器	NO	KG	−−For making hot drinks or for cooking or heating food	貿5-6、Ⅱ-35の2
8419.89	000	6	−−その他のもの	NO	KG	−−Other	貿2-6、2-10,2-10の2,2-32、3-2,3の2-2,4-7,4-12,5-6、7-18,13-3,13-4、Ⅱ-35の2
8419.90	000	5	−部分品		KG	−Parts	貿2-7,2-10,2-10の2,3の2-2,4-7,4-12,5-6,7-18、Ⅱ-35の2

第18部　光学機器、写真用機器、映画用機器、測定機器、検査機器、精密機器、医療用機器、時計及び楽器並びにこれらの部分品及び附属品

Section XVIII　Optical, photographic, cinematographic, measuring, checking, precision, medical or surgical instruments and apparatus; clocks and watches; musical instruments; parts and accessories thereof

第90類　光学機器、写真用機器、映画用機器、測定機器、検査機器、精密機器及び医療用機器並びにこれらの部分品及び附属品

Chapter 90　Optical, photographic, cinematographic, measuring, checking, precision, medical or surgical instruments and apparatus; parts and accessories thereof

注
1　この類には、次の物品を含まない。
(a)　機器用その他の技術的用途に供する種類のゴム製品（加硫したゴム（硬質ゴムを除く。）製のものに限る。第40.16項参照）、革製品（第42.05項参照）、コンポジションレザー製品（第42.05項参照）及び紡織用繊維製品（第59.11項参照）

(b)　紡織用繊維製の支持用ベルトその他の支持用の製品（その弾性のみにより身体の一部を支え又は保持する効果を意図したものに限る。例えば、妊婦用ベルト、胸部支持用包帯、腹部支持用包帯及び関節用又は筋肉用のサポート）（第11部参照）

(c)　第69.03項の耐火製品及び第69.09項の理化学用その他の技術的用途に供する陶磁製品

(d)　卑金属製又は貴金属製の鏡で光学用品でないもの（第83.06項及び第71項参照）及び第70.09項のガラス鏡で光学的に研磨してないもの

(e)　第70.07項、第70.08項、第70.11項、第70.14項、第70.15項又は第70.17項の物品

(f)　第15部の注2の卑金属製のはん用性の部分品（第15部参照）及びプラスチック製のこれに類する物品（第39類参照）

(g)　第84.13項の計器付きポンプ並びに重量測定式の計数機、重量測定式の検査機及び単独で提示する分銅（第84.23項参照）、持上げ用又は荷扱い用の機械（第84.25項から第84.28項まで参照）、紙又は板紙の切断機（第84.41項参照）、第84.66項の物品で加工機械又はウォータージェット切断機械に取り付けた工作物又は工具の調整用のもの（目盛りを読むための光学的機構を有するもの（例えば、光学式割出台）を含むものとし、それ自体が光学機器の特性を有するもの（例えば、芯出し望遠鏡）を除く。）、計算機（第84.70項参照）、第84.81項の弁その他の物品並びに第84.86項の機器（感光面を有する半導体材料に回路図を投影又は描画するための機器を含む。）

Notes.
1.- This Chapter does not cover:
(a) Articles of a kind used in machines, appliances or for other technical uses, of vulcanised rubber other than hard rubber (heading 40.16), of leather or of composition leather (heading 42.05) or of textile material (heading 59.11);

(b) Supporting belts or other support articles of textile material, whose intended effect on the organ to be supported or held derives solely from their elasticity (for example, maternity belts, thoracic support bandages, abdominal support bandages, supports for joints or muscles) (Section XI);

(c) Refractory goods of heading 69.03; ceramic wares for laboratory, chemical or other technical uses, of heading 69.09;

(d) Glass mirrors, not optically worked, of heading 70.09, or mirrors of base metal or of precious metal, not being optical elements (heading 83.06 or Chapter 71);

(e) Goods of heading 70.07, 70.08, 70.11, 70.14, 70.15 or 70.17;

(f) Parts of general use, as defined in Note 2 to Section XV, of base metal (Section XV) or similar goods of plastics (Chapter 39);

(g) Pumps incorporating measuring devices, of heading 84.13; weight-operated counting or checking machinery, or separately presented weights for balances (heading 84.23); lifting or handling machinery (headings 84.25 to 84.28); paper or paperboard cutting machines of all kinds (heading 84.41); fittings for adjusting work or tools on machine-tools or water-jet cutting machines, of heading 84.66, including fittings with optical devices for reading the scale (for example, "optical" dividing heads) but not those which are in themselves essentially optical instruments (for example, alignment telescopes); calculating machines (heading 84.70); valves or other appli-

(h) 自転車又は自動車に使用する種類のサーチライト及びスポットライト（第85.12項参照）、第85.13項の携帯用電気ランプ、映画用の録画機、音声再生機及び再録音機（第85.19項参照）、サウンドヘッド（第85.22項参照）、テレビジョンカメラ、デジタルカメラ及びビデオカメラレコーダー（第85.25項参照）、レーダー、航行用無線機器及び無線遠隔制御機器（第85.26項参照）、光ファイバー（束にしたものを含む。）用又は光ファイバーケーブル用の接続子（第85.36項参照）、第85.37項の数値制御用の機器、第85.39項のシールドビームランプ並びに第85.44項の光ファイバーケーブル

(ij) 第94.05項のサーチライト及びスポットライト
(k) 第95類の物品
(l) 第96.20項の一脚、二脚、三脚その他これらに類する物品
(m) 容積測定具（構成する材料により該当する項に属する。）
(n) スプール、リールその他これらに類する巻取用品（構成する材料により該当する項に属する。例えば、第39.23項及び第15部）
2 この類の物品の部分品及び附属品は、1の物品を除くほか、次に定めるところによりその所属を決定する。

(a) 当該部分品及び附属品は、この類、第84類、第85類又は第91類のいずれかの項（第84.87項、第85.48項及び第90.33項を除く。）に該当する場合は、当該いずれかの項に属する。
(b) (a)に定めるものを除くほか、特定の機器又は同一の項の複数の機器（第90.10項、第90.13項又は第90.31項の機器を含む。）に専ら又は主として使用する部分品及び附属品は、これらの機器の項に属する。

(c) その他の部分品及び附属品は、第90.33項に属する。

3 第16部の注3及び注4の規定は、この類においても適用する。
4 第90.05項には、武器用望遠照準器、潜水艦用又は戦車用の潜望鏡及びこの類又は第16部の機器用の望遠鏡を含まないものとし、これらの望遠照準器、潜望鏡及び望遠鏡は、第90.13項に属する。

5 第90.13項及び第90.31項のいずれにも属するとみられ

ances of heading 84.81; machines and apparatus (including apparatus for the projection or drawing of circuit patterns on sensitised semiconductor materials) of heading 84.86;
(h) Searchlights or spotlights of a kind used for cycles or motor vehicles (heading 85.12); portable electric lamps of heading 85.13; cinematographic sound recording, reproducing or re-recording apparatus (heading 85.19); sound-heads (heading 85.22); television cameras, digital cameras and video camera recorders (heading 85.25); radar apparatus, radio navigational aid apparatus or radio remote control apparatus (heading 85.26); connectors for optical fibres, optical fibre bundles or cables (heading 85.36); numerical control apparatus of heading 85.37; sealed beam lamp units of heading 85.39; optical fibre cables of heading 85.44;
(ij) Searchlights or spotlights of heading 94.05;
(k) Articles of Chapter 95;
(l) Monopods, bipods, tripods and similar articles, of heading 96.20;
(m) Capacity measures, which are to be classified according to their constituent material; or
(n) Spools, reels or similar supports (which are to be classified according to their constituent material, for example, in heading 39.23 or Section XV).
2.- Subject to Note 1 above, parts and accessories for machines, apparatus, instruments or articles of this Chapter are to be classified according to the following rules:
(a) Parts and accessories which are goods included in any of the headings of this Chapter or of Chapter 84, 85 or 91 (other than heading 84.87, 85.48 or 90.33) are in all cases to be classified in their respective headings;
(b) Other parts and accessories, if suitable for use solely or principally with a particular kind of machine, instrument or apparatus, or with a number of machines, instruments or apparatus of the same heading (including a machine, instrument or apparatus of heading 90.10, 90.13 or 90.31) are to be classified with the machines, instruments or apparatus of that kind;
(c) All other parts and accessories are to be classified in heading 90.33.
3.- The provisions of Notes 3 and 4 to Section XVI apply also to this Chapter.
4.- Heading 90.05 does not apply to telescopic sights for fitting to arms, periscopic telescopes for fitting to submarines or tanks, or to telescopes for machines, appliances, instruments or apparatus of this Chapter or Section XVI; such telescopic sights and telescopes are to be classified in heading 90.13.
5.- Measuring or checking optical instruments, appliances or

る光学式測定機器及び光学式検査機器は、第90.31項に属する。

6　第90.21項において「整形外科用機器」とは、身体の変形の予防若しくは矯正に使用する機器又は疾病、施術若しくは負傷に伴い器官を支持するために使用する機器をいう。

整形外科用機器には、寸法を採って作られる又は大量生産されるといういずれかの条件で、対ではなく単独で提示され、整形外科的矯正のために、左右の足のいずれかにかかわらず装着できるように設計された履物及び中敷きを含む。

7　第90.32項には、次の物品のみを含む。

（a）　液体又は気体の流量、液位、圧力その他の変量の自動調整機器及び温度の自動調整機器（実際値を連続的に又は定期的に測定することにより、自動調整すべき要素を外乱に対して安定させ、設定値に維持するよう設計されたもので、当該要素に伴って変化する電気現象により作動するものであるかないかを問わない。）

（b）　非電気的量の自動調整機器（実際値を連続的に又は定期的に測定することにより、自動調整すべき要素を外乱に対して安定させ、設定値に維持するよう設計されたもので、当該要素に伴って変化する電気現象により作動するものに限る。）及び電気的量の自動調整機器

machines which, but for this Note, could be classified both in heading 90.13 and in heading 90.31 are to be classified in heading 90.31.

6.- For the purposes of heading 90.21, the expression "orthopaedic appliances" means appliances for:

- Preventing or correcting bodily deformities; or
- Supporting or holding parts of the body following an illness, operation or injury.

Orthopaedic appliances include footwear and special insoles designed to correct orthopaedic conditions, provided that they are either (1) made to measure or (2) mass-produced, presented singly and not in pairs and designed to fit either foot equally.

7.- Heading 90.32 applies only to:

(a) Instruments and apparatus for automatically controlling the flow, level, pressure or other variables of liquids or gases, or for automatically controlling temperature, whether or not their operation depends on an electrical phenomenon which varies according to the factor to be automatically controlled, which are designed to bring this factor to, and maintain it at, a desired value, stabilised against disturbances, by constantly or periodically measuring its actual value; and

(b) Automatic regulators of electrical quantities, and instruments or apparatus for automatically controlling nonelectrical quantities the operation of which depends on an electrical phenomenon varying according to the factor to be controlled, which are designed to bring this factor to, and maintain it at, a desired value, stabilised against disturbances, by constantly or periodically measuring its actual value.

番号 NO	細分 番号 sub. no	N A C C S 用	品　名	単位 UNIT		DESCRIPTION	参　考
				I	II		
90.17			製図機器、けがき用具及び計算用具 (例えば、写図機械、パントグラフ、 分度器、製図用セット、計算尺及び 計算盤)並びに手持ち式の測長用具 (例えば、ものさし、巻尺、マイク ロメーター及びパス。この類の他の 項に該当するものを除く。)			Drawing, marking-out or mathematical cal- culating instruments (for example, drafting machines, pantographs, protractors, draw- ing sets, slide rules, disc calculators); in- struments for measuring length, for use in the hand (for example, measuring rods and tapes, micrometers, callipers), not specified or included elsewhere in this Chapter:	
9017.10	000	2	－写図台及び写図機械(自動式であ るかないかを問わない。)	NO	KG	－Drafting tables and machines, whether or not automatic	實7-10、7-11
9017.20	000	6	－その他の製図機器、けがき用具及 び計算用具	NO	KG	－Other drawing, marking-out or mathe- matical calculating instruments	〃
9017.30			－マイクロメーター、パス及びゲー ジ			－Micrometers, callipers and gauges:	
	100	5	－－電気式のもの	NO	KG	－－Of electrical type	
			－－その他のもの			－－Other:	
	910	3	－－－マイクロメーター	NO	KG	－－－Micrometers	
	920	6	－－－ダイヤルゲージ	NO	KG	－－－Dial gauges	
	930	2	－－－ノギス	NO	KG	－－－Vernier calipers	
	990	6	－－－その他のもの	NO	KG	－－－Other	
9017.80	000	2	－その他の機器	NO	KG	－Other instruments	實6-8
9017.90	000	6	－部分品及び附属品		KG	－Parts and accessories	實7-10、7-11
90.18			医療用又は獣医用の機器(シンチグ ラフ装置その他の医療用電気機器及 び視力検査機器を含む。)			Instruments and appliances used in medi- cal, surgical, dental or veterinary sciences, including scintigraphic apparatus, other	

番号 NO	細分番号 sub. no	NACCS用	品 名	単位 UNIT I	II	DESCRIPTION	参 考
(90.18)						electro-medical apparatus and sight-testing instruments:	
			－診断用電気機器（機能検査用又は生理学的パラメーター検査用の機器を含む。）			－Electro-diagnostic apparatus (including apparatus for functional exploratory examination or for checking physiological parameters):	
9018.11	000	6	－－心電計	NO	KG	－－Electro-cardiographs	貿7-10、7-11
9018.12	000	5	－－走査型超音波診断装置		NO	－－Ultrasonic scanning apparatus	〃
9018.13	000	4	－－磁気共鳴画像診断装置		NO	－－Magnetic resonance imaging apparatus	〃
9018.14	000	3	－－シンチグラフ装置		NO	－－Scintigraphic apparatus	〃
9018.19			－－その他のもの			－－Other:	
	100	0	－－－医用監視装置	NO	KG	－－－Patient monitoring systems	〃
			－－－映像検査装置			－－－Medical imaging apparatus:	
	210	5	－－－－超音波を使用するもの	NO	KG	－－－－By means of ultrasonic waves	〃
	290	1	－－－－その他のもの	NO	KG	－－－－Other	〃
	900	2	－－－その他のもの	NO	KG	－－－Other	〃
9018.20	000	4	－紫外線又は赤外線を使用する機器		KG	－Ultra-violet or infra-red ray apparatus	貿7-11
			－注射器、針、カテーテル、カニューレその他これらに類する物品			－Syringes, needles, catheters, cannulae and the like:	
9018.31	000	0	－－注射器（針を付けてあるかないかを問わない。）	NO	KG	－－Syringes, with or without needles	
9018.32			－－金属製の管針及び縫合用の針			－－Tubular metal needles and needles for sutures:	
	100	1	－－－注射針	DZ	KG	－－－Needles for syringes	
	900	3	－－－その他のもの		KG	－－－Other	
9018.39	000	6	－－その他のもの	NO	KG	－－Other	
			－その他の機器（歯科用のものに限る。）			－Other instruments and appliances, used in dental sciences:	
9018.41	000	4	－－歯科用エンジン（同一の台上に他の歯科用機器を取り付けてあるかないかを問わない。）		KG	－－Dental drill engines, whether or not combined on a single base with other dental equipment	
9018.49			－－その他のもの			－－Other:	
	100	5	－－－歯科用ユニット	ST	KG	－－－Dental operating units	
	900	0	－－－その他のもの	NO	KG	－－－Other	
9018.50			－その他の機器（眼科用のものに限る。）			－Other ophthalmic instruments and appliances:	
	100	4	－－電気機器（単に電動機により作動するものを除く。）並びにその部分品及び附属品		KG	－－Electrical apparatus (excluding apparatus merely driven by electric motors), and parts and accessories thereof	貿7-10

番号 NO	細分番号 sub. no	N A C C S 用	品　名	単位 UNIT I	単位 UNIT II	DESCRIPTION	参　考
(9018.50)	900	6	－－その他のもの		KG	－－Other	質7-11
9018.90			－その他の機器			－Other instruments and appliances:	
			－－電気機器(単に電動機により作動するものを除く。)			－－Electric apparatus (excluding apparatus merely driven by electric motors):	
	110	2	－－－治療用のもの	NO	KG	－－－For treat an illness	
	190	5	－－－その他のもの	NO	KG	－－－Other	
	200	1	－－電気機器の部分品及び附属品	NO	KG	－－Parts and accessories of electric apparatus	
			－－その他のもの(医療用のものに限る。)			－－Other instruments and appliances, used in medical or surgical:	
			－－－外科用のもの			－－－For surgical uses:	
	311	0	－－－－鉗子、メス、のこぎり、はさみその他の手道具	NO	KG	－－－－Forceps, knives, handsaws, scissors and other hand tools	
	319	1	－－－－その他のもの	NO	KG	－－－－Other	
	390	2	－－－その他のもの	NO	KG	－－－Other	
	900	1	－－その他のもの	NO	KG	－－Other	
90.19			機械療法用、マッサージ用又は心理学的適性検査用の機器及びオゾン吸入器、酸素吸入器、エアゾール治療器、人工呼吸器その他の呼吸治療用機器			Mechano-therapy appliances; massage apparatus; psychological aptitude-testing apparatus; ozone therapy, oxygen therapy, aerosol therapy, artificial respiration or other therapeutic respiration apparatus:	
9019.10	000	5	－機械療法用、マッサージ用又は心理学的適性検査用の機器		KG	－Mechano-therapy appliances; massage apparatus; psychological aptitude-testing apparatus	
9019.20	000	2	－オゾン吸入器、酸素吸入器、エアゾール治療器、人工呼吸器その他の呼吸治療用機器		KG	－Ozone therapy, oxygen therapy, aerosol therapy, artificial respiration or other therapeutic respiration apparatus	質1-9、1-13、14-5
90.20							
9020.00	000	6	その他の呼吸用機器及びガスマスク(機械式部分及び交換式フィルターのいずれも有しない保護用マスクを除く。)		KG	Other breathing appliances and gas masks, excluding protective masks having neither mechanical parts nor replaceable filters	質1-9、1-13、3の2-2、12-9、14-5
90.21			整形外科用機器(松葉づえ、外科用ベルト及び脱腸帯を含む。)、補聴器その他器官の欠損又は不全を補う機器(着用し、携帯し又は人体内に埋めて使用するものに限る。)、人造の人体の部分及び副木その他の骨折治療具			Orthopaedic appliances, including crutches, surgical belts and trusses; splints and other fracture appliances; artificial parts of the body; hearing aids and other appliances which are worn or carried, or implanted in the body, to compensate for a defect or disability:	
9021.10	000	1	－整形外科用機器及び骨折治療具		KG	－Orthopaedic or fracture appliances	
			－義歯及び歯用の取付用品			－Artificial teeth and dental fittings:	
9021.21	000	4	－－義歯		KG	－－Artificial teeth	

番号 NO	細分番号 sub. no	NACCS用	品　名	単位 UNIT I	単位 UNIT II	DESCRIPTION	参　考
9021.29	000	3	－－その他のもの		KG	－－Other	
			－その他の人造の人体の部分			－Other artificial parts of the body:	
9021.31	000	1	－－人造関節		KG	－－Artificial joints	
9021.39	000	0	－－その他のもの		KG	－－Other	
9021.40	000	6	－補聴器(部分品及び附属品を除く。)	NO	KG	－Hearing aids, excluding parts and accessories	
9021.50	000	3	－心筋刺激用ペースメーカー(部分品及び附属品を除く。)	NO	KG	－Pacemakers for stimulating heart muscles, excluding parts and accessories	
9021.90	000	5	－その他のもの		KG	－Other	
90.22			エックス線、アルファ線、ベータ線又はガンマ線を使用する機器(放射線写真用又は放射線療法用のものを含むものとし、医療用又は獣医用のものであるかないかを問わない。)、高電圧発生機、制御盤、スクリーン並びに検査用又は処置用の机、いすその他これらに類する物品及びエックス線管その他のエックス線の発生機			Apparatus based on the use of X-rays or of alpha, beta or gamma radiations, whether or not for medical, surgical, dental or veterinary uses, including radiography or radiotherapy apparatus, X-ray tubes and other X-ray generators, high tension generators, control panels and desks, screens, examination or treatment tables, chairs and the like:	
			－エックス線を使用する機器(放射線写真用又は放射線療法用のものを含むものとし、医療用又は獣医用のものであるかないかを問わない。)			－Apparatus based on the use of X-rays, whether or not for medical, surgical, dental or veterinary uses, including radiography or radiotherapy apparatus:	
9022.12	000	4	－－コンピュータ断層撮影装置		NO	－－Computed tomography apparatus	質2-37、7-8
9022.13	000	3	－－その他のもの(歯科用のものに限る。)		NO	－－Other, for dental uses	質7-11
9022.14	000	2	－－その他のもの(医療用又は獣医用のものに限る。)		NO	－－Other, for medical, surgical or veterinary uses	質4-22、7-8
9022.19	000	4	－－その他の用途に供するもの	NO	KG	－－For other uses	質2-15、2-37、4-1、4-2、4-3、4-17、4-24、5-18、6-7、7-8、7-10、7-11、8、13-4
			－アルファ線、ベータ線又はガンマ線を使用する機器(放射線写真用又は放射線療法用のものを含むものとし、医療用又は獣医用のものであるかないかを問わない。)			－Apparatus based on the use of alpha, beta or gamma radiations, whether or not for medical, surgical, dental or veterinary uses, including radiography or radiotherapy apparatus:	

解答・解説⑦（医療用機器等）

解 答　　a：⑪、b：⑥、c：⑩、d：②、e：⑮

解 説

換算レート：1ドル＝100.00円（9月16日〜9月22日）（9月30日の属する週の前々週のレート）

仕入書価格に含まれる費用：輸出申告価格は、本邦の輸出港における本船甲板渡し価格（＝FOB価格）であるから、輸出者の工場渡し価格（＝Ex-works価格）である仕入書価格の合計額に輸出者の工場から東京港までの国内費用（＝Inland freight & other charges（Tokyo））であるUS$2,000.00を加算する必要がある。これについては、仕入書価格の総合計額がCIF価格となっているため、このCIF価格より海上運賃及び海上保険料（＝Freight & Insurance（Tokyo-Port Kelang））の合計額であるUS$4,000.000を控除しても計算することができる。したがって、本邦の輸出港における本船甲板渡し価格（＝FOB価格）の合計額はUS$20,000.00（＝US$24,000.00 － US$4,000.00）となる。

なお、計算した本邦の輸出港における本船甲板渡し価格（＝FOB価格）の合計額US$20,000.00より輸出者の工場から東京港までの国内費用（＝Inland freight & other charges（Tokyo））であるUS$2,000.00を控除すれば、輸出者の工場渡し価格（＝Ex-works価格）である仕入書価格の合計額もUS$18,000.00（＝US$20,000.00 － US$2,000.00）と簡単に計算することができる。

少額合算基準額（Ex-works価格）：

　　200,000円×US$18,000（Ex-works合計額）÷US$20,000（FOB合計額）÷100.00円／US$ ＝ US$1,800.00

各商品はEx-works価格のため、少額合算基準額（20万円）をEx-works価格の合計額に対するFOB価格の合計額の比を乗じて換算レートで割るとEx-works価格に換算した少額合算基準額が分かる。そして、この基準額を下回るEx-works価格の商品は、仕入書番号1、2、3、6である。なお、FOB価格における少額合算基準は、200,000円÷100.00円／US$ ＝ US$2,000.00となる。

商品分類：
（少額貨物の可能性のあるものは、各 10 桁の最後の数字に（　）を付けている。）

1：841920000（5）「電気加熱式の医療用の滅菌器」
　　①電気加熱式の機器は第 84 類に分類される。
　　②電気加熱式の滅菌器で、家庭用のものではないので第 84.19 項に分類される。
　　③医療用の滅菌器は第 8419.20 号に分類される。
　　③第 8419.20 号はさらに細分されていないので、「8419.20.000（5）」に分類される。

2：901832100（1）「金属製の注射針」
　　①医療用機器は第 90 類に分類される。
　　②医療用機器は第 90.18 項に分類される。
　　③注射針は第 9018.31 号から第 9018.39 号に分類される。
　　④金属製の注射針は第 9018.32 号に分類される。
　　⑤注射針は「9018.32.100（1）」に分類される。

3：902139000（0）「プラスチック製の義眼」
　　①医療用機器は第 90 類に分類される。
　　②人体内に埋めて使用する器官の欠損を補う機器は第 90.21 項に分類される。
　　③歯ではない人造の人体の部分であるので、第 9021.31 号又は第 9021.39 号に分類される。
　　④義眼は、その他のものとして「9021.39.000（0）」に分類される。

4：9019200002「人工呼吸器」
　　①医療用機器は第 90 類に分類される。
　　②人工呼吸器は第 90.19 項に分類される。
　　③人工呼吸器は第 9019.20 号に分類される。
　　④第 9019.20 号はさらに細分されていないので、「9019.20.0002」に分類される。

5：9018390006「プラスチック製のカテーテル」
　　①医療用機器は第 90 類に分類される。
　　②医療用機器は第 90.18 項に分類される。
　　③カテーテルは第 9018.31 号から第 9018.39 号に分類される。
　　④注射器や金属製の注射針ではないので、その他のものとして第 9018.39 号に分類される。
　　⑤第 9018.39 号はさらに細分されていないので、「9018.39.0006」に分類される。

6：300650000（0）「救急袋」

   ①医療用品は第 30 類に分類される。

   ②救急袋は、第 30 類の類注 4（g）より第 30.06 項に分類される。

   ③救急袋は第 3006.50 号に分類される。

   ④第 3006.50 号はさらに細分されていないので、「3006.50.000（0）」に分類される。

7：3005900004 「包帯、接着性を有する被覆材やその他の接着性を有する製品ではない」

   ①医療用品は第 30 類に分類される。

   ②包帯は、第 30.05 項に分類される。

   ③接着性を有する被覆材やその他の接着性を有する製品ではない包帯であるので、第 3005.90 号に分類される。

   ④第 3005.90 号はさらに細分されていないので、「3005.90.0004」に分類される。

8：8419900005 「電気加熱式の医療用の滅菌器の部分品」

   ①電気加熱式の機器は第 84 類に分類される。

   ②電気加熱式の滅菌器で、家庭用のものではないので第 84.19 項に分類される。

   ③医療用の滅菌器の部分品は第 8419.90 号に分類される。

   ④第 8419.90 号はさらに細分されていないので、「8419.90.0005」に分類される。

解答欄の確認：すべての貨物について同じ統計品目番号のものがないので、少額合算のみを行う。少額貨物は仕入書番号 1、2、3、6 であるのでこれらを合算して申告価格が最も大きい仕入書番号 3 に分類し、10 桁目は「X」とする。ちなみに、これらの価格を確認しておくと次のようになる。

   US$1,700.00 + US$1,650.00 + US$1,750.00 + US$1,600.00 = US$6,700.00

   あとは問題文に従い価格の大きい順に解答していき、少額合算したものは最後に解答していく。

   なお、輸出申告の問題では、申告価格の大小のみ判断すればよいので、円に換算せずに外国通貨のまま（例えば米ドルの金額のまま）判断するほうが、数字の桁数も少なく、計算によるミスもないので、仕入書に記載されている価格のまま判断するほうがよい。ただ、ここでは、学習の参考のために外国通貨を円に換算しておくので、余裕があれば、外国通貨を円に換算する方法も学習しておいてもらいたい。

解答：

a. ⑪ 9019200002（US$5,000.00）

{US$5,000.00 ＋（US$2,000.00×US$5,000.00÷US$18,000.00）}　×100.00 円

＝ 555,555 円

参考までに別の計算式も示しておく。

US$5,000.00×US$20,000.00÷US$18,000.00×100.00 円 ＝ 555,555 円

b. ⑥ 8419900005（US$2,300.00）

{US$2,300.00 ＋（US$2,000.00×US$2,300.00÷US$18,000.00）}　×100.00 円

＝ 255,555 円

c. ⑩ 9018390006（US$2,100.00）

{US$2,100.00 ＋（US$2,000.00×US$2,100.00÷US$18,000.00）}　×100.00 円

＝ 233,333 円

d. ② 3005900004（US$1,900.00）

{US$1,900.00 ＋（US$2,000.00×US$1,900.00÷US$18,000.00）}　×100.00 円

＝ 211,111 円

e. ⑮ 902139000X（US$6,700.00）

{US$6,700.00 ＋（US$2,000.00×US$6,700.00÷US$18,000.00）}　×100.00 円

＝ 744,444 円

1

輸出申告書

第2章

輸入申告書

2

2-0 輸入申告書作成問題の攻略法

はじめに、輸入申告書作成問題の攻略法を見ておこう。

攻略法その①：輸入申告書作成問題の問題文を毎回確認する

輸入申告書の問題文は、はじめに今回出題される商品や解答方法についての説明があり、次に解答の順番の説明、少額合算についての説明、商品説明、加算要素や控除費用の設定、加算要素の按分方法、申告年月日という順番で並んでいる。商品説明や加算要素の設定などの順番は前後する場合もあるが、問題文のそれぞれの項目は毎回ほぼ同じである。ただ、個々の項目の内容については異なる場合があるので、「いつも同じ」と思い込まないようにし、念のために確認する必要がある。その中でも以下の項目に関しては特に注意すべきである。

i. 少額合算の方法：いずれの方法で少額合算するのかを確認する。例えば有税品と無税品を分けて解答する場合もあるので、どのように少額合算するのか、問題文の設定を確認する。

ii. 解答順序の確認：解答の順序は、上から金額が大きいものより解答することになるが、少額合算された貨物が最後になる場合と、少額合算された貨物も含めて金額の大きいものより解答する場合もあるので、毎回確認する。

iii. 商品説明の有無：仕入書（INVOICE）の記述と問題文の商品説明を確認する。

iv. 加算要素や控除費用の有無：加算費用や控除費用、限定列挙加算要素を確認する。

v. 加算要素などの按分方法：加算要素などの費用の按分方法には複数の方法があるので、毎回確認する。

これらの項目については、問題を解く際に毎回確認するように習慣づける。

攻略法その②：仕入書の価格より少額合算する貨物を判断する

輸入申告書の問題では、必ず少額貨物がある。この少額貨物は毎回複数の少額貨物があり、それらを合算する必要がある。そこで、仕入書に記載されているそれぞれの貨物の価格より、その貨物が少額貨物になるのか、少額貨物にならないのかを判別する計算式を見ていくことにする。

例①

問題設定：

- 仕入書の合計額：FOB Los Angels 20,000 米ドル

- 輸入者は仕入書価格のほかに本邦において、輸出港から輸入港までの海上運賃及び保険料として 2,000 米ドルを負担している。なお、当該海上運賃及び保険料を申告価格に算入する場合の申告価格への振り分けは価格按分とする。

- 輸入申告日の換算レート：100 円／1 米ドル

```
                    仕  入  書

  輸出者  ：  アメリカ
  輸入者  ：  日本

                                  (FOB L.A.)
      商品名           重量          合計金額
   ①商品 G          2,000kg           1,000 米ドル
   ②商品 H          2,000kg           6,000 米ドル
   ③商品 I          6,000kg          13,000 米ドル
            合計    10,000kg     FOB L.A. 20,000 米ドル
```

この場合に、いずれの商品の輸入申告価格が 20 万円以下になるかどうかの判断基準額は、以下の計算式で計算することができる。

20 万円以下の判断基準額 ＝ 20 万円 × 仕入書価格の合計額（＝ FOB 価格の合計額）÷
課税価格の合計額 ÷ 換算レート

＝ 20 万円 ×20,000 米ドル ÷22,000 米ドル ÷100 円

＝ 1,818.18…米ドル

これにより、FOB 価格で 1,818.18 米ドル以下の商品が少額貨物であることが分かる。また、この方法以外にも仕入書の商品 G の価格に注目し、G の仕入書価格から G の輸入申告価格を計算して、どの商品が少額貨物となるかを判断する方法もある。

商品 G の課税価格：

|G の仕入書価格＋（加算費用 ×G の仕入書価格 ÷ 仕入書価格の合計額）| × 換算レート

＝ |1,000 米ドル＋（2,000 米ドル ×1,000 米ドル ÷20,000 米ドル）| ×100 円

＝ 110,000 円

これにより、商品 G の輸入申告価格は少額であることが分かるが、商品 H の輸入申告価格が少額であるかどうかは分からないので、商品 H の輸入申告価格も計算してみる。

商品 H の課税価格：

H の仕入書価格＋（加算費用 × H の仕入書価格 ÷ 仕入書価格の合計額）× 換算レート

＝ {6,000 米ドル＋（2,000 米ドル × 6,000 米ドル ÷ 20,000 米ドル)} × 100 円

＝ 660,000 円

そこで、商品 G は少額貨物であり、商品 H は少額貨物ではないことが分かる。

例②
問題設定：

・仕入書の合計額：FOB Los Angels 20,000 米ドル

・輸入者は仕入書価格のほかに本邦において、仕入書価格の 10％に相当する額を輸出
港から輸入港までの海上運賃及び保険料として負担している。

・輸入申告日の換算レート：100 円／1 米ドル

```
                      仕  入  書
輸出者  ：  アメリカ
輸入者  ：  日本
                                        (FOB L.A.)
        商品名            重量            合計金額
    ①商品 J            2,000kg          1,000 米ドル
    ②商品 K            2,000kg          6,000 米ドル
    ③商品 L            6,000kg         13,000 米ドル
            合計       10,000kg    FOB L.A. 20,000 米ドル
```

　この場合に、いずれの商品の輸入申告価格が 20 万円以下になるかどうかの判断基準額は、以下の計算式で計算することができる。

　まず、海上運賃及び保険料の合計額を計算する。そこで海上運賃及び保険料の額は仕入書価格の 10％に相当する額であるから、20,000 米ドル × 10％＝ 2,000 米ドルである。

　そこで、以下の式より、20 万円以下の少額貨物の判断基準額を算出する。

20 万円以下の判断基準額＝ 20 万円 × 仕入書価格の合計額（＝ FOB 価格の合計額）÷
課税価格の合計額 ÷ 換算レート

＝ 20 万円 × 20,000 米ドル ÷ 22,000 米ドル ÷ 100 円

＝ 1,818.18… 米ドル

これにより、FOB 価格で 1,818.18 米ドル以下の商品が少額貨物であることが分かる。

また、この方法以外にも仕入書の商品Jの価格に注目し、Jの仕入書価格からJの輸入申告価格を計算して、どの商品が少額貨物となるかを判断する方法もある。

商品Jの課税価格：｛Jの仕入書価格＋（Jの仕入書価格 ×10%）｝ × 換算レート
= ｛1,000 米ドル＋（1,000 米ドル ×10%）｝×100 円
= 110,000 円

これにより、商品Jの輸入申告価格は少額であることが分かるが、商品Kの輸入申告価格が少額であるかどうかは分からないので、商品Kの輸入申告価格も計算してみる。

商品Kの課税価格：｛Kの仕入書価格＋（Kの仕入書価格 ×10%）｝ × 換算レート
= ｛6,000 米ドル＋（6,000 米ドル ×10%）｝×100 円
= 660,000 円

そこで、商品Jは少額貨物であり、商品Kは少額貨物ではないことが分かる。

このように、それぞれの貨物が少額貨物かどうかを判断するための方法にはさまざまなものがあるので、自分が理解しやすい方法を選んで学習するといいだろう。

攻略法その③：加算する費用を仕入書価格に按分する

輸入申告書の作成問題では、海上運賃や無償提供した原料に係る費用などをそれぞれの商品の仕入書価格に加算する必要が出てくる。それらの費用を加算する方法は問題文に規定されており、「按分」という方法になる。この方法について以下で見ていこう。

以下に仕入書の例を示す。

```
                    仕 入 書
  輸出者  ： アメリカ
  輸入者  ： 日本

                          (FOB L.A.)
      商品名        重量          合計金額
     ①商品A       100kg          200 米ドル
     ②商品B       200kg          300 米ドル
     ③商品C       700kg          500 米ドル
  ──────────────────────────────────
           合計   1,000kg    FOB L.A. 1,000 米ドル
```

ここで、上記の商品をアメリカの Los Angeles 港から東京港まで輸送するときの海

上運賃及び保険料の合計額が 100 米ドルであった場合のそれぞれの商品の仕入書価格への加算について考える。問題文の設定が、海上運賃及び保険料を価格按分により加算するというものだったとしたら、式は以下のようになる。

解答方法①

　　仕入書価格の合計額：1,000 米ドル
　　加算要素合計額（海上運賃及び保険料）：100 米ドル

　　商品 A の課税価格：200 米ドル＋（100 米ドル ×200 米ドル ÷1,000 米ドル）
　　　　　　　　　　　＝ 220 米ドル
　　商品 B の課税価格：300 米ドル＋（100 米ドル ×300 米ドル ÷1,000 米ドル）
　　　　　　　　　　　＝ 330 米ドル
　　商品 C の課税価格：500 米ドル＋（100 米ドル ×500 米ドル ÷1,000 米ドル）
　　　　　　　　　　　＝ 550 米ドル

この式は次のような意味になる。

　　各商品の課税価格＝個々の仕入書価格＋（加算要素合計額 × 個々の仕入書価格 ÷ 仕入書価格の合計額）

　なお、課税価格は円で申告する必要があるので、本番の問題であれば、これらの米ドルの金額に換算レートをかけて円に換算する必要があるが、ここでは省略する。
　また、この方法以外にも以下のように計算する方法もあり、同じ結果を得られる。

解答方法②

　　仕入書価格の合計額（FOB 価格の合計額）：1,000 米ドル
　　加算要素合計額（海上運賃及び保険料）：100 米ドル
　　課税価格の合計額（仕入書価格の合計額＋加算要素合計額）：1,000 米ドル＋ 100 米ドル
　　　　　　　　　　　　　　　　　　　　　　　　　　　　　＝ 1,100 米ドル

　　商品 A の課税価格：200 米ドル ×1,100 米ドル ÷1,000 米ドル＝ 220 米ドル
　　商品 B の課税価格：300 米ドル ×1,100 米ドル ÷1,000 米ドル＝ 330 米ドル
　　商品 C の課税価格：500 米ドル ×1,100 米ドル ÷1,000 米ドル＝ 550 米ドル
この式の意味は以下のとおりである。

　　各商品の課税価格＝個々の仕入書価格 × 課税価格の合計額 ÷ 仕入書価格の合計額
また、この計算式の応用として以下のような方法もある。

解答方法③

仕入書価格の合計額（FOB価格の合計額）：1,000米ドル

加算要素合計額（海上運賃及び保険料）：100米ドル

課税価格の合計額（仕入書価格の合計額＋加算要素合計額）：1,000米ドル＋100米ドル
$$= 1,100米ドル$$

課税価格の合計額 ÷ 仕入書価格の合計額：1,100米ドル ÷ 1,000米ドル = 1.1

商品Aの課税価格：200米ドル ×1.1 = 220米ドル

商品Bの課税価格：300米ドル ×1.1 = 330米ドル

商品Cの課税価格：500米ドル ×1.1 = 550米ドル

この計算式でも同じ結果になる。

この式の意味は以下のとおりである。

各商品の課税価格＝個々の仕入書価格 × 課税価格の合計額と仕入書価格の合計額の比率

これらの3つの価格按分の計算式は、すべて同じ意味のものを別の式にしているだけである。理解しやすい計算式を使用して問題を解くとよいだろう。

続いて、同様の問題文で、按分の方法が価格按分ではなく、重量按分だったらどのようになるかを見ていくことにする。

仕入書の例は先ほどと同じである。

仕　入　書

輸出者　：　アメリカ

輸入者　：　日本

(FOB L.A.)

商品名	重量	合計金額
①商品A	100kg	200米ドル
②商品B	200kg	300米ドル
③商品C	700kg	500米ドル
合計	1,000kg	FOB L.A. 1,000米ドル

ここで、上記の商品をアメリカのLos Angelesから東京港まで輸送するときの海上運賃及び保険料の合計が100米ドルであった場合のそれぞれの商品への加算について考える。

問題文の設定が、海上運賃及び保険料を重量按分により加算するというものだったとしたら以下のようになる。

解答方法④

　　仕入書のすべての商品の総重量：1,000kg

　　加算要素合計額（海上運賃及び保険料）：100米ドル

　　商品Aの課税価格：200米ドル+（100米ドル×100kg÷1,000kg）= 210米ドル

　　商品Bの課税価格：300米ドル+（100米ドル×200kg÷1,000kg）= 320米ドル

　　商品Cの課税価格：500米ドル+（100米ドル×700kg÷1,000kg）= 570米ドル

　この式の意味は以下のとおりである。

　　各商品の課税価格=個々の仕入書価格+（加算要素合計額 × 個々の商品の重量 ÷ 仕
　　　　　　　　　入書の総重量）

　この重量按分による加算要素合計額の計算式は、代表的なものはこれしかないが、まったく同じ仕入書で、加算要素の金額も同じであっても、計算結果である個々の商品ごとの課税価格は異なっているのが分かるだろう。

　つまり、問題文の設定で、価格按分なのか、重量按分（キログラムなど）や容量按分（リットルなど）なのかは大変重要だということだ。その点を確認せずに誤って計算すると、結果の金額はまったく違ったものになってしまうだろう。

　先ほどの価格按分の計算例と、重量按分の計算例を比較してみるとよく分かるが、それぞれの計算式の考え方に違いはない。仕入書価格の総額に対するそれぞれの商品の仕入書価格の割合で考えるのか、仕入書の総重量に対するそれぞれの商品の重量の割合で考えるのかが違うだけだ。つまり、**価格按分が分かれば、重量按分でも計算することができる**ので、どちらでも対応できるように、問題文をよく読んでから解くようにすべきである。

2-1 輸入申告書作成問題①（自転車等）

別紙1の仕入書及び下記事項により、「自転車等」の輸入申告を輸出入・港湾関連情報処理システム（NACCS）を使用して行う場合について以下の問いに答えなさい。

(1) 別紙2の輸入申告事項登録画面（省略）の品目番号欄（(a)～(e)）に入力すべき品目番号を別冊の「実行関税率表」（抜すい）を参照して、下の選択肢から選び、その番号を解答しなさい。

(2) 別紙2の輸入申告事項登録画面（省略）の課税価格の右欄（(f)～(j)）に入力すべき申告価格（関税定率法第4条から第4条の9まで（課税価格の計算方法）の規定により計算される課税価格に相当する価格）の額を解答しなさい。

記

1　品目番号が同一となるものがある場合は、これらを一欄にまとめる。

2　品目番号が異なるものの申告価格が20万円以下のもの（下記3において「少額貨物」という。）については、これらを関税が有税である品目と無税である品目とに分けて、それぞれを一括して一欄にまとめる。

　　なお、この場合に入力すべき品目番号は、以下のとおりとする。

(1) 有税である品目については、一欄にまとめた品目のうち関税率が最も高いものの品目番号とし、10桁目は「X」とする。なお、関税率が同一となる場合には、それらのうち申告価格が最も大きいものの品目番号とする。

(2) 無税である品目については、一欄にまとめた品目のうち申告価格が最も大きいものの品目番号とし、10桁目は「X」とする。

3　品目番号欄（(a)～(e)）には、少額貨物以外のものについて、申告価格（上記1によりまとめられたものについては、その合計額。）の大きいものから順に入力されるものとする。

　　なお、上記2によりまとめられた少額貨物については、少額貨物以外のものが入力された後に入力されるものとし、当該少額貨物が二欄以上となる場合には、そのまとめられたものの合計額の大きいものから順に入力されるものとする。

4　課税価格の右欄（(f)～(j)）には、別紙1の仕入書に記載された米ドル建価格に、下記5から8までの費用等をそれぞれの申告価格に加算し、又は減算した額を本邦通貨へ換算した後の価格を記載することとする。なお、1円未満の端数がある場合は、これを切り捨てる。

2

輸入申告書

5　別紙1の仕入書に記載されている米ドル建価格の本邦通貨への換算は、別紙3の「実勢外国為替相場の週間平均値」を参照して行う。

6　仕入書の5番目の商品の契約に際して、輸入者（買手）は別紙仕入書価格のほかに以下の費用を負担している。なお、当該費用は仕入書の5番目の商品に対してのみ支払われるものである。

①輸入者（買手）は輸出者（売手）に当該貨物に使用される部品を無償で提供している。なお、当該部品は輸入者（買手）が輸入者（買手）と特殊関係にないイギリスの会社からUS$300.00で購入したものであり、輸入者（買手）はこの購入費用と輸入者（買手）から輸出者（売手）へ当該部品を提供するための費用US$100.00を負担している。

②輸入者（買手）は、上記①の部品を購入するために、本邦の商社に部品の買い付けを依頼し、その買付けに関し当該商社に対し、当該買付けに係る業務の対価として当該部品の購入代金の30％を支払う。

③輸入者（買手）は、仕入書の5番目の商品の製造に際して、アメリカのデザイン会社に当該貨物のデザインを依頼し、そのデザイン料としてUS$500.00を支払っている。また、そのアメリカのデザイン会社が本邦で開発した当該デザインを輸出者（売手）へ送付する費用US$50.00は輸出者（売手）が負担している。

7　輸入者（買手）は、当該貨物の本邦への輸出に先立ち、輸出者（売手）より輸入者（買手）へ貨物の受け渡しがされる前に、輸入者（買手）の都合により当該貨物の本邦への到着を遅らせるため、イギリス国内の倉庫で仕入書にあるすべての貨物を一時保管している。当該保管に係る費用（別紙仕入書価格の合計額の2％相当額）は当該仕入書にあるすべての商品に係るものであり、輸出者（売手）が当該倉庫会社に支払い、別紙仕入書価格の支払とは別に、輸出者（売手）から輸入者（買手）へ請求され、当該請求書に基づき、輸入者（買手）が支払う。

8　輸入者（買手）は、当該貨物の本邦までの運送を本邦の総合物流企業に依頼し、当該貨物の本邦までの海上運賃及び海上保険料として、別紙仕入書価格の5％相当額を本邦において支払う。なお、当該海上運賃と当該海上保険料の内訳は当該総合物流企業からの請求書には明記されていない。

9　別紙仕入書に記載されている商品説明は以下のとおりである。

①輸入されている商品はすべてステンレス製のものであるが、カンチブレーキを有するものではない。

②輸入されている商品に原動機付のものはない。

③仕入書の8番目の商品は、今回輸入される1番目から7番目までの商品に使用されるものではない。

10　売買契約はFOB契約にて取引されており、輸出者から輸入者への別紙仕入書に記載されている貨物の引き渡しは、輸出港に停泊中の本邦への当該貨物の運送に使用する船舶へ当該貨物の積込みが完了したときに輸出者から輸入者への受け渡しが完了する。

11　輸出国であるイギリスは協定税率適用国である。

12　この申告は令和××年9月4日とする。

［統計品目番号の選択肢］

① 8712001001	② 8712002110	③ 8712002180
④ 8712002191	⑤ 8712002913	⑥ 8712002994
⑦ 8714960004	⑧ 8714990001	⑨ 9503000006
⑩ 871200211X	⑪ 871200218X	⑫ 871200219X
⑬ 871200299X	⑭ 871496000X	⑮ 950300000X

別紙1

I N V O I C E

Seller   U.K. Sports Equipment Co., Ltd.   Invoice No. and Date
             55 Charlotte Street, Brighton,   UTP - 123 Jun 25, 20XX
             BN2 1 AG England

Buyer Kobe Trading Co., Ltd.		Country of Origin : U.K.	
1-1 1-Chome Nishi-Shinjuku Shinjuku-ku, Tokyo,Japan		L/C No. MB123	Mar. 10,20XX
Vessel NYK Kobe	Voyage No. JP321	Issuing Bank	
From Southampton	Date Jul 2, 20XX	Kobe Bank	
To Tokyo, Japan		Other payment Terms	

Marks and Nos.	Description of Goods	Quantity	Unit Price (Per Pc)	Amount
	Sports Equipment			
	1) Bicycles of a nominal wheel diameter 18, brake lever dimension 80mm, without derailleur, with hubgear	5pcs	US$ 220.00	US$ 1,100.00
	2) Bicycles of a nominal wheel diameter 22, brake lever dimension 90mm, with derailleur, without hubgear	5pcs	US$ 280.00	US$ 1,400.00
KTC	3) Bicycles of a nominal wheel diameter 28, brake lever dimension 90mm, without derailleur, with hubgear	10pcs	US$ 280.00	US$ 2,800.00
TOKYO MADE IN U.K.	4) Bicycles of a nominal wheel diameter 30, brake lever dimension 95mm, with derailleur, without hubgear	6pcs	US$ 250.00	US$ 1,500.00
	5) Children's bicycles of a nominal wheel diameter 10, brake lever dimension 60mm, without derailleur and hubgear	12pcs	US$ 100.00	US$1,200.00
	6) Children's bicycles of a nominal wheel diameter 13, brake lever dimension 60mm, without derailleur and hubgear	25pcs	US$ 100.00	US$ 2,500.00
	7) Children's tricycles of a nominal wheel diameter 8, brake lever dimension 30mm, without derailleur and hubgear	64pcs	US$ 50.00	US$ 3,200.00
	8) Pedals of bicycles	650pcs	US$ 2.00	US$ 1,300.00
	Total FOB Southampton US$ 15,000.00			

(Signature) U.K. Sports Equipment Co., Ltd.

別紙 2

輸入申告事項登録（輸入申告）

| 共通部 | 繰返部 |

申告番号 [　　　　]

大額／少額 [L]　申告種別 [C]　申告先種別 [　]　貨物識別 [　]　識別符号 [　]

あて先官署 [　]　あて先部門 [　]　　　　　　　申告等予定年月日 [　　　　]

輸入者　[99999]　[KOBE TRADING CO LTD]

住所　[TOKYO TO CHIYODA KU KASUMIGASEKI 1CHOME 1-1]

電話　[　　　　]

申告等予定者 [　　　　]

蔵置場所 [　　]　一括申告 [　]　申告等予定者 [　　　]

B/L番号　1 [　　　　]　　2 [　　　　]
　　　　　3 [　　　　]　　4 [　　　　]
　　　　　5 [　　　　]

貨物個数 [100] [PK]　貨物重量（グロス）[300] [KGM]

貨物の記号等 [AS PER ATTACHED SHEET]

積載船（機）[　　] － [NYK KOBE]　　入港年月日 [　　　]

船（取）卸港 [JPKOB]　積出地 [UKSOU] － [　　]　貿易形態別符号 [　]　コンテナ本数 [　]

仕入書識別 [　]　電子仕入書受付番号 [　　　]　仕入書番号 [UTP-123]

仕入書価格 [A] － [FOB] － [USD] － [15,000.00]

2
輸入申告書

輸入申告事項登録(輸入申告)

共通部 | 繰返部

<01欄> 品目番号 (a) 品名 ▨ 原産地 UK — R

数量1 ▨ — ▨ 数量2 ▨ — ▨ 輸入令別表 ▨ 蔵置目的等 ▨

BPR係数 ▨ 運賃按分 ▨ 課税価格 ▨ — (f)

関税減免税コード ▨ 関税減税額 ▨

	内消税等種別	減免税コード	内消税減税額		内消税等種別	減免税コード	内消税減税額
1	▨	▨	▨	2	▨	▨	▨
3	▨	▨	▨	4	▨	▨	▨
5	▨	▨	▨	6	▨	▨	▨

<02欄> 品目番号 (b) 品名 ▨ 原産地 UK — R

数量1 ▨ — ▨ 数量2 ▨ — ▨ 輸入令別表 ▨ 蔵置目的 ▨

BPR係数 ▨ 運賃按分 ▨ 課税価格 ▨ — (g)

関税減免税コード ▨ 関税減税額 ▨

	内消税等種別	減免税コード	内消税減税額		内消税等種別	減免税コード	内消税減税額
1	▨	▨	▨	2	▨	▨	▨
3	▨	▨	▨	4	▨	▨	▨
5	▨	▨	▨	6	▨	▨	▨

<03欄> 品目番号 (c) 品名 ▨ 原産地 UK — R

数量1 ▨ — ▨ 数量2 ▨ — ▨ 輸入令別表 ▨ 蔵置目的 ▨

BPR係数 ▨ 運賃按分 ▨ 課税価格 ▨ — (h)

関税減免税コード ▨ 関税減税額 ▨

	内消費税等種別	減免税コード	内消税減税額		内消税等種別	減免税コード	内消税減税額
1	▨	▨	▨	2	▨	▨	▨
3	▨	▨	▨	4	▨	▨	▨
5	▨	▨	▨	6	▨	▨	▨

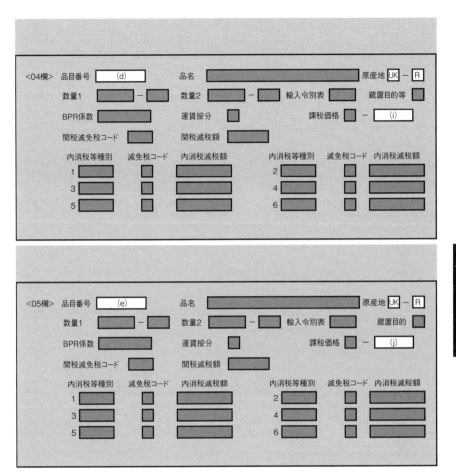

別紙3

実勢外国為替相場の週間平均値
(1米ドルに対する円相場)

期　　　間	週間平均値
令和 ××. 8. 1 ～ 令和 ××. 8. 7	¥135.00
令和 ××. 8. 8 ～ 令和 ××. 8.14	¥130.00
令和 ××. 8.15 ～ 令和 ××. 8.21	¥120.00
令和 ××. 8.22 ～ 令和 ××. 8.28	¥110.00

第87類　鉄道用及び軌道用以外の車両並びにその部分品及び附属品	Chapter 87　Vehicles other than railway or tramway rolling-stock, and parts and accessories thereof	

注
1　この類には、専らレール走行用に設計した鉄道用又は軌道用の車両を含まない。
2　この類において「トラクター」とは、本来、車両、機器又は貨物をけん引し又は押すために作った車両をいい、本来の用途に関連して、道具、種、肥料その他の物品を輸送するための補助器具を有するか有しないかを問わない。

　　第87.01項のトラクター用に設計した互換性のある機械及び工具（トラクターに取り付けてあるかないかを問わない。）はトラクターとともに提示する場合であっても、それらがそれぞれ属する項に属する。
3　運転室を有する原動機付きシャシは、第87.02項から第87.04項までに属するものとし、第87.06項には属しない。
4　第87.12項には、すべての幼児用自転車を含む。その他の幼児用乗物は、第95.03項に属する。

Notes.
1.- This Chapter does not cover railway or tramway rolling-stock designed solely for running on rails.
2.- For the purposes of this Chapter, "tractors" means vehicles constructed essentially for hauling or pushing another vehicle, appliance or load, whether or not they contain subsidiary provision for the transport, in connection with the main use of the tractor, of tools, seeds, fertilisers or other goods.

　　Machines and working tools designed for fitting to tractors of heading 87.01 as interchangeable equipment remain classified in their respective headings even if presented with the tractor, and whether or not mounted on it.
3.- Motor chassis fitted with cabs fall in headings 87.02 to 87.04, and not in heading 87.06.
4.- Heading 87.12 includes all children's bicycles. Other children's cycles fall in heading 95.03.

番 号 No.	統計細分 Stat. Code No.	NACCS用	品　　　名	税　率　Rate of Duty				単位 Unit	Description
				基本 General	協定 WTO	特恵 Preferential	暫定 Temporary		
87.12									
8712.00			自転車（運搬用三輪自転車を含むものとし、原動機付きのものを除く。）	無税 Free	（無税）(Free)				Bicycles and other cycles (including delivery tricycles), not motorised:
	100	1	−カンチブレーキを有するもの					NO	With cantilever type caliper brakes
			−その他のもの						Other:
			−−車輪の径の呼びが24（60.96センチメートル）以下のもの						Of a nominal wheel diameter not exceeding 24 (60.96 cm):
	211	0	−−−ブレーキレバーの開きが85ミリメートルを超えるもの					NO	Of a brake lever dimension exceeding 85 mm
			−−−その他のもの						Other:
	218	0	−−−−車輪の径の呼びが12（30.48センチメートル）以上16（40.64センチメートル）以下のもの					NO	Of a nominal wheel diameter of 12 (30.48 cm) or more but not exceeding 16 (40.64 cm)
	219	1	−−−−その他のもの					NO	Other
			−−車輪の径の呼びが24（60.96センチメートル）を超えるもの						Of a nominal wheel diameter of 24 (60.96 cm) or more:
	291	3	−−−ディレーラ（内装変速装置を除く。）を有しないもの					NO	Without derailleur (excluding hub gear)

(注) 87.12　労働安全衛生法　　　　　　　　　　　　　　　(Note) 87.12　Industrial Safety and Health Law

番 号 No.	統計 細分 Stat. Code No.	NACCS用	品 名	税 率 Rate of Duty 基 本 General	協 定 WTO	特 恵 Preferential	暫 定 Temporary	単位 Unit	Description
(8712.00)	299	4	---その他のもの					NO	Other
87.13			身体障害者用又は病人用の車両(原動機その他の機械式駆動機構を有するか有しないかを問わない。)						Carriages for disabled persons, whether or not motorised or otherwise mechanically propelled:
8713.10	000	†	機械式駆動機構を有しないもの	無税 Free	(無税) (Free)			NO KG	Not mechanically propelled
8713.90	000	†	その他のもの	無税 Free	(無税) (Free)			NO KG	Other
87.14			部分品及び附属品(第87.11項から第87.13項までの車両のものに限る。)						Parts and accessories of vehicles of headings 87.11 to 87.13:
8714.10	000	6	モーターサイクル(モペットを含む。)のもの	無税 Free	(無税) (Free)			KG	Of motorcycles (including mopeds)
8714.20	000	3	身体障害者用又は病人用の車両のもの	無税 Free	(無税) (Free)			KG	Of carriages for disabled persons
			その他のもの						Other:
8714.91	000	2	フレーム体及び前ホーク並びにこれらの部分品	無税 Free	(無税) (Free)			KG	Frames and forks, and parts thereof
8714.92	000	1	リム及びスポーク	無税 Free	(無税) (Free)			NO KG	Wheel rims and spokes
8714.93	000	0	ハブ(コースターブレーキハブ及びハブブレーキを除く。)及びフリーホイール	無税 Free	(無税) (Free)			KG	Hubs, other than coaster braking hubs and hub brakes, and free-wheel sprocket-wheels
8714.94	000	6	ブレーキ(コースターブレーキハブ及びハブブレーキを含む。)及びその部分品	無税 Free	(無税) (Free)			KG	Brakes, including coaster braking hubs and hub brakes, and parts thereof
8714.95	000	5	サドル	無税 Free	(無税) (Free)			NO	Saddles
8714.96	000	4	ペダル及びギヤクランク並びにこれらの部分品	無税 Free	(無税) (Free)			KG	Pedals and crank-gear, and parts thereof
8714.99	000	1	その他のもの	無税 Free	(無税) (Free)			KG	Other
87.15									
8715.00	000	0	乳母車及びその部分品	無税 Free	(無税) (Free)			KG	Baby carriages and parts thereof

2

輸入申告書

注
1　この類には、次の物品を含まない。
(a)　ろうそく(第34.06項参照)
(b)　第36.04項の花火その他の火工品
(c)　第39類、第42.06項又は第11部の糸、単繊維、ひも、ガットその他これらに類する物品で、釣り用のものを特定の長さに切つたもののうち釣糸に仕上げてないもの
(d)　第42.02項、第43.03項又は第43.04項のスポーツバッグその他の容器
(e)　第61類又は第62類の紡織用繊維製の運動用衣類及び特殊衣類(肘、膝又はそけい部にパッド又は詰物等のさ細な保護用部分を有するか有しないかを問わない。例えば、フェンシング用衣類及びサッカーのゴールキーパー用ジャージー)並びに第61類又は第62類の紡織用繊維製の仮装用の衣類
(f)　第63類の紡織用繊維製の帆(ボート用、セールボード用又はランドクラフト用のものに限る。)及び旗類
(g)　第64類のスポーツ用の履物(アイススケート又はローラースケートを取り付けたスケート靴を除く。)及び第65類の運動用帽子
(h)　つえ、むちその他これらに類する製品(第66.02項参照)及びこれらの部分品(第66.03項参照)
(ij)　人形その他のがん具に使用する第70.18項のガラス製の眼(取り付けてないものに限る。)
(k)　第15部の注2の卑金属製のはん用性の部分品(第15部参照)及びプラスチック製のこれに類する物品(第39類参照)
(l)　第83.06項のベル、ゴングその他これらに類する物品
(m)　液体ポンプ(第84.13項参照)、液体又は気体のろ過機及び清浄機(第84.21項参照)、電動機(第85.01項参照)、トランスフォーマー(第85.04項参照)、ディスク、テープ、不揮発性半導体記憶装置、スマートカードその他の媒体(記録してあるかないかを問わない。)(第85.23項参照)、無線遠隔制御機器(第85.26項参照)並びにコードレス赤外線遠隔操作装置(第85.43項参照)
(n)　第17部のスポーツ用車両(ボブスレー、トボガンその他これらに類する物品を除く。)
(o)　幼児用自転車(第87.12項参照)
(p)　カヌー、スキフその他これらに類するスポーツ用ボート(第89類参照)及びこれらの推進用具(木製品については、第44類参照)
(q)　運動用又は戸外遊戯用の眼鏡その他これに類する物品(第90.04項参照)
(r)　おとり笛及びホイッスル(第92.08項参照)
(s)　第93類の武器その他の物品
(t)　電気花飾り(第94.05項参照)
(u)　一脚、二脚、三脚その他これらに類する物品(第96.20項参照)
(v)　ラケット用ガット、テントその他のキャンプ用品並びに手袋、ミトン及びミット(構成する材料により該当する項に属する。)
(w)　食卓用品、台所用品、化粧用品、じゆうたんその他の紡織用繊維製の床用敷物、衣類、ベッドリネン、テーブルリネン、トイレットリネン、キッチンリネンその他これらに類する実用的機能を有する物品(構成する材料によりそれぞれ該当する項に属する。)

Notes.
1.- This Chapter does not cover:
(a) Candles (heading 34.06);
(b) Fireworks or other pyrotechnic articles of heading 36.04;
(c) Yarns, monofilament, cords or gut or the like for fishing, cut to length but not made up into fishing lines, of Chapter 39, heading 42.06 or Section XI;
(d) Sports bags or other containers of heading 42.02, 43.03 or 43.04;
(e) Fancy dress of textiles, of Chapter 61 or 62; sports clothing and special articles of apparel of textiles, of Chapter 61 or 62, whether or not incorporating incidentally protective components such as pads or padding in the elbow, knee or groin areas (for example, fencing clothing or soccer goalkeeper jerseys);
(f) Textile flags or bunting, or sails for boats, sailboards or land craft, of Chapter 63;
(g) Sports footwear (other than skating boots with ice or roller skates attached) of Chapter 64, or sports headgear of Chapter 65;
(h) Walking-sticks, whips, riding-crops or the like (heading 66.02), or parts thereof (heading 66.03);
(ij) Unmounted glass eyes for dolls or other toys, of heading 70.18;
(k) Parts of general use, as defined in Note 2 to Section XV, of base metal (Section XV), or similar goods of plastics (Chapter 39);
(l) Bells, gongs or the like of heading 83.06;
(m) Pumps for liquids (heading 84.13), filtering or purifying machinery and apparatus for liquids or gases (heading 84.21), electric motors (heading 85.01), electric transformers (heading 85.04), discs, tapes, solid-state non-volatile storage devices, "smart cards" and other media for the recording of sound or of other phenomena, whether or not recorded (heading 85.23), radio remote control apparatus (heading 85.26) or cordless infrared remote control devices (heading 85.43);
(n) Sports vehicles (other than bobsleighs, toboggans and the like) of Section XVII;
(o) Children's bicycles (heading 87.12);
(p) Sports craft such as canoes and skiffs (Chapter 89), or their means of propulsion (Chapter 44 for such articles made of wood);
(q) Spectacles, goggles or the like, for sports or outdoor games (heading 90.04);
(r) Decoy calls or whistles (heading 92.08);
(s) Arms or other articles of Chapter 93;
(t) Electric garlands of all kinds (heading 94.05);
(u) Monopods, bipods, tripods and similar articles (heading 96.20);
(v) Racket strings, tents or other camping goods, or gloves, mittens and mitts (classified according to their constituent material); or
(w) Tableware, kitchenware, toilet articles, carpets and other textile floor coverings, apparel, bed linen, table linen, toilet linen, kitchen linen and similar articles having a utilitarian function (classified according to their constituent material).

番 号 No.	統計細分 Stat. Code No.	NACCS用	品　　名	税　　率　　Rate of Duty				単位 Unit	Description
				基　本 General	協　定 WTO	特　恵 Preferential	暫　定 Temporary		
95.03									
9503.00	000	6	三輪車、スクーター、足踏み式自動車その他これらに類する車輪付き玩具、人形用乳母車、人形、その他の玩具、縮尺模型その他これに類する娯楽用模型(作動するかしないかを問わない。)及びパズル	無税 Free	(無税) (Free) ～ (3.9%)			KG	Tricycles, scooters, pedal cars and similar wheeled toys; dolls' carriages; dolls; other toys; reduced-size ("scale") models and similar recreational models, working or not; puzzles of all kinds

解答・解説①（自転車等）

解 答　a：⑨、b：⑤、c：④、d：③、e：⑬
f：410,880 円、g：359,520 円、h：354,120 円、
i：321,000 円、j：539,280 円

解 説

換算レート：1 ドル＝ 120.00 円（8 月 15 日〜 8 月 21 日）（9 月 4 日の属する週の前々週のレート）

仕入書の 5 番目の商品のみに加算する費用：①無償提供した部品の費用 US$300.00 とその提供費用 US$100.00 は、輸入貨物に使用するために輸入者（買手）が輸出者（売手）に無償で提供したものに係る購入費用と提供費用であるから課税価格に加算する。②上記①の部品の買い付け費用 US$90.00（＝ US$300.00 × 30％）は、上記①の部品の購入費用の一部に該当し、上記①の部品の購入費用を課税価格に加算するのであるから、購入費用の一部である買い付け費用も課税価格に加算する。③無償提供したデザインのデザイン料 US$500.00 は、本邦で開発されたデザイン（＝意匠）であり、輸入する貨物（幼児用自転車）自体のデザインなので課税価格に加算する必要はない。なお、デザイン料を加算しないためデザインの送付費用も課税価格に加算する必要はない。

輸出地での倉庫保管料：輸出者（売手）から輸入者（買手）へ貨物が引き渡される前に生じた輸出国での倉庫保管費用であり、輸入者（買手）により輸出者（売手）へ倉庫保管料が支払われているため、保管の理由にかかわらず仕入書価格の 2％相当額を課税価格に加算する必要がある。なお、売手から買手に貨物が引き渡された後に、輸出国で輸入貨物が保管され、その保管の理由が買手の都合（運送上の理由以外の理由に限る。）であれば、その保管料を輸入者が支払っていても課税価格に加算する必要はない。

海上運賃及び保険料：輸入者（買手）が輸入貨物を本邦まで運送する総合物流会社に支払う本邦へ到着するまでの海上運賃及び保険料は、仕入書価格の 5％相当額を課税価格に加算する必要がある。なお、海上運賃と海上保険料の内訳は特に必要はない。

少額合算基準額（FOB 価格）：

200,000 円 × US$15,000（＝ FOB 価格の合計額）÷（US$15,000×1.07）（＝課税価格の合計額）÷120.00 円／US$ ＝ US$1,557.632…（仕入書価格が FOB 価格であるので、各 FOB 価格が少額貨物であるかの判断は、20 万円に FOB 価格の総額に対する課税価格の総額の割合を乗じて算出した額を、換算レートで除すことで計算できる。すなわち、US$1,557.632…以下の商品が少額貨物となる可能性があり、これに該当するのは仕入書番号 1、2、4、5 及び 8 である。ただし、仕入書の 5 番目の商品は、問題文記 6 にある費用を別途加算する必要があるので、個別に確認すると、(US$1,200×1.07 ＋ US$300 ＋ US$100 ＋ US$90)×120 円／US$ ＝ 212,880 円となり、少額貨物ではないことが分かる。）

商品分類：

（少額貨物の可能性のあるものは、各 10 桁の最後の数字に（ ）を付けている。）

1：871200219（1）「車輪の径の呼びが 18 の自転車、ブレーキレバーの開きが 80 ミリメートル、ディレーラを有しないもの、内装変速装置を有するもの」

①鉄道用及び軌道用以外の車両であるので第 87 類に分類される。

②原動機付きではない自転車であるので第 87.12 項に分類される。

③カンチブレーキを有するものではないので、「－その他のもの」に分類される。

④車輪の径の呼びが 18 であるので、車輪の径の呼びが 24 以下のものとして「8712.00.211」から「8712.00.219」までに分類される。

⑤ブレーキレバーの開きが 80 であり、85 を超えていないので、「－－－その他のもの」として「8712.00.218」又は「8712.00219」に分類される。

⑥車輪の径の呼びが 18 であるから「－－－－その他のもの」（8712.00.2191）に分類される。

2：871200211（0）「車輪の径の呼びが 22 の自転車、ブレーキレバーの開きが 90 ミリメートル、ディレーラを有するもの、内装変速装置を有しないもの」

①鉄道用及び軌道用以外の車両であるので第 87 類に分類される。

②原動機付きではない自転車であるので第 87.12 項に分類される。

③カンチブレーキを有するものではないので、「－その他のもの」に分類される。

④車輪の径の呼びが 22 であるので、車輪の径の呼びが 24 以下のものとして「8712.00.211」から「8712.00.219」までに分類される。

⑤ブレーキレバーの開きが 90 であり、85 を超えているので、「－－－ブレーキレバーの開きが 85 ミリメートルを超えるもの」（8712.00.2110）に分類される。

3：8712002913 「車輪の径の呼びが 28 の自転車、ブレーキレバーの開きが 90 ミリメートル、ディレーラを有しないもの、内装変速装置を有するもの」

①鉄道用及び軌道用以外の車両であるので第 87 類に分類される。

②原動機付きではない自転車であるので第 87.12 項に分類される。

③カンチブレーキを有するものではないので、「－その他のもの」に分類される。

④車輪の径の呼びが 28 であるので、車輪の径の呼びが 24 を超えるものとして「8712.00.291」又は「8712.00.299」までに分類される。

⑤ディレーラを有しないものであるから「－－－ディレーラ（内装変速装置を除く。）を有しないもの」（8712.00.2913）に分類される。

4：871200299(4) 「車輪の径の呼びが 30 の自転車、ブレーキレバーの開きが 95 ミリメートル、ディレーラを有するもの、内装変速装置を有しないもの」

①鉄道用及び軌道用以外の車両であるので第 87 類に分類される。

②原動機付きではない自転車であるので第 87.12 項に分類される。

③カンチブレーキを有するものではないので、「－その他のもの」に分類される。

④車輪の径の呼びが 30 であるので、車輪の径の呼びが 24 を超えるものとして「8712.00.291」又は「8712.00.299」までに分類される。

⑤ディレーラを有するものであるから「－－－その他のもの」（8712.00.2994）に分類される。

5：8712002191 「車輪の径の呼びが 10 の幼児用自転車、ブレーキレバーの開きが 60 ミリメートル、ディレーラと内装変速装置を有しないもの」

①鉄道用及び軌道用以外の車両であるので第 87 類に分類される。

②原動機付きではない自転車であり、幼児用自転車であるので、第 87 類注 4 の規定より第 87.12 項に分類される。

③カンチブレーキを有するものではないので、「－その他のもの」に分類される。

④車輪の径の呼びが 10 であるので、車輪の径の呼びが 24 以下のものとして「8712.00.211」から「8712.00.219」までに分類される。

⑤ブレーキレバーの開きが 60 であり、85 を超えていないので、「－－－その他のもの」として「8712.00.218」又は「8712.00219」に分類される。

⑥車輪の径の呼びが 10 であるから「－－－－その他のもの」（8712.00.2191）に分類される。

6：8712002180 「車輪の径の呼びが 13 の幼児用自転車、ブレーキレバーの開きが 60 ミリメートル、ディレーラと内装変速装置を有しないもの」

①鉄道用及び軌道用以外の車両であるので第 87 類に分類される。

②原動機付きではない自転車であり、幼児用自転車であるので、第87類注4の規定
より第87.12項に分類される。

③カンチブレーキを有するものではないので、「－その他のもの」に分類される。

④車輪の径の呼びが13であるので、車輪の径の呼びが24以下のものとして
「8712.00.211」から「8712.00.219」までに分類される。

⑤ブレーキレバーの開きが60であり、85を超えていないので、「－－－その他のもの」
として「8712.00.218」又は「8712.00.219」に分類される。

⑥車輪の径の呼びが13であるから「－－－－車輪の径の呼びが12（30.48センチメー
トル）以上16（40.64センチメートル）以下のもの」（8712.00.2180）に分類される。

7：9503000006　「車輪の径の呼びが8の幼児用三輪自転車、ブレーキレバーの開きが
30ミリメートル、ディレーラと内装変速装置を有しないもの」

①幼児用の三輪自転車は幼児用自転車ではないので、第87類注4の規定よりその他
の幼児用乗物として第95類に分類される。

②三輪車であるから第95.03項に分類される。

③第95.03項はこれ以上細分されていないので、「9503.00.0006」に分類される。

8：871496000（4）　「自転車のペダル」

①鉄道用及び軌道用以外の車両の部分品であるので第87類に分類される。

②第87.12項に分類される自転車の部分品は第87.14項に分類される。

③自転車の部分品であるので「その他のもの」の第8714.91号から第8714.99号まで
に分類される。

④自転車のペダルであるので、「8714.96.0004」に分類される。

解答欄の確認：仕入書番号1と仕入書番号5が同じ分類番号なので合算する。合算後の
価格はUS$2,300.00（＝US$1,100.00＋US$1,200.00）である。そのほかはすべて
分類番号が異なっているので、既に確認している少額合算基準額から仕入書番
号2、仕入書番号4と仕入書番号8が少額貨物であることが分かり、それぞれの
関税率を確認するとすべて基本税率で無税である。ここですべて無税品であるの
で問題文記2（2）の規定より申告価格が最も大きい仕入書番号4の品目番号に
分類し、10桁目を「X」とする。さらに、少額貨物のFOB価格を合計しておく。
US$1,400.00＋US$1,500.00＋US$1,300.00＝US$4,200.00。なお、今回は有税とな
る少額貨物はないので考える必要はない。最後に問題文に従い価格の大きい順に
解答していき、少額貨物は最後に解答する。

解答：

a. ⑨ 9503000006 (US$3,200.00)

f. US$3,200×107％ ×120.00 円＝ 410,880 円

b. ⑤ 8712002913 (US$2,800.00)

g. US$2,800×107％ ×120.00 円＝ 359,520 円

c. ④ 8712002191 (US$2,300.00)

h. ｛(US$2,300×107％) ＋ (US$300 ＋ US$100 ＋ US$90)｝ ×120.00 円＝ 354,120 円

d. ③ 8712002180 (US$2,500.00)

i. US$2,500×107％ ×120.00 円＝ 321,000 円

e. ⑬ 871200299X (US$4,200.00)

j. US$4,200×107％ ×120.00 円＝ 539,280 円

輸入申告書作成問題②
(飲料等)

別紙1の仕入書及び下記事項により、「飲料等」の輸入申告を輸出入・港湾関連情報処理システム (NACCS) を使用して行う場合について、以下の問いに答えなさい。

(1) 別紙2の輸入申告事項登録画面の品目番号欄 ((a) ～ (e)) に入力すべき品目番号を、別冊の「実行関税率表」(抜すい) を参照して、下の選択肢の中から選び、その番号を解答しなさい。

(2) 別紙2の輸入申告事項登録画面の課税価格の右欄 ((f) ～ (j)) に入力すべき申告価格 (関税定率法第4条から第4条の9まで (課税価格の計算方法) の規定により計算される課税価格に相当する価格) の額を解答しなさい。

記

1　品目番号が同一となるものがある場合には、これらを一欄にまとめる。

2　品目番号が異なるものの申告価格が20万円以下のもの (下記3において「少額貨物」という。) については、これらを関税が有税である品目と無税である品目とに分けて、それぞれを一括して一欄にまとめる。

　　なお、この場合に入力すべき品目番号は、以下のとおりとする。

(1) 有税である品目については、一欄にまとめた品目のうち関税率が最も高いものの品目番号とし、10桁目は「X」とする。

(2) 無税である品目については、一欄にまとめた品目のうち申告価格が最も高いものの品目番号とし、10桁目は「X」とする。

3　品目番号欄 ((a) ～ (e)) には、少額貨物以外のものについて、申告価格 (上記1によりまとめられたものについては、その合計額) の大きいものから順に入力されるものとする。なお、上記2によりまとめられた少額貨物については、少額貨物以外のものが入力された後に入力されるものとし、当該少額貨物が二欄以上となる場合には、そのまとめられたものの合計額の大きいものから順に入力されるものとする。

4　課税価格の右欄 ((f) ～ (j)) には、別紙1の仕入書に記載された米ドル建価格を本邦通貨へ換算した後の申告価格を記載することとする。なお、1円未満の端数がある場合は、これを切り捨てる。

5　別紙1の仕入書に記載されている米ドル建価格の本邦通貨への換算は、別紙3の「実勢外国為替相場の週間平均値」を参照して行う。

6 別紙1の仕入書に記載されている商品の説明は以下のとおりである。

（1）仕入書中にあるワインには、スパークリングワインや、シェリーやポートなどのアルコール添加により発酵を止めた強化ワインのものはない。また、生鮮のぶどうから製造したものである。

（2）仕入書の1番目から6番目までの商品は、容量が1.8リットルの瓶入りのものである。

（3）仕入書の1番目の商品は食酢に少量のハーブを加えた料理用の食酢である。

（4）仕入書の2番目の商品はワインに少量のハーブを加えた料理用のワインである。

7 輸入者（買手）は、今回の輸入取引に関し、仕入書価格以外に以下の費用を負担している。

（1）運送料及び保険料
　①パリから日本までの航空運賃及び保険料……………　1,500 米ドル
　②成田空港から東京までの運送料　……………………27,000 円
　③成田空港での税関関係手数料など　………………………13,500 円

（2）輸入者（買手）は、前回の取引において輸出者（売手）が行った輸出用の梱包に不備があったため、今回は特別に輸出国の梱包会社と別途契約し、輸出者（売手）の同意を得て、輸出者（売手）の倉庫内において、輸入者（買手）の費用負担により輸出梱包を行っている。なお、輸入者（買手）は当該梱包会社に梱包資材費として160 米ドル、梱包作業費として500 米ドルの合計660 米ドルを支払っている。このため、輸出者（売手）からの仕入書には梱包費用を含まない価格で仕入書が作成されている。

8 輸入者（買手）は、輸出者（売手）との代金決済を現金即時払いにより行うこととしたところ、これを条件として、輸出者（売手）から10%の現金値引き（Cash Discount）が与えられ、値引き後の価格により決済を行う。

9 上記7の仕入書とは別に輸入者（買手）が支払う必要がある費用の中に、仕入書価格に加算して申告すべき費用がある場合には、当該費用の申告価格への振り分けは価格按分とし、申告価格が20万円以下かどうかの判断は、当該費用を按分した後の価格で判断する。

10 申告年月日は、令和××年9月25日である。

[統計品目番号の選択肢]

① 210390229X　　② 220110000X　　③ 220190000X
④ 2202101005　　⑤ 2202102000　　⑥ 2202911001
⑦ 2202912003　　⑧ 220299100X　　⑨ 2202992002
⑩ 2203000004　　⑪ 220421020†　　⑫ 2204301912
⑬ 2204301993　　⑭ 2204302004　　⑮ 220900000X

別紙1

I N V O I C E

Seller	FRC Beverages Co., Ltd.		Invoice No. and Date	
	223 Rue Saint-honore, 75001, Paris, France		FRC-991　Sep　20, 20XX	

Buyer		Country of Origin : French Republic	
Yokohama Trading CO., LTD		L/C　No.	Date
1 - 1　1 -Chome Kasumigaseki, Chiyoda-ku,Tokyo,Japan		HTC-33998743	July 30, 20XX
Vessel	On or about	Issuing　Bank	
JL279	Sep　24, 20XX		
From　Paris, France	Via	Bay　Bank	
To　Narita, Japan		Other　payment　Terms	

Marks and Nos.	Description of Goods	Quantity	Unit Price (per kg,pcs)	Amount
	Beverages and Vinegar, etc.			
FRC	1. Vinegar, prepared for culinary	150pcs	US$10.00	US$1,500.00
TOKYO	purposes and thereby rendered unsuitable for consumption as beverages			
MADE　IN	2. Wine of fresh grapes, with added	110pcs	US$10.00	US$1,100.00
FRANCE	herbs, prepared for culinary purposes and thereby rendered unsuitable for			
	consumption as beverages			
	3. Beer made from malt, alcoholic	580pcs	US$5.00	US$2,900.00
	strength by volume 0.3% vol., added sugar			
	4. Beer made from malt, alcoholic	160pcs	US$10.00	US$1,600.00
	strength by volume 6.0% vol., not added sugar			
	5. Wine of fresh grapes, alcoholic	200pcs	US$16.00	US$3,200.00
	strength by volume 8.0% vol., not prepared			
	6. Grape must, alcoholic strength	600pcs	US$5.00	US$3,000.00
	by volume 3.0% vol., not prepared, 5% by weight of sucrose			
	7. Ice made by freezing mineral	850kgs	US$2.00	US$1,700.00
	water, mineral water only			
		Total　FCA		US$15,000.00
N/W：4,500kg	FRC Beverages Co. ,Ltd	Cash　Discount　10%off		US$1,500.00
G/W：5,000kg	(signature)	Grand Total　FCA		US$13,500.00

別紙２

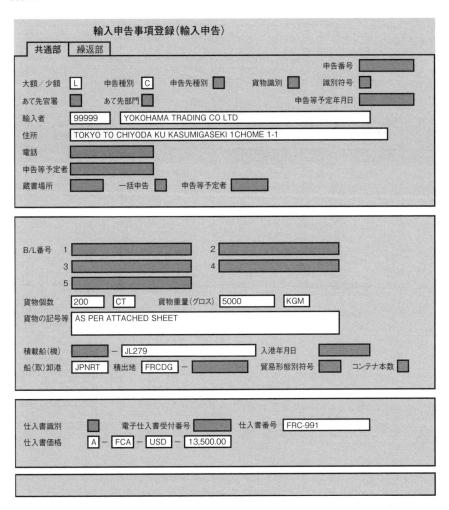

輸入申告事項登録（輸入申告）

共通部 繰返部

			申告番号 ▆▆▆▆
大額／少額 L	申告種別 C	申告先種別 ▆	貨物識別 ▆	識別符号 ▆
あて先官署 ▆	あて先部門 ▆		申告等予定年月日 ▆▆▆
輸入者	99999	YOKOHAMA TRADING CO LTD	
住所	TOKYO TO CHIYODA KU KASUMIGASEKI 1CHOME 1-1		
電話	▆▆▆		
申告等予定者 ▆▆▆			
蔵書場所 ▆▆	一括申告 ▆	申告等予定者 ▆▆	

B/L番号 1 ▆▆▆		2 ▆▆▆
3 ▆▆▆		4 ▆▆▆
5 ▆▆▆		

貨物個数 200 CT　　貨物重量（グロス） 5000 KGM

貨物の記号等 AS PER ATTACHED SHEET

積載船（機） ▆ － JL279　　　　入港年月日 ▆▆

船（取）卸港 JPNRT　積出地 FRCDG － ▆　　貿易形態別符号 ▆　コンテナ本数 ▆

仕入書識別 ▆	電子仕入書受付番号 ▆	仕入書番号 FRC-991
仕入書価格 A － FCA － USD － 13,500.00	

輸入申告事項登録（輸入申告）

共通部 | 繰返部

<01欄> 品目番号 (a) 品名 _____ 原産地 FR － R

数量1 ___ － ___ 数量2 ___ － ___ 輸入令別表 ___ 蔵置目的等 ___

BPR係数 _____ 運賃按分 ___ 課税価格 ___ － (f)

関税減免税コード ___ 関税減税額 _____

内消税等種別	減免税コード	内消税減税額		内消税等種別	減免税コード	内消税減税額
1			2			
3			4			
5			6			

<02欄> 品目番号 (b) 品名 _____ 原産地 FR － R

数量1 ___ － ___ 数量2 ___ － ___ 輸入令別表 ___ 蔵置目的 ___

BPR係数 _____ 運賃按分 ___ 課税価格 ___ － (g)

関税減免税コード ___ 関税減税額 _____

内消税等種別	減免税コード	内消税減税額		内消税等種別	減免税コード	内消税減税額
1			2			
3			4			
5			6			

<03欄> 品目番号 (c) 品名 _____ 原産地 FR － R

数量1 ___ － ___ 数量2 ___ － ___ 輸入令別表 ___ 蔵置目的 ___

BPR係数 _____ 運賃按分 ___ 課税価格 ___ － (h)

関税減免税コード ___ 関税減税額 _____

内消費税等種別	減免税コード	内消税減税額		内消税等種別	減免税コード	内消税減税額
1			2			
3			4			
5			6			

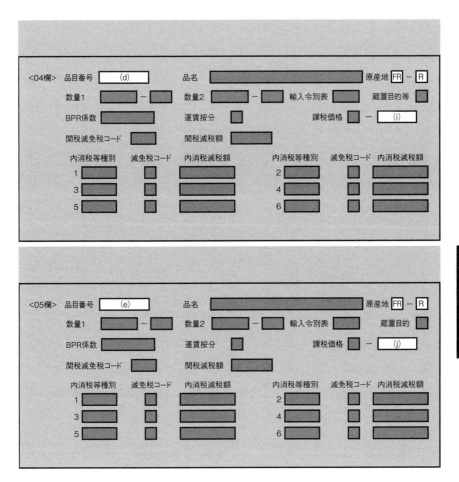

別紙３

実勢外国為替相場の週間平均値
（１米ドルに対する円相場）

期　　　間	週間平均値
令和××.9. 2 ～ 令和××.9. 8	¥109.00
令和××.9. 9 ～ 令和××.9.15	¥110.00
令和××.9.16 ～ 令和××.9.22	¥112.00
令和××.9.23 ～ 令和××.9.29	¥111.00

| 第21類　各種の調製食料品 | Chapter 21　Miscellaneous edible preparations |

注
1　この類には、次の物品を含まない。
(a)　第07.12項の野菜を混合したもの
(b)　コーヒーを含有するコーヒー代用物（いったものに限るものとし、コーヒーの含有量のいかんを問わない。第09.01項参照）
(c)　香味を付けた茶（第09.02項参照）
(d)　第09.04項から第09.10項までの香辛料その他の物品
(e)　ソーセージ、肉、くず肉、血、魚又は甲殻類、軟体動物若しくはその他の水棲無脊椎動物の一以上を含有する調製食料品で、これらの物品の含有量の合計が全重量の20%を超えるもの（第16類参照。第21.03項及び第21.04項のものを除く。）

Notes.
1.- This Chapter does not cover:
(a) Mixed vegetables of heading 07.12;
(b) Roasted coffee substitutes containing coffee in any proportion (heading 09.01);
(c) Flavoured tea (heading 09.02);
(d) Spices or other products of headings 09.04 to 09.10;
(e) Food preparations, other than the products described in heading 21.03 or 21.04, containing more than 20% by weight of sausage, meat, meat offal, blood, fish or crustaceans, molluscs or other aquatic invertebrates, or any combination thereof (Chapter 16);

番　号	統計細分 Stat. Code No.	NACCS用	品　　名	税　　　率　Rate of Duty				単位 Unit	Description
No.				基　本 General	協　定 WTO	特　恵 Preferential	暫　定 Temporary		
21.03			ソース、ソース用の調製品、混合調味料、マスタードの粉及びミール並びに調製したマスタード						Sauces and preparations therefor; mixed condiments and mixed seasonings; mustard flour and meal and prepared mustard:
2103.10	000	5	醤油	9.6%	7.2%	6% ×無税 Free		KG	Soya sauce
2103.20			トマトケチャップその他のトマトソース						Tomato ketchup and other tomato sauces:
	010	5	1 トマトケチャップ	25%	21.3%	×無税 Free		KG	1 Tomato ketchup
	090	1	2 その他のトマトソース	20%	17%	×無税 Free		L KG	2 Other tomato sauces
2103.30			マスタードの粉及びミール並びに調製したマスタード						Mustard flour and meal and prepared mustard:
	100	1	1 小売用の容器入りにしたもの	12.2%	9%	×無税 Free		KG	1 Put up in containers for retail sale
	200	3	2 その他のもの	10.3%	7.5%	×無税 Free		KG	2 Other
2103.90			その他のもの						Other:
			1 ソース						1 Sauces:
	110	0	(1) マヨネーズ	12.8%	(12.8%)	×無税 Free		KG	(1) Mayonnaise
	120	3	(2) フレンチドレッシング及びサラダドレッシング	12%	10.5%	×無税 Free		KG	(2) French dressings and salad dressings
	130	6	(3) その他のもの	9.6%	7.2%	6% ×無税 Free		KG	(3) Other
			2 その他のもの						2 Other:
	210	2	(1) インスタントカレーその他のカレー調製品	9.6%	7.2%	3.6% ×無税 Free		KG	(1) Instant curry and other curry preparations
			(2) その他のもの						(2) Other:
	221	6	A グルタミン酸ソーダを主成分とするもの	16%	9.6%	4.8% ×無税 Free		KG	A Consisting chiefly of sodiumglutamate
	229	0	B その他のもの	14%	10.5%	×無税 Free		KG	B Other

(注) 21.03　食品衛生法
(Note) 21.03　Food Sanitation Law

第22類　飲料、アルコール及び食酢

注
1　この類には、次の物品を含まない。
（a）料理用に調製したこの類の物品（第22.09項のものを除く。）で飲料に適しない処理をしたもの（主として第21.03項に属する。）
（b）海水（第25.01項参照）
（c）蒸留水、伝導度水その他これらに類する純水（第28.53項参照）
（d）酢酸の水溶液（酢酸の含有量が全重量の10％を超えるものに限る。第29.15項参照）
（e）第30.03項又は第30.04項の医薬品
（f）調製香料及び化粧品類（第33類参照）
2　第20類からこの類までにおいてアルコール分は、温度20度におけるアルコールの容量分による。

3　第22.02項において「アルコールを含有しない飲料」とは、アルコール分が0.5％以下の飲料をいう。アルコール飲料は、第22.03項から第22.06項まで又は第22.08項に属する。

号注
1　第2204.10号において「スパークリングワイン」とは、温度20度における密閉容器内のゲージ圧力が3バール以上のぶどう酒をいう。

Chapter 22　Beverages, spirits and vinegar

Notes.
1.- This Chapter does not cover:
(a) Products of this Chapter (other than those of heading 22.09) prepared for culinary purposes and thereby rendered unsuitable for consumption as beverages (generally heading 21.03);
(b) Sea water (heading 25.01);
(c) Distilled or conductivity water or water of similar purity (heading 28.53);
(d) Acetic acid of a concentration exceeding 10% by weight of acetic acid (heading 29.15);
(e) Medicaments of heading 30.03 or 30.04; or
(f) Perfumery or toilet preparations (Chapter 33).
2.- For the purposes of this Chapter and of Chapters 20 and 21, the "alcoholic strength by volume" shall be determined at a temperature of 20℃.
3.- For the purposes of heading 22.02, the term "non-alcoholic beverages" means beverages of an alcoholic strength by volume not exceeding 0.5% vol. Alcoholic beverages are classified in headings 22.03 to 22.06 or heading 22.08 as appropriate.
Subheading Note.
1.- For the purposes of subheading 2204.10, the expression "sparkling wine" means wine which, when kept at a temperature of 20℃ in closed containers, has an excess pressure of not less than 3 bars.

番号 No.	統計細分 Stat. Code No.	NACCS用	品名	税率 Rate of Duty				単位 Unit	Description
				基本 General	協定 WTO	特恵 Preferential	暫定 Temporary		
22.01			水（天然又は人造の鉱水及び炭酸水を含むものとし、砂糖その他の甘味料又は香味料を加えたものを除く。）、氷及び雪						Waters, including natural or artificial mineral waters and aerated waters, not containing added sugar or other sweetening matter nor flavoured; ice and snow:
2201.10	000	5	鉱水及び炭酸水	3.2%	3%	無税 Free		L	Mineral waters and aerated waters
2201.90	000	2	その他のもの	無税 Free	（無税）(Free)			L	Other
22.02			水（鉱水及び炭酸水を含むものとし、砂糖その他の甘味料を加えたものに限る。）その他のアルコールを含有しない飲料（第20.09項の果実又は野菜のジュースを除く。）						Waters, including mineral waters and aerated waters, containing added sugar or other sweetening matter or flavoured, and other non-alcoholic beverages, not including fruit or vegetable juices of heading 20.09:
2202.10			水（鉱水及び炭酸水を含むものとし、砂糖その他の甘味料又は香味料を加えたものに限る。）						Waters, including mineral waters and aerated waters, containing added sugar or other sweetening matter or flavoured:
	100	5	1 砂糖を加えたもの	22.4%	13.4%	＊無税 Free		L	1 Containing added sugar
	200	0	2 その他のもの	16%	9.6%	＊無税 Free		L	2 Other
			その他のもの						Other:
2202.91			ノンアルコールビール						Non-alcoholic beer:
	100	1	1 砂糖を加えたもの	22.4%	13.4%	＊無税 Free		L	1 Containing added sugar
	200	3	2 その他のもの	16%	9.6%	＊無税 Free		L	2 Other
2202.99			その他のもの						Other:
	100	0	1 砂糖を加えたもの	22.4%	13.4%	＊無税 Free		L	1 Containing added sugar
	200	2	2 その他のもの	16%	9.6%	＊無税 Free		L	2 Other

（注）22.01, 22.02　食品衛生法

(Note) 22.01, 22.02　Food Sanitation Law

番　号 No.	統計 細分 Stat. Code No.	N A C C S 用	品　　名	税　　率　　Rate of Duty				単位 Unit	Description
				基　本 General	協　定 WTO	特　恵 Prefer- ential	暫　定 Tempo- rary		
22.03									
2203.00	000	4	ビール	6.40円 (yen)/l	無税 Free	無税 Free		L	Beer made from malt
22.04			ぶどう酒(強化ぶどう酒を含むもの とし、生鮮のぶどうから製造したも のに限る。)及びぶどう搾汁(第 20.09項のものを除く。)						Wine of fresh grapes, including fortified wines; grape must other than that of heading 20.09:
2204.10	000	6	スパークリングワイン	201.60円 (yen)/l	182円 (yen)/l	145.60円 (yen)/l *無税 Free		L	Sparkling wine
			その他のぶどう酒及びぶどう搾汁 でアルコール添加により発酵を止 めたもの						Other wine; grape must with fermentation prevented or arrested by the addition of al- cohol:
2204.21			2リットル以下の容器入りにし たもの						In containers holding 2 l or less:
	010	5	1 シェリー、ポートその他の強 化ぶどう酒	123.20円 (yen)/l	112円 (yen)/l	*無税 Free		L	1 Sherry, port and other fortified wines
	020	†	2 その他のもの	21.3%又は 156.80円/l のうちいず れか低い税 率 ただしその 税率が93円 /lを下回る 場合は93円 /l 21.3% or 156.80yen/ l, whichever is the less, subject to a minimum customs duty of 93yen/l	15%又は 125円/lの うちいずれ か低い税率 ただしその 税率が67円 /lを下回る 場合は67円 /l 15% or 125yen/l, whichever is the less, subject to a minimum customs duty of 67yen/l	*無税 Free		L	2 Other
2204.22	000	†	2リットルを超え10リットル以 下の容器入りにしたもの	21.3%又は 156.80円/l のうちいず れか低い税 率 ただしその 税率が93円 /lを下回る 場合は93円 /l 21.3% or 156.80yen/ l, whichever is the less, subject to a minimum customs duty of 93yen/l	15%又は 125円/lの うちいずれ か低い税率 ただしその 税率が67円 /lを下回る 場合は67円 /l 15% or 125yen/l, whichever is the less, subject to a minimum customs duty of 67yen/l	*無税 Free		L	In containers holding more than 2 l but not more than 10 l
2204.29			その他のもの						Other:

(注) 22.03, 22.04　食品衛生法
　　　　　　　　　　酒税法   (Note) 22.03, 22.04　Food Sanitation Law
Liquor Tax Law

番 号 No.	統計細分 Stat. Code No.	NACCS用	品 名 Description	基 本 General	協 定 WTO	特 恵 Preferential	暫 定 Temporary	単位 Unit	Description
(2204.29)	010	†	1 150リットル以下の容器入りにしたもの	21.3%又は156.80円/lのうちいずれか低い税率ただしその税率が93円/lを下回る場合は93円/l 21.3% or 156.80yen/l, whichever is the less, subject to a minimum customs duty of 93yen/l	15%又は125円/lのうちいずれか低い税率ただしその税率が67円/lを下回る場合は67円/l 15% or 125yen/l, whichever is the less, subject to a minimum customs duty of 67yen/l	×無税 Free		L	1 In containers holding 150 l or less
	090	0	2 その他のもの	64円 (yen)/l	45円 (yen)/l	24円 (yen)/l ×無税 Free		L	2 Other
2204.30			その他のぶどう搾汁						Other grape must:
			1 アルコール分が1%未満のもの						1 Of an alcoholic strength by volume of less than 1 % vol:
			(1) 砂糖を加えたもの						(1) Containing added sugar:
	111	6	A しょ糖(天然に含有するものを含む。)の含有量が全重量の10%以下のもの	27%	23%	×無税 Free		L	A Not more than 10 % by weight of sucrose, naturally and artificially contained
	119	†	B その他のもの	35%又は27円/kgのうちいずれか高い税率 35% or 27yen/kg, whichever is the greater	29.8%又は23円/kgのうちいずれか高い税率 29.8% or 23yen/kg, whichever is the greater	×無税 Free		L KG	B Other
			(2) その他のもの						(2) Other:
	191	2	A しょ糖の含有量が全重量の10%以下のもの	22.5%	19.1%	×無税 Free		L	A Not more than 10 % by weight of sucrose
	199	3	B その他のもの	30%	25.5%	×無税 Free		L	B Other
	200	4	2 その他のもの	64円 (yen)/l	45円 (yen)/l	無税 Free		L	2 Other

番 号 No.	統計細分 Stat. Code No.	NACCS用	品 名 Description	基 本 General	協 定 WTO	特 恵 Preferential	暫 定 Temporary	単位 Unit	Description
22.09									
2209.00	000	6	**食酢及び酢酸から得た食酢代用物**	8%	7.5%	4.8% ×無税 Free		L	**Vinegar and substitutes for vinegar obtained from acetic acid**

(注) 22.09 食品衛生法 　　　　　　　(Note) 22.09 Food Sanitation Law

解答・解説②（飲料等）

解答　a：⑪、b：⑭、c：⑥、d：③、e：①
f：367,488円、g：344,520円、h：333,036円、
i：378,972円、j：298,584円

解説

換算レート：1ドル＝110.00円（9月9日〜9月15日）（9月25日の属する週の前々週
のレート）

運送料及び保険料：①航空運賃及び保険料（US\$1,500.00）は本邦に到着するまでの費用
であるから課税価格に加算する必要がある。②成田空港から東京までの運送料
（27,000円）は本邦に到着後の費用であるから課税価格に加算する必要はない。③
成田空港での税関関係手数料（13,500円）は本邦に到着後の費用であるから課税
価格に加算する必要はない。したがって、①航空運賃及び保険料（US\$1,500）の
みそれぞれの貨物の課税価格に問題文記9の指示どおり価格按分により加算す
る。

輸出地での輸出梱包料：輸入者（買手）が仕入書価格とは別に負担している輸出地で
の貨物の梱包のための費用はそれぞれの貨物の課税価格に問題文記9の指示
どおり価格按分により加算する必要がある。梱包資材費及び梱包作業費の合計
US\$660.00を価格按分により課税価格に加算する。

現金値引きの額：現金値引きの額は、値引き後の価格により課税価格を計算することが
できる。つまり、輸入者（買手）が輸出者（売手）に実際に支払った額である値引
き後の価格により課税価格を計算する。したがって、各仕入書の価格から10％相
当額を控除して課税価格を計算する。

少額合算基準額（FCA価格）：

200,000円×US\$15,000（＝FCA価格の合計額）÷（US\$15,000＋US\$1,500＋
US\$660－US\$1,500）（＝課税価格の合計額）÷110.00円／US\$＝US\$1,741.553
…（仕入書価格がFCA価格であるので、各FCA価格が少額貨物であるかの判断
は、20万円にFCA価格の総額に対する課税価格の総額の割合を乗じて算出し
た額を、換算レートで除すことで計算できる。すなわち、US\$1,741.553…以下の
商品が少額貨物となる可能性があり、これに該当するのは仕入書番号1、2、4

及び7である。

商品分類：
（少額貨物の可能性のあるものは、各10桁の最後の数字に（　）を付けている。）

1：220900000（6）「食酢、料理用に調製したもので飲料に適しない処理をしたもの」

①第22類注1（a）の規定より、料理用に調製し飲料に適しないものは第22.09項のもの以外のものであれば主として第21類に分類される。輸入貨物は第22.09項に分類される食酢であるので第21類ではなく第22類に分類される。

②食酢であるので第22.09項に分類される。

③第22.09項はこれ以上細分されていないので、「2209.00.0006」に分類される。

2：210390229（0）「生鮮のぶどうから製造したぶどう酒、料理用に調製したもので飲料に適しない処理をしたもの」

①第22類注1（a）の規定より、料理用に調製し飲料に適しない処理をしたものは第22.09項のもの以外のものであれば主として第21類に分類される。輸入貨物はぶどう酒であるので第22.09項に分類されず第22.04項に分類されるものであり、ハーブを加えた調製食料品であるから調味料として第22類ではなく第21類に分類される。

②ぶどう酒にハーブを加えた混合調味料であるので第21.03項に分類される。

③混合調味料は「その他のもの」（第2103.90号）に分類される。

④ソースではないので、「2 その他のもの」の「2103.90.210」から「2103.90.229」までに分類される。

⑤インスタントカレーではないので、「(2) その他のもの」の「2103.90.221」又は「2103.90.229」に分類される。

⑥グルタミン酸ソーダを主成分とするものではないので、「B その他のもの」（2103.90.2290）に分類される。

3：2202911001「モルトから製造したビール、アルコール分が0.3％のもの、砂糖を加えたもの」

①飲料であるので第22類に分類される。

②ビールであるが、第22類注3の規定よりアルコール分が0.5％以下のビールであるから、アルコールを含有しない飲料に該当し第22.02項に分類される。

③水に砂糖などを加えた飲料ではなく、モルトから製造しているため、「その他のもの」の第2202.91号又は第2202.99号に分類される。

④ノンアルコールビールであるから第2202.91号に分類される。

⑤砂糖を加えたものであるから、「1 砂糖を加えたもの」（2202.91.1001）に分類される。

4：220300000（4）　「モルトから製造したビール、アルコール分が 6.0 ％のもの、砂糖を加
　　　　えたものではない」

　　　①飲料であるので第 22 類に分類される。

　　　②ビールであり、アルコール分が 0.5 ％を超えているので第 22 類注 3 の規定よりビー
　　　　ルとして第 22.03 項に分類される。

　　　③第 22.03 項はこれ以上細分されていないので、「2203.00.0004」に分類される。

5：220421020（†）　「生鮮のぶどうから製造したぶどう酒、アルコール分が 8.0 ％のもの、
　　　　調製したものではない」

　　　①飲料であるので第 22 類に分類される。

　　　②調製していないぶどう酒であり、アルコール分が 0.5 ％を超えているので第 22 類注
　　　　1（a）の規定及び第 22 類注 3 の規定よりぶどう酒として第 22.04 項に分類される。

　　　③スパークリングワインではないので、「その他のぶどう酒及びぶどう搾汁でアル
　　　　コール添加により発酵を止めたもの」の第 2204.21 号から第 2204.29 号までに分類
　　　　される。

　　　④問題文記 6（2）の記述より容量が 1.8 リットル入りのものであるから、「2 リット
　　　　ル以下の容器入りにしたもの」（第 2204.21 号）に分類される。

　　　⑤問題文記 6（1）の記述よりシェリーやポートなどではないので、「2 その他のもの」
　　　　（2204.21.020（†））に分類される。

6：2204302004　「ぶどう搾汁、アルコール分が 3.0 ％のもの、調製したものではない、しょ
　　　　糖の含有量が全重量の 5 ％のもの」

　　　①アルコールであるので第 22 類に分類される。

　　　②調製していないぶどう搾汁であり、アルコール分が 0.5 ％を超えているので第 22 類
　　　　注 1（a）の規定及び第 22 類注 3 の規定よりぶどう搾汁として第 22.04 項に分類さ
　　　　れる。

　　　③スパークリングワインやぶどう酒ではないので、「その他のぶどう搾汁」（第 2204.30
　　　　号）に分類される。

　　　④アルコール分が 3 ％であるから「2 その他のもの」（2204.30.2004）に分類される。

7：220190000（2）　「鉱水を凍らせて製造した氷、鉱水のみ使用しているもの」

　　　①氷を製造する基となった鉱水は飲料であるので第 22 類に分類される。

　　　②氷は第 22.01 項に分類される。

　　　③輸入貨物は鉱水及び炭酸水ではなく、鉱水より製造された氷であるので
　　　　「2201.90.0002」に分類される。

解答欄の確認：品目番号が同じものはないので、少額合算されるものを確認する。そこで少額貨物は既に確認しているとおり仕入書番号1、2、4及び7であるので、これらの税率を確認すると、仕入書番号1は協定税率で7.5%、仕入書番号2は協定税率で10.5%、仕入書番号4は協定税率で無税（Free）、仕入書番号7は基本税率で無税（Free）であることが分かる。したがって問題文記2に従い有税品と無税品を分けて少額合算を行う。そこで有税品は仕入書番号1及び仕入書番号2であるので、問題文記2（1）に従い、関税率が高い仕入書番号2の「210390229」に分類し10桁目は「X」とする。また、無税品である仕入書番号4及び仕入書番号7は、やはり問題文記2（2）に従い申告価格の高い仕入書番号7の「220190000」に分類し10桁目は「X」とする。なお、少額合算する貨物の仕入書価格を合算しておくと、有税品の少額貨物の合計額が US$2,600.00（= US$1,500.00 + US$1,100.00）、無税品の少額貨物の合計額が US$3,300.00（= US$1,600.00 + US$1,700.00）となる。最後に問題文に従い価格の大きい順に解答していき、少額貨物も価格の大きい順にして最後に解答する。

解答：

a. ⑪ 220421020† （US$3,200.00）

f. ｛US$3,200.00×0.9 +（（US$1,500.00 + US$660.00）×US$3,200.00
÷US$15,000.00）｝ ×110.00 円 = 367,488 円

b. ⑭ 2204302004 （US$3,000.00）

g. ｛US$3,000.00×0.9 +（（US$1,500.00 + US$660.00）×US$3,000.00
÷US$15,000.00）｝ ×110.00 円 = 344,520 円

c. ⑥ 2202911001 （US$2,900.00）

h. ｛US$2,900.00×0.9 +（（US$1,500.00 + US$660.00）×US$2,900.00
÷US$15,000.00）｝ ×110.00 円 = 333,036 円

d. ③ 220190000X （US$3,300.00）

i. ｛US$3,300.00×0.9 +（（US$1,500.00 + US$660.00）×US$3,300.00
÷US$15,000.00）｝ ×110.00 円 = 378,972 円

e. ① 210390229X （US$2,600.00）

j. ｛US$2,600.00×0.9 +（（US$1,500.00 + US$660.00）×US$2,600.00
÷US$15,000.00）｝ ×110.00 円 = 298,584 円

2-3 輸入申告書作成問題③（サーモン等）

別紙1の仕入書及び下記事項により、「サーモン等」の輸入申告を輸出入・港湾関連情報処理システム（NACCS）を使用して行う場合について、以下の問いに答えなさい。

(1) 別紙2の輸入申告事項登録画面の品目番号欄（(a)〜(e)）に入力すべき品目番号を、別冊の「実行関税率表」（抜すい）を参照して、下の選択肢の中から選び、その番号を答えなさい。

(2) 別紙2の輸入申告事項登録画面の課税価格の右欄（(f)〜(j)）に入力すべき申告価格（関税定率法第4条から第4条の9まで（課税価格の計算方法）の規定により計算される課税価格に相当する価格）の額を答えなさい。

記

1 品目番号が同一となるものがある場合には、これらを一欄にまとめる。

2 品目番号が異なるものの申告価格が20万円以下のもの（下記3において「少額貨物」という。）については、これらを関税が有税である品目と無税である品目とに分けて、それぞれを一括して一欄にまとめる。

　　なお、この場合に入力すべき品目番号は、以下のとおりとする。

(1) 有税である品目については、一欄にまとめた品目のうち関税率が最も高いものの品目番号とし、10桁目は「X」とする。なお、最も高い税率が複数ある場合には、それらのうち申告価格が最も高いものの品目番号とし、10桁目は「X」とする。

(2) 無税である品目については、一欄にまとめた品目のうち申告価格が最も高いものの品目番号とし、10桁目は「X」とする。

3 品目番号欄（(a)〜(e)）には、少額貨物以外のものについて、申告価格（上記1によりまとめられたものについては、その合計額）の大きいものから順に入力されるものとする。なお、上記2によりまとめられた少額貨物については、少額貨物以外のものが入力された後に入力されるものとし、当該少額貨物が二欄以上となる場合には、そのまとめられたものの合計額の大きいものから順に入力されるものとする。

4 課税価格の右欄（(f)〜(j)）には、別紙1の仕入書に記載された米ドル建価格を本邦通貨へ換算した後の申告価格を記載することとする。なお、1円未満の端数がある場合は、これを切り捨てる。

5　別紙1の仕入書に記載されている米ドル建価格の本邦通貨への換算は、別紙3の「実勢外国為替相場の週間平均値」を参照して行う。

6　別紙1の仕入書に記載されている商品の説明は以下のとおりである。

（1）仕入書番号1は単にパン粉で覆ったものである。

（2）仕入書番号2は単にカットしたものである。

（3）仕入書中のサーモン（Salmon）のすべては太平洋さけの Oncorhynchus keta のものであり、仕入書中のいかは Mongo ika のものである。

（4）仕入書中の商品はすべて食用に適するものであり、気密容器入りのものではない。

7　輸入者は、今回の輸入取引に関し、以下の費用を負担することになっている。

（1）別紙1の仕入書に記載されている金額とは別に、本邦到着までの海上運賃及び保険料、G/W 1kg につき 20 円を本邦で支払うことになっている。

（2）輸入者は、輸入貨物に貼付される商品ラベル（我が国の法律等に基づき表示することが義務付けられている事項のみが表示されているラベルではない。）を本邦の輸入者と特殊関係にないラベル製造会社から 20,000 円（ラベルの取得価格）で購入し、輸出者に無償で提供している。今般、輸入者は、別紙1の仕入書価格とは別に、輸出者がそのラベルを仕入書中のすべての貨物に貼付する費用として 15,000 円を輸出者から請求され、その費用を支払っている。なお、輸入者が当該ラベルを無償で提供するのに要した費用 5,000 円（輸出者へ提供するまでの運送費用等）も上記費用とは別に輸入者が負担している。

8　上記7の仕入書とは別に輸入者が支払う必要がある費用の中に、仕入書価格に加算して申告すべき費用がある場合には、当該費用の申告価格への振り分けは価格按分とし、申告価格が 20 万円以下かどうかの判断は、当該費用を按分した後の価格で判断する。

9　申告年月日は、令和 ×× 年9月25日である。

[統計品目番号の選択肢]

① 0303110006	② 0303120904	③ 0304810004
④ 0307430104	⑤ 0307910993	⑥ 0307921390
⑦ 1604110104	⑧ 1605549190	⑨ 1605549993
⑩ 1604200194	⑪ 0303120101	⑫ 030481000X
⑬ 030743010X	⑭ 160411010X	⑮ 160554999X

別紙1

INVOICE

Seller	TRC Fish Co., Ltd	Invoice No. and Date
	223 Third Ave., Suite 222	TRC-991 Aug. 20, 20XX
	Boston, MA 95102 U.S.A.	

Buyer		Country of Origin : U.S.A.	
Akita Trading CO., LTD		L/C No.	Date
1-1 1-Chome Nishi-Shinjuku Shinjuku-ku, Tokyo,Japan		HTC-33998743	July 30, 20XX
Vessel	On or about	Issuing Bank	
Redsox Beauty	Aug, 25, 20XX	Hyogo Bank	
From Boston, U.S.A.	Via		
To Tokyo, Japan		Other payment Terms	

Marks and Nos.		Description of Goods	Quantity (N/W)	Unit Price (kg)	Amount
		Fish and Squid, ETC.			
	1	Frozen Salmon Fillets covered with bread crumbs, not cook, not minched, Salmon Fillets (80%) and bread crumbs (20%)	260kg	US$5.00	US$1,300.00
	2	Frozen Salmon Fillets, not cook	700kg	US$5.00	US$3,500.00
	3	Frozen Salmon Whole, not fillets, not cook	200kg	US$5.00	US$1,000.00
ATC	4	Frozen Salmon Fillets, frozen after cooking by heating	240kg	US$5.00	US$1,200.00
TOKYO	5	Frozen Cuttle fish, not cut, frozen after cooking by heating only	2,000kg	US$2.00	US$4,000.00
MADE IN U.S.A.	6	Frozen Cuttle fish, not cut, not cook	700kg	US$2.00	US$1,400.00
	7	Frozen Cuttle fish Flours, not cook	3,250kg	US$2.00	US$6,500.00
	8	Mixture of Frozen Salmon Fillets (60%) and Frozen Cuttle fish minched (40%), (not flours, meals and pellets), not cook	275kg	US$4.00	US$1,100.00
				Total FOB	US$20,000.00

N/W：7,625kg   TRC Fish Co., Ltd

G/W：8,000kg   (signature)

別紙2

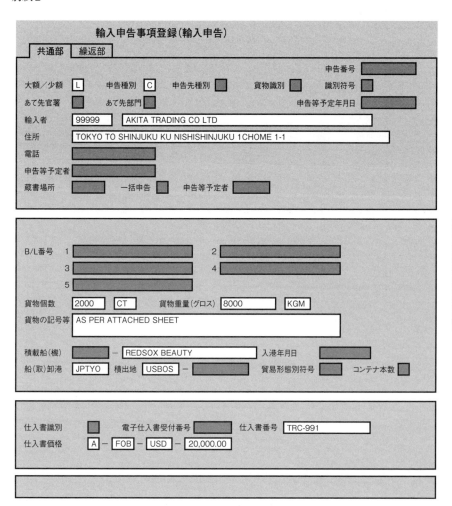

輸入申告事項登録（輸入申告）

共通部 繰返部

		申告番号 ▮▮▮▮▮

大額／少額 **L**　　申告種別 **C**　　申告先種別 ▮　　貨物識別 ▮　　識別符号 ▮

あて先官署 ▮　　あて先部門 ▮　　　　　　　　　　　　申告等予定年月日 ▮▮▮▮

輸入者　99999　　AKITA TRADING CO LTD

住所　TOKYO TO SHINJUKU KU NISHISHINJUKU 1CHOME 1-1

電話　▮▮▮▮▮

申告等予定者 ▮▮▮▮

蔵置場所 ▮▮▮　　一括申告 ▮　　申告等予定者 ▮▮▮

B/L番号　1 ▮▮▮▮▮　　　　2 ▮▮▮▮▮

　　　　　3 ▮▮▮▮▮　　　　4 ▮▮▮▮▮

　　　　　5 ▮▮▮▮▮

貨物個数　2000　　CT　　貨物重量（グロス）　8000　　KGM

貨物の記号等　AS PER ATTACHED SHEET

積載船（機）▮▮▮ － REDSOX BEAUTY　　　　入港年月日 ▮▮▮

船（取）卸港 **JPTYO**　積出地 **USBOS** － ▮▮▮　　貿易形態別符号 ▮▮　コンテナ本数 ▮

仕入書識別 ▮　　電子仕入書受付番号 ▮▮▮　　仕入書番号 TRC-991

仕入書価格 **A** － **FOB** － **USD** － 20,000.00

輸入申告事項登録（輸入申告）

共通部　繰返部

＜01欄＞ 品目番号 (a)　品名 ⬛⬛⬛⬛　原産地 US − R

数量1 ⬛ − ⬛　数量2 ⬛ − ⬛　輸入令別表 ⬛　蔵置目的等 ⬛

BPR係数 ⬛　運賃按分 ⬛　課税価格 ⬛ − (f)

関税減免税コード ⬛　関税減税額 ⬛

内消税等種別	減免税コード	内消税減税額		内消税等種別	減免税コード	内消税減税額
1 ⬛	⬛	⬛	2	⬛	⬛	⬛
3 ⬛	⬛	⬛	4	⬛	⬛	⬛
5 ⬛	⬛	⬛	6	⬛	⬛	⬛

＜02欄＞ 品目番号 (b)　品名 ⬛⬛⬛⬛　原産地 US − R

数量1 ⬛ − ⬛　数量2 ⬛ − ⬛　輸入令別表 ⬛　蔵置目的 ⬛

BPR係数 ⬛　運賃按分 ⬛　課税価格 ⬛ − (g)

関税減免税コード ⬛　関税減税額 ⬛

内消税等種別	減免税コード	内消税減税額		内消税等種別	減免税コード	内消税減税額
1 ⬛	⬛	⬛	2	⬛	⬛	⬛
3 ⬛	⬛	⬛	4	⬛	⬛	⬛
5 ⬛	⬛	⬛	6	⬛	⬛	⬛

＜03欄＞ 品目番号 (c)　品名 ⬛⬛⬛⬛　原産地 US − R

数量1 ⬛ − ⬛　数量2 ⬛ − ⬛　輸入令別表 ⬛　蔵置目的 ⬛

BPR係数 ⬛　運賃按分 ⬛　課税価格 ⬛ − (h)

関税減免税コード ⬛　関税減税額 ⬛

内消費税等種別	減免税コード	内消税減税額		内消税等種別	減免税コード	内消税減税額
1 ⬛	⬛	⬛	2	⬛	⬛	⬛
3 ⬛	⬛	⬛	4	⬛	⬛	⬛
5 ⬛	⬛	⬛	6	⬛	⬛	⬛

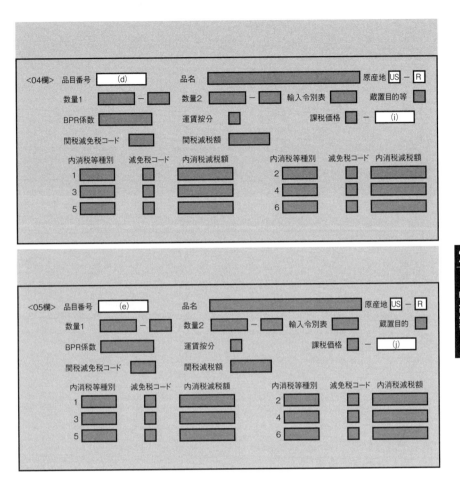

別紙3

実勢外国為替相場の週間平均値
（1米ドルに対する円相場）

期　　　　　間	週間平均値
令和 ×× . 9. 2 ～ 令和 ×× . 9. 8	¥125.00
令和 ×× . 9. 9 ～ 令和 ×× . 9. 15	¥120.00
令和 ×× . 9. 16 ～ 令和 ×× . 9. 22	¥115.00
令和 ×× . 9. 23 ～ 令和 ×× . 9. 29	¥110.00

別冊　　　　　　　　　実行関税率表（抜すい）

第3類　魚並びに甲殻類、軟体動物及びその他の水棲無脊椎動物

Chapter 3　Fish and crustaceans, molluscs and other aquatic invertebrates

注
1　この類には、次の物品を含まない。
(a) 第01.06項の哺乳類
(b) 第01.06項の哺乳類の肉（第02.08項及び第02.10項参照）
(c) 生きていない魚（肝臓、卵及びしらこを含む。）並びに生きていない甲殻類、軟体動物及びその他の水棲無脊椎動物で、食用に適しない種類又は状態のもの（第5類参照）並びに魚又は甲殻類、軟体動物若しくはその他の水棲無脊椎動物の粉、ミール及びペレットで、食用に適しないもの（第23.01項参照）
(d) キャビア及び魚卵から調製したキャビア代用物（第16.04項参照）
2　この類において「ペレット」とは、直接圧縮すること又は少量の結合剤を加えることにより固めた物品をいう。

Notes.
1.- This Chapter does not cover:
(a) Mammals of heading 01.06;
(b) Meat of mammals of heading 01.06 (heading 02.08 or 02.10);
(c) Fish (including livers, roes and milt thereof) or crustaceans, molluscs or other aquatic invertebrates, dead and unfit or unsuitable for human consumption by reason of either their species or their condition (Chapter 5); flours, meals or pellets of fish or of crustaceans, molluscs or other aquatic invertebrates, unfit for human consumption (heading 23.01); or
(d) Caviar or caviar substitutes prepared from fish eggs (heading 16.04).
2.- In this Chapter the term "pellets" means products which have been agglomerated either directly by compression or by the addition of a small quantity of binder.

番 号 No.	統計細分 Stat. Code No.	N A C C S 用	品　　名	税　率 Rate of Duty 基 本 General	協 定 WTO	特 恵 Preferential	暫 定 Temporary	単位 Unit	Description
03.03			魚（冷凍したものに限るものとし、第03.04項の魚のフィレその他の魚肉を除く。）						Fish, frozen, excluding fish fillets and other fish meat of heading 03.04:
			さけ科のもの（第0303.91号から第0303.99号までの食用の魚のくず肉を除く。）						Salmonidae, excluding edible fish offal of subheadings 0303.91 to 0303.99:
0303.11	000	6	べにざけ（オンコルヒュンクス・ネルカ）	5%	3.5%	※無税 Free		KG	Sockeye salmon (red salmon) (Oncorhynchus nerka)

(注) 0302.92　ワシントン条約

03.03　食品衛生法
03.03のうち　冷凍のにしん（クルペア属のもの）、たら（ガドゥス属、テラグラ属又はメルルシウス属のもの）及びその卵、ぶり（セリオーラ属のもの）、さば（スコムベル属のもの）、いわし（エトルメウス属、サルディノプス属又はエングラウリス属のもの）、あじ（トラクルス属又はデカプテルス属のもの）及びさんま（コロラビス属のもの）　IQ
さけ及びます（中華人民共和国、北朝鮮及び台湾を原産地又は船積地域とするもの）　二号承認
くろまぐろ、めばちまぐろ、めかじき及びみなみまぐろ（冷凍のもの）　事前確認
まぐろ（冷凍のもので二号承認を要するもの以外のもの）　事前確認
めろ（冷凍のもので二号承認を要するもの以外のもの）　事前確認
まぐろ（びん長まぐろ、くろまぐろ、みなみまぐろ及びめばちまぐろを除くものとし、冷凍のものに限る。）又はかじき（めかじきを除くものとし、冷凍のものに限る。）で船舶により輸入するもの　事前確認
魚（本邦の区域に属さない海面を船積地域とするもの）　二号承認

(Note) 0302.92　Convention on International Trade in Endangered Species of Wild Fauna and Flora
03.03　Food Sanitation Law
ex 03.03　Nishin (Clupea spp.), Tara (Gadus spp., Theragra spp. and Merluccius spp.) and its hard roes, Buri (Seriola spp.), Saba (Scomber spp.), Iwashi (Etrumeus spp., Sardinops spp. and Engraulis spp.), Aji (Trachurus spp., Decapterus spp.) and Samma (Cololabis spp.), frozen: IQ

Salmon and Trout, originated in or shipped from China, North Korea and Taiwan: Item 2 Approval
Bluefin tunas, bigeye tunas, swordfish and southern bluefin tunas, frozen, excluding those for which are required by Item 2 Approval: Prior Confirmation
Toothfish, frozen, excluding those for which are required by Item 2 Approval: Prior Confirmation
Tunas (excluding albacore or longfinned tunas, bluefin tunas, southern bluefin tunas and bigeye tunas) and marlins, sailfishes, spearfish (excluding swordfish), frozen, imported by ship: Prior Confirmation

Fish, shipped from outside of Japanese water: Item 2 Approval

番 号 No.	統計細分 Stat. Code No.	NACCS用	品 名	税 率 Rate of Duty				単位 Unit	Description
				基 本 General	協 定 WTO	特 恵 Preferential	暫 定 Temporary		
0303.12			その他の太平洋さけ(オンコルヒュンクス・ゴルブスカ、オンコルヒュンクス・ケタ、オンコルヒュンクス・トスカウイトスカ、オンコルヒュンクス・キストク、オンコルヒュンクス・マソウ及びオンコルヒュンクス・ロデュルス)	5%	3.5%	*無税 Free			Other Pacific salmon (*Oncorhynchus gorbuscha, Oncorhynchus keta, Oncorhynchus tschawytscha, Oncorhynchus kisutch, Oncorhynchus masou* and *Oncorhynchus rhodurus*):
	010	1	―ぎんざけ(オンコルヒュンクス・キストク)					KG	Silver salmon (*Oncorhynchus kisutch*)
	090	4	―その他のもの					KG	Other
0303.13	000	4	大西洋さけ(サルモ・サラル)及びドナウさけ(フコ・フコ)	5%	3.5%	*無税 Free		KG	Atlantic salmon (*Salmo salar*) and Danube salmon (*Hucho hucho*)
0303.14	000	3	ます(サルモ・トルタ、オンコルヒュンクス・ミキス、オンコルヒュンクス・クラルキ、オンコルヒュンクス・アグアボニタ、オンコルヒュンクス・ギラエ、オンコルヒュンクス・アパケ及びオンコルヒュンクス・クリソガステル)	5%	3.5%	*無税 Free		KG	Trout (*Salmo trutta, Oncorhynchus mykiss, Oncorhynchus clarki, Oncorhynchus aguabonita, Oncorhynchus gilae, Oncorhynchus apache* and *Oncorhynchus chrysogaster*)
0303.19	000	5	その他のもの	5%	3.5%	*無税 Free		KG	Other
			ティラピア(オレオクロミス属のもの)、なまず(パンガシウス属、シルルス属、クラリアス属又はイクタルルス属のもの)、こい(クテノファリュンゴドン・イデルルス、ミュロファリュンゴドン・ピケウス、カトラ・カトラ、オステオキルス・ハセルティ、レプトバルブス・ホイヴェニ及びキュプリヌス属、カラシウス属、ヒュポフタルミクテュス属、キルリヌス属、ラベオ属又はメガロブラマ属のもの)、うなぎ(アングイルラ属のもの)、ナイルパーチ(ラテス・ニロティクス)及びらいぎょ(カンナ属のもの)(第0303.91号から第0303.99号までの食用の魚のくず肉を除く。)						Tilapias (*Oreochromis* spp.), catfish (*Pangasius* spp., *Silurus* spp., *Clarias* spp., *Ictalurus* spp.), carp (*Cyprinus* spp., *Carassius* spp., *Ctenopharyngodon idellus, Hypophthalmichthys* spp., *Cirrhinus* spp., *Mylopharyngodon piceus, Catla catla, Labeo* spp., *Osteochilus hasselti, Leptobarbus hoeveni, Megalobrama* spp.), eels (*Anguilla* spp.), Nile perch (*Lates niloticus*) and snakeheads (*Channa* spp.), excluding edible fish offal of subheadings 0303.91 to 0303.99:
0303.23	000	1	ティラピア(オレオクロミス属のもの)	5%	3.5%	*無税 Free		KG	Tilapias (*Oreochromis* spp.)
0303.24	000	0	なまず(パンガシウス属、シルルス属、クラリアス属又はイクタルルス属のもの)	5%	3.5%	*無税 Free		KG	Catfish (*Pangasius* spp., *Silurus* spp., *Clarias* spp., *Ictalurus* spp.)
0303.25	000	6	こい(クテノファリュンゴドン・イデルルス、ミュロファリュンゴドン・ピケウス、カトラ・カトラ、オステオキルス・ハセルティ、レプトバルブス・ホイヴェニ及びキュプリヌス属、カラシウス属、ヒュポフタルミクテュス属、キルリヌス属、ラベオ属又はメガロブラマ属のもの)	5%	3.5%	*無税 Free		KG	Carp (*Cyprinus* spp., *Carassius* spp., *Ctenopharyngodon idellus, Hypophthalmichthys* spp., *Cirrhinus* spp., *Mylopharyngodon piceus, Catla catla, Labeo* spp., *Osteochilus hasselti, Leptobarbus hoeveni, Megalobrama* spp.)
0303.26	000	5	うなぎ(アングイルラ属のもの)	5%	3.5%	*無税 Free		KG	Eels (*Anguilla* spp.)
0303.29	000	2	その他のもの	5%	3.5%	*無税 Free		KG	Other

(注) 0303.26 ワシントン条約

(Note) 0303.26 Convention on International Trade in Endangered Species of Wild Fauna and Flora

番 号 No.	統計 細分 Stat. Code No.	NACCS用	品 名	税 率 Rate of Duty				単位 Unit	Description
				基 本 General	協 定 WTO	特 恵 Prefer- ential	暫 定 Tempo- rary		
03.04			魚のフィレその他の魚肉(生鮮のもの及び冷蔵し又は冷凍したものに限るものとし、細かく切り刻んであるかないかを問わない。)						Fish fillets and other fish meat (whether or not minced), fresh, chilled or frozen:

(注) 03.04 食品衛生法
03.04のうち　にしん(クルペア属のもの)、たら(ガドゥス属、テラグラ属又はメルルシウス属のもの)、ぶり(セリオーラ属のもの)、さば(スコムベル属のもの)、いわし(エトルメウス属、サルディノプス属又はエングラウリス属のもの)、あじ(トラクルス属又はデカプテルス属のもの)及びさんま(コロラビス属のもの)のフィレその他の魚肉(生鮮のもの及び冷蔵し又は冷凍したものに限る。)　IQ
さけ及びます(中華人民共和国、北朝鮮及び台湾を原産地又は船積地域とするもの)　二号承認
くろまぐろ(トゥヌス・ティヌスに限る。)(大西洋又は地中海において蓄養された生鮮又は冷蔵のもので、輸入公表三の9の(2)に掲げる国を除く国又は地域を原産地とするもの)　二号承認
くろまぐろ、みなみまぐろ又はめかじき(生鮮又は冷蔵のもので、二号承認を要するもの以外のもの)　通関時確認
みなみまぐろ(生鮮又は冷蔵のもので、輸入公表三の9の(3)に掲げる国を除く国又は地域を原産地とするもの)　二号承認
くろまぐろ、めばちまぐろ、めかじき及びみなみまぐろ(冷凍のもので二号承認を要するものの)　事前確認
めろ(二号承認を要するもの以外のもの)　事前確認
まぐろ(びん長まぐろ、くろまぐろ、みなみまぐろ及びめばちまぐろを除くものとし、生鮮、冷蔵又は冷凍のものに限る。)又はかじき(めかじきを除くものとし、生鮮、冷蔵又は冷凍のものに限る。)で船舶により輸入するもの　事前確認
魚(本邦の区域に属さない海面を船積地域とするもの)　二号承認

(Note) 03.04　Food Sanitation Law
ex 03.04　Fillets and other fish meat, fresh, chilled or frozen of Nishin (*Clupea spp.*), Tara (*Gadus spp.*, *Theragra spp.* and *Merlucius spp.*), Buri (*Seriola spp.*), Saba (*Scomber spp.*), Iwashi (*Etrumeus spp.*, *Sardinops spp.* and *Engraulis spp.*), Aji (*Trachurus spp.*, *Decapterus spp.*) and Samma (*Cololabis spp.*): IQ

Salmon and Trout, originated in or shipped from China, North Korea and Taiwan: Item 2 Approval
Bluefin tunas (*Thunnus thynnus*), fresh or chilled, breeded in Atlantic Ocean or Mediterranean Sea, originated in countries or areas excluding those listed import public anouncement 3 9-(2): Item 2 Approval
Bluefin tunas, southern bluefin tunas or swordfish, fresh or chilled, excluding those for which are required by Item 2 Approval: Confirmation at Clearance
Southern bluefin tunas, fresh or chilled, originated in countries or areas excluding those listed import public anouncement 3 9-(3): Item 2 Approval
Bluefin tunas, bigeye tunas, swordfish and southern bluefin tunas, frozen, excluding those for which are required by Item 2 Approval: Prior Confirmation
Toothfish, excluding those for which are required by Item 2 Approval: Prior Confirmation
Tunas (excluding albacore or longfinned tunas, bluefin tunas, southern bluefin tunas and bigeye tunas) and marlins, sailfishes, spearfish (excluding swordfish), fresh, chilled or frozen, imported by ship: Prior Confirmation

Fish, shipped from outside of Japanese water: Item 2 Approval

番 号 No.	統計細分 Stat. Code No.	N A C C S 用	品　　名	税率 Rate of Duty 基本 General	協定 WTO	特恵 Preferential	暫定 Temporary	単位 Unit	Description
			魚のフィレ(ティラピア(オレオクロミス属のもの)、なまず(パンガシウス属、シルルス属、クラリアス属又はイクタルルス属のもの)、こい(クテノファリュンゴドン・イデルルス、ミュロファリュンゴドン・ピケウス、カトラ・カトラ、オステオキルス・ハセルティ、レプトバルブス・ホイヴェニ及びキュプリヌス属、カラシウス属、ヒュポフタルミクテュス属、キルリヌス属、ラベオ属又はメガロブラマ属のもの)、うなぎ(アングイルラ属のもの)、ナイルパーチ(ラテス・ニロティクス)又はらいぎょ(カンナ属のもの)のもの)(生鮮のもの及び冷蔵したものに限る。)						Fresh or chilled fillets of tilapias (*Oreochromis spp.*), catfish (*Pangasius spp., Silurus spp., Clarias spp., Ictalurus spp.*), carp (*Cyprinus spp., Carassius spp., Ctenopharyngodon idellus, Hypophthalmichthys spp., Cirrhinus spp., Mylopharyngodon piceus, Catla catla, Labeo spp., Osteochilus hasselti, Leptobarbus hoeveni, Megalobrama spp.*), eels (*Anguilla spp.*), Nile perch (*Lates niloticus*) and snakeheads (*Channa spp.*):
0304.31	000	5	ティラピア(オレオクロミス属のもの)	5%	3.5%	×無税 Free		KG	Tilapias (*Oreochromis spp.*)
0304.32	000	4	なまず(パンガシウス属、シルルス属、クラリアス属又はイクタルルス属のもの)	5%	3.5%	×無税 Free		KG	Catfish (*Pangasius spp., Silurus spp., Clarias spp., Ictalurus spp.*)
0304.33	000	3	ナイルパーチ(ラテス・ニロティクス)	5%	3.5%	×無税 Free		KG	Nile Perch (*Lates niloticus*)
0304.39	000	†	その他のもの	5%	3.5%	×無税 Free		KG	Other
			その他の魚のフィレ(生鮮のもの及び冷蔵したものに限る。)						Fresh or chilled fillets of other fish:
0304.41	000	2	太平洋さけ(オンコルヒュンクス・ネルカ、オンコルヒュンクス・ゴルブスカ、オンコルヒュンクス・ケタ、オンコルヒュンクス・トスカウィトスカ、オンコルヒュンクス・キストク、オンコルヒュンクス・マソウ及びオンコルヒュンクス・ロデュルス)、大西洋さけ(サルモ・サラル)及びドナウさけ(フコ・フコ)	5%	3.5%	×無税 Free		KG	Pacific salmon (*Oncorhynchus nerka, Oncorhynchus gorbuscha, Oncorhynchus keta, Oncorhynchus tschawytscha, Oncorhynchus kisutch, Oncorhynchus masou* and *Oncorhynchus rhodurus*), Atlantic salmon (*Salmo salar*) and Danube salmon (*Hucho hucho*)
0304.42	000	1	ます(サルモ・トルタ、オンコルヒュンクス・ミキス、オンコルヒュンクス・クラルキ、オンコルヒュンクス・アグアボニタ、オンコルヒュンクス・ギラエ、オンコルヒュンクス・アパケ及びオンコルヒュンクス・クリソガステル)	5%	3.5%	×無税 Free		KG	Trout (*Salmo trutta, Oncorhynchus mykiss, Oncorhynchus clarki, Oncorhynchus aguabonita, Oncorhynchus gilae, Oncorhynchus apache* and *Oncorhynchus chrysogaster*)
0304.43	000	0	ひらめ・かれい類(かれい科、だるまがれい科、うしのした科、ささうしのした科、スコフタルムス科又はこけびらめ科のもの)	5%	3.5%	×無税 Free		KG	Flat fish (*Pleuronectidae, Bothidae, Cynoglossidae, Soleidae, Scophthalmidae* and *Citharidae*)
0304.44			さいうお科、あしながだら科、たら科、そこだら科、かわりひれだら科、メルルーサ科、ちこだら科又はうなぎだら科のもの						Fish of the families *Bregmacerotidae, Euclichthyidae, Gadidae, Macrouridae, Melanonidae, Merlucciidae, Moridae* and *Muraenolepididae*:
	100	1	1 たら(ガドゥス属、テラグラ属又はメルルシウス属のもの)	10%				KG	1 Tara (*Gadus spp., Theragra spp.* and *Merluccius spp.*)
	200	3	2 その他のもの	5%	3.5%	×無税 Free		KG	2 Other
0304.45	000	5	めかじき(クスィフィアス・グラディウス)	5%	3.5%	×無税 Free		KG	Swordfish (*Xiphias gladius*)
0304.46	000	4	めろ(ディソスティクス属のもの)	5%	3.5%	×無税 Free		KG	Toothfish (*Dissostichus spp.*)

2

輸入申告書

番 号 No.	統計 細分 Stat. Code No.	NACCS用	品 名	税　率　Rate of Duty				単位 Unit	Description
				基　本 General	協　定 WTO	特　恵 Preferential	暫　定 Temporary		
0304.47	000	3	さめ	5%	3.5%	×無税 Free		KG	Dogfish and other sharks
0304.48	000	2	えい（がんぎえい科のもの）	5%	3.5%	×無税 Free		KG	Rays and skates (*Rajidae*)
0304.49			その他のもの						Other:
	100	3	1 にしん（クルペア属のもの）、ぶり（セリオーラ属のもの）、さば（スコムベル属のもの）、いわし（エトルメウス属、サルディノプス属又はエングラウリス属のもの）、あじ（トラクルス属又はデカプテルス属のもの）及びさんま（コロラビス属のもの）	10%				KG	1 Nishin (*Clupea spp.*), Buri (*Seriola spp.*), Saba (*Scomber spp.*), Iwashi (*Etrumeus spp., Sardinops spp.* and *Engraulis spp.*), Aji (*Trachurus spp.* and *Decapterus spp.*) and Samma (*Cololabis spp.*)
			2 その他のもの	5%	3.5%	×無税 Free			2 Other:
	210	†	－くろまぐろ（トゥヌス・ティヌス及びトゥヌス・オリエンタリス）					KG	Bluefin tunas (*Thunnus thynnus, Thunnus orientalis*)
	220	4	－みなみまぐろ（トゥヌス・マッコイイ）					KG	Southern bluefin tunas (*Thunnus maccoyii*)
	290	4	－その他のもの					KG	Other
			その他のもの（生鮮のもの及び冷蔵したものに限る。）						Other, fresh or chilled:
0304.51	000	6	ティラピア（オレオクロミス属のもの）、なまず（パンガシウス属、シルルス属、クラリアス属又はイクタルルス属のもの）、こい（クテノファリュンゴドン・イデルルス、ミュロファリュンゴドン・ピケウス、カトラ・カトラ、オステオキルス・ハセルティ、レプトバルブス・ホイヴェニ及びキュプリヌス属、カラシウス属、ヒュポフタルミクテュス属、キルリヌス属、ラベオ属又はメガロブラマ属のもの）、うなぎ（アングイルラ属のもの）、ナイルパーチ（ラテス・ニロティクス）及びらいぎよ（カンナ属のもの）	5%	3.5%	×無税 Free		KG	Tilapias (*Oreochromis spp.*), catfish (*Pangasius spp., Silurus spp., Clarias spp., Ictalurus spp.*), carp (*Cyprinus spp., Carassius spp., Ctenopharyngodon idellus, Hypophthalmichthys spp., Cirrhinus spp., Mylopharyngodon piceus, Catla catla, Labeo spp., Osteochilus hasselti, Leptobarbus hoeveni, Megalobrama spp.*), eels (*Anguilla spp.*), Nile perch (*Lates niloticus*) and snakeheads (*Channa spp.*)
0304.52	000	5	さけ科のもの	5%	3.5%	×無税 Free		KG	Salmonidae
0304.53			さいうお科、あしながだら科、たら科、そこだら科、かわりひれだら科、メルルーサ科、ちこだら科又はうなぎだら科のもの						Fish of the families *Bregmacerotidae, Euclichthyidae, Gadidae, Macrouridae, Melanonidae, Merlucciidae, Moridae* and *Muraenolepididae*:
	100	6	1 たら（ガドゥス属、テラグラ属又はメルルシウス属のもの）	10%				KG	1 Tara (*Gadus spp., Theragra spp.* and *Merluccius spp.*)
	200	1	2 その他のもの	5%	3.5%	×無税 Free		KG	2 Other
0304.54	000	3	めかじき（クスィフィアス・グラディウス）	5%	3.5%	×無税 Free		KG	Swordfish (*Xiphias gladius*)
0304.55	000	2	めろ（ディソスティクス属のもの）	5%	3.5%	×無税 Free		KG	Toothfish (*Dissostichus spp.*)
0304.56	000	1	さめ	5%	2.5%	×無税 Free		KG	Dogfish and other sharks
0304.57	000	0	えい（がんぎえい科のもの）	5%	3.5%	×無税 Free		KG	Rays and skates (*Rajidae*)

（注）0304.47　ワシントン条約

(Note) 0304.47　Convention on International Trade in Endangered Species of Wild Fauna and Flora

番 号 No.	統計 細分 Stat. Code No.	N A C C S 用	品 名	税率 Rate of Duty 基 本 General	協 定 WTO	特 恵 Prefer-ential	暫 定 Tempo-rary	単位 Unit	Description
0304.59			その他のもの						Other:
	100	0	1 にしん(クルペア属のもの)、ぶり(セリオーラ属のもの)、さば(スコムベル属のもの)、いわし(エトルメウス属、サルディノプス属又はエングラウリス属のもの)、あじ(トラクルス属又はデカプテルス属のもの)及びさんま(コロラビス属のもの)	10%				KG	1 Nishin (*Clupea spp.*), Buri (*Seriola spp.*), Saba (*Scomber spp.*), Iwashi (*Etrumeus spp., Sardinops spp.* and *Engraulis spp.*), Aji (*Trachurus spp.* and *Decapterus spp.*) and Samma (*Cololabis spp.*)
			2 その他のもの	5%		×無税 Free			2 Other:
	210	5	ーバラクータ(かます科又はくろたちかます科のもの)、キングクリップ(ゲニプテルス属のもの)及びたい(たい科のもの)		2%			KG	Barracouta (*Sphyraenidae* and *Gempylidae*), king-clip (*Genypterus spp.*) and seabream (*Sparidae*)
			ーその他のもの		3.5%				Other:
	291	†	ーーくろまぐろ(トゥヌス・ティヌス及びトゥヌス・オリエンタリス)					KG	Bluefin tunas (*Thunnus thynnus, Thunnus orientalis*)
	292	3	ーーみなみまぐろ(トゥヌス・マッコイイ)					KG	Southern bluefin tunas (*Thunnus maccoyii*)
	299	3	ーーその他のもの					KG	Other
			魚のフィレ(ティラピア(オレオクロミス属のもの)、なまず(パンガシウス属、シルルス属、クラリア属又はイクタルルス属のもの)、こい(クテノファリュンゴドン・イデルルス、ミュロファリュンゴドン・ピケウス、カトラ・カトラ、オステオキルス・ハセルティ、レプトバルブス・ホイヴェニ及びキュプリヌス属、カラシウス属、ヒュポフタルミクテュス属、キルリヌス属、ラベオ属又はメガロブラマ属のもの)、うなぎ(アングイルラ属のもの)、ナイルパーチ(ラテス・ニロティクス)又はらいぎょ(カンナ属のもの)のもの)(冷凍したものに限る。)						Frozen fillets of tilapias (*Oreochromis spp.*), catfish (*Pangasius spp., Silurus spp., Clarias spp., Ictalurus spp.*), carp (*Cyprinus spp., Carassius spp., Ctenopharyngodon idellus, Hypophthalmichthys spp., Cirrhinus spp., Mylopharyngodon piceus, Catla catla, Labeo spp., Osteochilus hasselti, Leptobarbus hoeveni, Megalobrama spp.*), eels (*Anguilla spp.*), Nile perch (*Lates niloticus*) and snakeheads (*Channa spp.*):
0304.61	000	3	ティラピア(オレオクロミス属のもの)	5%	3.5%	×無税 Free		KG	Tilapias (*Oreochromis spp.*)
0304.62	000	2	なまず(パンガシウス属、シルルス属、クラリアス属又はイクタルルス属のもの)	5%	3.5%	×無税 Free		KG	Catfish (*Pangasius spp., Silurus spp., Clarias spp., Ictalurus spp.*)
0304.63	000	1	ナイルパーチ(ラテス・ニロティクス)	5%	3.5%	×無税 Free		KG	Nile Perch (*Lates niloticus*)
0304.69	000	2	その他のもの	5%	3.5%	×無税 Free		KG	Other
			魚のフィレ(さいうお科、あしながだら科、たら科、そこだら科、かわりひれだら科、メルルーサ科、ちこだら科又はうなぎだら科のもの)(冷凍したものに限る。)						Frozen fillets of fish of the families *Bregmacerotidae, Euclichthyidae, Gadidae, Macrouridae, Melanonidae, Merlucciidae, Moridae* and *Muraenolepididae*:
0304.71	000	0	コッド(ガドゥス・モルア、ガドゥス・オガク及びガドゥス・マクロケファルス)	10%				KG	Cod (*Gadus morhua, Gadus ogac, Gadus macrocephalus*)
0304.72	000	6	ハドック(メラノグランムス・アイグレフィヌス)	5%	3.5%	×無税 Free		KG	Haddock (*Melanogrammus aeglefinus*)
0304.73	000	5	コールフィッシュ(ポルラキウス・ヴィレンス)	5%	3.5%	×無税 Free		KG	Coalfish (*Pollachius virens*)

2

輸入申告書

番 号 No.	統計 細分 Stat. Code No.	N A C C S 用	品　　名	税　　率　　Rate of Duty				単位 Unit	Description
				基　本 General	協　定 WTO	特　恵 Prefer- ential	暫　定 Tempo- rary		
0304.74			ヘイク（メルルシウス属又はウ ロフュキス属のもの）						Hake (*Merluccius spp.*, *Urophycis spp.*):
	100	6	1　メルルシウス属のもの	10%				KG	1 Of *Merluccius spp.*
	200	1	2　ウロフュキス属のもの	5%	3.5%	×無税 Free		KG	2 Of *Urophycis spp.*
0304.75	000	3	すけそうだら（テラグラ・カル コグランマ）	10%				KG	Alaska Pollack (*Theragra chalcogram-* *ma*)
0304.79			その他のもの						Other:
	100	1	1　たら（ガドゥス属又はテラグ ラ属のもの）	10%				KG	1 Tara (*Gadus spp.*, *Theragra spp.*)
	200	3	2　その他のもの	5%	3.5%	×無税 Free		KG	2 Other
			その他の魚のフィレ（冷凍したも のに限る。）						Frozen fillets of other fish:
0304.81	000	4	太平洋さけ（オンコルヒュンク ス・ネルカ、オンコルヒュンク ス・ゴルブスカ、オンコルヒュ ンクス・ケタ、オンコルヒュン クス・トスカウィトスカ、オン コルヒュンクス・キストク、オ ンコルヒュンクス・マソウ及び オンコルヒュンクス・ロデュル ス）、大西洋さけ（サルモ・サラ ル）及びドナウさけ（フコ・フコ）	5%	3.5%	×無税 Free		KG	Pacific salmon (*Oncorhynchus nerka*, *Oncorhynchus gorbuscha*, *Oncorhyn-* *chus keta*, *Oncorhynchus tschawytscha*, *Oncorhynchus kisutch*, *Oncorhynchus* *masou* and *Oncorhynchus rhodurus*), Atlantic salmon (*Salmo salar*) and Dan- ube salmon (*Hucho hucho*)

番 号 No.	統計細分 Stat. Code No.	N A C C S 用	品 名	税 率 Rate of Duty 基 本 General	協 定 WTO	特 恵 Preferential	暫 定 Temporary	単位 Unit	Description
03.07			軟体動物(生きているもの、生鮮のもの及び冷蔵し、冷凍し、乾燥し、塩蔵し又は塩水漬けしたものに限るものとし、殻を除いてあるかないかを問わない。)、くん製した軟体動物(殻を除いてあるかないか又はくん製する前に若しくはくん製する際に加熱による調理をしてあるかないかを問わない。)並びに軟体動物の粉、ミール及びペレット(食用に適するものに限る。)						Molluscs, whether in shell or not, live, fresh, chilled, frozen, dried, salted or in brine; smoked molluscs, whether in shell or not, whether or not cooked before or during the smoking process; flours, meals and pellets of molluscs, fit for human consumption:
			かき						Oysters:
0307.11	000	5	生きているもの、生鮮のもの及び冷蔵したもの	10%	7%	※無税 Free		KG	Live, fresh or chilled
0307.12	000	4	冷凍したもの	10%	7%	※無税 Free		KG	Frozen
0307.19			その他のもの						Other:
			1 くん製したもの	9.6%	6.7%	※無税 Free			1 Smoked:
	210	4	−貝柱					KG	Adductors of shellfish
	290	0	−その他のもの		6.4%			KG	Other
	300	3	2 その他のもの	15%	10.5%	※無税 Free		KG	2 Other
			スキャロップ(ペクテン属、クラミュス属又はプラコペクテン属のもの。いたや貝を含む。)						Scallops, including queen scallops, of the genera Pecten, Chlamys or Placopecten:
0307.21	000	2	生きているもの、生鮮のもの及び冷蔵したもの	10%				KG	Live, fresh or chilled
0307.22	000	1	冷凍したもの	10%				KG	Frozen
0307.29			その他のもの						Other:
	500	4	1 くん製したもの	9.6%	6.7%	※無税 Free		KG	1 Smoked
	200	5	2 その他のもの	15%				KG	2 Other
			い貝(ミュティルス属又はペルナ属のもの)						Mussels (Mytilus spp., Perna spp.):
0307.31	000	6	生きているもの、生鮮のもの及び冷蔵したもの	10%	7%	※無税 Free		KG	Live, fresh or chilled
0307.32	000	5	冷凍したもの	10%	7%	※無税 Free		KG	Frozen
0307.39			その他のもの						Other:

(注) 03.07　食品衛生法
　　特定外来生物による生態系等に係る被害の防止に関する法律
　　03.07のうち　帆立貝、貝柱及びいか(もんごういかを除く。)(生きているもの、生鮮のもの及び冷蔵し、冷凍し、乾燥し、塩蔵し又は塩水漬けしたものに限る。)
　　IQ
　　水棲動物(本邦の区域に属さない海面を船積地域とするもの)　二号承認

(Note) 03.07　Food Sanitation Law
Enforcement of Invasive Alien Species Act

ex 03.07　Scallops, adductors of shellfish, cuttle fish and squid other than Mongo ika, live, fresh, chilled, frozen, dried, salted or in brine: IQ

Of aquatic animals, shipped from outside of Japanese water: Item 2 Approval

番 号 No.	統計細分 Stat. Code No.	NACCS用	品 名	税率 基本 General	税率 協定 WTO	税率 特恵 Preferential	税率 暫定 Temporary	単位 Unit	Description
(0307.39)			1 くん製したもの	9.6%	6.7%	×無税 Free			1 Smoked:
	510	4	－貝柱					KG	Adductors of shellfish
	590	0	－その他のもの			6.4%		KG	Other
	200	2	2 その他のもの	15%	10%	×無税 Free		KG	2 Other
			いか						Cuttle fish and squid:
0307.42			生きているもの、生鮮のもの及び冷蔵したもの	10%					Live, fresh or chilled:
	010	†	－もんごういか		3.5%	×無税 Free		KG	Mongo ika
	090	1	－その他のもの		5%			KG	Other
0307.43			冷凍したもの	10%					Frozen:
	010	4	－もんごういか		3.5%	×無税 Free		KG	Mongo ika
	020	0	－あかいか(オムマストリフェス・バルトラミ)		(5%)		3.5%	KG	Neon flying squid (*Ommastrephes bartramii*)
	030	†	－するめいか(トダロデス・パキフィクス)、アメリカおおあかいか(ドシディクス・ギガス)、じんどういか(ロリオルス属のもの)、まついか(イルレクス属のもの)及びほたるいか(ワタセニア・スキンティルランス)		5%			KG	Japanese flying squid (*Todarodes pacificus*), jumbo flying squid (*Dosidicus gigas*), japanese squid (*Loliolus spp.*), shortfin squid (*Illex spp.*) and sparkling enope squid (*Watasenia scintillans*)
	090	†	－その他のもの		(5%)		3.5%	KG	Other
0307.49			その他のもの						Other:
	500	5	1 くん製したもの	9.6%	6.7%	×無税 Free		KG	1 Smoked
			2 その他のもの	15%					2 Other:
	210	†	－もんごういか			×無税 Free		KG	Mongo ika
	290	†	－その他のもの			×無税 Free		KG	Other
			たこ(オクトプス属のもの)						Octopus (*Octopus spp.*):
0307.51	000	0	生きているもの、生鮮のもの及び冷蔵したもの	10%	7%	5% ×無税 Free		KG	Live, fresh or chilled
0307.52	000	6	冷凍したもの	10%	7%	5% ×無税 Free		KG	Frozen
0307.59			その他のもの						Other:
	500	2	1 くん製したもの	9.6%	6.7%	6.4% ×無税 Free		KG	1 Smoked
	200	3	2 その他のもの	15%	10%	×無税 Free		KG	2 Other
0307.60			かたつむりその他の巻貝(海棲のものを除く。)						Snails, other than sea snails:
	100	0	1 生きているもの、生鮮のもの及び冷蔵し又は冷凍したもの	10%	7%	×無税 Free		KG	1 Live, fresh, chilled or frozen
	500	1	2 くん製したもの	9.6%	6.7%	6.4% ×無税 Free		KG	2 Smoked

(注) 0307.60のうち　ジャンボタニシ　植物防疫法　　　　　(Note) ex 0307.60　Big pond snails: Plant Quarantine Law

番 号 No.	統計 細分 Stat. Code No.	N A C C S 用	品　　　名	税　　率　Rate of Duty				単位 Unit	Description
				基　本 General	協　定 WTO	特　恵 Prefer- ential	暫　定 Tempo- rary		
(0307.60)	200	2	3 その他のもの	15%	10%	×無税 Free		KG	3 Other
			クラム、コックル及びアークシェ ル(ふねがい科、アイスランドが い科、ざるがい科、ふじのはなが い科、きぬまといがい科、ばかが い科、ちどりますおがい科、おお のがい科、あさじがい科、きぬた あげまきがい科、まてがい科、し やこがい科又はまるすだれがい科 のもの)						Clams, cockles and ark shells (families Ar- cidae, Arcticidae, Cardiidae, Donacidae, Hiatellidae, Mactridae, Mesodesmatidae, Myidae, Semelidae, Solecurtidae, Soleni- dae, Tridacnidae and Veneridae):
0307.71			生きているもの、生鮮のもの及 び冷蔵したもの						Live, fresh or chilled:
	100	3	1 貝柱	10%				KG	1 Adductors of shellfish
	200	5	2 はまぐり	5%	3.5%	×無税 Free		KG	2 Hard clam
			3 その他のもの	10%	7%	×無税 Free			3 Other:
	310	3	一赤貝(生きているものに限 る。)					KG	Akagai (bloody clam), live
	320	6	一あさり					KG	Baby clam
	390	6	一その他のもの					KG	Other
0307.72			冷凍したもの						Frozen:
	100	2	1 貝柱	10%				KG	1 Adductors of shellfish
	200	4	2 はまぐり	5%	3.5%	×無税 Free		KG	2 Hard clam
			3 その他のもの	10%	7%	×無税 Free			3 Other:
	310	2	一あさり					KG	Baby clam
	390	5	一その他のもの					KG	Other
0307.79			その他のもの						Other:
			1 くん製したもの	9.6%	6.7%	×無税 Free			1 Smoked:
	210	0	一貝柱					KG	Adductors of shellfish
	290	3	一その他のもの		6.4%			KG	Other
			2 その他のもの						2 Other:
	310	2	(1) 貝柱	15%				KG	(1) Adductors of shellfish
	320	5	(2) はまぐり(塩蔵し又は塩 水漬けしたものに限る。)	7.5%	5.3%	×無税 Free		KG	(2) Hard clam, salted or in brine
			(3) その他のもの	15%		×無税 Free			(3) Other:
	331	2	一はまぐり(乾燥したも のに限る。)		10%	9%		KG	Hard clam, dried
	339	3	一その他のもの		10.5%			KG	Other
			あわび(ハリオティス属のもの)及 びそでぼら(ストロンブス属のも の)						Abalone (Haliotis spp.) and stromboid conchs (Strombus spp.):
0307.81	000	5	あわび(ハリオティス属のもの) (生きているもの、生鮮のもの 及び冷蔵したものに限る。)	10%	7%	×無税 Free		KG	Live, fresh or chilled abalone (Haliotis spp.)

番号 No.	統計細分 Stat. Code No.	NACCS用	品名	税率 基本 General	協定 WTO	特恵 Preferential	暫定 Temporary	単位 Unit	Description
0307.82	000	†	そでぼら(ストロムブス属のもの)(生きているもの、生鮮のもの及び冷蔵したものに限る。)	7%	(一部 7%)(partly 7%)	※無税 Free		KG	Live, fresh or chilled stromboid conchs (*Strombus spp.*)
0307.83	000	3	あわび(ハリオティス属のもの)(冷凍したものに限る。)	10%	7%	※無税 Free		KG	Frozen abalone (*Haliotis spp.*)
0307.84	000	†	そでぼら(ストロムブス属のもの)(冷凍したものに限る。)	7%	(一部 7%)(partly 7%)	※無税 Free		KG	Frozen stromboid conchs (*Strombus spp.*)
0307.87			その他のあわび(ハリオティス属のもの)						Other abalone (*Haliotis spp.*):
	100	1	1 くん製したもの	9.6%	6.7%	6.4% ※無税 Free		KG	1 Smoked
	900	3	2 その他のもの	15%	10.5%	※無税 Free		KG	2 Other
0307.88			その他のそでぼら(ストロムブス属のもの)						Other stromboid conchs (*Strombus spp.*):
	100	†	1 くん製したもの	9.6%	6.7%	6.4% ※無税 Free		KG	1 Smoked
	900	†	2 その他のもの	10.5%	(一部 10.5%)(partly 10.5%)	※無税 Free		KG	2 Other
			その他のもの(軟体動物の粉、ミール及びペレット(食用に適するものに限る。)を含む。)						Other, including flours, meals and pellets, fit for human consumption:
0307.91			生きているもの、生鮮のもの及び冷蔵したもの	10%					Live, fresh or chilled:
	010	5	-貝柱					KG	Adductors of shellfish
			-その他のもの		7%				Other:
	091	2	--スキャロップ(いたやがい科のもの)					KG	Scallops (*Pectinidae*)
	092	3	--しじみ			※無税 Free		KG	Fresh water clam
	099	3	--その他のもの			※無税 Free		KG	Other
0307.92			冷凍したもの	10%					Frozen:
	110	6	-貝柱					KG	Adductors of shellfish
			-その他のもの		7%				Other:
	131	6	--スキャロップ(いたやがい科のもの)					KG	Scallops (*Pectinidae*)
	132	0	--しじみ			※無税 Free		KG	Fresh water clam
	139	0	--その他のもの			※無税 Free		KG	Other
0307.99			その他のもの						Other:
			1 くん製したもの	9.6%	6.7%	※無税 Free			1 Smoked:
	220	4	-スキャロップ(いたやがい科のもの)及び貝柱					KG	Scallops (*Pectinidae*) and adductors of shellfish
	290	4	-その他のもの			6.4%		KG	Other
			2 その他のもの	15%					2 Other:

番 号 No.	統計細分 Stat. Code No.	N A C C S 用	品 名	税 率 Rate of Duty				単位 Unit	Description
				基 本 General	協 定 WTO	特 恵 Preferential	暫 定 Temporary		
(0307.99)	330	2	－貝柱					KG	Adductors of shellfish
			－その他のもの		10.5%				Other:
	320	6	－－－スキャロップ（いたやがい科のもの）					KG	Scallops (*Pectinidae*)
	399	1	－－その他のもの			×無税 Free		KG	Other

第4部

調製食料品、飲料、アルコール、食酢、たばこ及び製造たばこ代用品

注
1　この部において「ペレット」とは、直接圧縮すること又は全重量の3%以下の結合剤を加えることにより固めた物品をいう。

第16類　肉、魚又は甲殻類、軟体動物若しくはその他の水棲無脊椎動物の調製品

注
1　この類には、第2類、第3類又は第05.04項に定める方法により調製し又は保存に適する処理をした肉、くず肉、魚並びに甲殻類、軟体動物及びその他の水棲無脊椎動物を含まない。
2　ソーセージ、肉、くず肉、血、魚又は甲殻類、軟体動物若しくはその他の水棲無脊椎動物の一以上を含有する調製食料品で、これらの物品の含有量の合計が全重量の20%を超えるものは、この類に属する。この場合において、これらの物品の二以上を含有する調製食料品については、最大の重量を占める成分が属する項に属する。前段及び中段のいずれの規定も、第19.02項の詰物をした物品及び第21.03項又は第21.04項の調製品については、適用しない。

号注
1　第1602.10号において「均質調製品」とは、微細に均質化した肉、くず肉又は血から成る乳幼児用又は食餌療法用の調製品（小売用のもので正味重量が250グラム以下の容器入りにしたものに限る。）をいう。この場合において、調味、保存その他の目的のために当該調製品に加えた少量の構成成分は考慮しないものとし、当該調製品が少量の肉又はくず肉の目に見える程度の細片を含有するかしないかを問わない。同号は、第16.02項の他のいかなる号にも優先する。

2　第16.04項又は第16.05項の号において、慣用名のみで定める魚並びに甲殻類、軟体動物及びその他の水棲無脊椎動物は、第3類において同一の慣用名で定める魚並びに甲殻類、軟体動物及びその他の水棲無脊椎動物と同一の種に属する。
備考
1　第1605.69号の細分において「うに」又は「くらげ」とは、それぞれ、この類の号注2の規定により第1605.62号に属するうに以外のもの又は第1605.63号に属するくらげ以外のものをいう。

Section IV

Prepared foodstuffs; beverages, spirits and vinegar; tobacco and manufactured tobacco substitutes

Note.
1.- In this Section the term "pellets" means products which have been agglomerated either directly by compression or by the addition of a binder in a proportion not exceeding 3% by weight.

Chapter 16　Preparations of meat, of fish or of crustaceans, molluscs or other aquatic invertebrates

Notes.
1.- This Chapter does not cover meat, meat offal, fish, crustaceans, molluscs or other aquatic invertebrates, prepared or preserved by the processes specified in Chapter 2 or 3 or heading 05.04.

2.- Food preparations fall in this Chapter provided that they contain more than 20% by weight of sausage, meat, meat offal, blood, fish or crustaceans, molluscs or other aquatic invertebrates, or any combination thereof. In cases where the preparation contains two or more of the products mentioned above, it is classified in the heading of Chapter 16 corresponding to the component or components which predominate by weight. These provisions do not apply to the stuffed products of heading 19.02 or to the preparations of heading 21.03 or 21.04.

Subheading Notes.
1.- For the purposes of subheading 1602.10, the expression "homogenised preparations" means preparations of meat, meat offal or blood, finely homogenised, put up for retail sale as food suitable for infants or young children or for dietetic purposes, in containers of a net weight content not exceeding 250 g. For the application of this definition no account is to be taken of small quantities of any ingredients which may have been added to the preparation for seasoning, preservation or other purposes. These preparations may contain a small quantity of visible pieces of meat or meat offal. This subheading takes precedence over all other subheadings of heading 16.02.

2.- The fish, crustaceans, molluscs and other aquatic invertebrates specified in the subheadings of heading 16.04 or 16.05 under their common names only, are of the same species as those mentioned in Chapter 3 under the same name.

Additional Note.
1.- For the purposes of subdivision in subheading 1605.69, the expression "sea urchins" or "jellyfish" means "sea urchins" other than those to be classified in subheading 1605.62 or "jellyfish" other than those to be classified in subheading 1605.63, respectively, according to subheading note 2 to this Chapter.

番　号 No.	統計 細分 Stat. Code No.	NACCS用	品　　名 Description	税　率　Rate of Duty				単位 Unit	Description
				基　本 General	協　定 WTO	特　恵 Preferential	暫　定 Temporary		
16.01									
1601.00	000	4	ソーセージその他これに類する物品（肉、くず肉又は血から製造したものに限る。）及びこれらの物品をもととした調製食料品	10%	(10%)	※無税 Free		KG	Sausages and similar products, of meat, meat offal or blood; food preparations based on these products

(注) 16.01　食品衛生法
　　　　　　　家畜伝染病予防法
　　　　1601.00のうち　鯨のもの　二号承認又は事前確認
　　　　　　　海棲哺乳動物のもの（本邦の区域に属さない海面を船積地域とするもの）　二号承認

(Note) 16.01　Food Sanitation Law
　　　　　　　Domestic Animal Infectious Disease Control Law
　　　　ex 1601.00　Of whale: Item 2 Approval or Prior Confirmation
　　　　　　　Of marine animals, shipped from outside of Japanese water: Item 2 Approval

番 号 No.	統計 細分 Stat. Code No.	NACCS用	品 名	税 率 Rate of Duty 基 本 General	協 定 WTO	特 恵 Prefer-ential	暫 定 Tempo-rary	単位 Unit	Description
16.04			魚(調製し又は保存に適する処理をしたものに限る。)、キャビア及び魚卵から調製したキャビア代用物						Prepared or preserved fish; caviar and caviar substitutes prepared from fish eggs:
			魚(全形のもの及び断片状のものに限るものとし、細かく切り刻んだものを除く。)						Fish, whole or in pieces, but not minced:
1604.11			さけ	9.6%	(9.6%)	×無税 Free			Salmon:
	010	4	－気密容器入りのもの以外のもの				7.2%	KG	Other than in airtight containers
	090	0	－その他のもの					KG	Other
1604.12	000	0	にしん	9.6%	(9.6%)	7.2% ×無税 Free		KG	Herrings
1604.13			いわし	9.6%	(9.6%)	7.2% ×無税 Free			Sardines, sardinella and brisling or sprats:
	010	2	－気密容器入りのもの					KG	In airtight containers
	090	5	－その他のもの					KG	Other

(注) 16.03, 16.04　食品衛生法
　　　　　　　　　　ワシントン条約
　　16.04のうち　魚の調製品(本邦の区域に属さない海面を船積地域とするもの)　二号承認
　　　　　　　　　さけ及びますの調製品(中華人民共和国、北朝鮮及び台湾を原産地又は船積地域とするもの)　二号承認

(Note) 16.03, 16.04　Food Sanitation Law
　　　　　　　　Convention on International Trade in Endangered Species of Wild Fauna and Flora
　　ex 16.04　Preparations of fish, shipped from outside of Japanese water: Item 2 Approval
　　　　　　Preparations of Salmon and Trout, originated in or shipped from China, North Korea and Taiwan: Item 2 Approval

2　輸入申告書

番号 No.	統計細分 Stat. Code No.	NACCS用	品名	税率 Rate of Duty 基本 General	税率 Rate of Duty 協定 WTO	税率 Rate of Duty 特恵 Preferential	税率 Rate of Duty 暫定 Temporary	単位 Unit	Description
1604.14			まぐろ、はがつお(サルダ属のもの)及びかつお	9.6%	(9.6%)	×無税 Free			Tunas, skipjack and bonito (*Sarda spp.*):
	010	1	－かつお(気密容器入りのものに限る。)			6.4%		KG	Skipjack and other bonito, in airtight containers
			－その他のもの			7.2%			Other:
	091	5	－－かつお節					KG	Skipjack and other bonito, boiled and dried
	092	6	－－まぐろ(気密容器入りのものに限る。)					KG	Tunas, in airtight containers
	099	6	－－その他のもの					KG	Other
1604.15	000	4	さば	9.6%	(9.6%)	7.2% ×無税 Free		KG	Mackerel
1604.16	000	3	かたくちいわし	9.6%	(9.6%)	7.2% ×無税 Free		KG	Anchovies
1604.17	000	2	うなぎ	9.6%	(9.6%)	7.2% ×無税 Free		KG	Eels
1604.18	000	1	ふかひれ	9.6%	(9.6%)	7.2% ×無税 Free		KG	Shark fins
1604.19			その他のもの	9.6%	(9.6%)	7.2% ×無税 Free			Other:
	020	6	－節類					KG	Boiled and dried fish
	090	6	－その他のもの					KG	Other
1604.20			その他の調製をし又は保存に適する処理をした魚						Other prepared or preserved fish:
			1 卵						1 Hard roes:
			(1) にしん(クルペア属のもの)又はたら(ガドゥス属、テラグラ属又はメルルシウス属のもの)のもの	12.8%		×無税 Free			(1) Of Nishin (*Clupea spp.*) and Tara (*Gadus spp.*, *Theragra spp.* and *Merluccius spp.*):
			－にしん(クルペア属のもの)のもの		11%				Of Nishin (*Clupea spp.*):
	011	3	－－気密容器入りのもの			9.6%		KG	In airtight containers
	012	4	－－その他のもの					KG	Other
	015	0	－たら(ガドゥス属、テラグラ属又はメルルシウス属のもの)のもの		9%			KG	Of Tara (*Gadus spp.*, *Theragra spp.* and *Merluccius spp.*)
	019	4	(2) その他のもの	6.4%	(6.4%)	×無税 Free		KG	(2) Other
	020	5	2 その他のもの	9.6%	(9.6%)	7.2% ×無税 Free		KG	2 Other
			キャビア及びその代用物						Caviar and caviar substitutes:
1604.31	000	2	キャビア	6.4%	(6.4%)	4.8% ×無税 Free		KG	Caviar
1604.32			キャビア代用物	6.4%	(6.4%)	4.8% ×無税 Free			Caviar substitutes:
	010	4	－イクラ					KG	Ikura
	090	0	－その他のもの					KG	Other

番号 No.	統計細分 Stat. Code No.	NACCS用	品 名	税 率 Rate of Duty 基 本 General	協 定 WTO	特 恵 Preferential	暫 定 Temporary	単位 Unit	Description
16.05			甲殻類、軟体動物及びその他の水棲無脊椎動物(調製し又は保存に適する処理をしたものに限る。)						Crustaceans, molluscs and other aquatic invertebrates, prepared or preserved:
1605.10			かに						Crab:
	010	3	1 気密容器入りのもの(くん製したものを除く。)	6.5%	5%	*無税 Free		KG	1 In airtight containers, other than smoked
			2 その他のもの	9.6%	(9.6%)	7.2% *無税 Free			2 Other:
	021	0	－米を含むもの					KG	Containing rice
	029	1	－その他のもの					KG	Other
			シュリンプ及びプローン						Shrimps and prawns:
1605.21			気密容器入りでないもの						Not in airtight container:
			1 くん製したもの及び単に水若しくは塩水で煮又はその後に冷蔵し、冷凍し、塩蔵し、塩水漬し若しくは乾燥したもの	4.8%	(4.8%) ～ (5.3%)	3.2% *無税 Free			1 Smoked and simply boiled in water or in brine; chilled, frozen, salted, in brine or dried, after simply boiled in water or in brine:
	011	0	－単に水若しくは塩水で煮又はその後に塩蔵し又は冷凍したもの					KG	Simply boiled in water or in brine; chilled or frozen after simply boiled in water or in brine
	019	1	－その他のもの					KG	Other
			2 その他のもの	6%	5.3%	*無税 Free			2 Other:
	021	3	－米を含むもの					KG	Containing rice
	029	4	－その他のもの					KG	Other
1605.29			その他のもの						Other:
	010	†	1 くん製したもの及び単に水若しくは塩水で煮又はその後に冷蔵し、冷凍し、塩蔵し、塩水漬し若しくは乾燥したもの	4.8%	(4.8%) ～ (5.3%)	3.2% *無税 Free			1 Smoked and simply boiled in water or in brine; chilled, frozen, salted, in brine or dried, after simply boiled in water or in brine
			2 その他のもの	6%	5.3%	*無税 Free			2 Other:
	021	2	－米を含むもの					KG	Containing rice
	029	3	－その他のもの					KG	Other
1605.30			ロブスター						Lobster:
	010	4	1 くん製したもの及び単に水若しくは塩水で煮又はその後に冷蔵し、冷凍し、塩蔵し、塩水漬し若しくは乾燥したもの	4.8%	(4.8%) ～(5%)	3.2% *無税 Free		KG	1 Smoked and simply boiled in water or in brine; chilled, frozen, salted, in brine or dried, after simply boiled in water or in brine
	020	0	2 その他のもの	6%	5%	*無税 Free		KG	2 Other
1605.40			その他の甲殻類						Other crustaceans:
			1 えび						1 Ebi:

(注) 16.05 食品衛生法
　　16.05のうち　甲殻類その他の水棲動物の調製品(本邦の区域に属さない海面を船積地域とするもの)　二号承認
　　1605.10のうち　ロシアを船積地域とするかに調製品(気密容器入りのもの又は米を含むものを除く。)　事前確認

(Note) 16.05　Food Sanitation Law
ex 16.05　Preparations of crustaceans and other aquatic animals, shipped from outside of Japanese water: Item 2 Approval
ex 1605.10　Preparations of Crabs, excluding in airtight containers or containing rice, shipped from Russia: Prior Confirmation

2-3　輸入申告書作成問題③(サーモン等)┃191

2
──
輸入申告書

番 号 No.	統計 細分 Stat. Code No.	NACCS用	品 名	税率 Rate of Duty 基本 General	協定 WTO	特恵 Preferential	暫定 Temporary	単位 Unit	Description
(1605.40)	011	2	(1) くん製したもの及び単に水若しくは塩水で煮又はその後に冷蔵し、冷凍し、塩蔵し、塩水漬けし若しくは乾燥したもの	4.8%	(4.8%)～(5%)	3.2% ×無税 Free		KG	(1) Smoked and simply boiled in water or in brine; chilled, frozen, salted, in brine or dried, after simply boiled in water or in brine
	012	3	(2) その他のもの	6%	5%	×無税 Free		KG	(2) Other
	200	2	2 その他のもの	9.6%	(9.6%)	7.2% ×無税 Free		KG	2 Other
			軟体動物						Molluscs:
1605.51			かき						Oysters:
			1 くん製したもの	6.7%	(9.6%)	×無税 Free			1 Smoked:
	110	†	－貝柱					KG	Adductors of shellfish
	190	†	－その他のもの			6.4%		KG	Other
			2 その他のもの	9.6%	(9.6%)	7.2% ×無税 Free			2 Other:
	910	1	－気密容器入りのもの					KG	In airtight containers
	990	4	－その他のもの					KG	Other
1605.52			スキャロップ(いたや貝を含む。)						Scallops, including queen scallops:
	100	2	1 くん製したもの	6.7%	(9.6%)	×無税 Free		KG	1 Smoked
	900	4	2 その他のもの	9.6%	(9.6%)	7.2% ×無税 Free		KG	2 Other
1605.53			い貝						Mussels:
			1 くん製したもの	6.7%	(9.6%)	×無税 Free			1 Smoked:
	110	†	－貝柱					KG	Adductors of shellfish
	190	†	－その他のもの			6.4%		KG	Other
			2 その他のもの	9.6%	(9.6%)	7.2% ×無税 Free			2 Other:
	910	6	－気密容器入りのもの					KG	In airtight containers
	990	2	－その他のもの					KG	Other
1605.54			いか						Cuttle fish and squid:
	100	†	1 くん製したもの	6.7%	(10.5%)	×無税 Free		KG	1 Smoked
			2 その他のもの	15%	10.5%	×無税 Free			2 Other:
			－気密容器入りのもの			9%			In airtight containers:
	911	6	－－米を含むもの					KG	Containing rice
	919	0	－－その他のもの					KG	Other
			－その他のもの						Other:
	991	2	－－米を含むもの					KG	Containing rice
	999	3	－－その他のもの					KG	Other
1605.55			たこ						Octopus:

番 号 No.	統計細分 Stat. Code No.	N A C C S 用	品　　　名	税率 Rate of Duty				単位	
				基　本 General	協　定 WTO	特　恵 Prefer- ential	暫　定 Tempo- rary	単位 Unit	Description
(1605.55)	100	†	1 くん製したもの	6.7%	(9.6%)	6.4% ×無税 Free		KG	1 Smoked
			2 その他のもの	9.6%	(9.6%)	7.2% ×無税 Free			2 Other:
	910	4	－気密容器入りのもの					KG	In airtight containers
	990	0	－その他のもの					KG	Other
1605.56			クラム、コックル及びアーク シェル						Clams, cockles and arkshells:
			1 くん製したもの	6.7%	(9.6%)	×無税 Free			1 Smoked:
	110	†	－貝柱					KG	Adductors of shellfish
	190	†	－その他のもの			6.4%		KG	Other
			2 その他のもの	9.6%	(9.6%)	7.2% ×無税 Free			2 Other:
	910	3	－気密容器入りのもの					KG	In airtight containers
	990	6	－その他のもの					KG	Other
1605.57			あわび						Abalone:
	100	†	1 くん製したもの	6.7%	(9.6%)	6.4% ×無税 Free		KG	1 Smoked
	900	†	2 その他のもの	9.6%	(9.6%)	7.2% ×無税 Free		KG	2 Other
1605.58			かたつむりその他の巻貝(海棲 のものを除く。)						Snails, other than sea snails:
	100	†	1 くん製したもの	6.7%	(9.6%)	6.4% ×無税 Free		KG	1 Smoked
			2 その他のもの	9.6%	(9.6%)	7.2% ×無税 Free			2 Other:
	910	1	－気密容器入りのもの					KG	In airtight containers
	990	4	－その他のもの					KG	Other
1605.59			その他のもの						Other:
			1 帆立貝(いたやがい科のもの。 ペクテン属、クラミュス属又 はプラコペクテン属のもの及 びいたや貝を除く。)						1 Scallops (*Pectinidae*), other than those of the genera *Pecten*, *Chlamys* or *Placopecten* and queen scallops:
	110	5	(1) くん製したもの	6.7%	(9.6%)	×無税 Free		KG	(1) Smoked
	190	1	(2) その他のもの	9.6%	(9.6%)	7.2% ×無税 Free		KG	(2) Other
			2 その他のもの						2 Other:
			(1) くん製したもの	6.7%	(9.6%)	×無税 Free			(1) Smoked:
	911	†	－貝柱					KG	Adductors of shellfish
	919	†	－その他のもの			6.4%		KG	Other
			(2) その他のもの	9.6%	(9.6%)	7.2% ×無税 Free			(2) Other:

番号 No.	統計細分 Stat. Code No.	NACCS用	品名	税率 Rate of Duty 基本 General	協定 WTO	特恵 Preferential	暫定 Temporary	単位 Unit	Description
(1605.59)	991	4	－気密容器入りのもの					KG	In airtight containers
	999	5	－その他のもの					KG	Other
			その他の水棲無脊椎動物						Other aquatic invertebrates:
1605.61			なまこ						Sea cucumbers:
	100	0	1 くん製したもの	6.7%	(10%)	6.4% ×無税 Free		KG	1 Smoked
	900	2	2 その他のもの	12%	10%	8% ×無税 Free		KG	2 Other
1605.62			うに						Sea urchins:
	100	6	1 くん製したもの	6.7%	(10%)	6.4% ×無税 Free		KG	1 Smoked
	900	1	2 その他のもの	12%	10%	8% ×無税 Free		KG	2 Other
1605.63			くらげ						Jellyfish:
	100	5	1 くん製したもの	6.7%	(10%)	6.4% ×無税 Free		KG	1 Smoked
	900	0	2 その他のもの	15%	10%	8% ×無税 Free		KG	2 Other
1605.69			その他のもの						Other:
	400	†	1 くん製したもの	6.7%	(9.6%)～(10%)	6.4% ×無税 Free		KG	1 Smoked
			2 その他のもの						2 Other:
	910	4	(1) うに	12%	10%	8% ×無税 Free		KG	(1) Sea urchins
	920	0	(2) くらげ	15%	10%	8% ×無税 Free		KG	(2) Jellyfish
	990	0	(3) その他のもの	9.6%	(9.6%)	7.2% ×無税 Free		KG	(3) Other

解答・解説③（サーモン等）

解答 a：⑥、b：③、c：⑨、d：⑦、e：⑬
f：845,000円、g：598,000円、h：520,000円、
i：325,000円、j：312,000円

解説

換算レート：1ドル＝120.00円（9月9日〜9月15日）（9月25日の属する週の前々週のレート）

海上運賃額等の計算：仕入書価格はFOB価格であるため、問題文記7（1）にある本邦到着までの海上運賃及び保険料を課税価格に加算する必要がある。そこでG/W 1kgにつき20円を加算することになるが、G/Wの総額は仕入書の左下にG/W 8,000kgとあるので、8,000kg(G/W)×20円＝160,000円と計算することができる。

無償提供した商品ラベルの費用：問題文記7（2）にある輸入者が輸出者に無償提供した商品ラベルは、我が国の法律等に基づき表示することが義務付けられている事項のみが表示されているラベルではないので、ラベルの費用を課税価格に加算する必要がある。そして、そのラベルは輸入者が本邦において輸入者と特殊関係にないラベル製造会社から20,000円で購入しているので、ラベルの取得価格を課税価格に加算する。また、仕入書価格とは別に輸入者が負担している、輸出者がラベルを貨物に貼付する費用15,000円とラベルを無償で提供するのに要した費用5,000円も課税価格に加算する。なお、これらラベルに係る費用を合計しておくと40,000円（＝20,000円＋15,000円＋5,000円）となる。

少額合算基準額（FOB価格）：

200,000円 ×（US$20,000×120円）（＝日本円に換算したFOB価格の合計額）
÷（US$20,000×120円＋160,000円＋40,000円）（＝日本円に換算した課税価格の合計額）÷120.00円／US$ ＝ US$1,538.461…

仕入書価格がFOB価格であるので、各FOB価格が少額貨物であるかの判断は、20万円にFOB価格の総額に対する課税価格の総額の割合を乗じて算出した額を、換算レートで除することで計算できる。すなわち、US$1,538.461…以下の商品が少額貨物となる可能性があり、これに該当するのは仕入書番号1、3、4、6及び8である。

商品分類:
（少額貨物の可能性のあるものは、各 10 桁の最後の数字に（ ）を付けている。）

1：160411010（4）「パン粉で覆った冷凍のさけのフィレ、調理していないもの、細かく
切り刻んだものではない、さけのフィレが 80%でパン粉が 20%のもの」

①問題文記 6（1）よりパン粉で覆った魚のフィレであり、魚の重量が全体の重量の
80% であるので、第 16 類の類注 2 より魚の調製品として第 16 類に分類される。

②調製した魚は第 16.04 項に分類される。

③魚のフィレ、つまり、断片状にした魚であるので第 1604.11 号から第 1604.19 号に
分類される。

④さけであるので第 1604.11 号に分類される。

⑤問題文記 6（4）より気密容器入りのものではないので、「1604.11.010（4）」に分類
される。

2：0304810004 「冷凍のさけのフィレ、調理していないもの」

①仕入書の商品に関する記述と問題文記 6（2）より単にカットしただけの調製して
いない魚であるので第 3 類に分類される。

②冷凍した魚のフィレは第 03.04 項に分類される。

③冷凍したさけであるので、第 0304.81 号に分類される。

④問題文記 6（3）よりオンコルヒュンクス・ケタのさけであるので「0304.81.0004」
に分類される。

3：030312090（4）「全形の冷凍のさけ、フィレではない、調理していないもの」

①調製していない魚であるので第 3 類に分類される。

②フィレではない冷凍した魚は第 03.03 項に分類される。

③さけ科のものであるので、第 0303.11 号から第 0303.19 号に分類される。

④問題文記 6（3）よりオンコルヒュンクス・ケタのさけであるので第 0303.12 号に
分類される。

⑤オンコルヒュンクス・ケタのさけであるので「0303.12.090（4）」に分類される。

4：160411010（4）「冷凍のさけのフィレ、加熱による調理をした後に冷凍したもの」

①加熱による調理、つまり、魚の調製品は第 16 類に分類される。

②調製した魚は第 16.04 項に分類される。

③魚のフィレ、つまり、断片状にした魚であるので第 1604.11 号から第 1604.19 号に
分類される。

④さけであるので第 1604.11 号に分類される。

⑤問題文記 6（4）より気密容器入りのものではないので、「1604.11.010（4）」に分類

される。

5：1605549993　「冷凍のいか、切っていない、加熱による調理をした後に冷凍しただけのもの」
①加熱による調理、つまり、軟体動物の調製品は第16類に分類される。
②調製した軟体動物は第16.05項に分類される。
③軟体動物であるので第1605.51号から第1605.59号に分類される。
④いかであるので第1605.54号に分類される。
⑤くん製したものではないので、その他のものとして「1605.54.9116」から「1605.54.9993」に分類される。
⑥問題文記6（4）より気密容器入りのものではないので、その他のものとして「1605.54.9912」又は「1605.54.9993」に分類される。
⑦米を含むものではないので、「1605.54.9993」に分類される。

6：030743010（4）　「冷凍のいか、切っていない、調理していないもの」
①調製していない軟体動物であるので第3類に分類される。
②冷凍した軟体動物は第03.07項に分類される。
③いかであるので第0307.42号から第0307.49号に分類される。
④冷凍したいかであるので、冷凍したもののものとして第0307.43号に分類される。
⑤問題文記6（3）よりもんごういかであるので「0307.43.010（4）」に分類される。

7：0307921390　「冷凍したいかの粉、調理していないもの」
①調製していない軟体動物であるので第3類に分類される。
②問題文記6（4）より食用に適するものであるので、食用に適する軟体動物の粉は第03.07項に分類される。
③食用に適する軟体動物の粉であるので、第0307.91号から第0307.99号に分類される。
④冷凍したいかの粉であるので、冷凍したものとして第0307.92号に分類される。
⑤貝柱ではないので、その他のものとして「0307.92.1316」から「0307.92.1390」に分類される。
⑥スキャロップやしじみではないので、その他のものとして「0307.92.1390」に分類される。

8：030481000（4）　「冷凍したさけのフィレ（60%）と冷凍したいかを細かく切り刻んだもの（40%）を混合したもの（粉やミール、ペレットではない）、調理していないもの」
①調製していない魚と軟体動物を混合したものであるので第3類に分類される。

②いかよりも魚の量が多いので、冷凍した魚のフィレとして第03.04項に分類される。

③冷凍したさけであるので、第0304.81号に分類される。

④問題文記6（3）よりオンコルヒュンクス・ケタのさけであるので「0304.81.000（4）」に分類される。

解答欄の確認：仕入書番号1と4及び仕入書番号2と8が同じ分類番号なのでそれぞれ合算する。合算後の価格は仕入書番号1と4がUS$2,500.00（＝US$1,300.00＋US$1,200.00）、仕入書番号2と8がUS$4,600.00（＝US$3,500.00＋US$1,100.00）である。その他はすべて分類番号が異なっているので、既に確認している少額合算基準額から仕入書番号3と仕入書番号6が少額貨物であることが分かり、それぞれの関税率を確認すると、ともに協定税率の3.5%である。ここでともに有税品であるが関税率が同率であるので、申告価格の高い仕入書番号6の品目番号に分類し、10桁目を「X」とする。さらに、少額貨物のFOB価格を合計しておく。

　　US$1,000.00＋US$1,400.00＝US$2,400.00

なお、今回は無税となる少額貨物はないので考える必要はない。最後に問題文に従い価格の大きい順に解答していき、少額貨物は最後に解答する。

解答：

a. ⑥ 0307921390（US$6,500.00）

f. （US$6,500.00×120.00円）＋｛（160,000円＋40,000円）×US$6,500.00÷US$20,000.00｝
　　＝845,000円

b. ③ 0304810004（US$4,600.00）

g. （US$4,600.00×120.00円）＋｛（160,000円＋40,000円）×US$4,600.00÷US$20,000.00｝
　　＝598,000円

c. ⑨ 1605549993（US$4,000.00）

h. （US$4,000.00×120.00円）＋｛（160,000円＋40,000円）×US$4,000.00÷US$20,000.00｝
　　＝520,000円

d. ⑦ 1604110104（US$2,500.00）

i. （US$2,500.00×120.00円）＋｛（160,000円＋40,000円）×US$2,500.00÷US$20,000.00｝
　　＝325,000円

e. ⑬ 030743010X（US$2,400.00）

j. （US$2,400.00×120.00円）＋｛（160,000円＋40,000円）×US$2,400.00÷US$20,000.00｝
　　＝312,000円

輸入申告書作成問題④（有機界面活性剤等）

　別紙１の仕入書及び下記事項により、「有機界面活性剤等」の輸入申告を輸出入・港湾関連情報処理システム（NACCS）を使用して行う場合について以下の問いに答えなさい。

（1）別紙２の輸入申告事項登録画面の品目番号欄（(a) ～ (e)）に入力すべき品目番号を別冊の「実行関税率表」(抜すい)を参照して、下の選択肢から選び、その番号を解答しなさい。

（2）別紙２の輸入申告事項登録画面の課税価格の右欄（(f) ～ (j)）に入力すべき申告価格（関税定率法第４条から第４条の９まで（課税価格の計算方法）の規定により計算される課税価格に相当する価格）の額を解答しなさい。

記

1　品目番号が同一となるものがある場合には、これらを一欄にまとめる。

2　品目番号が異なるものの申告価格が 20 万円以下のもの（下記３において「少額貨物」という。）については、これらを関税が有税である品目と無税である品目とに分けて、それぞれを一括して一欄にまとめる。

　　なお、この場合に入力すべき品目番号は、以下のとおりとする。

（1）有税である品目については、一欄にまとめた品目のうち関税率が最も高いものの品目番号とし、10 桁目は「X」とする。なお、関税率が同率の場合には申告価格が最も高いものの品目番号とし、10 桁目は「X」とする。

（2）無税である品目については、一欄にまとめた品目のうち申告価格が最も高いものの品目番号とし、10 桁目は「X」とする。

3　品目番号欄（(a) ～ (e)）には、少額貨物以外のものについて、申告価格（上記１によりまとめられたものについては、その合計額。）の大きいものから順に入力されるものとする。なお、上記２によりまとめられた少額貨物については、少額貨物以外のものが入力された後に入力されるものとし、当該少額貨物が二欄以上となる場合には、そのまとめられたものの合計額の大きいものから順に入力されるものとする。

4　課税価格の右欄（(f) ～ (j)）には、別紙１の仕入書に記載された米ドル建価格に、下記７から９までの費用等のうち申告価格に加算すべきものを加算した額を本邦通貨へ換算した後の価格を記載することとする。なお、下記７及び９の費用等を課税価格に加算する場合の申告価格への振り分けは仕入書に記載

されている問題文記9の金利（interest）を含まない価格による価格按分とし、1円未満の端数がある場合は、これを切り捨てる。

5　仕入書の各商品のうち、有機界面活性剤を使用している製品は、仕入書番号の2番目と6番目と7番目の商品のみである。そして、これらのいずれの商品も化粧用（薬用）のものではない。

6　別紙1の仕入書に記載されている米ドル建価格の本邦通貨への換算は、別紙3の「実勢外国為替相場の週間平均値」を参照して行う。

7　輸入者は、輸出者から有機界面活性剤の製品を輸入するに際して、その生産に使用する触媒を日本国内で調達し、輸出者に無償で提供している。なお、輸入者は国内においてこの触媒を特殊関係にない者から85,000円で取得し、輸出者にこの触媒を提供する際の運送費等として5,000円を負担しているが、この触媒は有機界面活性剤を使用した製品の生産以外には使用されていない。

8　輸入者は、仕入書価格とは別に、今回の貨物の購入に際して、仲介者に仲介手数料として仕入書価格（問題文記9の金利（interest）を含まない仕入書価格）の4％を支払っている。なお、この仲介料は輸入取引を成立させるための仲介業務を行った者に対して輸入者が支払うものである。

9　輸入者は仕入書の最後に記載されている金利（interest）1,000米ドルを輸出者に支払う。なお、この金利（interest）は、輸入者が今回輸入する商品を製造するために輸出者が原料メーカーから原料を購入するに当たって銀行から融資を受けたことにより、輸出者がその銀行に支払う必要のある金利である。

10　申告年月日は、令和××年10月2日である。

[統計品目番号の選択肢]

① 3401300000	② 3301130000	③ 3301291000
④ 3202100005	⑤ 3305100002	⑥ 3301299901
⑦ 330741000X	⑧ 3213100004	⑨ 3401190100
⑩ 3401200202	⑪ 3307300006	⑫ 3307410002
⑬ 330129100X	⑭ 320210000X	⑮ 330510000X

別紙1

INVOICE

Seller Z Y X Chemical Co., Ltd	Invoice No. and Date
1129-34 Choryang-Dong, Dong-ku	Z C C -908 Sep. 23, 20XX
Busan, Republic of KOREA	

Buyer	Country of Origin : KOREA	
Toyama Boeki CO., LTD	L/C No.	Date
1-1 1-Chome Nishi-Shinjuku Shinjuku-ku, Tokyo,Japan	KTC-89521890	Aug. 20, 20XX

Vessel On or about		
TOKYO MARU Sep. 27, 20XX	Issuing Bank	
From Busan, Republic of KOREA	Via	International Bank

To Tokyo, Japan	Other payment Terms

Marks and Nos.	Description of Goods	Quantity (net weight)	Unit Price (per kg, pc)	Amount
	Organic surface-active agents, etc.			
	1 Signboard painters' colours in sets (tubes, bottles, pans, etc.)	100pc	US$20.00	US$2,000.00
	2 Organic surface-active products for use as soap, in form of bars	2,000kg	US$2.65	US$5,300.00
	3 Preparations for perfuming rooms, Agarbatti, operate by burning	1,000kg	US$1.90	US$1,900.00
TBC TOKYO MADE IN REPUBLIC OF KOREA	4 Essential oils of ylang-ylang Oils	1,000kg	US$2.10	US$2,100.00
	5 Essential oils of lemongrass oils	1,000kg	US$2.30	US$2,300.00
	6 Organic surface-active products for washing the skin, in form of liquid, put up for retail sale	1,000kg	US$2.90	US$2,900.00
	7 Shampoos containing organic surface-active agents	1,000kg	US$1.80	US$1,800.00
	8 Synthetic organic tanning substances	1,000kg	US$1.70	US$1,700.00
	Z Y X Chemical Co., Ltd		interest	US$1,000.00
	(signature)		Total CIF	US$21,000.00

2
輸入申告書

別紙2

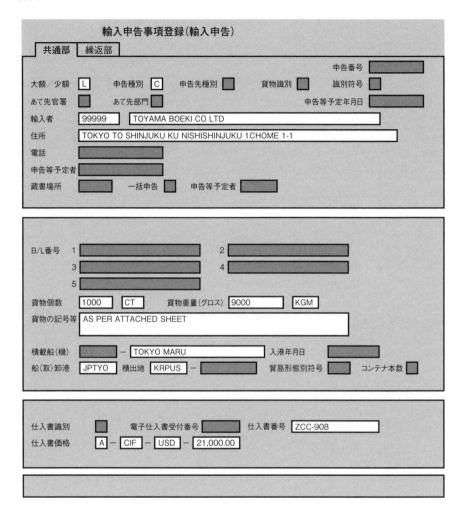

輸入申告事項登録（輸入申告）

共通部　繰返部

申告番号 ☐

大額／少額 L　申告種別 C　申告先種別 ☐　貨物識別 ☐　識別符号 ☐

あて先官署 ☐　あて先部門 ☐　　　　　　申告等予定年月日 ☐

輸入者 99999　TOYAMA BOEKI CO LTD

住所 TOKYO TO SHINJUKU KU NISHISHINJUKU 1CHOME 1-1

電話 ☐

申告等予定者 ☐

蔵置場所 ☐　一括申告 ☐　申告等予定者 ☐

B/L番号　1 ☐　2 ☐
　　　　　3 ☐　4 ☐
　　　　　5 ☐

貨物個数 1000　CT　貨物重量（グロス）9000　KGM

貨物の記号等 AS PER ATTACHED SHEET

積載船（機）☐ － TOKYO MARU　入港年月日 ☐

船（取）卸港 JPTYO　積出地 KRPUS － ☐　貿易形態別符号 ☐　コンテナ本数 ☐

仕入書識別 ☐　電子仕入書受付番号 ☐　仕入書番号 ZCC-908

仕入書価格 A － CIF － USD － 21,000.00

輸入申告事項登録(輸入申告)

共通部 | 繰返部

<01欄> 品目番号 (a)　　品名 [　　　　　　]　　原産地 KR － R

数量1 [　　] － [　　]　　数量2 [　　] － [　　]　　輸入令別表 [　　]　　蔵置目的等 [　]

BPR係数 [　　　]　　運賃按分 [　]　　課税価格 [　] － (f)

関税減免税コード [　　]　　関税減税額 [　　　]

	内消税等種別	減免税コード	内消税減税額		内消税等種別	減免税コード	内消税減税額
1				2			
3				4			
5				6			

<02欄> 品目番号 (b)　　品名 [　　　　　　]　　原産地 KR － R

数量1 [　　] － [　　]　　数量2 [　　] － [　　]　　輸入令別表 [　　]　　蔵置目的 [　]

BPR係数 [　　　]　　運賃按分 [　]　　課税価格 [　] － (g)

関税減免税コード [　　]　　関税減税額 [　　　]

	内消税等種別	減免税コード	内消税減税額		内消税等種別	減免税コード	内消税減税額
1				2			
3				4			
5				6			

<03欄> 品目番号 (c)　　品名 [　　　　　　]　　原産地 KR － R

数量1 [　　] － [　　]　　数量2 [　　] － [　　]　　輸入令別表 [　　]　　蔵置目的 [　]

BPR係数 [　　　]　　運賃按分 [　]　　課税価格 [　] － (h)

関税減免税コード [　　]　　関税減税額 [　　　]

	内消費税等種別	減免税コード	内消税減税額		内消税等種別	減免税コード	内消税減税額
1				2			
3				4			
5				6			

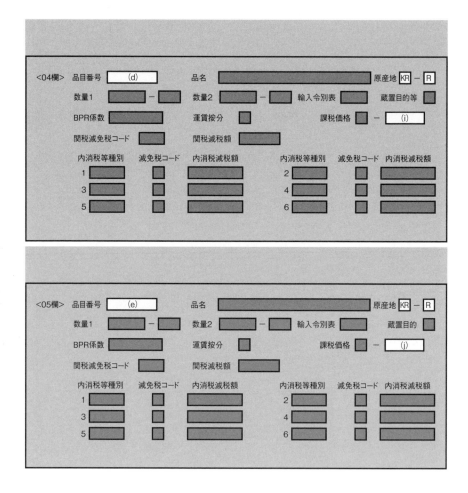

別紙3

実勢外国為替相場の週間平均値
（1米ドルに対する円相場）

期　　　間	週間平均値
令和 ××. 9. 10　～　令和 ××. 9. 16	¥90.30
令和 ××. 9. 17　～　令和 ××. 9. 23	¥90.00
令和 ××. 9. 24　～　令和 ××. 9. 30	¥89.90
令和 ××. 10. 1　～　令和 ××. 10. 7	¥89.60

| 第32類 | なめしエキス、染色エキス、タンニン及びその誘導体、染料、顔料その他の着色料、ペイント、ワニス、パテその他のマスチック並びにインキ | Chapter 32 | Tanning or dyeing extracts; tannins and their derivatives; dyes, pigments and other colouring matter; paints and varnishes; putty and other mastics; inks |

注
1　この類には、次の物品を含まない。
(a)　化学的に単一の元素及び化合物（第32.03項又は第32.04項のもの、ルミノホアとして使用する種類の無機物（第32.06項参照）、石英ガラスで第32.07項に定める形状のもの及び第32.12項の小売用の形状又は包装にした染料その他の着色料を除く。）
(b)　第29.36項から第29.39項まで、第29.41項又は第35.01項から第35.04項までの物品のタンナートその他のタンニン誘導体
(c)　アスファルトマスチックその他の歴青質マスチック（第27.15項参照）
2　第32.04項には、アゾ染料を生成させるために安定化ジアゾニウム塩とカップリング成分とを混合した物品を含む。
3　第32.03項から第32.06項までにあっては、着色料（第32.06項にあっては、第25.30項又は第28類の着色用顔料並びに金属のフレーク及び粉を含む。）をもととした調製品で、物品（種類を問わない。）の着色に使用し又は着色用の調製品の成分として使用するものを含むものとし、顔料を水以外の媒体に分散させた液体及びペーストで、ペイント（エナメルを含む。第32.12項参照）の製造に使用する種類のもの及び第32.07項から第32.10項まで、第32.12項、第32.13項又は第32.15項のその他の調製品を含まない。
4　第32.08項には、第39.01項から第39.13項までの物品を揮発性有機溶剤に溶かした溶液（溶剤の含有量が全重量の50%を超えるものに限るものとし、コロジオンを除く。）を含む。
5　この類において着色料には、油ペイントの体質顔料として使用する種類の物品（水性塗料の着色に適するか適しないかを問わない。）を含まない。
6　第32.12項においてスタンプ用のはくには、書籍の表紙、帽子のすべり革その他の物品への印刷に使用する種類の薄いシート状の物品で、次のものから成るもののみを含む。
(a)　金属の粉（貴金属の粉を含む。）及び顔料で、これらをにかわ、ゼラチンその他の結合剤により凝結させたもの
(b)　金属（貴金属を含む。）及び顔料で、これらをシート状の支持物（材料を問わない。）の上に付着させたもの

Notes.
1.- This Chapter does not cover:
(a) Separate chemically defined elements or compounds (except those of heading 32.03 or 32.04, inorganic products of a kind used as luminophores (heading 32.06), glass obtained from fused quartz or other fused silica in the forms provided for in heading 32.07, and also dyes and other colouring matter put up in forms or packings for retail sale, of heading 32.12);
(b) Tannates or other tannin derivatives of products of headings 29.36 to 29.39, 29.41 or 35.01 to 35.04; or
(c) Mastics of asphalt or other bituminous mastics (heading 27.15).
2.- Heading 32.04 includes mixtures of stabilised diazonium salts and couplers for the production of azo dyes.
3.- Headings 32.03, 32.04, 32.05 and 32.06 apply also to preparations based on colouring matter (including, in the case of heading 32.06, colouring pigments of heading 25.30 or Chapter 28, metal flakes and metal powders), of a kind used for colouring any material or used as ingredients in the manufacture of colouring preparations. The headings do not apply, however, to pigments dispersed in non-aqueous media, in liquid or paste form, of a kind used in the manufacture of paints, including enamels (heading 32.12), or to other preparations of heading 32.07, 32.08, 32.09, 32.10, 32.12, 32.13 or 32.15.
4.- Heading 32.08 includes solutions (other than collodions) consisting of any of the products specified in headings 39.01 to 39.13 in volatile organic solvents when the weight of the solvent exceeds 50% of the weight of the solution.
5.- The expression "colouring matter" in this Chapter does not include products of a kind used as extenders in oil paints, whether or not they are also suitable for colouring distempers.
6.- The expression "stamping foils" in heading 32.12 applies only to thin sheets of a kind used for printing, for example, book covers or hat bands, and consisting of:
(a) Metallic powder (including powder of precious metal) or pigment, agglomerated with glue, gelatin or other binder; or
(b) Metal (including precious metal) or pigment, deposited on a supporting sheet of any material.

2 ― 輸入申告書

番号 No.	統計細分 Stat. Code No.	NACCS用	品名	税率 Rate of Duty 基本 General	協定 WTO	特恵 Preferential	暫定 Temporary	単位 Unit	Description
32.01			植物性なめしエキス並びにタンニン及びその塩、エーテル、エステルその他の誘導体						Tanning extracts of vegetable origin; tannins and their salts, ethers, esters and other derivatives:
3201.10	000	0	ケブラチョエキス	無税 Free	(無税) (Free)			KG	Quebracho extract
3201.20	000	4	ワットルエキス	無税 Free	(無税) (Free)			KG	Wattle extract
3201.90			その他のもの						Other:
	100	6	1 タンニン及びその誘導体	3%	2.5%	無税 Free		KG	1 Tannins and their derivatives
	200	1	2 その他のもの	無税 Free	(無税) (Free)			KG	2 Other

(注) 32.01 医薬品、医療機器等の品質、有効性及び安全性の確保等に関する法律（医薬用のもの）

(Note) 32.01 Act on Securing Quality, Efficacy and Safety of Pharmaceuticals, Medical Devices, Regenerative and Cellular Therapy Products, Gene Therapy Products, and Cosmetics (Products for medical use)

番 号 No.	統計細分 Stat. Code No.	NACCS用	品 名	税 率 Rate of Duty				単位 Unit	Description
				基 本 General	協 定 WTO	特 恵 Prefer- ential	暫 定 Tempo- rary		
32.02			合成有機なめし剤、無機なめし剤、調製したなめし料(天然なめし料を含有するかしないかを問わない。)及びなめし前処理用の酵素系調製品						Synthetic organic tanning substances; inorganic tanning substances; tanning preparations, whether or not containing natural tanning substances; enzymatic preparations for pre-tanning:
3202.10	000	5	合成有機なめし剤	無税 Free	(無税) (Free)			KG	Synthetic organic tanning substances
3202.90	000	2	その他のもの	4.6%	3.9%	無税 Free		KG	Other
32.03									
3203.00			植物性又は動物性の着色料(染色エキスを含み、化学的に単一であるかないかを問わないものとし、獣炭を除く。)及びこの類の注3の調製品で植物性又は動物性の着色料をもととしたもの	無税 Free					Colouring matter of vegetable or animal origin (including dyeing extracts but excluding animal black), whether or not chemically defined; preparations as specified in Note 3 to this Chapter based on colouring matter of vegetable or animal origin: ①
	100	1	-天然あい及びバターダイ		(無税) (Free)			KG	Natural indigo and butter dyes
			-その他のもの		(無税) (Free)				Other:
	210	6	--植物性着色料					KG	Colouring matter of vegetable origin
	290	2	---動物性着色料					KG	Colouring matter of animal origin

(注) 32.02 化学物質の審査及び製造等の規制に関する法律

32.03 食品衛生法(食品添加物)
32.04 食品衛生法(食用色素)
毒物及び劇物取締法(染料)
化学物質の審査及び製造等の規制に関する法律

(Note) 32.02 Law Concerning Screening of Chemical Substances and Regulation of their Manufacture, etc.

32.03 Food Sanitation Law (Food additives)
32.04 Food Sanitation Law (Food colours)
Poisonous and Deleterious Substance Control Law (dyes)
Law Concerning Screening of Chemical Substances and Regulation of their Manufacture, etc.

番 号 No.	統計細分 Stat. Code No.	NACCS用	品 名	税 率 Rate of Duty				単位 Unit	Description
				基 本 General	協 定 WTO	特 恵 Prefer- ential	暫 定 Tempo- rary		
32.13			画家用、習画用、整色用又は遊戯用の絵の具、ポスターカラーその他これらに類する絵の具類(タブレット状、チューブ入り、瓶入り、皿入りその他これらに類する形状又は包装のものに限る。)						Artists', students' or signboard painters' colours, modifying tints, amusement colours and the like, in tablets, tubes, jars, bottles, pans or in similar forms or packings:
3213.10	000	4	絵の具セット	4.6%	3.9%	無税 Free		KG (LL)	Colours in sets
3213.90	000	1	その他のもの	4.6%	3.9%	無税 Free		KG (LL)	Other

(注) 32.10 化学物質の審査及び製造等の規制に関する法律

32.10のうち エアゾール製品(医療用エアゾールを除く。モントリオール議定書附属書Dに該当するもの) 二号承認
32.12 化学物質の審査及び製造等の規制に関する法律
3212.90のうち エアゾール製品(医療用エアゾールを除く。モントリオール議定書附属書Dに該当するもの) 二号承認
32.14 化学物質の審査及び製造等の規制に関する法律

(Note) 32.10 Law Concerning Screening of Chemical Substances and Regulation of their Manufacture, etc.

ex 32.10 Aerosol products, except medical aerosols (specified in the Montreal Protocol on Substances that Deplete the Ozone Layer (Annex D)): Item 2 Approval
32.12 Law Concerning Screening of Chemical Substances and Regulation of their Manufacture, etc.
ex 3212.90 Aerosol products, except medical aerosols (specified in the Montreal Protocol on Substances that Deplete the Ozone Layer (Annex D)): Item 2 Approval
32.14 Law Concerning Screening of Chemical Substances and Regulation of their Manufacture, etc.

第33類　精油、レジノイド、調製香料及び化粧品類

Chapter 33　Essential oils and resinoids; perfumery, cosmetic or toilet preparations

注
1　この類には、次の物品を含まない。
 (a)　第13.01項の天然のオレオレジン及び第13.02項の植物性のエキス
 (b)　第34.01項のせっけんその他の物品
 (c)　第38.05項のガムテレビン油、ウッドテレビン油、硫酸テレビン油その他の物品
2　第33.02項において「香気性物質」とは、第33.01項の物質、これらの物質から単離した香気性成分及び合成香料のみをいう。
3　第33.03項から第33.07項までには、これらの項の物品としての用途に適する物品のうち、当該用途に供するため小売用の包装にしたもの(混合してあるかないかを問わないものとし、精油のアキュアスディスチレート及びアキュアスソリューションを除く。)を含む。
4　第33.07項において調製香料及び化粧品類には、におい袋、燃焼させて使用する香気性の調製品、香紙、化粧料を染み込ませ又は塗布した紙、コンタクトレンズ用又は義眼用の液、香料又は化粧料を染み込ませ、塗布し又は被覆したウォッディング、フェルト及び不織布並びに動物用の化粧品類を含む。

備考
1　第33.02項においてアルコール分は、温度20度におけるアルコールの容量分による。

Notes.
1.- This Chapter does not cover:
 (a) Natural oleoresins or vegetable extracts of heading 13.01 or 13.02;
 (b) Soap or other products of heading 34.01; or
 (c) Gum, wood or sulphate turpentine or other products of heading 38.05.
2.- The expression "odoriferous substances" in heading 33.02 refers only to the substances of heading 33.01, to odoriferous constituents isolated from those substances or to synthetic aromatics.
3.- Headings 33.03 to 33.07 apply, *inter alia*, to products, whether or not mixed (other than aqueous distillates and aqueous solutions of essential oils), suitable for use as goods of these headings and put up in packings of a kind sold by retail for such use.
4.- The expression "perfumery, cosmetic or toilet preparations" in heading 33.07 applies, *inter alia*, to the following products: scented sachets; odoriferous preparations which operate by burning; perfumed papers and papers impregnated or coated with cosmetics; contact lens or artificial eye solutions; wadding, felt and nonwovens, impregnated, coated or covered with perfume or cosmetics; animal toilet preparations.

Additional Note.
1.- For the purpose of heading 33.02, the "alcoholic strength by volume" shall be determined at a temperature of 20℃.

番　号 No.	統計細分 Stat. Code No.	NACCS用	品　　名	税　率 Rate of Duty 基　本 General	協　定 WTO	特　恵 Preferential	暫　定 Temporary	単位 Unit	Description
33.01			精油(コンクリートのもの及びアブソリュートのものを含むものとし、テルペンを除いてあるかないかを問わない。)、レジノイド、オレオレジン抽出物、精油のコンセントレート(冷浸法又は温浸法により得たもので、油脂、ろうその他これらに類する物品を媒質としているものに限る。)、精油からテルペンを除く際に生ずるテルペン系副産物並びに精油のアキュアスディスチレート及びアキュアスソリューション						Essential oils (terpeneless or not), including concretes and absolutes; resinoids; extracted oleoresins; concentrates of essential oils in fats, in fixed oils, in waxes or the like, obtained by enfleurage or maceration; terpenic by-products of the deterpenation of essential oils; aqueous distillates and aqueous solutions of essential oils:
			精油(かんきつ類の果実のものに限る。)						Essential oils of citrus fruit:
3301.12	000	1	オレンジのもの	無税 Free	(無税) (Free)			KG	Of orange
3301.13	000	0	レモンのもの	無税 Free	(無税) (Free)			KG	Of lemon
3301.19			その他のもの						Other:
	100	3	1 ベルガモットのもの	無税 Free	(無税) (Free)			KG	1 Of bergamot
			2 その他のもの	3.2%					2 Other:
	210	1	－ライムのもの		(3.2%)	無税 Free		KG	Of lime
	290	4	－その他のもの		(3.2%)	無税 Free		KG	Other
			精油(かんきつ類の果実のものを除く。)						Essential oils other than those of citrus fruit:
3301.24	000	3	ペパーミント(メンタ・ピペリタ)のもの	3.2%	(3.2%)	無税 Free		KG	Of peppermint (*Mentha piperita*)
3301.25			その他のミントのもの						Of other mints:

(注) 33.01　食品衛生法(食品添加物)　　　　　(Note) 33.01　Food Sanitation Law (Food additives)

2 輸入申告書

番 号 No.	統計細分 Stat. Code No.	N A C C S 用	品 名	基 本 General	協 定 WTO	特 恵 Preferential	暫 定 Temporary	単位 Unit	Description
(3301.25)			1 ペパーミント油(メンタ・アルヴェンスィスから採取したものに限る。)						1 Peppermint oil obtained from Mentha arvensis:
	011	6	(1) 政令で定める試験方法による総メントールの含有量が全重量の65%を超えるもの	無税 Free	(無税) (Free)			KG	(1) Containing more than 65 % by weight of total menthol when determined by the testing method stipulated by a Cabinet Order
	019	0	(2) その他のもの	9.6%	9%	7.2% ×無税 Free		KG	(2) Other
	020	1	2 その他のペパーミント油	3.2%	(3.2%)	無税 Free		KG	2 Other peppermint oils
	030	4	3 その他のもの	3%	2.2%	無税 Free		KG	3 Other
3301.29			その他のもの						Other:
	100	0	1 ベイ葉油、カナンガ油、けい皮油、シダー油、シトロネラ油、丁子油、ユーカリ油、小ういきよう油、大ういきよう油、プチグレン油、ローズマリー油、ローズウッド油、びやくだん油、イランイラン油、けい葉油、ジンジャグラス油、パルマローザ油、タイム油、牛樟油、レモングラス油及びパチュリ油	無税 Free	(無税) (Free)			KG	1 Bay leaf oil, cananga oil, cassia oil, cedar oil, citronella oil, clove oil, eucalyptus oil, fennel oil, star-anise oil, petit-grain oil, rosemary oil, rosewood oil, sandal wood oil, ylang-ylang oil, cinnamon leaf oil, ginger grass oil, palmarosa oil, thyme oil, gyusho oil, lemongrass oil and patchouli oil
	200	2	2 芳油	2.5%	2.2%	無税 Free		KG	2 Ho oil
			3 ゼラニウム又はベチベルのもの	無税 Free					3 Of geranium or of vetiver:
	310	0	ーゼラニウムのもの		(無税) (Free)			KG	Of geranium
	320	3	ーベチベルのもの		(無税) (Free)			KG	Of vetiver
	400	6	4 ラベンダー又はラバンジンのもの	3%	2.2%	無税 Free		KG	4 Of lavender or of lavandin
			5 その他のもの	3.2%					5 Other:
	910	5	ージャスミンのもの		(3.2%)	無税 Free		KG	Of jasmin
	990	1	ーその他のもの		(3.2%)	無税 Free		KG	Other
3301.30	000	4	レジノイド	無税 Free	(無税) (Free)			KG	Resinoids
3301.90	000	0	その他のもの	無税 Free	(無税) (Free)			KG	Other

(注) 33.02 食品衛生法(食品添加物)
　　　酒税法

(Note) 33.02 Food Sanitation Law (Food additives)
Liquor Tax Law

番号 No.	統計細分 Stat. Code No.	NACCS用	品　名	基本 General	協定 WTO	特恵 Preferential	暫定 Temporary	単位 Unit	Description
33.05			頭髪用の調製品						Preparations for use on the hair:
3305.10	000	2	シャンプー	5.8%	無税 Free	無税 Free		KG (LL)	Shampoos
3305.20	000	6	パーマネント用の調製品	5.8%	無税 Free	無税 Free		KG (LL)	Preparations for permanent waving or straightening
3305.30	000	3	ヘアラッカー	5.8%	無税 Free	無税 Free		KG (LL)	Hair lacquers
3305.90	000	6	その他のもの	5.8%	無税 Free	無税 Free		KG (LL)	Other
33.06			口腔衛生用の調製品(義歯定着用のペースト及び粉を含む。)及び小売用の包装にした歯間清掃用の糸(デンタルフロス)						Preparations for oral or dental hygiene, including denture fixative pastes and powders; yarn used to clean between the teeth (dental floss), in individual retail packages:
3306.10	000	0	歯磨き	無税 Free	(無税) (Free)			KG (LL)	Dentifrices
3306.20	000	4	歯間清掃用の糸(デンタルフロス)	4%	2.7%	無税 Free		KG	Yarn used to clean between the teeth (dental floss)
3306.90	000	4	その他のもの	5.8%	無税 Free	無税 Free		KG (LL)	Other
33.07			ひげそり前用、ひげそり用又はひげそり後用の調製品、身体用の防臭剤、浴用の調製品、脱毛剤その他の調製香料及び化粧品類(他の項に該当するものを除く。)並びに調製した室内防臭剤(芳香を付けてあるかないか又は消毒作用を有するか有しないかを問わない。)						Pre-shave, shaving or after-shave preparations, personal deodorants, bath preparations, depilatories and other perfumery, cosmetic or toilet preparations, not elsewhere specified or included; prepared room deodorisers, whether or not perfumed or having disinfectant properties:
3307.10	000	5	ひげそり前用、ひげそり用又はひげそり後用の調製品	6.7%	4.8%	無税 Free		KG (LL)	Pre-shave, shaving or after-shave preparations
3307.20	000	2	身体用の防臭剤及び汗止め	5.8%	3.9%	無税 Free		KG (LL)	Personal deodorants and antiperspirants
3307.30	000	6	芳香を付けた浴用塩その他の浴用の調製品	5.8%	3.9%	無税 Free		KG (LL)	Perfumed bath salts and other bath preparations
			室内に芳香を付けるため又は室内防臭用の調製品(宗教的儀式用の香気性の調製品を含む。)						Preparations for perfuming or deodorizing rooms, including odoriferous preparations used during religious rites:
3307.41	000	2	アガバティその他の香気性の調製品で燃焼させて使用するもの	6.6%	5.4%	無税 Free		KG (LL)	"Agarbatti" and other odoriferous preparations which operate by burning

(注) 33.05　医薬品、医療機器等の品質、有効性及び安全性の確保等に関する法律

　　　ワシントン条約

　　33.05のうち　エアゾール製品(医療用エアゾールを除く。モントリオール議定書附属書Dに該当するもの)　二号承認

　　33.06　医薬品、医療機器等の品質、有効性及び安全性の確保等に関する法律

　　33.06のうち　エアゾール製品(医療用エアゾールを除く。モントリオール議定書附属書Dに該当するもの)　二号承認

　　33.07　医薬品、医療機器等の品質、有効性及び安全性の確保等に関する法律

　　　ワシントン条約

　　3307.10のうち　エアゾール製品(医療用エアゾールを除く。モントリオール議定書附属書Dに該当するもの)　二号承認

　　3307.20のうち　エアゾール製品(医療用エアゾールを除く。モントリオール議定書附属書Dに該当するもの)　二号承認

　　3307.30のうち　エアゾール製品(医療用エアゾールを除く。モントリオール議定書附属書Dに該当するもの)　二号承認

(Note) 33.05　Act on Securing Quality, Efficacy and Safety of Pharmaceuticals, Medical Devices, Regenerative and Cellular Therapy Products, Gene Therapy Products, and Cosmetics
Convention on International Trade in Endangered Species of Wild Fauna and Flora
ex 33.05　Aerosol products, except medical aerosols (specified in the Montreal Protocol on Substances that Deplete the Ozone Layer (Annex D)): Item 2 Approval
33.06　Act on Securing Quality, Efficacy and Safety of Pharmaceuticals, Medical Devices, Regenerative and Cellular Therapy Products, and Cosmetics
ex 33.06　Aerosol products, except medical aerosols (specified in the Montreal Protocol on Substances that Deplete the Ozone Layer (Annex D)): Item 2 Approval
33.07　Act on Securing Quality, Efficacy and Safety of Pharmaceuticals, Medical Devices, Regenerative and Cellular Therapy Products, Gene Therapy Products, and Cosmetics
Convention on International Trade in Endangered Species of Wild Fauna and Flora
ex 3307.10　Aerosol products, except medical aerosols (specified in the Montreal Protocol on Substances that Deplete the Ozone Layer (Annex D)): Item 2 Approval
ex 3307.20　Aerosol products, except medical aerosols (specified in the Montreal Protocol on Substances that Deplete the Ozone Layer (Annex D)): Item 2 Approval
ex 3307.30　Aerosol products, except medical aerosols (specified in the Montreal Protocol on Substances that Deplete the Ozone Layer (Annex D)): Item 2 Approval

番 号 No.	統計細分 Stat. Code No.	NACCS用	品 名	税　率　Rate of Duty				単位 Unit	Description
				基 本 General	協 定 WTO	特 恵 Preferential	暫 定 Temporary		
3307.49	000	1	その他のもの	4.6%	3.9%	無税 Free		KG (I.I)	Other
3307.90	000	2	その他のもの	4%	(4%)～ (4.8%)	無税 Free		KG (I.I)	Other

(注) 3307.49のうち　エアゾール製品(医療用エアゾールを除く。モントリオール議定書附属書Dに該当するもの)二号承認
　　　 3307.90のうち　エアゾール製品(医療用エアゾールを除く。モントリオール議定書附属書Dに該当するもの)二号承認

(Note) ex 3307.49　Aerosol products, except medical aerosols (specified in the Montreal Protocol on Substances that Deplete the Ozone Layer (Annex D)): Item 2 Approval
　　　　 ex 3307.90　Aerosol products, except medical aerosols (specified in the Montreal Protocol on Substances that Deplete the Ozone Layer (Annex D)): Item 2 Approval

第34類　せっけん、有機界面活性剤、洗剤、調製潤滑剤、人造ろう、調製ろう、磨き剤、ろうそくその他これに類する物品、モデリングペースト、歯科用ワックス及びプラスターをもととした歯科用の調製品

Chapter 34　Soap, organic surface-active agents, washing preparations, lubricating preparations, artificial waxes, prepared waxes, polishing or scouring preparations, candles and similar articles, modelling pastes, "dental waxes" and dental preparations with a basis of plaster

注
1　この類には、次の物品を含まない。
(a) 動物性又は植物性の油脂の食用の混合物及び調製品で、離型用の調製品として使用する種類のもの(第15.17項参照)
(b) 化学的に単一の化合物
(c) せっけんその他有機界面活性剤を含有するシャンプー、歯磨き、ひげそりクリーム、ひげそりフォーム及び浴用の調製品(第33.05項から第33.07項まで参照)
2　第34.01項においてせっけんは、水溶性のせっけんに限るものとし、同項のせっけんその他の物品には、消毒剤、粉状研磨材、充てん剤、医薬品その他の物品が加えてあるかないかを問わない。ただし、粉状研磨材を含有する物品のうち、棒状にし、ケーキ状にし又は成型したものは第34.01項に属するものとし、その他の形状のものは擦り磨き用の粉その他これに類する調製品として第34.05項に属する。
3　第34.02項において有機界面活性剤は、温度20度において0.5%の濃度で水と混合し、同温度で1時間放置した場合において、次のいずれの要件も満たす物品をいう。

(a) 不溶物を析出することなく透明若しくは半透明の液体又は安定したエマルジョンを生成すること。
(b) 水の表面張力を1メートルにつき0.045ニュートン(1センチメートルにつき45ダイン)以下に低下させること。
4　第34.03項において「石油及び歴青油」とは、第27類の注2に定める石油及び歴青油をいう。
5　第34.04項において「人造ろう及び調製ろう」とは、次の物品をいう。
(a) 化学的に得た有機物でろうの特性を有するもの(水溶性であるかないかを問わない。)
(b) 異種のろうを混合することにより得た物品
(c) 一以上のろうをもととし、脂、樹脂、鉱物性物質その他の材料を含有する物品で、ろうの特性を有するもの

　　ただし、第34.04項には、次の物品を含まない。
(a) 第15.16項、第34.02項又は第38.23項の物品(ろうの特性を有するものを含む。)
(b) 第15.21項の動物性又は植物性のろう(混合してないものに限るものとし、精製してあるかないか又は着色してあるかないかを問わない。)
(c) 第27.12項の鉱物性ろうその他これに類する物品(これらを相互に混合してあるかないか又は単に着色してあるかないかを問わない。)
(d) 液状の媒体と混合し又はこれに分散させ若しくは溶解させたろう(第34.05項、第38.09項等参照)

Notes.
1.- This Chapter does not cover:
(a) Edible mixtures or preparations of animal or vegetable fats or oils of a kind used as mould release preparations (heading 15.17);
(b) Separate chemically defined compounds; or
(c) Shampoos, dentifrices, shaving creams and foams, or bath preparations, containing soap or other organic surface-active agents (heading 33.05, 33.06 or 33.07).
2.- For the purposes of heading 34.01, the expression "soap" applies only to soap soluble in water. Soap and the other products of heading 34.01 may contain added substances (for example, disinfectants, abrasive powders, fillers or medicaments). Products containing abrasive powders remain classified in heading 34.01 only if in the form of bars, cakes or moulded pieces or shapes. In other forms they are to be classified in heading 34.05 as "scouring powders and similar preparations".
3.- For the purposes of heading 34.02, "organic surface-active agents" are products which when mixed with water at a concentration of 0.5% at 20℃ and left to stand for one hour at the same temperature:
(a) give a transparent or translucent liquid or stable emulsion without separation of insoluble matter; and
(b) reduce the surface tension of water to 4.5 x 10⁻² N/m (45 dyne/cm) or less.
4.- In heading 34.03 the expression "petroleum oils and oils obtained from bituminous minerals" applies to the products defined in Note 2 to Chapter 27.
5.- In heading 34.04, subject to the exclusions provided below, the expression "artificial waxes and prepared waxes" applies only to:
(a) Chemically produced organic products of a waxy character, whether or not water-soluble;
(b) Products obtained by mixing different waxes;
(c) Products of a waxy character with a basis of one or more waxes and containing fats, resins, mineral substances or other materials.
　　The heading does not apply to:
(a) Products of heading 15.16, 34.02 or 38.23, even if having a waxy character;
(b) Unmixed animal waxes or unmixed vegetable waxes, whether or not refined or coloured, of heading 15.21;
(c) Mineral waxes or similar products of heading 27.12, whether or not intermixed or merely coloured; or
(d) Waxes mixed with, dispersed in or dissolved in a liquid medium (headings 34.05, 38.09, etc.).

番号 No.	統計細分 Stat. Code No.	N A C C S 用	品　名	税率　Rate of Duty				単位 Unit	Description
				基本 General	協定 WTO	特恵 Preferential	暫定 Temporary		
34.01			せつけん、有機界面活性剤及びその調製品(せつけんとして使用するもので、棒状にし、ケーキ状にし又は成型したものに限るものとし、せつけんを含有するかしないかを問わない。)、有機界面活性剤及びその調製品(皮膚の洗浄に使用するもので、液状又はクリーム状で小売用にしたものに限るものとし、せつけんを含有するかしないかを問わない。)並びにせつけん又は洗浄剤を染み込ませ、塗布し又は被覆した紙、ウォッディング、フェルト及び不織布						Soap; organic surface-active products and preparations for use as soap, in the form of bars, cakes, moulded pieces or shapes, whether or not containing soap; organic surface-active products and preparations for washing the skin, in the form of liquid or cream and put up for retail sale, whether or not containing soap; paper, wadding, felt and nonwovens, impregnated, coated or covered with soap or detergent:
			せつけん、有機界面活性剤及びその調製品(棒状にし、ケーキ状にし又は成型したものに限る。)並びにせつけん又は洗浄剤を染み込ませ、塗布し又は被覆した紙、ウォッディング、フェルト及び不織布						Soap and organic surface-active products and preparations, in the form of bars, cakes, moulded pieces or shapes, and paper, wadding, felt and nonwovens, impregnated, coated or covered with soap or detergent:
3401.11	000	5	化粧用のもの(薬用のものを含む。)	5.5%	無税 Free	無税 Free		KG	For toilet use (including medicated products)
3401.19			その他のもの						Other:
	010	0	1 せつけん、有機界面活性剤及びその調製品	4.6%	無税 Free	無税 Free		KG	1 Soap and organic surface-active products and preparations
	020	3	2 その他のもの	6.4%	無税 Free	無税 Free		KG	2 Other
3401.20			せつけん(その他の形状のもの)						Soap in other forms:
	010	6	1 化粧用のもの(薬用のものを含む。)	5.8%	無税 Free	無税 Free		KG	1 For toilet use (including medicated soap)
	020	2	2 その他のもの	4.6%	無税 Free	無税 Free		KG	2 Other
3401.30	000	0	有機界面活性剤及びその調製品(皮膚の洗浄に使用するもので、液状又はクリーム状で小売用にしたものに限るものとし、せつけんを含有するかしないかを問わない。)	4.6%	無税 Free	無税 Free		KG	Organic surface-active products and preparations for washing the skin, in the form of liquid or cream and put up for retail sale, whether or not containing soap
34.02			有機界面活性剤(せつけんを除く。)並びに調製界面活性剤、調製洗剤、補助的調製洗剤及び清浄用調製品(せつけんを含有するかしないかを問わないものとし、第34.01項のものを除く。)						Organic surface-active agents (other than soap); surface-active preparations, washing preparations (including auxiliary washing preparations) and cleaning preparations, whether or not containing soap, other than those of heading 34.01:
			有機界面活性剤(小売用にしてあるかないかを問わない。)						Organic surface-active agents, whether or not put up for retail sale:
3402.11			陰イオン(アニオン)系のもの	6.2%	無税 Free	無税 Free			Anionic:
	010	6	－直鎖アルキルベンゼンスルホン酸及びその塩					KG	Linear alkylbenzenesulphonic acid and its salts
	090	2	－その他のもの					KG	Other

2

輸入申告書

解答・解説④（有機界面活性剤等）

解説

換算レート：1ドル＝90.00円（9月17日〜9月23日）（10月2日の属する週の前々週のレート）

無償提供した触媒の費用（加算）：輸入者が輸出者に無償で提供している触媒であるので、取得費用（85,000円）と運賃等（5,000円）を課税価格に加算する必要がある。ただし、この触媒は、有機界面活性剤を使用した製品の生産以外には使用されていないので、有機界面活性剤を使用している製品の仕入書番号の2番と6番と7番についてのみ、90,000円（＝85,000円＋5,000円）を問題文記4にあるように、仕入書価格により按分して加算する。

仲介手数料の額（加算）：今回の輸入取引を成立させるための仲介業務を行った者に対して輸入者が支払う仲介手数料であるから、仕入書価格の4％を加算する必要がある。ただし、問題文記9の金利を含まない価格の4％であるので、仲介手数料の総額はUS\$20,000.00×4％＝US\$800.00となる。

原料購入に対する融資金利額（加算）：輸出者が輸入貨物を製造するために要した費用であり、輸入者と輸出者との間の延払条件での輸入取引に対する金利ではないので、課税価格に総額でUS\$1,000.00を加算する必要がある。

少額合算基準額（CIF価格）：まず、仕入書番号1、3、4、5、8の問題文記7の加算要素を課税価格に加算する必要のない貨物から検討していく。ここで仕入書番号2、6、7以外は、

200,000円×US\$10,000.00（＝2、6、7以外のCIF価格合計額）÷{(US\$10,000.00×104.0%（＝100%＋4.0%））＋(US\$1,000.00×US\$10,000.00÷US\$20,000.00)}（＝2、6、7以外の課税価格合計額）÷90.00円＝US\$2,038.735……

仕入書価格がCIF価格であるので、各CIF価格が少額貨物であるかの判断は、20万円にCIF価格の総額に対する課税価格の総額の割合を乗じて算出した額を、換算レートで除することで計算できる。すなわち、US\$2,038.735……以下の商品が

少額貨物となる可能性があり、これに該当するのは仕入書番号1、3及び8である。

次に、仕入書番号2、6、7の問題文記7の加算要素を課税価格に加算する必要のある貨物について検討する。そこで仕入書番号2、6、7については、

200,000円 × US\$10,000.00（= 2、6、7のCIF価格合計額）÷ ¦(US\$10,000.00 × 104.0%（= 100% + 4.0%））+（US\$1,000.00 × US\$10,000.00 ÷ US\$20,000.00）+（90,000円 ÷ 90.00円）¦（= 2、6、7の課税価格合計額）÷ 90.00円 = US\$1,867.413……

仕入書価格がCIF価格であるので、各CIF価格が少額貨物であるかの判断は、20万円にCIF価格の総額に対する課税価格の総額の割合を乗じて算出した額を、換算レートで除すことで計算できる。すなわち、US\$1,867.413……以下の商品が少額貨物となる可能性があり、これに該当するのは仕入書番号7である。

商品分類：

（少額貨物の可能性のあるものは、各10桁の最後の数字に（　）を付けている。）

1：321310000（4）「看板画家用の絵の具セット（チューブ、瓶、皿入りなど）」
①絵の具などの着色料は第32類に分類される。
②画家用の絵の具であって、チューブ入りなどの絵の具は第32.13項に分類される。
③絵の具セットであるので「3213.10.000（4）」に分類される。

2：3401190100「有機界面活性剤、せっけんとして使用するもの、棒状にしたもの」
①有機界面活性剤は第34類に分類される。
②せっけんとして使用する棒状にした有機界面活性剤は第34.01項に分類される。
③棒状にした有機界面活性剤は第3401.11号又は第3401.19号の規定（せっけん、有機界面活性剤及びその調製品（棒状にし……））より、第3401.11号又は第3401.19号に分類される。
④問題文記5の記述より化粧用のものではないので、その他のものの内のせっけんとして「3401.19.0100」に分類される。

3：330741000（2）「室内に芳香を付けるための調製品、アガバティ（線香）、燃焼させて使用するもの」
①香料の調製品は第33類に分類される。
②燃焼して使用する線香のような室内に芳香を付けるための調製品は、第33類注4の規定より第33.07項に分類される。
③室内に芳香を付けるための調製品は第3307.41号又は第3307.49号の規定（室内に芳香を付けるため又は室内の防臭用の調製品……）より、第3307.41号又は第

3307.49 号に分類される。

④アガバティで燃焼させて使用するものは「3307.41.000 (2)」に分類される。

4：3301291000 「イランイラン油の精油」

①精油は第 33 類に分類される。

②精油は第 33.01 項に分類される。

③イランイラン油の精油であるので、かんきつ類の果実の精油以外の精油として第 3301.24 号から第 3301.29 号の規定（精油（かんきつ類の果実のものを除く。））より、第 3301.24 号から第 3301.29 号に分類される。

④ミントの精油ではないので、その他のものとして第 3301.29 号に分類される。

⑤イランイラン油の精油は「3301.29.1000」に分類される。

5：3301291000 「レモングラス油の精油」

①精油は第 33 類に分類される。

②精油は第 33.01 項に分類される。

③レモングラスの精油であるので、かんきつ類の果実の精油以外の精油として第 3301.24 号から第 3301.29 号の規定（精油（かんきつ類の果実のものを除く。））より、第 3301.24 号から第 3301.29 号に分類される。

④ミントの精油ではないので、その他のものとして第 3301.29 号に分類される。

⑤レモングラス油の精油は「3301.29.1000」に分類される。

6：3401300000 「有機界面活性剤、皮膚の洗浄に使用するもの、液状にしたもの、小売り用にしたもの」

①有機界面活性剤は第 34 類に分類される。

②皮膚の洗浄に使用し、液状で小売り用にした有機界面活性剤は第 34.01 項に分類される。

③皮膚の洗浄に使用し、液状で小売り用にした有機界面活性剤は「3401.30.0000」に分類される。

7：330510000 (2)「有機界面活性剤を含有するシャンプー」

①有機界面活性剤を含有するシャンプーは、第 34 類注 1（c）の規定より第 33 類に分類される。

②シャンプーは頭髪用の調製品として第 33.05 項に分類される。

③シャンプーは「3305.10.0002」に分類される。

8：320210000（5）「合成有機なめし剤」

　①なめしエキス（剤）は第 32 類に分類される。

　②合成有機なめし剤は第 32.02 項に分類される。

　③合成有機なめし剤は「3202.10.000（5）」に分類される。

解答欄の確認：仕入書番号の 4 番目及び 5 番目の品目番号が同じ番号なので、あらかじめ合算しておく。合算後の価格は、US\$4,400.00（＝US\$2,100.00 ＋ US\$2,300.00）である。これ以外には同一の品目番号のものがなく、既に確認している少額合算基準額から仕入書番号 1、3、7 及び 8 が少額貨物であることが分かるので、それぞれの関税率を確認していく。まず、1 番（協定 3.9％）、3 番（協定 5.4％）、7 番（協定無税）、8 番（基本無税）であるから、1 番と 3 番を少額合算し、税率の高い 3 番の品目番号を使用して最後を「X」とし、7 番と 8 番を少額合算し、こちらは価格の大きい 7 番の品目番号を使用して最後を「X」とする。なおそれぞれの少額合算する貨物の価格をあらかじめ合算しておくと、1 番と 3 番は US\$3,900.00（＝US\$2,000.00 ＋ US\$1,900.00）であり、7 番と 8 番は US\$3,500.00（＝US\$1,800.00 ＋ US\$1,700.00）である。最後に、問題文に従い価格の大きい順に解答していき、少額貨物は合算した価格の大きい順に少額貨物以外の貨物の後に解答する。

解答：

  a.　⑨ 3401190100（US\$5,300.00）

  f.　｛(US\$5,300.00×1.04（＝104.0％))　＋（US\$1,000.00×US\$5,300.00÷US\$20,000.00)｝
×90.00 円＋｛(85,000 円＋ 5,000 円)×US\$5,300.00（＝2 の CIF 価格）
÷US\$10,000.00
(＝2、6、7 の CIF 価格合計額)｝　＝ 567,630 円

  cf.　｛US\$5,300 ＋（US\$1,800×US\$5,300÷US\$20,000)＋（US\$1,000×US\$5,300
÷US\$10,000)｝×90.00 円＝ 567,630 円
（※ 上記 cf：US\$1,800（＝US\$20,000× 4 ％（＝仲介手数料の総額）＋ US\$1,000（金利の総額）、US\$1,000（＝(85,000 円＋ 5,000 円)÷90.00 円))
円に換算する式は、上のように二通り例示しておいたので、参考にしていただきたい。

  b.　③ 3301291000（US\$4,400.00）

  g.　｛(US\$4,400.00×1.04（ ＝104.0％))　＋（US\$1,000.00×US\$4,400.00÷US\$20,000.00)｝
×90.00 円＝ 431,640 円

  c.　① 3401300000（US\$2,900.00）

h. $\{(US\$2,900.00 \times 1.04\ (=104.0\%)) + (US\$1,000.00 \times US\$2,900.00 \div US\$20,000.00)\} \times$ 90.00 円 + $\{(85,000\ 円 + 5,000\ 円) \times US\$2,900.00\ (= 6\ の\ CIF\ 価格)$ $\div US\$10,000.00\ (= 2、6、7\ の\ CIF\ 価格合計額)\} = 310,590\ 円$

d. ⑦ 330741000X（US\$3,900.00）

i. $\{(US\$3,900.00 \times 1.04\ (=104.0\%)) + (US\$1,000.00 \times US\$3,900.00 \div US\$20,000.00)\} \times$ 90.00 円 = 382,590 円

e. ⑮ 330510000X（US\$3,500.00）

j. $\{(US\$3,500.00 \times 1.04\ (=104.0\%)) + (US\$1,000.00 \times US\$3,500.00 \div US\$20,000.00)\}$ $\times 90.00\ 円 + \{(85,000\ 円 + 5,000\ 円) \times US\$1,800.00\ (= 7\ の\ CIF\ 価格)$ $\div US\$10,000.00$ $(= 2、6、7\ の\ CIF\ 価格合計額)\} = 359,550\ 円$

輸入申告書作成問題⑤
（家庭用品等）

　別紙１の仕入書及び下記事項により、「家庭用品等」の輸入申告を輸出入・港湾関連情報処理システム（NACCS）を使用して行う場合について、以下の問いに答えなさい。

（１）別紙２の輸入申告事項登録画面の品目番号欄（(a) 〜 (e)）に入力すべき品目番号を、別冊の「実行関税率表」(抜すい) 及び別紙３の「NACCS用品目コード（輸入）（抜すい）」を参照して、下の選択肢から選び、その番号を答えなさい。

（２）別紙２の輸入申告事項登録画面の課税価格の右欄（(f) 〜 (j)）に入力すべき申告価格（関税定率法第４条から第４条の９まで（課税価格の計算方法）の規定により計算される課税価格に相当する価格）の額を答えなさい。

記

1　品目番号が同一となるものがある場合には、これらを一欄にまとめる。

2　品目番号が異なるものの申告価格が20万円以下のもの（下記３において「少額貨物」という。）については、これらを関税が有税である品目と無税である品目とに分けて、それぞれを一括して一欄にまとめる。

　　なお、この場合に入力すべき品目番号は、以下のとおりとする。

　（１）有税である品目については、一欄にまとめた品目のうち関税率が最も高いものの品目番号とし、10桁目は「X」とする。なお、関税率が同率の場合にはそれらのうち申告価格が最も高いものの品目番号とし、10桁目は「X」とする。

　（２）無税である品目については、一欄にまとめた品目のうち申告価格が最も高いものの品目番号とし、10桁目は「X」とする。

3　品目番号が異なるものであって、上記２によりまとめたもの以外の物品の品目番号の10桁目については、別冊の「実行関税率表 (抜すい)」及び別紙３の「NACCS用品目コード（輸入）（抜すい）」に記載されたNACCS用符号を入力するものとする。

4　品目番号欄（(a) 〜 (e)）には、少額貨物以外のものについて、申告価格（上記１によりまとめられたものについては、その合計額）の大きいものから順に入力されるものとする。なお、上記２によりまとめられた少額貨物については、少額貨物以外のものが入力された後に入力されるものとし、当該少額貨物が二欄以上となる場合には、そのまとめられたものの合計額の大きいものから順に

入力されるものとする。

5　課税価格の右欄（（f）〜（j））には、別紙1の仕入書に記載された米ドル建価格に、下記8から下記12までの費用等を申告価格に加算又は控除した額を本邦通貨へ換算した後の価格を記載することとする。なお、下記9、下記10及び下記12の費用等を加算又は控除する場合の申告価格への振り分けは仕入書価格による価格按分とし、1円未満の端数がある場合は、これを切り捨てる。

6　別紙1の仕入書に記載されている米ドル建価格の本邦通貨への換算は、別紙4の「実勢外国為替相場の週間平均値」を参照して行う。

7　別紙1の仕入書に記載されている商品の説明は以下のとおりである。
（1）仕入書中の Tray は食卓用の盆、Sunshade は屋外に使用する日よけ、Birdcage は鳥かご、Storage container は家庭で使用する貯蔵用の入れ物である。
（2）仕入書中のすべての商品に本邦で課される消費税が非課税となるものはない。

8　輸入者（買手）と輸出者（売手）との売買契約においては、1回の購入価格が US$10,000 を超えると売買契約上の価格から5％の値引きが与えられることが取り決められている。今回の取引では1回の購入価格が US$10,000 を超えているため売買契約どおり売買契約上の正規価格から5％の値引きが与えられる。なお、別紙1の仕入書価格は売買契約上の正規価格で記載されているが実際の支払は値引き後の価格で行われており、そのことを証明することも可能である。

9　輸入者（買手）は、輸出者（売手）から別紙仕入書価格とは別に以下の費用を請求され支払うことになっている。
①別紙仕入書に記載された貨物の輸入港までの運送に関し、運送人から請求された通常運賃に対する繁忙期の割増運賃‥‥‥‥‥‥‥‥‥‥‥‥‥ US$62.00
②別紙仕入書に記載された貨物を輸出する前に輸出国において売手が行う製品の最終チェック及び運送業者への引渡しの費用‥‥‥‥‥‥‥‥‥ US$71.00
③別紙仕入書に記載された貨物代金の支払が船積日の翌日から6カ月後になるために発生する金利　‥‥‥‥‥‥‥‥‥‥‥‥‥‥‥‥‥‥‥‥‥ US$79.00

10　輸入者（買手）は、輸出国での事業拡大を予定しており、輸出者（売手）に対して取引先の開拓のための調査を依頼し、仕入書価格及び上記9の支払とは別に調査費用として US$188 を輸出者に支払った。

11　輸入者（買手）は別紙仕入書に記載された価格を輸出者（売手）へ送金する際、当該送金日当日の換算レート 110 円／ US$ で換算した円貨額を銀行に支払い輸出者に当該仕入書に記載された額の US$ で送金し、上記9の費用及び上記10 の調査費用は当該費用の送金日当日の換算レート 115 円／ US$ で換算した円貨額を銀行に支払い輸出者に US$ で送金している。

12　仕入書の最後に記載されている Terminal Handling Charge とは、コンテナー輸送における陸揚港での外国貿易船からコンテナーヤードまでのコンテナーの移動に係る費用である。

13　申告年月日は、令和××年10月1日である。

［統計品目番号の選択肢］

① 3924100003	② 3924900000	③ 3926100006
④ 3926100010	⑤ 4602111006	⑥ 4602119001
⑦ 4602120003	⑧ 4602199991	⑨ 4602900105
⑩ 4602900013	⑪ 4602900201	⑫ 4602900024
⑬ 392610000X	⑭ 460290001X	⑮ 460290002X

別紙1

INVOICE

Seller	M&M HOME Co., Ltd	Invoice No. and Date	
	543 Franklin Ave., New York, U.S.A.	M H C-872 Aug. 30, 20XX	

Buyer	Country of Origin : U.S.A.	
Yamagata Trading CO., LTD	L/C No.	Date
1-1 1-Chome Nishi-Shinjuku, Shinjuku-ku, Tokyo, Japan	HTC-22887256	Aug. 10, 20XX

Vessel	On or about	Issuing Bank
Shizuoka Beauty	Sep.10, 20XX	Hyogo Bank

From New York, U.S.A.	Via

To Tokyo, Japan	Other Payment Terms

Marks and Nos.	Description of Goods	Quantity	Unit Price (per KG)	Amount
	Household articles, etc.			
	1 Birdcage of plastics, made up from plaiting materials, basketwork	700pcs.	US$2.00	US$1,400.00
	2 Hand-screens of plastics, made up from plaiting materials, wickerwork	1,100pcs.	US$1.00	US$1,100.00
	3 Tray for tableware of plastics, made up from plaiting materials, basketwork	600pcs.	US$2.00	US$1,200.00
YTC	4 Storage container (1L) for foods of plastics, directly to shape from plastic raw materials	1,800pcs.	US$1.00	US$1,800.00
TOKYO				
MADE IN U.S.A.	5 Paper knife of plastics, directly to shape from plastic raw materials	1,600pcs.	US$1.00	US$1,600.00
	6 Tray for tableware of rattan, made up from plaiting materials, basketwork	580pcs.	US$5.00	US$2,900.00
	7 Birdcage of bamboo, made up from plaiting materials, basketwork	1,150pcs.	US$2.00	US$2,300.00
	8 Fans of bamboo, made up from plaiting materials, wickerwork	1,700pcs.	US$1.00	US$1,700.00
	Terminal Handling Charge (in Japan)			US$200.00
	M&M HOME Co., Ltd (signature)		TOTAL CIP TOKYO	US$14,200.00

別紙2

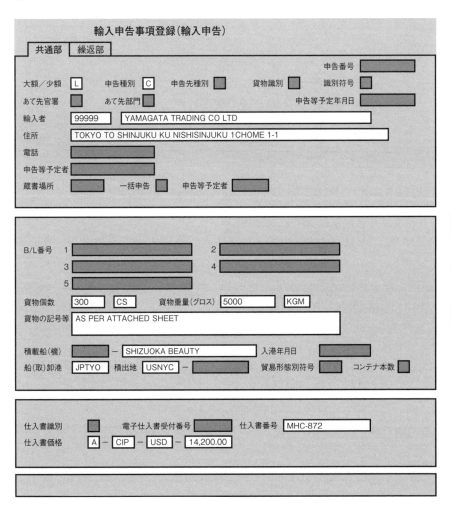

輸入申告事項登録（輸入申告）

| 共通部 | 繰返部 |

申告番号 ▢

大額／少額 L　申告種別 C　申告先種別 ▢　貨物識別 ▢　識別符号 ▢

あて先官署 ▢　あて先部門 ▢　申告等予定年月日 ▢

輸入者　99999　YAMAGATA TRADING CO LTD

住所　TOKYO TO SHINJUKU KU NISHISINJUKU 1CHOME 1-1

電話 ▢

申告等予定者 ▢

蔵置場所 ▢　一括申告 ▢　申告等予定者 ▢

B/L番号　1 ▢　2 ▢
　　　　　3 ▢　4 ▢
　　　　　5 ▢

貨物個数　300　CS　貨物重量（グロス）5000　KGM

貨物の記号等　AS PER ATTACHED SHEET

積載船（機）▢ － SHIZUOKA BEAUTY　入港年月日 ▢

船（取）卸港 JPTYO　積出地 USNYC － ▢　貿易形態別符号 ▢　コンテナ本数 ▢

仕入書識別 ▢　電子仕入書受付番号 ▢　仕入書番号 MHC-872

仕入書価格 A － CIP － USD － 14,200.00

輸入申告事項登録（輸入申告）

共通部 | 繰返部

＜01欄＞ 品目番号 (a)　　品名 　　　　　　　　　　　原産地 US － R

数量1 　　 － 　　　数量2 　　 － 　　 輸入令別表 　　 蔵置目的等

BPR係数 　　　　運賃按分 　　　課税価格 　 － (f)

関税減免税コード 　　関税減税額

	内消税等種別	減免税コード	内消税減税額		内消税等種別	減免税コード	内消税減税額
1				2			
3				4			
5				6			

＜02欄＞ 品目番号 (b)　　品名 　　　　　　　　　　　原産地 US － R

数量1 　　 － 　　　数量2 　　 － 　　 輸入令別表 　　 蔵置目的

BPR係数 　　　　運賃按分 　　　課税価格 　 － (g)

関税減免税コード 　　関税減税額

	内消税等種別	減免税コード	内消税減税額		内消税等種別	減免税コード	内消税減税額
1				2			
3				4			
5				6			

＜03欄＞ 品目番号 (c)　　品名 　　　　　　　　　　　原産地 US － R

数量1 　　 － 　　　数量2 　　 － 　　 輸入令別表 　　 蔵置目的

BPR係数 　　　　運賃按分 　　　課税価格 　 － (h)

関税減免税コード 　　関税減税額

	内消費税等種別	減免税コード	内消税減税額		内消税等種別	減免税コード	内消税減税額
1				2			
3				4			
5				6			

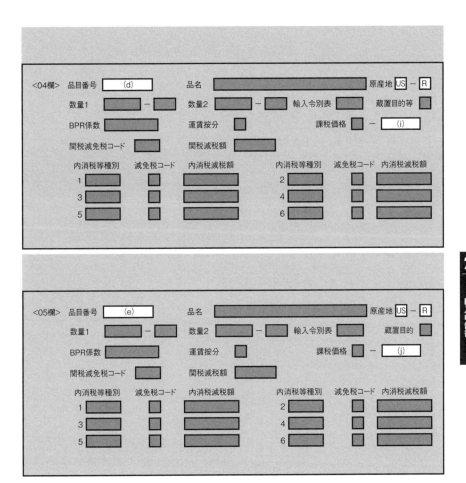

別紙3

NACCS 用品目コード（輸入）（抜すい）

実行関税率表			NACCS 用品目コード			備考
番号	細分	NACCS用	番号	細分	NACCS用	
392610	000	†	392610	000	6	その他のもの
			392610	001	0	消費税非課税のもの
392690	021	†	392690	021	3	その他のもの
			392690	001	4	消費税非課税のもの
392690	029	†	392690	029	4	その他のもの
			392690	002	5	消費税非課税のもの
460199	100	†	460199	100	4	その他のもの
			460199	001	3	プラスチック製のもの
460199	200	†	460199	200	6	その他のもの
			460199	002	4	プラスチック製のもの
460290	010	†1	460290	010	5	その他のもの
			460290	001	3	プラスチック製のもの
460290	020	†2	460290	020	1	その他のもの
			460290	002	4	プラスチック製のもの

別紙4

実勢外国為替相場の週間平均値
（1米ドルに対する円相場）

期　　　　間	週間平均値
令和××. 9. 1 ～ 令和××. 9. 7	¥110.00
令和××. 9. 8 ～ 令和××. 9. 14	¥115.00
令和××. 9. 15 ～ 令和××. 9. 21	¥120.00
令和××. 9. 22 ～ 令和××. 9. 28	¥125.00

実行関税率表（抜すい）

番　号 No.	統計 細分 Stat. Code No.	N A C C S 用	品　　　　名	税　　　　率　　　Rate of Duty				単位 Unit	Description
				基　本 General	協　定 WTO	特　恵 Prefer- ential	暫　定 Tempo- rary		
39.24			プラスチック製の食卓用品、台所用品その他の家庭用品及び化粧用品						Tableware, kitchenware, other household articles and hygienic or toilet articles, of plastics:
3924.10	000	3	食卓用品及び台所用品	5.8%	3.9%	無税 Free		KG	Tableware and kitchenware
3924.90	000	0	その他のもの	5.8%	3.9%	無税 Free		KG	Other
39.25			プラスチック製の建築用品（他の項に該当するものを除く。）						Builders' ware of plastics, not elsewhere specified or included:

(注) 39.22　化学物質の審査及び製造等の規制に関する法律

39.23, 39.24　食品衛生法（食器等）
化学物質の審査及び製造等の規制に関する法律

39.25　化学物質の審査及び製造等の規制に関する法律

(Note) 39.22　Law Concerning Screening of Chemical Substances and Regulation of their Manufacture, etc.

39.23, 39.24　Food Sanitation Law (Tableware, etc.)
Law Concerning Screening of Chemical Substances and Regulation of their Manufacture, etc.

39.25　Law Concerning Screening of Chemical Substances and Regulation of their Manufacture, etc.

番 号 No.	統計細分 Stat. Code No.	N A C C S 用	品 名	税 率 Rate of Duty 基 本 General	協 定 WTO	特 恵 Preferential	暫 定 Temporary	単位 Unit	Description
3925.10	000	1	貯蔵槽、タンク、おけその他これらに類する容器(容積が300リットルを超えるものに限る。)	5.8%	3.9%	無税 Free		KG	Reservoirs, tanks, vats and similar containers, of a capacity exceeding 300 l
3925.20	000	5	戸及び窓並びにこれらの枠並びに戸の敷居	5.8%	3.9%	無税 Free		KG	Doors, windows and their frames and thresholds for doors
3925.30	000	2	よろい戸、日よけ(ベネシャンブラインドを含む。)その他これらに類する製品及びこれらの部分品	5.8%	4.8%	無税 Free		KG	Shutters, blinds (including Venetian blinds) and similar articles and parts thereof
3925.90	000	5	その他のもの	5.8%	3.9%	無税 Free		KG	Other
39.26			その他のプラスチック製品及び第39.01項から第39.14項までの材料(プラスチックを除く。)から成る製品						Other articles of plastics and articles of other materials of headings 39.01 to 39.14:
3926.10	000	†	事務用品及び学用品	5.8%	4.8%	無税 Free		KG	Office or school supplies
3926.20	000	3	衣類及び衣類附属品(手袋、ミトン及びミットを含む。)	5.8%	4.8%	無税 Free		KG	Articles of apparel and clothing accessories (including gloves, mittens and mitts)
3926.30	000	0	家具用又は車体用の取付具その他これに類する取付具	5.8%	3.9%	無税 Free		KG	Fittings for furniture, coachwork or the like
3926.40	000	4	小像その他の装飾品	5.8%	4.8%	無税 Free		KG	Statuettes and other ornamental articles
3926.90			その他のもの						Other: Ⓐ
	010	6	1 自動車用のシャシばね及びそのばね板	無税 Free	(無税) (Free)			KG	1 Chassis spring and leaves thereof, for motor vehicles
			2 その他のもの	5.8%	3.9%				2 Other:
	021	†	―ストリップを織ったもの(両面を全てプラスチックで塗布し、又は被覆したものに限る。)			3.12% ×無税 Free		KG	Woven fabrics obtained from strip, entirely coated or covered on both sides with plastics
	029	†	―その他のもの			無税 Free		KG	Other

(注) 3925.90のうち モントリオール議定書附属書Dに該当するもの 二号承認
39.26 医薬品、医療機器等の品質、有効性及び安全性の確保等に関する法律
食品衛生法
化学物質の審査及び製造等の規制に関する法律
3926.90のうち モントリオール議定書附属書Dに該当するもの 二号承認

(Note) ex 3925.90 Specified in the Montreal Protocol on Substances that Deplete the Ozone Layer (Annex D): Item 2 Approval
39.26 Act on Securing Quality, Efficacy and Safety of Pharmaceuticals, Medical Devices, Regenerative and Cellular Therapy Products, Gene Therapy Products, and Cosmetics
Food Sanitation Law
Law Concerning Screening of Chemical Substances and Regulation of their Manufacture, etc.
ex 3926.90 Specified in the Montreal Protocol on Substances that Deplete the Ozone Layer (Annex D): Item 2 Approval

第46類　わら、エスパルトその他の組物材料の製品並びにかご細工物及び枝条細工物

注
1　この類において「組物材料」とは、組合せその他これに類する加工方法に適する状態又は形状の材料をいい、当該材料には、わら、オージ、柳、竹、とう、いぐさ、あし、経木その他の植物性材料のストリップ（例えば、樹皮のストリップ、細い葉及びラフィアその他の広い葉から得たストリップ）、紡績してない天然の紡織用繊維及びプラスチックの単繊維、ストリップその他これらに類する物品並びに紙のストリップを含むものとし、革、コンポジションレザー、フェルト又は不織布のストリップ、人髪、馬毛、紡織用繊維のロービング及び糸並びに第54類の単繊維、ストリップその他これらに類する物品を含まない。
2　この類には、次の物品を含まない。
(a)　第48.14項の壁面被覆材
(b)　ひも、綱及びケーブル（組んであるかないかを問わない。第56.07項参照）
(c)　第64類又は第65類の履物及び帽子並びにこれらの部分品
(d)　かご細工物の乗物及びそのボデー（第87類参照）
(e)　第94類の物品（例えば、家具及びランプその他の照明器具）
3　第46.01項において「組物材料又はさなだその他これに類する組物材料の物品を平行につないだ物品」とは、組物材料又はさなだその他これに類する組物材料の物品を並列にしたものをつなぎ合わせてシート状にしたものをいい、つなぎ合わせるために使用した材料が紡績した紡織用繊維であるかないかを問わない。

Notes.
1.- In this Chapter the expression "plaiting materials" means materials in a state or form suitable for plaiting, interlacing or similar processes; it includes straw, osier or willow, bamboos, rattans, rushes, reeds, strips of wood, strips of other vegetable material (for example, strips of bark, narrow leaves and raffia or other strips obtained from broad leaves), unspun natural textile fibres, monofilament and strip and the like of plastics and strips of paper, but not strips of leather or composition leather or of felt or nonwovens, human hair, horsehair, textile rovings or yarns, or monofilament and strip and the like of Chapter 54.

2.- This Chapter does not cover:
(a) Wall coverings of heading 48.14;
(b) Twine, cordage, ropes or cables, plaited or not (heading 56.07);
(c) Footwear or headgear or parts thereof of Chapter 64 or 65;
(d) Vehicles or bodies for vehicles of basketware (Chapter 87); or
(e) Articles of Chapter 94 (for example, furniture, lamps and lighting fittings).

3.- For the purposes of heading 46.01, the expression "plaiting materials, plaits and similar products of plaiting materials, bound together in parallel strands" means plaiting materials, plaits and similar products of plaiting materials, placed side by side and bound together, in the form of sheets, whether or not the binding materials are of spun textile materials.

2　輸入申告書

番号 No.	統計細分 Stat. Code No.	NACCS用	品名	税率 Rate of Duty 基本 General	協定 WTO	特恵 Preferential	暫定 Temporary	単位 Unit	Description
46.01			さなだその他これに類する組物材料から成る物品（ストリップ状であるかないかを問わない。）並びに組物材料又はさなだその他これに類する組物材料から成る物品を平行につなぎ及び織つたものであつてシート状のもの（最終製品（敷物、壁掛等）であるかないかを問わない。）						Plaits and similar products of plaiting materials, whether or not assembled into strips; plaiting materials, plaits and similar products of plaiting materials, bound together in parallel strands or woven, in sheet form, whether or not being finished articles (for example, mats, matting, screens):
			敷物及びすだれ（植物性材料製のものに限る。）						Mats, matting and screens of vegetable materials:
4601.21	000	3	竹製のもの	3.9%	3.3%	無税 Free		KG	Of bamboo
4601.22	000	2	とう製のもの	3.9%	3.3%	無税 Free		KG	Of rattan
4601.29			その他のもの						Other:
	100	4	1　いぐさ製又は七島い製のもの	6%	(6%)	×無税 Free		SM KG	1 Of Igusa (*Juncus effusus*) or of Shichitoi (*Cyperus tegetiformis*)
			2　その他のもの	3.9%	3.3%	無税 Free			2 Other:
	910	2	ーすだれ（幅が80センチメートル以上のものに限る。）					KG	Screens, not less than 80 cm in width
	990	5	ーその他のもの					KG	Other
			その他のもの						Other:
4601.92	000	2	竹製のもの	3.9%	3.3%	無税 Free		KG	Of bamboo
4601.93	000	1	とう製のもの	3.9%	3.3%	無税 Free		KG	Of rattan
4601.94			その他の植物性材料製のもの						Of other vegetable materials:

(注) 46.01　植物防疫法　　　　　　　　　　(Note) 46.01　Plant Quarantine Law
　　　　　　家畜伝染病予防法　　　　　　　　　　　　　　　Domestic Animal Infectious Disease Control Law

番 号 No.	統計 細分 Stat. Code No.	NACCS用	品 名 Description (Japanese)	税 率 Rate of Duty 基 本 General	協 定 WTO	特 恵 Preferential	暫 定 Temporary	単位 Unit	Description
(4601.94)	100	2	1 むしろ、こも及びアンペラ	無税 Free	(無税) (Free)			KG	1 Mushiro, Komo and rushmats
			2 さなだその他これに類する組物材料から成る物品(ストリップ状であるかないかを問わない。)	3%		無税 Free			2 Plaits and similar products of plaiting materials, whether or not assembled into strips:
	210	0	－ばつかんさなだ		2.7%			KG	Straw braid
	290	3	－その他のもの		(3%)			KG	Other
			3 その他のもの						3 Other:
			(1) いぐさ製又は七島い製のもの	6%	(6%)	×無税 Free			(1) Of Igusa (*Juncus effusus*) or of Shichitoi (*Cyperus tegetiformis*):
	911	1	－畳表					SM KG	Tatami facing
	919	2	－その他のもの					SM KG	Other
	990	3	(2) その他のもの	3.9%	3.3%	無税 Free		KG	(2) Other
4601.99			その他のもの						Other:
	100	†	1 さなだその他これに類する組物材料から成る物品(ストリップ状であるかないかを問わない。)	3%	(3%)	無税 Free		KG	1 Plaits and similar products of plaiting materials, whether or not assembled into strips
	200	†	2 その他のもの	4.6%	3.8%	無税 Free		KG	2 Other
46.02			かご細工物、枝条細工物その他の製品(組物材料から直接造形したもの及び第46.01項の物品から製造したものに限る。)及びへちま製品						Basketwork, wickerwork and other articles, made directly to shape from plaiting materials or made up from goods of heading 46.01; articles of loofah:
			植物性材料製のもの						Of vegetable materials:
4602.11			竹製のもの						Of bamboo:
	100	6	1 扇子及びうちわ並びにこれらの部分品	4.1%	3.4%	2.04% ×無税 Free		KG	1 Fans and handscreens, and parts thereof
	900	1	2 その他のもの	9.6%	7.9%	4.74% ×無税 Free		KG	2 Other
4602.12	000	3	とう製のもの	9.6%	7.9%	4.74% ×無税 Free		KG	Of rattan
4602.19			その他のもの						Other:
	100	5	1 瓶用のわらづと	3.9%	3.3%	1.98% ×無税 Free		KG	1 Straw envelopes for bottles
			2 その他のもの	9.6%	7.9%				2 Other:
	910	3	－畳床			無税 Free		KG	Tatamidoko
			－その他のもの			4.74% ×無税 Free			Other:

(注) 46.02　植物防疫法
食品衛生法　　　　　　　　　　　　　　(Note) 46.02　Plant Quarantine Law
Food Sanitation Law

番 号 No.	統計 細分 Stat. Code No.	N A C C S 用	品 名	税 率 Rate of Duty				単位 Unit	Description
				基 本 General	協 定 WTO	特 恵 Prefer- ential	暫 定 Tempo- rary		
(4602.19)	991	0	ーー畳(厚さが8ミリメート ル以上、面積が1平方 メートル未満のもので、 かつ、いぐさ製又は七島 い製の畳表を有するもの に限る。)					KG	Tatami, of the thickness not less than 8 mm, of the surface area less than 1 m² and containing tatami facing of Igusa (*Juncus ef- fusus*) or of Shichitoi (*Cyperus tegetiformis*)
	999	1	ーーその他のもの					KG	Other
4602.90			その他のもの						Other:
	010	†₁	1 扇子、うちわ、これらの骨及び 柄並びに扇子又はうちわの骨又 は柄の部分品	2.5%	(2.5%)	無税 Free		KG	1 Fans and hand-screens, non-mechanical; frames and handles thereof and parts of such frames and handles
	020	†₂	2 その他のもの	2.8%	(2.8%)	無税 Free		KG	2 Other

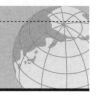

解答・解説⑤（家庭用品等）

解答　a：⑦、b：⑫、c：⑥、d：①、e：⑬
f：333,906円、g：299,364円、h：264,822円、
i：207,252円、j：506,616円

解説

換算レート：1ドル＝120.00円（9月15日〜9月21日）（10月1日の属する週の前々週のレート）

値引き額：問題文記8にある売買契約で取り決めがされている値引き額は、実際の支払額が値引き後の価格となっているため仕入書価格からそれぞれ5％を控除して課税価格を計算する。

仕入書価格とは別に支払う費用：問題文記9にある輸入者が輸出者に対して仕入書価格とは別に支払う費用のうち、①輸入港までの運送に係る繁忙期の割増運賃（US$62.00）、②売手が行う製品の最終チェック及び運送業者への引き渡し費用（US$71.00）は、課税価格に価格に加算するが、③貨物代金の支払が船積日の翌日から6カ月後になるために発生する金利（＝延払金利）は課税価格に加算しない。

取引先開拓のための調査費用：問題文記10にある取引先開拓のための調査費用は輸入貨物に係る支払ではないので課税価格に加算しない。

送金の際の換算レート：問題文記11にある海外送金の際の換算レートについては、仕入書に記載された価格の送金についても、取引先開拓のための調査費用等の送金についても、輸入者から輸出者への送金通貨がUS$であるので実勢外国為替相場の週間平均値の表にある輸入申告日の前々週のレート120円／US$で課税価格を計算する。

Terminal Handling Charge：問題文記12にあるTerminal Handling Chargeは本邦における陸揚げに係る費用なので、課税価格に加算しない。

少額合算基準額（CIP価格）：今回は他の問題の解答方法と違う方法で、あえて少額合算基準額を計算せずに解答する。あらかじめ少額合算基準額を計算しなくても、少額貨物を導く手順を以下で説明していく。

商品分類：

（少額貨物の可能性のあるものは、今のところ不明。）

1：4602900024 「プラスチック製の鳥かご、組物材料で作られたもの、かご細工物」

①かご細工物は第46類に分類される。

②かご細工物は第46.02項に分類される。

③植物性材料製のものではないので、その他のものとして第4602.90号に分類される。

④鳥かごであるので、その他のものとして「4602.90.020†₂」に分類される。なお、当問題では、問題文に「NACCS用品目コード（輸入）（抜すい）」を参照して解答するとあるので、「†」の記号が出てきたときには、別紙3のNACCS用品目コード（輸入）（抜すい）の表に進み、品目番号を確認していく。

⑤プラスチック製のものであるので別紙3のNACCS用品目コード（輸入）（抜すい）の表より「4602.90.0024」に分類される。

2：4602900013 「プラスチック製のうちわ、組物材料で作られたもの、枝条細工物」

①枝条細工物は第46類に分類される。

②枝条細工物は第46.02項に分類される。

③植物性材料製のものではないので、その他のものとして第4602.90号に分類される。

④うちわであるので「4602.90.010†₁」に分類される。なお、当問題では、問題文に「NACCS用品目コード（輸入）（抜すい）」を参照して解答するとあるので、「†」の記号が出てきたときには、別紙3のNACCS用品目コード（輸入）（抜すい）の表に進み、品目番号を確認していく。

⑤プラスチック製のものであるので別紙3のNACCS用品目コード（輸入）（抜すい）の表より「4602.90.0013」に分類される。

3：4602900024 「プラスチック製の食卓用の盆、組物材料で作られたもの、かご細工物」

①かご細工物は第46類に分類される。

②かご細工物は第46.02項に分類される。

③植物性材料製のものではないので、その他のものとして第4602.90号に分類される。

④食卓用の盆であるので、その他のものとして「4602.90.020†₂」に分類される。なお、当問題では、問題文に「NACCS用品目コード（輸入）（抜すい）」を参照して解答するとあるので、「†」の記号が出てきたときには、別紙3のNACCS用品目コード（輸入）（抜すい）の表に進み、品目番号を確認していく。

⑤プラスチック製のものであるので別紙3のNACCS用品目コード（輸入）（抜すい）の表より「4602.90.0024」に分類される。

4：3924100003 「プラスチック製の食品貯蔵用の入れ物（1リットル）、プラスチック原料から直接造形したもの」

①プラスチックの製品は第39類に分類される。

②プラスチック製の食卓用品は第39.24項に分類される。

③食卓用品は第3924.10号に分類される。

④第3924.10号はさらに細分されていないので、「3924.10.0003」に分類される。

5：3926100006 「プラスチック製のペーパーナイフ、プラスチック原料から直接造形したもの」

①プラスチックの製品は第39類に分類される。

②ペーパーナイフは、第39.24項及び第39.25項に該当しないので、その他のプラスチック製品として第39.26項に分類される。

③ペーパーナイフは事務用品であるので、第3926.10号に分類される。

④第3926.10号はさらに細分されていないので、「3926.10.000†」に分類される。なお、当問題では、問題文に「NACCS用品目コード（輸入）（抜すい）」を参照して解答するとあるので、「†」の記号が出てきたときには、別紙3のNACCS用品目コード（輸入）（抜すい）の表に進み、品目番号を確認していく。

⑤問題文記7（2）より消費税非課税のものではないので、別紙3のNACCS用品目コード（輸入）（抜すい）の表より「3926.10.0006」に分類される。

6：4602120003 「とう製の食品用の盆、組物材料で作られたもの、かご細工物」

①かご細工物は第46類に分類される。

②かご細工物は第46.02項に分類される。

③植物性材料製のものは、第4602.11号から第4602.19号に分類される。

④とう製のものは第4602.12号に分類される。

⑤第4602.12号はさらに細分されていないので、「4602.12.0003」に分類される。

7：4602119001 「竹製の鳥かご、組物材料で作られたもの、かご細工物」

①かご細工物は第46類に分類される。

②かご細工物は第46.02項に分類される。

③植物性材料製のものは、第4602.11号から第4602.19号に分類される。

④竹製のものは第4602.11号に分類される。

⑤竹製の鳥かごであるので、その他のものとして「4602.11.9001」に分類される。

8：4602111006 「竹製の扇子、組物材料で作られたもの、枝条細工物」

①枝条細工物は第 46 類に分類される。

②枝条細工物は第 46.02 項に分類される。

③植物性材料製のものは、第 4602.11 号から第 4602.19 号に分類される。

④竹製のものは第 4602.11 号に分類される。

⑤竹製の扇子は「4602.11.1006」に分類される。

解答欄の確認：仕入書番号１と３の分類番号が同じなのでこれらを合算する。合算後の価格は US$2,600（＝ US$1,400 ＋ US$1,200）である。ほかに品目番号が同じものはないので少額貨物の確認を行い解答していく。現時点で７つの品目番号にまとめられているので、これらのうち仕入書価格の小さい３つが少額貨物の可能性があり、該当するものは仕入書番号２、５と８である。そこで、これらの３つの中で最も仕入書価格の大きい仕入書番号８の課税価格を計算してみると、

$$\{US\$1,700 \times 95\% + (US\$133 \times US\$1,700 \div US\$14,000)\} \times 120\text{円} = 195,738\text{円}$$

となり、予想どおり少額貨物であることが分かる。したがって、少額貨物は仕入書番号２、５と８となるはずである。ちなみに仕入書価格が上から４番目となる仕入書番号１と３を合算した価格は US$2,600 であるがこちらは課税価格が20万円を上回るはずである。なお、結果は後に課税価格の計算をするので自動的に判明する。

続いて、少額貨物についてはこれらを無税品と有税品に分ける必要がある。そこで税率を確認すると、仕入書番号２（基本税率 2.5%）、仕入書番号５（協定税率 4.8%）と仕入書番号８（協定税率 3.4%）であるので、無税品はなくすべて有税品であることが分かる。したがって、問題文に従い関税率の最も大きい仕入書番号５の「392610000」に分類し 10 桁目は「X」とする。なお、少額貨物の仕入書価格を合算しておくと次のようになる。

US$1,100 ＋ US$1,600 ＋ US$1,700 ＝ US$4,400

最後に問題文に従い価格の大きい順に解答していき、少額貨物は最後に解答する。

解答：

a. ⑦ 4602120003（US$2,900）

f. $\{US\$2,900 \times 95\% + (US\$133 \times US\$2,900 \div US\$14,000)\} \times 120.00\text{円} = 333,906\text{円}$

b. ⑫ 4602900024（US$2,600）

g. $\{US\$2,600 \times 95\% + (US\$133 \times US\$2,600 \div US\$14,000)\} \times 120.00\text{円} = 299,364\text{円}$

c. ⑥ 4602119001（US$2,300）

h. $\{US\$2,300 \times 95\% + (US\$133 \times US\$2,300 \div US\$14,000)\} \times 120.00\text{円} = 264,822\text{円}$

2

輸入申告書

d. ① 3924100003 (US$1,800)

i. {US$1,800×95％＋（US$133×US$1,800÷US$14,000）}×120.00 円＝ 207,252 円

e. ⑬ 392610000X（US$4,400）

j. {US$4,400×95％＋（US$133×US$4,400÷US$14,000）}×120.00 円＝ 506,616 円

2-6 輸入申告書作成問題⑥（台所用品等）

　別紙1の仕入書及び下記事項により、「台所用品及び雑貨等」の輸入申告を輸出入・港湾関連情報処理システム（NACCS）を使用して行う場合について、以下の問いに答えなさい。

- （1）別紙2の輸入申告事項登録画面の品目番号欄（(a)〜(e)）に入力すべき品目番号を、別冊の「実行関税率表」（抜すい）を参照して、下の選択肢の中から選び、その番号を答えなさい。
- （2）別紙2の輸入申告事項登録画面の課税価格の右欄（(f)〜(j)）に入力すべき申告価格（関税定率法第4条から第4条の9まで（課税価格の計算方法）の規定により計算される課税価格に相当する価格）の額を答えなさい。

記

1　品目番号が同一となるものがある場合には、これらを一欄にまとめる。
2　品目番号が異なるものの申告価格が20万円以下のもの（下記3において「少額貨物」という。）については、これらを関税が有税である品目と無税である品目とに分けて、それぞれを一括して一欄にまとめる。
　　なお、この場合に入力すべき品目番号は、以下のとおりとする。
- （1）有税である品目については、一欄にまとめた品目のうち関税率が最も高いものの品目番号とし、10桁目は「X」とする。
- （2）無税である品目については、一欄にまとめた品目のうち申告価格が最も高いものの品目番号とし、10桁目は「X」とする。
3　品目番号欄（(a)〜(e)）には、少額貨物以外のものについて、申告価格（上記1によりまとめられたものについては、その合計額）の大きいものから順に入力されるものとする。なお、上記2によりまとめられた少額貨物については、少額貨物以外のものが入力された後に入力されるものとし、当該少額貨物が二欄以上となる場合には、そのまとめられたものの合計額の大きいものから順に入力されるものとする。
4　課税価格の右欄（(f)〜(j)）には、別紙1の仕入書に記載された米ドル建価格を本邦通貨へ換算した後の申告価格を記載することとする。なお、1円未満の端数がある場合は、これを切り捨てる。
5　別紙1の仕入書に記載されている米ドル建価格の本邦通貨への換算は、別紙3の「実勢外国為替相場の週間平均値」を参照して行う。

6 別紙1の仕入書に記載されている商品の説明は以下のとおりである。
  （1）仕入書のすべての品目は、セットにしたものではない。また、貴金属をめっ
    きしたものはない。さらに、各商品について製造又は発行時期の書かれてい
    ないものはすべて今年製造又は発行された新品のものである。
  （2）仕入書の1番目の品目の「Goddess」とは女神のことである。また、この商
    品は、大量生産した複製品である。
  （3）仕入書の3番目から5番目の品目は、すべて台所用具又は食卓用具である。
  （4）仕入書の6番目の品目は、現在も発行国において使用できる（通用する）
    ものである。
  （5）仕入書の7番目の品目は、現在は発行国において使用できない（通用しな
    い）ものである。
7 輸入者は、今回の輸入取引に関し、仕入書価格以外に以下の費用を負担して
  いる。
  （1）運送料及び保険料
  ①パリから日本までの航空運賃及び保険料……………………………1,800米ドル
  ②成田空港から東京までの運送料 ………………………………… 20,000円
  ③成田空港での税関関係手数料など ………………………………… 20,000円
  （2）輸入者は、前回の取引において輸出者が行った輸出用の梱包に不備があっ
    たため、今回は特別に輸出国の梱包会社と別途契約し、輸出者の同意を得て、
    輸出者の倉庫内において、輸入者の費用負担により輸出梱包を行っている。
    なお、輸入者は当該梱包会社に600米ドルを支払っている。このため、輸出
    者からの仕入書には梱包費用を含まない価格で仕入書が作成されている。
8 輸入者は、輸出者との代金決済を現金即時払いにより行うこととしたところ、
  これを条件として、輸出者から5％の現金値引き（Cash Discount）が与えられ、
  値引き後の価格により決済を行う。
9 上記7の仕入書とは別に輸入者が支払う必要がある費用の中に、仕入書価格
  に加算して申告すべき費用がある場合には、当該費用の申告価格への振り分け
  は価格按分とし、申告価格が20万円以下かどうかの判断は、当該費用を按分し
  た後の価格で判断する。
10 申告年月日は、令和××年9月25日である。

［統計品目番号の選択肢］
① 490700000†   ② 7323930003   ③ 7324100000
④ 970600000X   ⑤ 8211920006   ⑥ 8214100005
⑦ 8215990005   ⑧ 8301100006   ⑨ 8306290005
⑩ 9704000003   ⑪ 9706000006   ⑫ 732393000X
⑬ 821410000X   ⑭ 830110000X   ⑮ 970400000X

別紙1

INVOICE

Seller	FRC Antique Co., Ltd	Invoice No. and Date	
	223 Rue Saint-honore, 75001, Paris, France	FRC-991 Sep. 20, 20XX	

Buyer	Country of Origin : French Republic		
Nara Trading CO., LTD	L/C No.		Date
6-2 2-Chome Nishi-Shinjuku Shinjuku-ku, Tokyo,Japan	HTC-33998743		July 30, 20XX

Vessel	On or about	Issuing Bank
JL279	Sep 24, 20XX	Horyuji Bank
From Paris, France.	Via	

To Narita, Japan	Other payment Terms

Marks and Nos.	Description of Goods	Quantity	Unit Price (per PC)	Amount
	Kitchen and Household articles, etc.			
	1 Goddess statuettes of stainless steel	280pcs	US$10.00	US$2,800.00
	2 Padlocks of iron (Key Operated) : manufactured in the 1800s	15pcs	US$100.00	US$1,500.00
	3 Forks of stainless steel	1,000pcs	US$1.00	US$1,000.00
	4 Butter-knives of stainless steel	1,000pcs	US$1.30	US$1,300.00
NTC TOKYO MADE IN FRANCE	5 Frying pan of stainless steel	40pcs	US$40.00	US$1,600.00
	6 Unused Postage : issued in France in 1950	10,000pcs	US$0.29	US$2,900.00
	7 Unused Postage : issued in France in 1850	10pcs	US$170.00	US$1,700.00
	8 Padlocks of stainless steel (Key operated) : manufactured in the 2009	450pcs	US$4.00	US$1,800.00
	9 Paper knives of stainless steel	35pcs	US$40.00	US$1,400.00

		Total FCA	US$16,000.00
N/W : 300kg	FRC Antique Co. ,Ltd	(Cash Discount) 5%off	US$800.00
G/W : 400kg	(signature)	Grand Total FCA	US$15,200.00

別紙2

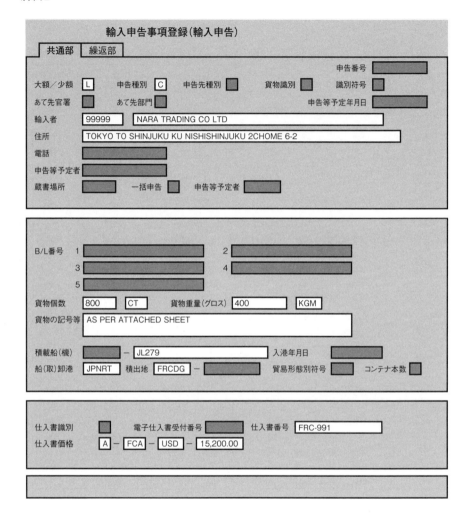

輸入申告事項登録（輸入申告）

共通部　繰返部

申告番号　[_____]

大額／少額　L　申告種別　C　申告先種別　[__]　貨物識別　[__]　識別符号　[__]

あて先官署　[__]　あて先部門　[__]　申告等予定年月日　[_____]

輸入者　99999　NARA TRADING CO LTD

住所　TOKYO TO SHINJUKU KU NISHISHINJUKU 2CHOME 6-2

電話　[_____]

申告等予定者　[_____]

蔵置場所　[____]　一括申告　[__]　申告等予定者　[____]

B/L番号　1　[_____]　2　[_____]

　　　　　3　[_____]　4　[_____]

　　　　　5　[_____]

貨物個数　800　CT　貨物重量（グロス）　400　KGM

貨物の記号等　AS PER ATTACHED SHEET

積載船（機）　[____]　—　JL279　入港年月日　[____]

船（取）卸港　JPNRT　積出地　FRCDG　—　[____]　貿易形態別符号　[____]　コンテナ本数　[__]

仕入書識別　[__]　電子仕入書受付番号　[____]　仕入書番号　FRC-991

仕入書価格　A　—　FCA　—　USD　—　15,200.00

輸入申告事項登録（輸入申告）

共通部 | 繰返部

<01欄> 品目番号 (a)　　品名 _____　　原産地 FR － R

数量1 ___ － ___　　数量2 ___ － ___　　輸入令別表 ___　　蔵置目的等 ___

BPR係数 ___　　運賃按分 ___　　課税価格 ___ － (f)

関税減免税コード ___　　関税減税額 ___

内消税等種別	減免税コード	内消税減税額		内消税等種別	減免税コード	内消税減税額
1				2		
3				4		
5				6		

<02欄> 品目番号 (b)　　品名 _____　　原産地 FR － R

数量1 ___ － ___　　数量2 ___ － ___　　輸入令別表 ___　　蔵置目的 ___

BPR係数 ___　　運賃按分 ___　　課税価格 ___ － (g)

関税減免税コード ___　　関税減税額 ___

内消税等種別	減免税コード	内消税減税額		内消税等種別	減免税コード	内消税減税額
1				2		
3				4		
5				6		

<03欄> 品目番号 (c)　　品名 _____　　原産地 FR － R

数量1 ___ － ___　　数量2 ___ － ___　　輸入令別表 ___　　蔵置目的 ___

BPR係数 ___　　運賃按分 ___　　課税価格 ___ － (h)

関税減免税コード ___　　関税減税額 ___

内消費税等種別	減免税コード	内消税減税額		内消税等種別	減免税コード	内消税減税額
1				2		
3				4		
5				6		

2

輸入申告書

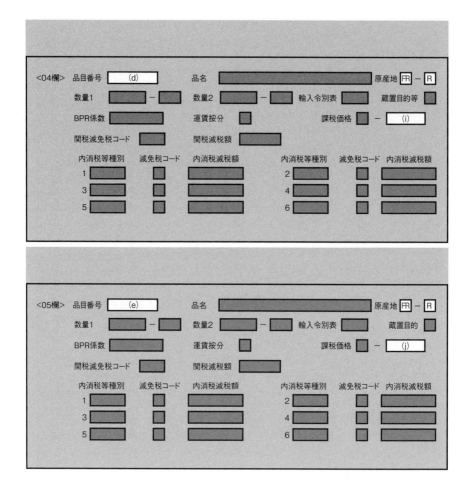

別紙3

実勢外国為替相場の週間平均値

（1米ドルに対する円相場）

期　　　　間	週間平均値
令和××.9. 2 ～ 令和××.9. 8	¥101.00
令和××.9. 9 ～ 令和××.9.15	¥100.00
令和××.9.16 ～ 令和××.9.22	¥99.00
令和××.9.23 ～ 令和××.9.29	¥98.00

第49類	印刷した書籍、新聞、絵画その他の印刷物並びに手書き文書、タイプ文書、設計図及び図案

Chapter 49　Printed books, newspapers, pictures and other products of the printing industry; manuscripts, typescripts and plans

注
1　この類には、次の物品を含まない。
　(a)　透明なベース上の写真のネガ及びポジ（第37類参照）

　(b)　浮出し地図、浮出し設計図及び浮出し地球儀（印刷してあるかないかを問わない。第90.23項参照）
　(c)　第95類の遊戯用カードその他の物品
　(d)　銅版画、木版画、石版画その他の版画（第97.02項参照）、第97.04項の郵便切手、収入印紙、郵便料金納付の印影、初日カバー、切手付き書簡類その他これらに類する物品及び製作後100年を超えたこつとうその他の第97類の物品
2　この類において印刷したものには、複写機により複写したもの、自動データ処理機械により打ち出したもの、型押しをしたもの、写真に撮ったもの、感光複写をしたもの、感熱複写をしたもの及びタイプしたものを含む。
3　新聞、雑誌その他の定期刊行物を紙以外の物品により製本したもの及び新聞、雑誌その他の定期刊行物の二号以上を単一のカバーによりセットしたもの（広告を含んでいるかいないかを問わない。）は、第49.01項に属する。

Notes.
1.- This Chapter does not cover:
　(a) Photographic negatives or positives on transparent bases (Chapter 37);
　(b) Maps, plans or globes, in relief, whether or not printed (heading 90.23);
　(c) Playing cards or other goods of Chapter 95; or
　(d) Original engravings, prints or lithographs (heading 97.02), postage or revenue stamps, stamp-postmarks, first-day covers, postal stationery or the like of heading 97.04, antiques of an age exceeding one hundred years or other articles of Chapter 97.
2.- For the purposes of Chapter 49, the term "printed" also means reproduced by means of a duplicating machine, produced under the control of an automatic data processing machine, embossed, photographed, photocopied, thermocopied or typewritten.
3.- Newspapers, journals and periodicals which are bound otherwise than in paper, and sets of newspapers, journals or periodicals comprising more than one number under a single cover are to be classified in heading 49.01, whether or not containing advertising material.

番号 No.	統計細分 Stat. Code No.	NACCS用	品　名	税率 Rate of Duty				単位 Unit	Description
				基本 General	協定 WTO	特恵 Preferential	暫定 Temporary		

| 49.07 | | | | | | | | | |
| 4907.00 | 000 | | 郵便切手、収入印紙その他これらに類する物品（発行国（額面で流通する国を含む。）で通用するもので使用してないものに限る。）、これらを紙に印刷した物品、紙幣、銀行券及び小切手帳並びに株券、債券その他これらに類する有価証券 | 無税 Free | （無税） （Free） | | | KG | Unused postage, revenue or similar stamps of current or new issue in the country in which they have, or will have, a recognised face value; stamp-impressed paper; banknotes; cheque forms; stock, share or bond certificates and similar documents of title |

（注）49.07　消費税非課税物品
　　1　有価証券等
　　2　郵便切手等
　　3　印紙
　　4　証紙
　　5　物品切手等
　　郵便切手類模造等取締法
　　印紙等模造取締法

(Note) 49.07 Consumption Tax
　Articles not to subject to taxation
　1 Documents of title, etc.
　2 Postage stamps, etc.
　3 Stamps
　4 Certificate stamps
　5 Stamps, etc.
　Regulation of Postal Stamps and Counterfeiting Law
　Regulation of Revenue Stamps and Counterfeiting Law

第15部

卑金属及びその製品

Section XV

Base metals and articles of base metal

注
1 この部には、次の物品を含まない。
 (a) 調製ペイント、インキその他の物品で金属のフレーク又は粉をもととしたもの(第32.07項から第32.10項まで、第32.12項、第32.13項及び第32.15項参照)
 (b) フェロセリウムその他の発火性合金(第36.06項参照)
 (c) 第65.06項又は第65.07項の帽子及びその部分品
 (d) 第66.03項の傘の骨その他の物品
 (e) 第71類の物品(例えば、貴金属の合金、貴金属を張った卑金属及び身辺用模造細貨類)
 (f) 第16部の物品(機械類及び電気機器)

 (g) 組み立てた鉄道用又は軌道用の線路(第86.08項参照)その他の第17部の物品(車両、船舶及び航空機)
 (h) 第18部の機器(時計用ばねを含む。)

 (ij) 銃砲弾用に調製した鉛弾(第93.06項参照)その他の第19部の物品(武器及び銃砲弾)
 (k) 第94類の物品(例えば、家具、マットレスサポート、ランプその他の照明器具、イルミネーションサイン及びプレハブ建築物)
 (l) 第95類の物品(例えば、がん具、遊戯用具及び運動用具)

 (m) 手ふるい、ボタン、ペン、ペンシルホルダー、ペン先、一脚、二脚、三脚その他これらに類する物品その他の第96類の物品(雑品)
 (n) 第97類の物品(例えば、美術品)
2 この表において「はん用性の部分品」とは、次の物品をいう。

 (a) 第73.07項、第73.12項、第73.15項、第73.17項又は第73.18項の物品及び非鉄卑金属製のこれらに類する物品
 (b) 卑金属製のばね及びばね板(時計用ばね(第91.14項参照)を除く。)
 (c) 第83.01項、第83.02項、第83.08項又は第83.10項の製品並びに第83.06項の卑金属製の縁及び鏡
  第73類から第76類まで及び第78類から第82類まで(第73.15項を除く。)において部分品には、(a)から(c)までに定めるはん用性の部分品を含まない。
  第二文及び第83類の注1の規定に従うことを条件として、第72類から第76類まで及び第78類から第81類までの物品には、第82類又は第83類の物品を含まない。
3 この表において「卑金属」とは、鉄鋼、銅、ニッケル、アルミニウム、鉛、亜鉛、すず、タングステン、モリブデン、タンタル、マグネシウム、コバルト、ビスマス、カドミウム、チタン、ジルコニウム、アンチモン、マンガン、ベリリウム、クロム、ゲルマニウム、バナジウム、ガリウム、ハフニウム、インジウム、ニオブ、レニウム及びタリウムをいう。

Notes.
1.- This Section does not cover:
 (a) Prepared paints, inks or other products with a basis of metallic flakes or powder (headings 32.07 to 32.10, 32.12, 32.13 or 32.15);
 (b) Ferro-cerium or other pyrophoric alloys (heading 36.06);
 (c) Headgear or parts thereof of heading 65.06 or 65.07;
 (d) Umbrella frames or other articles of heading 66.03;
 (e) Goods of Chapter 71 (for example, precious metal alloys, base metal clad with precious metal, imitation jewellery);
 (f) Articles of Section XVI (machinery, mechanical appliances and electrical goods);
 (g) Assembled railway or tramway track (heading 86.08) or other articles of Section XVII (vehicles, ships and boats, aircraft);
 (h) Instruments or apparatus of Section XVIII, including clock or watch springs;
 (ij) Lead shot prepared for ammunition (heading 93.06) or other articles of Section XIX (arms and ammunition);
 (k) Articles of Chapter 94 (for example, furniture, mattress supports, lamps and lighting fittings, illuminated signs, prefabricated buildings);
 (l) Articles of Chapter 95 (for example, toys, games, sports requisites);
 (m) Hand sieves, buttons, pens, pencil-holders, pen nibs, monopods, bipods, tripods and similar articles or other articles of Chapter 96 (miscellaneous manufactured articles); or
 (n) Articles of Chapter 97 (for example, works of art).
2.- Throughout the Nomenclature, the expression "parts of general use" means:
 (a) Articles of heading 73.07, 73.12, 73.15, 73.17 or 73.18 and similar articles of other base metal;
 (b) Springs and leaves for springs, of base metal, other than clock or watch springs (heading 91.14); and
 (c) Articles of headings 83.01, 83.02, 83.08, 83.10 and frames and mirrors, of base metal, of heading 83.06.
  In Chapters 73 to 76 and 78 to 82 (but not in heading 73.15) references to parts of goods do not include references to parts of general use as defined above.
  Subject to the preceding paragraph and to Note 1 to Chapter 83, the articles of Chapter 82 or 83 are excluded from Chapters 72 to 76 and 78 to 81.
3.- Throughout the Nomenclature, the expression "base metals" means: iron and steel, copper, nickel, aluminium, lead, zinc, tin, tungsten (wolfram), molybdenum, tantalum, magnesium, cobalt, bismuth, cadmium, titanium, zirconium, antimony, manganese, beryllium, chromium, germanium, vanadium, gallium, hafnium, indium, niobium (columbium), rhenium and thallium.

番 号 No.	統計細分 Stat. Code No.	NACCS用	品 名	税　　率　Rate of Duty				単位 Unit	Description
				基 本 General	協 定 WTO	特 恵 Prefer- ential	暫 定 Tempo- rary		
73.23			食卓用品、台所用品その他の家庭用品及びその部分品（鉄鋼製のものに限る。）、鉄鋼のウール並びに鉄鋼製の瓶洗い、ポリッシングパッド、ポリッシンググラブその他これらに類する製品						Table, kitchen or other household articles and parts thereof, of iron or steel; iron or steel wool; pot scourers and scouring or polishing pads, gloves and the like, of iron or steel:
7323.10	000	2	鉄鋼のウール及び鉄鋼製の瓶洗い、ポリッシングパッド、ポリッシンググラブその他これらに類する製品	無税 Free	（無税） （Free）			KG	Iron or steel wool; pot scourers and scouring or polishing pads, gloves and the like
			その他のもの						Other:
7323.91	000	5	鋳鉄製のもの（ほうろう引きのものを除く。）	無税 Free	（無税） （Free）			KG	Of cast iron, not enamelled
7323.92	000	4	鋳鉄製のもの（ほうろう引きのものに限る。）	無税 Free	（無税） （Free）			KG	Of cast iron, enamelled
7323.93	000	3	ステンレス鋼製のもの	無税 Free	（無税） （Free）			KG	Of stainless steel
7323.94	000	2	その他の鉄鋼製のもの（ほうろう引きのものに限るものとし、鋳鉄製のものを除く。）	無税 Free	（無税） （Free）			KG	Of iron (other than cast iron) or steel, enamelled
7323.99	000	4	その他のもの	無税 Free	（無税） （Free）			KG	Other
73.24			衛生用品及びその部分品（鉄鋼製のものに限る。）						Sanitary ware and parts thereof, of iron or steel:

(注) 73.23　食品衛生法（食器等）　　　　　　　　　(Note) 73.23　Food Sanitation Law (Tableware, etc.)

番 号 No.	統計細分 Stat. Code No.	NACCS用	品 名	税　　率　Rate of Duty				単位 Unit	Description
				基 本 General	協 定 WTO	特 恵 Prefer- ential	暫 定 Tempo- rary		
7324.10	000	0	ステンレス鋼製の台所用流し及び洗面台	無税 Free	（無税） （Free）			KG	Sinks and wash basins, of stainless steel Ⓐ
			浴槽						Baths:
7324.21	000	3	鋳鉄製のもの（ほうろう引きをしてあるかないかを問わない。）	無税 Free	（無税） （Free）			KG	Of cast iron, whether or not enamelled
7324.29	000	2	その他のもの	無税 Free	（無税） （Free）			KG	Other
7324.90	000	4	その他のもの（部分品を含む。）	無税 Free	（無税） （Free）			KG	Other, including parts Ⓐ

第82類　卑金属製の工具、道具、刃物、スプーン及び
　　　　フォーク並びにこれらの部分品

注
1　トーチランプ、可搬式鍛冶炉、フレーム付きグラインディ
　ングホイール、マニキュアセット、ペディキュアセット及び
　第82.09項の物品を除くほか、この類の物品は、次のいずれ
　かの物品から成る刃、作用する面その他の作用する部分を有
　するものに限る。
　(a)　卑金属
　(b)　金属炭化物又はサーメット
　(c)　卑金属製、金属炭化物製又はサーメット製の支持物に取
　　り付けた天然、合成又は再生の貴石又は半貴石

　(d)　卑金属製の支持物(卑金属製の切削歯、溝その他これら
　　に類する作用する部分を有し、これに研磨材料を取り付け
　　た後においてもその機能を維持する場合に限る。)に取り付
　　けた研磨材料
2　この類の物品の卑金属製の部分品(当該物品とは別に掲げ
　てあるもの及び第84.66項の手工具用ツールホルダーを除
　く。)は、当該物品が属する項に属する。ただし、第15部の注
　2のはん用性の部分品は、すべてこの類に属しない。

　　電気かみそり又は電気バリカンの頭部及び刃は、第85.10
　項に属する。
3　第82.11項の一以上のナイフとこれと同数以上の第82.15
　項の製品とをセットにした製品は、第82.15項に属する。

Chapter 82　Tools, implements, cutlery, spoons and forks,
　　　　　　of base metal; parts thereof of base metal

Notes.
1.- Apart from blow lamps, portable forges, grinding wheels with
　frameworks, manicure or pedicure sets, and goods of heading
　82.09, this Chapter covers only articles with a blade, working
　edge, working surface or other working part of:

　(a) Base metal;
　(b) Metal carbides or cermets;
　(c) Precious or semi-precious stones (natural, synthetic or recon-
　　structed) on a support of base metal, metal carbide or cermet;
　　or
　(d) Abrasive materials on a support of base metal, provided that the
　　articles have cutting teeth, flutes, grooves, or the like, of base
　　metal, which retain their identity and function after the applica-
　　tion of the abrasive.
2.- Parts of base metal of the articles of this Chapter are to be classi-
　fied with the articles of which they are parts, except parts sepa-
　rately specified as such and tool-holders for hand tools (heading
　84.66). However, parts of general use as defined in Note 2 to Sec-
　tion XV are in all cases excluded from this Chapter.
　　Heads, blades and cutting plates for electric shavers or
　electric hair clippers are to be classified in heading 85.10.
3.- Sets consisting of one or more knives of heading 82.11 and at least
　an equal number of articles of heading 82.15 are to be classified in
　heading 82.15.

番号 No.	統計細分 Stat. Code No.	NACCS用	品名	税率 Rate of Duty				単位 Unit	Description
				基本 General	協定 WTO	特恵 Preferential	暫定 Temporary		
82.11			刃を付けたナイフ(剪定ナイフを含み、のこ歯状の刃を有するか有しないかを問わないものとし、第82.08項のナイフを除く。)及びその刃						Knives with cutting blades, serrated or not (including pruning knives), other than knives of heading 82.08, and blades therefor:
8211.10	000	4	詰合せセット	4.4%	3.7%	無税 Free		NO	Sets of assorted articles
			その他のもの						Other:
8211.91	000	0	テーブルナイフ(固定刃のものに限る。)	4.4%	3.7%	無税 Free		NO KG	Table knives having fixed blades
8211.92	000	6	その他のナイフ(固定刃のものに限る。)	4.4%	3.7%	無税 Free		NO KG	Other knives having fixed blades
8211.93	000	5	その他のナイフ(固定刃のものを除く。)	4.4%	3.7%	無税 Free		NO KG	Knives having other than fixed blades
8211.94	000	4	刃	3.7%	3.1%	無税 Free		KG	Blades
8211.95	000	3	卑金属製の柄	4.4%	3.7%	無税 Free		KG	Handles of base metal
82.12			かみそり及びその刃(かみそりの刃のブランクでストリップ状のものを含む。)						Razors and razor blades (including razor blade blanks in strips):
8212.10			かみそり	無税 Free	(無税) (Free)				Razors:

(注) 82.10　食品衛生法
　　 82.11　銃砲刀剣類所持等取締法
　　　　　　食品衛生法

(Note) 82.10　Food Sanitation Law
　　　 82.11　Firearms and Swords Possessive Control Law
　　　　　　　Food Sanitation Law

番 号 No.	統計 細分 Stat. Code No.	NACCS用	品 名	税　率　Rate of Duty				単位 Unit	Description
				基 本 General	協 定 WTO	特 恵 Prefer- ential	暫 定 Tempo- rary		
(8212.10)	010	5	一安全かみそり（刃入りのセット を含む。）					NO	Safety razors, with or without blades therefor
	090	1	一その他のもの					NO	Other
8212.20	000	6	安全かみそりの刃（かみそりの刃 のブランクでストリップ状のもの を含む。）	無税 Free	（無税） (Free)			TH	Safety razor blades, including razor blade blanks in strips
8212.90	000	6	その他の部分品	無税 Free	（無税） (Free)			KG	Other parts
82.13									
8213.00	000	3	はさみ、テーラースシヤーその他こ れらに類するはさみ及びこれらの刃	4.4%	3.7%	無税 Free		KG	Scissors, tailors' shears and similar shears, and blades therefor
82.14			その他の刃物（例えば、バリカン、 肉切り用又は台所用のクリーバー、 チョッパー、ミンシングナイフ及び ペーパーナイフ）並びにマニキュア 用又はペディキュア用のセット及び 用具（つめやすりを含む。）						Other articles of cutlery (for example, hair clippers, butchers' or kitchen cleavers, chop- pers and mincing knives, paper knives); manicure or pedicure sets and instruments (including nail files):
8214.10	000	5	ペーパーナイフ、レターオープ ナー、擦り消し用ナイフ及び鉛筆 削り並びにこれらの刃	4.4%	3.7%	無税 Free		KG	Paper knives, letter openers, erasing knives, pencil sharpeners and blades therefor
8214.20	000	2	マニキュア用又はペディキュア用 のセット及び用具（つめやすりを 含む。）	4.6%	3.9%	無税 Free		KG	Manicure or pedicure sets and instruments (including nail files)
8214.90	000	2	その他のもの	4.4%	3.7%	無税 Free		KG	Other
82.15			スプーン、フォーク、ひしやく、し やくし、ケーキサーバー、フィッシュ ナイフ、バターナイフ、砂糖挟みそ の他これらに類する台所用具及び食 卓用具						Spoons, forks, ladles, skimmers, cake-serv- ers, fish-knives, butter-knives, sugar tongs and similar kitchen or tableware:
8215.10	000	3	詰合せセット（貴金属をめつきし た少なくとも一の製品を含むもの に限る。）	4.6%	3.9%	無税 Free		DZ KG	Sets of assorted articles containing at least one article plated with precious metal
8215.20	000	0	その他の詰合せセット	4.6%	3.9%	無税 Free		DZ KG	Other sets of assorted articles
			その他のもの						Other:
8215.91	000	6	貴金属をめつきしたもの	4.6%	（4.6%）	無税 Free		DZ KG	Plated with precious metal
8215.99	000	5	その他のもの	4.6%	3.9%	無税 Free		DZ KG	Other

（注）82.15　食品衛生法　　　　　　　　　　　（Note) 82.15　Food Sanitation Law

2

輸入申告書

注
1　この類において卑金属製の部分品は、本体が属する項に属する。ただし、第73.12項、第73.15項、第73.17項、第73.18項又は第73.20項の鉄鋼製品及びこれに類する物品で鉄鋼以外の卑金属製のもの（第74類から第76類まで又は第78類から第81類までのもの）は、この類の物品の部分品とはしない。
2　第83.02項において「キャスター」とは、直径（タイヤ部分がある場合には、これを含む。）が75ミリメートル以下のもの及び直径（タイヤ部分がある場合には、これを含む。）が75ミリメートルを超えるものにあつては取り付けてある車輪又はタイヤの幅が30ミリメートル未満のものをいう。

Notes.
1.- For the purposes of this Chapter, parts of base metal are to be classified with their parent articles. However, articles of iron or steel of heading 73.12, 73.15, 73.17, 73.18 or 73.20, or similar articles of other base metal (Chapters 74 to 76 and 78 to 81) are not to be taken as parts of articles of this Chapter.
2.- For the purposes of heading 83.02, the word "castors" means those having a diameter (including, where appropriate, tyres) not exceeding 75 mm, or those having a diameter (including, where appropriate, tyres) exceeding 75 mm provided that the width of the wheel or tyre fitted thereto is less than 30 mm.

番 号 No.	統計細分 Stat. Code No.	NACCS用	品　　名	税　　率 Rate of Duty 基 本 General	協 定 WTO	特 恵 Preferential	暫 定 Temporary	単位 Unit	Description
83.01			卑金属製の錠（かぎを使用するもの、ダイヤル式のもの及び電気式のものに限る。）並びに卑金属製の留金及び留金付きフレームで、錠と一体のもの並びにこれらの卑金属製のかぎ						Padlocks and locks (key, combination or electrically operated), of base metal; clasps and frames with clasps, incorporating locks, of base metal; keys for any of the foregoing articles, of base metal :
8301.10	000	6	南京錠	4.1%	2.7%	無税 Free		KG	Padlocks
8301.20	000	3	自動車に使用する種類の錠	無税 Free	（無税） （Free）			KG	Locks of a kind used for motor vehicles
8301.30	000	0	家具に使用する種類の錠	4.1%	2.7%	無税 Free		KG	Locks of a kind used for furniture
8301.40	000	4	その他の錠	4.1%	2.7%	無税 Free		KG	Other locks
8301.50	000	1	留金及び留金付きフレームで、錠と一体のもの	4.1%	2.7%	無税 Free		KG	Clasps and frames with clasps, incorporating locks
8301.60	000	5	部分品	4.1%	2.7%	無税 Free		KG	Parts
8301.70	000	2	かぎ（単独で提示するものに限る。）	4.1%	2.7%	無税 Free		KG	Keys presented separately

番 号 No.	統計細分 Stat. Code No.	NACCS用	品　　名	税　　率 Rate of Duty 基 本 General	協 定 WTO	特 恵 Preferential	暫 定 Temporary	単位 Unit	Description
83.06			卑金属製のベル、ゴングその他これらに類する物品（電気式のものを除く。）、小像その他の装飾品、額縁その他これに類するフレーム及び鏡						Bells, gongs and the like, non-electric, of base metal; statuettes and other ornaments, of base metal; photograph, picture or similar frames, of base metal; mirrors of base metal :
8306.10	000	3	ベル、ゴングその他これらに類する物品	無税 Free	（無税） （Free）			KG	Bells, gongs and the like
			小像その他の装飾品						Statuettes and other ornaments :
8306.21	000	6	貴金属をめつきしたもの	4.6%	3.1%	無税 Free		KG	Plated with precious metal
8306.29	000	5	その他のもの	4.6%	3.1%	無税 Free		KG	Other
8306.30	000	1	額縁その他これに類するフレーム及び鏡	4.6%	3.1%	無税 Free		KG	Photograph, picture or similar frames; mirrors

（注）83.06　銃砲刀剣類所持等取締法

(Note) 83.06　Firearms and Swords Possessive Control Law

第21部	Section XXI
美術品、収集品及びこつとう	**Works of art, collectors' pieces and antiques**

| 第97類　美術品、収集品及びこつとう | Chapter 97　Works of art, collectors' pieces and antiques |

注
1　この類には、次の物品を含まない。
(a)　第49.07項の使用してない郵便切手、収入印紙、切手付き書簡類その他これらに類する物品
(b)　劇場用又はスタジオ用の背景幕その他これに類する物品に使用する絵模様を描いた織物類(第59.07項参照)。ただし、第97.06項に属するものを除く。
(c)　天然又は養殖の真珠、貴石及び半貴石(第71.01項から第71.03項まで参照)。
2　第97.02項において「銅版画、木版画、石版画その他の版画」とは、一個又は数個の原版(芸術家が完全に手作業で製作したものに限る。)から直接製作した白黒又は彩色の版画(機械的又は写真的に製作したものに限るものとし、製作様式及び材料を問わない。)をいう。
3　第97.03項には、大量生産した複製品(芸術家がデザインし又は創作したものを含む。)及び芸術家でない者が製作した商業的性格を有する製品(芸術家がデザインし又は創作したものを含む。)を含まない。
4(A)　この類及びこの表の他の類に同時に属するとみられる物品は、1から3までに定める場合を除くほか、すべてこの類に属する。
(B)　第97.06項には、この類の他の項の物品を含まない。
5　書画又はコラージュその他これに類する装飾板若しくは版画を取り付けた額縁about、当該書画又はコラージュその他これに類する装飾板若しくは版画に通常使用する種類及び価値のものについては、当該書画又はコラージュその他これに類する装飾板若しくは版画に含まれる。この注5の規定に関し、当該書画又はコラージュその他これに類する装飾板若しくは版画に通常使用する種類及び価値のものでない額縁については、これらの物品に含まれないものとし、当該額縁が属する項に属する。

Notes.
1.– This Chapter does not cover:
(a) Unused postage or revenue stamps, postal stationery (stamped paper) or the like, of heading 49.07;
(b) Theatrical scenery, studio back-cloths or the like, of painted canvas (heading 59.07) except if they may be classified in heading 97.06; or
(c) Pearls, natural or cultured, or precious or semi-precious stones (headings 71.01 to 71.03).
2.– For the purposes of heading 97.02, the expression "original engravings, prints and lithographs" means impressions produced directly, in black and white or in colour, of one or of several plates wholly executed by hand by the artist, irrespective of the process or of the material employed by him, but not including any mechanical or photomechanical process.
3.– Heading 97.03 does not apply to mass-produced reproductions or works of conventional craftsmanship of a commercial character, even if these articles are designed or created by artists.
4.-(A) Subject to Notes 1 to 3 above, articles of this Chapter are to be classified in this Chapter and not in any other Chapter of the Nomenclature.
(B) Heading 97.06 does not apply to articles of the preceding headings of this Chapter.
5.– Frames around paintings, drawings, pastels, collages or similar decorative plaques, engravings, prints or lithographs are to be classified with those articles, provided they are of a kind and of a value normal to those articles. Frames which are not of a kind or of a value normal to the articles referred to in this Note are to be classified separately.

2　輸入申告書

番　号	統計細分	NACCS用	品　　　名	税　　率 Rate of Duty				単位	Description
No.	Stat. Code No.			基　本 General	協　定 WTO	特　恵 Preferential	暫　定 Temporary	Unit	

(注) 97.01	ワシントン条約
97.01のうち	平成2年8月6日以降イラクにおいて不法に取得された文化財　二号承認
	平成23年3月15日以降シリアにおいて不法に取得された文化財　二号承認
97.02のうち	平成2年8月6日以降イラクにおいて不法に取得された文化財　二号承認
	平成23年3月15日以降シリアにおいて不法に取得された文化財　二号承認

(Note) 97.01　Convention on International Trade in Endangered Species of Wild Fauna and Flora
ex 97.01　The cultural property unlawfully acquired in Iraq on and after August 6, 1990: Item 2 Approval
The cultural property unlawfully acquired in Syria on and after March 15, 2011: Item 2 Approval
ex 97.02　The cultural property unlawfully acquired in Iraq on and after August 6, 1990: Item 2 Approval
The cultural property unlawfully acquired in Syria on and after March 15, 2011: Item 2 Approval

番 号 No.	統計 細分 Stat. Code No.	N A C C S 用	品　　名	税 基　本 General	率 協　定 WTO	Rate of Duty 特　恵 Prefer- ential	暫　定 Tempo- rary	単位 Unit	Description

97.04

| 9704.00 | 000 | 3 | 郵便切手、収入印紙、郵便料金納付の印影、初日カバー、切手付き書簡類その他これらに類する物品(使用してあるかないかを問わないものとし、第49.07項のものを除く。) | 無税
Free | (無税)
(Free) | | | KG | Postage or revenue stamps, stamp-post-marks, first-day covers, postal stationery (stamped paper), and the like, used or un-used, other than those of heading 49.07 |

97.05

| 9705.00 | 000 | 1 | 収集品及び標本(動物学、植物学、鉱物学、解剖学、史学、考古学、古生物学、民族学又は古銭に関するものに限る。) | 無税
Free | (無税)
(Free) | | | KG | Collections and collectors' pieces of zoologi-cal, botanical, mineralogical, anatomical, historical, archaeological, palaeontological, ethnographic or numismatic interest |

97.06

| 9706.00 | 000 | 6 | こつとう(製作後100年を超えたものに限る。) | 無税
Free | (無税)
(Free) | | | KG | Antiques of an age exceeding one hundred years |

(注) 97.03のうち 平成2年8月6日以降イラクにおいて不法に取得された文化財　二号承認
平成23年3月15日以降シリアにおいて不法に取得された文化財　二号承認
97.04 印紙等模造取締法
97.04のうち 平成2年8月6日以降イラクにおいて不法に取得された文化財　二号承認
平成23年3月15日以降シリアにおいて不法に取得された文化財　二号承認
97.05 鳥獣の保護及び管理並びに狩猟の適正化に関する法律

ワシントン条約

97.05のうち 平成2年8月6日以降イラクにおいて不法に取得された文化財　二号承認
平成23年3月15日以降シリアにおいて不法に取得された文化財　二号承認
97.06のうち 平成2年8月6日以降イラクにおいて不法に取得された文化財　二号承認
平成23年3月15日以降シリアにおいて不法に取得された文化財　二号承認

(Note) ex 97.03 The cultural property unlawfully acquired in Iraq on and af-ter August 6, 1990: Item 2 Approval
The cultural property unlawfully acquired in Syria on and after March 15, 2011: Item 2 Approval
97.04 Regulation of Revenue Stamps and Counterfeiting Law
ex 97.04 The cultural property unlawfully acquired in Iraq on and af-ter August 6, 1990: Item 2 Approval
The cultural property unlawfully acquired in Syria on and after March 15, 2011: Item 2 Approval
97.05 Protection and Control of Wild Birds and Mammals and Hunt-ing Management Law
Convention on International Trade in Endangered Species of Wild Fauna and Flora
ex 97.05 The cultural property unlawfully acquired in Iraq on and af-ter August 6, 1990: Item 2 Approval
The cultural property unlawfully acquired in Syria on and after March 15, 2011: Item 2 Approval
ex 97.06 The cultural property unlawfully acquired in Iraq on and af-ter August 6, 1990: Item 2 Approval
The cultural property unlawfully acquired in Syria on and after March 15, 2011: Item 2 Approval

解答・解説⑥（台所用品等）

解答　　a：①、b：⑨、c：⑦、d：⑮、e：⑬
f：319,000円、g：308,000円、h：253,000円、
i：528,000円、j：352,000円

解説

換算レート：1ドル＝100.00円（9月9日〜9月15日）（9月25日の属する週の前々週
　　のレート）

運送料及び保険料（一部加算する）：航空運賃及び保険料（US$1,800.00）のみそれぞれの
　　貨物の課税価格に問題文記9の指示どおり価格按分により加算する。それ以外の
　　日本国内の運送にかかる費用等は課税価格に加算しない。

輸出地での輸出梱包料（加算する）：輸入者が負担している輸出地での貨物梱包のための
　　費用はそれぞれの貨物の課税価格に問題文記9の指示どおり価格按分により加
　　算する。US$600.00を価格按分により加算する。

現金値引き（控除する）：現金値引きの額は、値引き後の価格により輸入者が輸出者に支
　　払うため課税価格から控除することができる。したがって、各仕入書の価格から
　　5％相当額を控除して課税価格を計算する。

少額合算基準額（FCA価格）：
　　200,000円×US$16,000.00（＝FCA価格総額）÷（US$16,000.00＋US$1,800.00
　　＋US$600.00−US$800.00）（＝課税価格の総額）÷100.00円／US$＝
　　US$1,818.181……
　　仕入書価格がFCA価格であるので、各FCA価格が少額貨物であるかの判断は、
　　20万円にFCA価格の総額に対する課税価格の総額の割合を乗じて算出した額
　　を、換算レートで除すことで計算できる。すなわち、US$1,818.181……以下の商
　　品が少額貨物となる可能性があり、これに該当するのは仕入書番号2、3、4、5、
　　7、8及び9である。

商品分類：
　　（少額貨物の可能性のあるものは、各10桁の最後の数字に（　）を付けている。）
1：8306290005　「ステンレス鋼製の女神像」

①問題文記6（1）及び（2）の記述にあるように、新品の大量生産した複製品であるので、第97類注3の規定より第97類には分類されず、材質より各種の卑金属製品として第83類に分類される。

②卑金属製の小像は第83.06項に分類される。

③小像は第8306.21号又は第8306.29号の規定（小像その他の装飾品）より、第8306.21号か第8306.29号に分類される。

④問題文記6（1）の記述より、貴金属をめっきしたものではないので「8306.29.0005」に分類される。

2：970600000 (6)「鉄鋼製の南京錠（かぎを使用するもの）：1800年代に製造されたもの」

①製造後100年を超えているので、こっとうとして第97類に分類される。

②こっとうの南京錠は第97.04項又は第97.05項に該当するものではないので、第97.06項に分類される。

③第97.06項はこれ以上細分されていないので「9706.00.0006」に分類する。

3：821599000 (5)「ステンレス鋼製のフォーク」

①問題文記6（1）の記述と仕入書の記述より、新品の卑金属製のフォークは第82類に分類される。

②フォークは第82.15項に分類される。

③詰合せセットではないので、その他のものとして第8215.91号又は第8215.99号の規定（その他のもの）より、第8215.91号か第8215.99号に分類される。

④問題文記6（1）の記述より、貴金属をめっきしたものではないので「8215.99.000(5)」に分類される。

4：821599000 (5)「ステンレス鋼製のバターナイフ」

①問題文記6（1）の記述と仕入書の記述より、新品の卑金属製の道具は第82類に分類される。

②バターナイフは第82.15項に分類される。

③詰合せセットではないので、その他のものとして第8215.91号又は第8215.99号の規定（その他のもの）より、第8215.91号か第8215.99号に分類される。

④問題文記6（1）の記述より、貴金属をめっきしたものではないので「8215.99.000(5)」に分類される。

5：732393000 (3)「ステンレス鋼製のフライパン」

①問題文記6（1）の記述と仕入書の記述より、新品の卑金属製の台所用品は第73類に分類される。

②台所用品は第73.23項に分類される。

③フライパンであるので、その他のものとして第7323.91号から第7323.99号の規定（その他のもの）より、第7323.91号から第7323.99号に分類される。

④ステンレス鋼製のものは「7323.93.000 (3)」に分類される。

6：490700000† 「使用していない切手：1950年代にフランスで発行されたもの」

①印刷物は第49類に分類される。

②問題文記6（4）の記述と仕入書の記述より、郵便切手であり、現在も発行国において通用する使用していない切手であるので、第49.07項に分類される。

③第49.07項はこれ以上細分されていないので「4907.00.000†」に分類される。

7：970400000 (3)「使用していない切手：1850年代にフランスで発行されたもの」

①印刷物は第49類に分類されることになるが、第49.07項の郵便切手は、現在発行国において通用する郵便切手に限られており、発行国において通用しない郵便切手は第49類に分類されない。そこで問題文記6（5）の記述より、発行国において通用しない切手であるから、第97類注1（a）にある第97類から除外される郵便切手には該当しないため、第97類に分類される。

②問題文記6（5）の記述と仕入書の記述より、郵便切手であり、現在は発行国において通用しない使用していない切手であるので、第97.04項に分類される。

③第97.04項はこれ以上細分されていないので「9704.00.000 (3)」に分類される。

8：830110000 (6)「ステンレス鋼製の南京錠（かぎを使用するもの）：2009年に製造されたもの」

①製造後100年を超えていないので、各種の卑金属製品として第83類に分類される。

②かぎを使用する卑金属製の錠は第83.01項に分類される。

③南京錠は「8301.10.000 (6)」に分類する。

9：821410000 (5)「ステンレス鋼製のペーパーナイフ」

①問題文記6（1）の記述と仕入書の記述より、新品の卑金属製の刃物は第82類に分類される。

②ペーパーナイフは第82.14項に分類される。

③ペーパーナイフは「8214.10.000 (5)」に分類される。

解答欄の確認：仕入書番号3と仕入書番号4が同じ分類番号なので、合算する。合算後の価格はUS$2,300.00（＝US$1,000.00＋US$1,300.00）である。その他はすべて分類番号が異なっているので、既に確認している少額合算基準額から仕入書番号

2、5、7、8及び9が少額貨物であることが分かるので、それぞれの関税率を確認していく。

ここで仕入書番号2、5及び7の関税率は基本税率で無税（Free）であり、仕入書番号8及び9はそれぞれ協定税率の2.7%と3.7%である。そこで問題文に従い無税品と有税品に分けて、無税品は最も価格の高い仕入書番号7の「970400000」に分類し、10桁目は「X」とし、有税品は最も関税率の高い仕入書番号9の「821410000」に分類し、10桁目を「X」とする。さらに、少額貨物の無税品と有税品のそれぞれについて値引き前のFCA価格を合計しておく。

無税品：US$1,500.00 ＋ US$1,600.00 ＋ US$1,700.00 ＝ US$4,800.00

有税品：US$1,800.00 ＋ US$1,400.00 ＝ US$3,200.00

最後に問題文に従い価格の大きい順に解答していき、少額貨物も価格の大きい順にして最後に解答する。

解答：

a. ① 490700000† （US$2,900.00）

f. ｛US$2,900.00 ＋（US$1,800.00 ＋ US$600.00 － US$800.00）×US$2,900.00 ÷US$16,000.00）｝×100.00 円＝ 319,000 円

cf. US$2,900.00×US$17,600（＝課税価格の合計額）÷US$16,000（＝値引き前のFCA価格の合計額）×100.00 円＝ 319,000 円

円に換算する式は、上のように二通り例示しておいたので、参考にしていただきたい。

b. ⑨ 8306290005 （US$2,800.00）

g. ｛US$2,800.00 ＋（US$1,800.00 ＋ US$600.00 － US$800.00）×US$2,800.00 ÷US$16,000.00）｝×100.00 円＝ 308,000 円

c. ⑦ 8215990005 （US$2,300.00）

h. ｛US$2,300.00 ＋（US$1,800.00 ＋ US$600.00 － US$800.00）×US$2,300.00 ÷US$16,000.00）｝×100.00 円＝ 253,000 円

d. ⑮ 970400000X （US$4,800.00）

i. ｛US$4,800.00 ＋（US$1,800.00 ＋ US$600.00 － US$800.00）×US$4,800.00 ÷US$16,000.00）｝×100.00 円＝ 528,000 円

e. ⑬ 821410000X （US$3,200.00）

j. ｛US$3,200.00 ＋（US$1,800.00 ＋ US$600.00 － US$800.00）×US$3,200.00 ÷US$16,000.00）｝×100.00 円＝ 352,000 円

輸入申告書作成問題⑦ (革製品等)

2-7

別紙1の仕入書及び下記事項により、モンゴルから輸入する「革製品及びパスタ等」の輸入申告を輸出入・港湾関連情報処理システム (NACCS) を使用して行う場合について、以下の問いに答えなさい。

(1) 別紙2の輸入申告事項登録画面の品目番号欄 ((a) 〜 (e)) に入力すべき品目番号を、別冊の「実行関税率表 (抜すい)」を参照して、下の選択肢から選び、その番号を答えなさい。

(2) 別紙2の輸入申告事項登録画面の課税価格の右欄 ((f) 〜 (j)) に入力すべき申告価格 (関税定率法第4条から第4条の9まで (課税価格の計算方法) の規定により計算される課税価格に相当する価格) の額を答えなさい。

記

1 品目番号が同一となるものがある場合には、関税割当ての対象物品を除き、これらを一欄にまとめる。

2 品目番号が異なるものであっても、関税割当ての対象物品以外のものについては、それぞれの申告価格が20万円以下である場合には、これらを関税が有税である品目と無税である品目に分けて、それぞれを一括して一欄にまとめる。

　なお、この場合に入力すべき品目番号は、以下のとおりとする。

(1) 有税である品目については、一欄にまとめた品目のうち関税率が最も高いものの品目番号とし、10桁目は「X」とする。なお、有税である品目の関税率が同率の場合には、それらのうちで申告価格が最も高いものの品目番号とし、10桁目は「X」とする。

(2) 無税である品目については、一欄にまとめた品目のうち申告価格が最も大きいものの品目番号とし、10桁目は「X」とする。

　関税割当ての対象物品に該当するか否かについては、別紙4の「関税暫定措置法 (抜すい)」及び「経済連携協定に基づく関税割当制度に関する政令 (抜すい)」を参照すること。

3 品目番号が異なるものであって、上記2によりまとめたもの以外の物品の品目番号の10桁目については、別冊の「実行関税率表 (抜すい)」に記載されたNACCS用符号を入力するものとする。

4 上記2によりまとめたもの以外については、申告価格 (上記1によりまとめたものについては、その合計額) の大きいものから順に入力するものとし、上記

2

輸入申告書

2によりまとめたものについては、これら以外のものを入力した後に入力する
ものとし、当該まとめたものが二欄以上となる場合には、そのまとめたものの
合計額の大きいものから順に入力するものとする。

5　課税価格の右欄（(f)〜(j)）には、別紙１の仕入書に記載された価格を本邦
通貨に換算した後の価格に下記８から10までの費用等のうち申告価格に算入
すべきものの額（下記８及び９の費用等にあっては、本邦通貨に換算した後の
額）を加算した額を入力することとする。なお、１円未満の端数がある場合は、
これを切り捨てる。

6　外国通貨建価格の本邦通貨への換算は、別紙５の「実勢外国為替相場の週間
平均値」を参照して行う。

7　仕入書に記載された各商品の詳細は以下のとおりである。

　　①仕入書の１番目から３番目の商品は、特に運動用に製造したものではない。
　　また、革又はコンポジションレザーに毛皮又は人造毛皮を付けたものであ
　　る。

　　②仕入書の１番目から５番目の商品は、毛皮をトリミングとして使用したも
　　のではなく、貴金属、貴金属を貼り若しくはめつきした金属、貴石、半貴石、
　　真珠、さんご、ぞうげ又はべつこうを使用したものではない。

　　③仕入書の６番目から８番目の商品は、８番目のみ卵を含有するが、それ以
　　外のものは卵を含有していない。また、これらの商品はすべて小売用の包
　　装をしたものであり、商品説明中にある重量は容器ともの１個当たりの重
　　量を記載している。

8　買手（輸入者）は売手（輸出者）に対して別紙１仕入書に記載されている価格
をアメリカドル（USD）で売手に支払う。また、別紙１の仕入書に記載されてい
る貨物を売買契約に定めた品質及び規格に基づいて買手が売手から輸入する
が、仕入書の貨物はすべてモンゴルの売手以外のメーカーの製品であり、輸入
貨物に係る仕入書価格とは別に、売手が当該メーカーから当該貨物の引渡しを
受ける際に行った検査費用 210,000MNT の請求書が売手より買手に送付され、
買手は当該通貨にて売手に当該費用を支払う。

9　買手（輸入者）はモンゴルでの輸入取引の経験が少ないため、輸出地の代
理人に今回輸入する商品の供給者を探し、買手の要求を売手に通知し、契約
を成立させるまでの業務を委託している。当該代理人については、「買付けに
関し買手を代理して当該買付けに係る業務を行う者」であることが、買付委
託契約書により明らかである。なお、買手は当該代理人に当該業務の対価と
して 560,000MNT の手数料を別紙１仕入書価格及び上記８の検査費用とは別
に支払う。なお、当該代理人は今回の取引について、売手から代理人の委託
は受けていない。また、当該手数料とは別に買手は当該代理人に対して、金利
140,000MNT を支払う。なお、当該金利は売買契約で定めた売手と買手の決済

日に当該代理人が売手と別紙1の仕入書の代金を決済してから、買手が当該金額を当該代理人に支払うまでに生じた金利（当該金利の額は輸出国における標準的な市中金利の率により計算されている。）である。

10　買手（輸入者）は、別紙1の仕入書価格や上記8及び上記9の費用等とは別に、輸出港から本邦到着までの運送料として以下の費用を本邦の船会社及び保険会社に支払っている。なお、下記②の手数料は、関税法第15条第7項に基づき、船会社が輸入貨物である積荷の情報を日本国税関に報告するための事務の対価として、買手に請求される費用である。

①輸出港から輸入港までの海上運送料……………………………… 140,000 円
②出港前報告に伴い発生する手数料　……………………………… 14,000 円
③輸出港から輸入港までの海上保険料……………………………… 14,000 円
④着払運賃取扱料（Collect Charge）……………………………… 14,000 円

11　上記8から10までの費用等を申告価格に算入する場合の申告価格への振り分けは仕入書価格による按分とする。

12　別紙1の仕入書に記載された革製品等については、経済上の連携に関する日本国とモンゴル国との間の協定に基づく原産地証明書によりモンゴル原産品であることが確認できているほか、当該協定に基づく税率の適用に必要な条件が具備されており、申告に当たっては当該税率を適用するものとする。

　　また、輸入する貨物が関税割当ての対象物品である場合には、当該協定の附属書に定める関税割当数量以内のものであり、主務官庁による関税割当証明書を取得しているほか、関税割当ての枠内税率の適用に必要な条件が具備されており、申告に当たっては当該枠内税率を適用するものとする。

　　なお、当該協定の税率については、別紙3の附表「EPA タリフデータ（抜すい）」を参照すること。

13　モンゴル国は特恵受益国である。なお、別紙1の仕入書の貨物のうちで、特恵関税が適用できるものについては、特恵原産地証明書によりモンゴルの原産品であることが確認できているほか、当該特恵関税制度に基づく税率の適用に必要な条件が具備されており、申告に当たっては当該税率を適用するものとする。

14　申告年月日は、令和 ×× 年9月29日である。

［統計品目番号の選択肢］

① 1902110000	② 1902190931	③ 190219092†
④ 190219099†	⑤ 4203101000	⑥ 4203102002
⑦ 4203291105	⑧ 4203291901	⑨ 4203292004
⑩ 4303100115	⑪ 4303100911	⑫ 4304000002
⑬ 190219092X	⑭ 420329200X	⑮ 430310011X

別紙1

I N V O I C E

Seller	Mongolia Trading Co., Ltd.	Invoice No. and Date	
	Sukhbaatar Square38,	MTC - 309 Aug. 13. 20XX	
	Ulaanbaatar 210645, Mongolia		

Buyer	Country of Origin Mongolia	
Miyagi Trading Co., Ltd.	L/C No.	Date
1-1,1-Chome Honmachi Chuo-ku Osaka Japan	MK12254	July 10, 20XX

Vessel	Nippon Maru	Voyage No.	Issuing Bank	
From	Ulaanbaatar	Date. Sep. 17, 20XX	Tokyo Bank	
To	Osaka Japan	Via Dalian	Other payment Terms	

Marks and Nos.	Description of Goods	Quantity	Unit Price	Amount
	Articles of leather, etc.			
	1) Men's Gloves, consisting of leather and furskin, leather (60%), furskin of sheep (40%)	300pcs	USD 5.00	USD1,500.00
	2) Men's Gloves, consisting of leather and artificial fur, leather (70%), artificial fur (30%)	850pcs	USD 2.00	USD 1,700.00
MTC OSAKA MADE IN MGL	3) Women's Gloves, consisting of composition leather and furskin, composition leather (60%), furskin of sheep (40%)	280pcs	USD 5.00	USD 1,400.00
	4) Men's jacket of leather, lined with furskin, leather (60%), furskin of sheep (40%)	13pcs	USD 100.00	USD 1,300.00
	5) Men's jacket of leather, lined with artificial fur, leather (60%), artificial fur (40%)	44pcs	USD 50.00	USD 2,200.00
	6) Udon (@1kg), uncooked pasta, not stuffed, not prepared, consisting of wheat (100%)	1,800kg	USD 1.00	USD 1,800.00
	7) Noodles (@3kg), uncooked pasta, not stuffed, not prepared, consisting of wheat (50%) and rice (50%)	2,000kg	USD 1.00	USD 2,000.00
	8) Udon(@5kg), uncooked pasta, not stuffed, not prepared, consisting of wheat (96%)and egg (4%)	2,100kg	USD 1.00	USD 2,100.00
			Total FOB	USD14,000.00

Total: 500cartons N/W : 7,000kgs   Mongolia Trading Co., Ltd. (Signature)

別紙2

輸入申告事項登録（輸入申告）

| 共通部 | 繰返部 |

申告番号 ▭

大額／少額 [L]　申告種別 [C]　申告先種別 ▭　貨物識別 ▭　識別符号 ▭

あて先官署 ▭　あて先部門 ▭　　　　　　　　申告等予定年月日 ▭

輸入者　99999　MIYAGI TRADING CO LTD

住所　OSAKA SHI CHUO KU HONMACHI 1CHOME 1-1

電話 ▭

申告等予定者 ▭

蔵置場所 ▭　　一括申告 ▭　申告等予定者 ▭

B/L番号　1 ▭　　　　2 ▭

　　　　　3 ▭　　　　4 ▭

　　　　　5 ▭

貨物個数 [500] [CT]　貨物重量(グロス) [7000] [KGM]

貨物の記号等 AS PER ATTACHED SHEET

積載船(機) ▭ － NIPPON MARU　　入港年月日 ▭

船(取)卸港 [JPOSA]　積出地 [CNDAL] － ▭　貿易形態別符号 ▭　コンテナ本数 ▭

仕入書識別 ▭　電子仕入書受付番号 ▭　仕入書番号 MTC-309

仕入書価格 [A] － [FOB] － [USD] － [14,000.00]

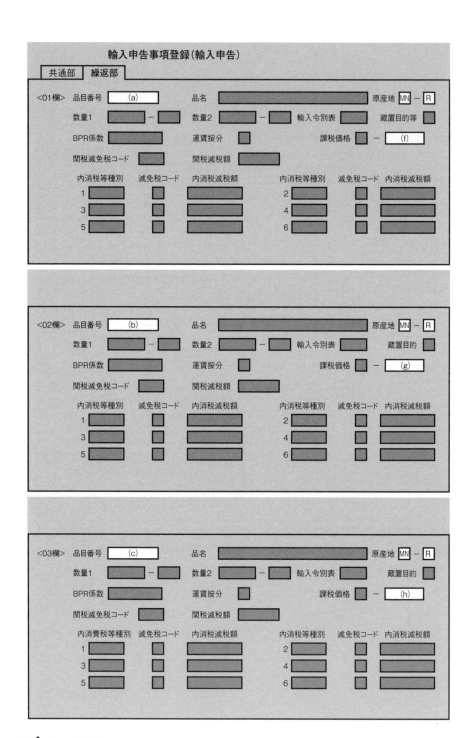

<04欄> 品目番号 (d) 品名 [　　　　　] 原産地 MN - R

数量1 [　] - [　] 数量2 [　] - [　] 輸入令別表 [　] 蔵置目的等 [　]

BPR係数 [　　　] 運賃按分 [　] 課税価格 [　] - (i)

関税減免税コード [　] 関税減税額 [　　　]

内消税等種別	減免税コード	内消税減税額	内消税等種別	減免税コード	内消税減税額
1			2		
3			4		
5			6		

<05欄> 品目番号 (e) 品名 [　　　　　] 原産地 MN - R

数量1 [　] - [　] 数量2 [　] - [　] 輸入令別表 [　] 蔵置目的 [　]

BPR係数 [　　　] 運賃按分 [　] 課税価格 [　] - (j)

関税減免税コード [　] 関税減税額 [　　　]

内消税等種別	減免税コード	内消税減税額	内消税等種別	減免税コード	内消税減税額
1			2		
3			4		
5			6		

2

輸入申告書

附表　ＥＰＡタリフデータ（抜すい）

本表の各欄の意味

「番号」：ＨＳ番号6桁の「号」又はそれに3桁の「統計細分」を加えた9桁の統
　　計品目番号が表記されています。

「モンゴル」：経済上の連携に関する日本国とモンゴル国との間の協定に基づく
　　協定税率が表記されています。

各税率欄

　　基本的には「号」（ＨＳ番号6桁）ごとに税率を表記していますが、号以下の
　「統計細分」で税率が分かれているものについては、「号」に3桁の「統計細分」
　を加えた9桁の統計品目番号ごとに税率を表記しています。　また、税率欄に
　「－」が記載されている箇所は、その協定について、譲許されていない（協定
　税率の設定がない）ことを示します。

番号	モンゴル
1902.11	―
1902.19.010	―
1902.19.093	―
1902.19.094	―
1902.19.092	米を含まないもので小売用の包装をしたもの（容器とものの1個の重量が3キログラム以下のものに限る。）であって、関税割当数量以内のもの 無税
1902.19.099	米を含まないもので小売用の包装をしたもの（容器とものの1個の重量が3キログラム以下のものに限る。）であって、関税割当数量以内のもの 無税
4203.10.100	－
4203.10.200	9.1%
4203.21	－
4203.29.110	12.7%
4203.29.190	14.5%
4203.29.200	－
4303.10	－
4303.90	－
4304.00	－

別紙4

関税暫定措置法（抜すい）

第8条の6（経済連携協定に基づく関税割当制度）（第1項省略）

第2項　経済連携協定において関税の譲許が一定の数量を限度として定められて
　　　　いる物品のうち輸出国（固有の関税及び貿易に関する制度を有する地域
　　　　を含む。）が発給する証明書に基づき輸入国が割当てを行うこととされて
　　　　いるものについては、その譲許の便益は、当該一定の数量の範囲内にお
　　　　いて、当該経済連携協定の我が国以外の締約国が発給する証明書に基づ
　　　　いて政府が行う割当てを受けた者がその受けた数量の範囲内で輸入する
　　　　ものに適用する。

第3項　前二項の割当ての方法、割当てを受ける手続その他前二項の規定の適用
　　　　に関して必要な事項は、政令で定める。

経済連携協定に基づく関税割当制度に関する政令（抜すい）

第1条（割当ての方法及び基準）（第1項省略）

第2項　関税暫定措置法第8条の6第2項の割当て（以下「二項割当て」という。）
　　　　を受けようとする者は、別表第三の各項の中欄に掲げる経済連携協定の
　　　　規定により二項割当ての対象となる当該各項の下欄に掲げる物品につい
　　　　ては農林水産大臣、別表第四の上欄に掲げる経済連携協定の規定により
　　　　二項割当ての対象となる同表の下欄に掲げる物品については経済産業大
　　　　臣に関税割当申請書を提出しなければならない。

2 輸入申告書

同令別表第三（第1条関係）（抜すい）

項名	経済連携協定	品目
十	経済上の連携に関する日本国とモンゴル国との間の協定	(一) 関税率表第〇四〇四・九〇号の一の (一) 及び (二) に掲げる物品のうち、砂糖を加えたもので、関税割当制度に関する政令別表第〇四〇一・一〇号、第〇四〇一・二〇号、第〇四〇一・四〇号、第〇四〇一・五〇号、第〇四〇三・一〇号、第〇四〇三・九〇号、第〇四〇四・九〇号、第一八六・二〇号、第一八六・九〇号、第一九〇一・一〇号、第一九〇一・二〇号、第一九〇一・九〇号、第二一〇一・一二号、第二一〇一・二〇号、第二一〇六・一〇号及び第二一〇六・九〇号の項で定める数量以内のもの以外のものであり、かつ、カードをもととしたもので一リットル以下の小売用容器入りのもの (二) 関税率表第〇四〇六・九〇号に掲げる物品のうち関税割当制度に関する政令別表第〇四〇六・一〇号、第〇四〇六・四〇号及び第〇四〇六・九〇号の項で定める数量以内のもの以外のもの (三) 関税率表第〇四〇九・〇〇号に掲げる物品 (四) 関税率表第一六〇二・五〇号の二に掲げる物品（同号の二の (二) のAに掲げる物品にあっては米を含むもの以外のものに限るものとし、同号の二の (二) のBの (d) のロに掲げる物品にあっては単に水煮したものに限る。） (五) 関税率表第一九〇二・一九号の二に掲げる物品のうち、マカロニ及びスパゲッティ以外のものであり、かつ、米を含まないもので小売用の包装をしたもの（容器とともの一個の重量が三キログラム以下のものに限る。）

別紙5

実勢外国為替相場の週間平均値

期　　　間	週間平均値	
	アメリカドル (USD)	モンゴルトグログ (MNT)
令和××.9. 2 ～ 令和××.9. 8	110.00 円	5.20 円
令和××.9. 9 ～ 令和××.9.15	100.00 円	5.00 円
令和××.9.16 ～ 令和××.9.22	105.00 円	4.80 円
令和××.9.23 ～ 令和××.9.29	95.00 円	4.60 円

※ 上記週間平均値の表においては以下のとおりとなる。
　アメリカドルは1米ドル (USD) につき上記円貨となる。
　モンゴルトグログは100モンゴルトグログ (MNT) につき上記円貨となる。

第19類　穀物、穀粉、でん粉又はミルクの調製品及び
ベーカリー製品

注
1　この類には、次の物品を含まない。
　(a)　ソーセージ、肉、くず肉、血、魚又は甲殻類、軟体動物
　　若しくはその他の水棲無脊椎動物の一以上を含有する調製
　　食料品で、これらの物品の含有量の合計が全重量の20％を
　　超えるもの（第16類参照。第19.02項の詰物をした物品を除
　　く。）
　(b)　飼料用のビスケットその他の穀粉又はでん粉の調製飼
　　料（第23.09項参照）
　(c)　第30類の医薬品その他の物品
2　第19.01項において次の用語の意義は、それぞれ次に定め
　るところによる。
　(a)　「ひき割り穀物」とは、第11類の「ひき割り穀物」をいう。
　(b)　「穀粉」及び「ミール」とは、次の物品をいう。
　　(1)　第11類の穀粉及びミール
　　(2)　他の類の植物性の粉及びミール（乾燥野菜（第07.12項
　　　参照）、ばれいしょ（第11.05項参照）又は乾燥した豆（第
　　　11.06項参照）の粉及びミールを除く。）
3　第19.04項には、完全に脱脂したココアとして計算したコ
　コアの含有量が全重量の6％を超える調製品及び第18.06項
　のチョコレートその他のココアを含有する調製食料品で完全
　に覆った調製品を含まない（第18.06項参照）。
4　第19.04項において「その他の調製をしたもの」とは、第10
　類又は第11類の項又は注に定める調製又は加工の程度を超え
　て調製又は加工をしたものをいう。

Chapter 19 Preparations of cereals, flour, starch or milk;
pastrycooks' products

Notes.
1.- This Chapter does not cover:
　(a) Except in the case of stuffed products of heading 19.02, food
　　preparations containing more than 20% by weight of sausage,
　　meat, meat offal, blood, fish or crustaceans, molluscs or other
　　aquatic invertebrates, or any combination thereof (Chapter 16);
　(b) Biscuits or other articles made from flour or from starch, spe-
　　cially prepared for use in animal feeding (heading 23.09); or
　(c) Medicaments or other products of Chapter 30.
2.- For the purposes of heading 19.01:
　(a) The term "groats" means cereal groats of Chapter 11;
　(b) The terms "flour" and "meal" mean:
　　(1) Cereal flour and meal of Chapter 11, and
　　(2) Flour, meal and powder of vegetable origin of any Chapter,
　　　other than flour, meal or powder of dried vegetables (heading
　　　07.12), of potatoes (heading 11.05) or of dried leguminous veg-
　　　etables (heading 11.06).
3.- Heading 19.04 does not cover preparations containing more than
　6% by weight of cocoa calculated on a totally defatted basis or
　completely coated with chocolate or other food preparations con-
　taining cocoa of heading 18.06 (heading 18.06).
4.- For the purposes of heading 19.04, the expression "otherwise pre-
　pared" means prepared or processed to an extent beyond that
　provided for in the headings of or Notes to Chapter 10 or 11.

2 輸入申告書

番　号 No.	統計細分 Stat. Code No.	N A C C S 用	品　名	税　率 Rate of Duty				単位 Unit	Description
				基　本 General	協　定 WTO	特　恵 Preferential	暫　定 Temporary		
19.02			スパゲッティ、マカロニ、ヌードル、ラザーニャ、ニョッキ、ラビオリ、カネローニその他のパスタ（加熱による調理をし、肉その他の材料を詰め又はその他の調製をしたものであるかないかを問わない。）及びクースクース（調製してあるかないかを問わない。）						Pasta, whether or not cooked or stuffed (with meat or other substances) or otherwise prepared, such as spaghetti, macaroni, noodles, lasagne, gnocchi, ravioli, cannelloni; cous-cous, whether or not prepared :
			パスタ（加熱による調理をし、詰物をし又はその他の調製をしたものを除く。）						Uncooked pasta, not stuffed or otherwise prepared :
1902.11	000	0	卵を含有するもの	40円 (yen)/ kg	30円 (yen)/ kg	*無税 Free		KG	Containing eggs
1902.19			その他のもの						Other :
	010	2	1 ビーフン	32円 (yen)/ kg	27.20円 (yen)/ kg	*無税 Free		KG	1 Biefun
			2 その他のもの	40円 (yen)/ kg		*無税 Free		KG	2 Other :
			ーマカロニ及びスパゲッティ		30円 (yen)/ kg				Macaroni and spaghetti :
	093	1	ーースパゲッティ					KG	Spaghetti
	094	2	ーーマカロニ					KG	Macaroni

(注) 19.02　食品衛生法　　　　　　　　　　　　　(Note) 19.02　Food Sanitation Law

番 号 No.	統計 細分 Stat. Code No.	N A C C S 用	品　　　名	税　　率　Rate of Duty				単位 Unit	Description
				基　本 General	協　定 WTO	特　恵 Prefer- ential	暫　定 Tempo- rary		
(1902.19)			ーその他のもの	34円 (yen)/ kg					Other:
	092	†	ーーうどん、そうめん及びそば					KG	Udon, somen and soba
	099	†	ーーその他のもの					KG	Other

第42類　革製品及び動物用装着具並びに旅行用具、ハンドバッグその他これらに類する容器並びに腸の製品

注
1　この類において「革」には、シャモア革(コンビネーションシャモア革を含む。)、パテントレザー、パテントラミネーテッドレザー及びメタライズドレザーを含む。
2　この類には、次の物品を含まない。
(a)　外科用のカットガットその他これに類する縫合材(殺菌したものに限る。第30.06項参照)
(b)　毛皮又は人造毛皮を裏張りし又は外側に付けた衣類及び衣類附属品(第43.03項及び第43.04項参照。毛皮又は人造毛皮を単にトリミングとして使用したもの並びに手袋、ミトン及びミットを除く。)
(c)　網地から製造した製品(第56.08項参照)
(d)　第64類の物品
(e)　第65類の帽子及びその部分品
(f)　第66.02項のむちその他の製品
(g)　カフスボタン、腕輪その他の身辺用模造細貨類(第71.17項参照)
(h)　あぶみ、くつわ、真ちゅう製動物用装着具、留金その他の動物用装着具の取付具及びトリミング(個別に提示するものに限る。主として第15部に属する。)
(ij)　ドラムその他これに類する楽器の革、弦その他の楽器の部分品(第92.09項参照)
(k)　第94類の物品(例えば、家具及びランプその他の照明器具)
(l)　第95類の物品(例えば、がん具、遊戯用具及び運動用具)
(m)　第96.06項のボタン、プレスファスナー、スナップファスナー及びプレススタッド並びにこれらの部分品(ボタンモールドを含む。)並びにボタンのブランク
3(A)　第42.02項には、2の規定により除かれる物品のほか、次の物品を含まない。
(a)　取手付きのプラスチックシート製の袋(印刷してあるかないかを問わないものとし、長期間の使用を目的としないものに限る。第39.23項参照)
(b)　組物材料の製品(第46.02項参照)
(B)　第42.02項又は第42.03項の製品には、取付具又は装飾物を構成する部分品として貴金属若しくは貴金属を張った金属、天然若しくは養殖の真珠又は天然、合成若しくは再生の貴石若しくは半貴石を使用したもの(当該部分品が当該製品に重要な特性を与えていないものに限る。)を含む。当該部分品が当該製品に重要な特性を与えている場合には、当該製品は、第71類に属する。

4　第42.03項において衣類及び衣類附属品には、手袋、ミトン及びミット(運動用又は保護用のものを含む。)、エプロンその他の保護衣類、ズボンつり、ベルト、負い革並びに腕輪(時計用のものを除く。第91.13項参照)を含む。

Chapter 42　Articles of leather; saddlery and harness; travel goods, handbags and similar containers; articles of animal gut (other than silk-worm gut)

Notes.
1.- For the purposes of this Chapter, the term "leather" includes chamois (including combination chamois) leather, patent leather, patent laminated leather and metallised leather.
2.- This Chapter does not cover:
(a) Sterile surgical catgut or similar sterile suture materials (heading 30.06);
(b) Articles of apparel or clothing accessories (except gloves, mittens and mitts), lined with furskin or artificial fur or to which furskin or artificial fur is attached on the outside except as mere trimming (heading 43.03 or 43.04);
(c) Made up articles of netting (heading 56.08);
(d) Articles of Chapter 64;
(e) Headgear or parts thereof of Chapter 65;
(f) Whips, riding-crops or other articles of heading 66.02;
(g) Cuff-links, bracelets or other imitation jewellery (heading 71.17);
(h) Fittings or trimmings for harness, such as stirrups, bits, horse brasses and buckles, separately presented (generally Section XV);
(ij) Strings, skins for drums or the like, or other parts of musical instruments (heading 92.09);
(k) Articles of Chapter 94 (for example, furniture, lamps and lighting fittings);
(l) Articles of Chapter 95 (for example, toys, games, sports requisites); or
(m) Buttons, press-fasteners, snap-fasteners, press-studs, button moulds or other parts of these articles, button blanks, of heading 96.06.
3.-(A) In addition to the provisions of Note 2 above, heading 42.02 does not cover:
(a) Bags made of sheeting of plastics, whether or not printed, with handles, not designed for prolonged use (heading 39.23);
(b) Articles of plaiting materials (heading 46.02).
(B) Articles of headings 42.02 and 42.03 which have part of precious metal or metal clad with precious metal, of natural or cultured pearls, of precious or semi-precious stones (natural, synthetic or reconstructed) remain classified in those headings even if such parts constitute more than minor fittings or minor ornamentation, provided that these parts do not give the articles their essential character. If, on the other hand, the parts give the articles their essential character, the articles are to be classified in Chapter 71.

4.- For the purposes of heading 42.03, the expression "articles of apparel and clothing accessories" applies, inter alia, to gloves, mittens and mitts (including those for sport or for protection), aprons and other protective clothing, braces, belts, bandoliers and wrist straps, but excluding watch straps (heading 91.13).

番　号 No.	統計細分 Stat. Code No.	N A C C S 用	品　　名	税　率　Rate of Duty 基　本 General	協　定 WTO	特　恵 Prefer-ential	暫　定 Tempo-rary	単位 Unit	Description
42.03			衣類及び衣類附属品(革製又はコンポジションレザー製のものに限る。)						Articles of apparel and clothing accessories, of leather or of composition leather :
4203.10			衣類						Articles of apparel :
	100	0	1 毛皮をトリミングとして使用したもの及び貴金属、これを張り若しくはめっきした金属、貴石、半貴石、真珠、さんご、ぞうげ又はべっこうを使用したもの	40%	16%			DZ KG	1 Trimmed with furskin or combined or trimmed with precious metal, metal clad with precious metal, metal plated with precious metal, precious stones, semi-precious stones, pearls, coral, elephants' tusks or Bekko
	200	2	2 その他のもの	12.5%	10%			DZ KG	2 Other
			手袋、ミトン及びミット						Gloves, mittens and mitts :
4203.21			特に運動用に製造したもの						Specially designed for use in sports :
	100	3	1 毛皮付きのもの及び貴金属、これを張り若しくはめっきした金属、貴石、半貴石、真珠、さんご、ぞうげ又はべっこうを使用したもの	40%	16%			DZ KG	1 Containing furskin or combined or trimmed with precious metal, metal clad with precious metal, metal plated with precious metal, precious stones, semi-precious stones, pearls, coral, elephants' tusks or Bekko
			2 その他のもの	12.5%	(12.5%)				2 Other :
	210	1	－野球用のもの					DZ KG	In baseball
	290	4	－その他のもの					DZ KG	Other
4203.29			その他のもの						Other :
			1 毛皮付きのもの及び貴金属、これを張り若しくはめっきした金属、貴石、半貴石、真珠、さんご、ぞうげ又はべっこうを使用したもの	40%					1 Containing furskin or combined or trimmed with precious metal, metal clad with precious metal, metal plated with precious metal, precious stones, semi-precious stones, pearls, coral, elephants' tusks or Bekko :
	110	5	－革製のもの		14%			DZ KG	Of leather
	190	1	－コンポジションレザー製のもの		16%			DZ KG	Of composition leather
	200	4	2 その他のもの	10%	(10%)			DZ KG	2 Other

第43類　毛皮及び人造毛皮並びにこれらの製品

Chapter 43　Furskins and artificial fur; manufactures thereof

注
1　この表において「毛皮」とは、第43.01項の原毛皮を除くほか、毛が付いている獣皮をなめし又は仕上げたものをいう。

2　この類には、次の物品を含まない。
　(a)　羽毛皮及びその部分(第05.05項及び第67.01項参照)

　(b)　第41類の注1(c)のただし書の毛が付いている原皮

　(c)　革と毛皮又は革と人造毛皮とから成る手袋、ミトン及びミット(第42.03項参照)
　(d)　第64類の物品
　(e)　第65類の帽子及びその部分品
　(f)　第95類の物品(例えば、がん具、遊戯用具及び運動用具)

3　第43.03項には、他の材料を加えて組み合わせた毛皮及びその部分並びに衣類(部分品及び附属品を含む。)その他の製品の形状に縫い合わせた毛皮及びその部分を含む。

4　毛皮又は人造毛皮を裏張りし又は外側に付けた衣類及び衣類附属品(2の物品及び毛皮又は人造毛皮を単にトリミングとして使用したものを除く。)は、第43.03項又は第43.04項に属する。
5　この表において「人造毛皮」とは、獣毛その他の繊維を革、織物その他の材料に接着し又は縫い付けた模造の毛皮をいうものとし、織り又は編むことにより得た模造の毛皮(主として第58.01項又は第60.01項に属する。)を含まない。

Notes.
1.- Throughout the Nomenclature references to "furskins", other than to raw furskins of heading 43.01, apply to hides or skins of all animals which have been tanned or dressed with the hair or wool on.
2.- This Chapter does not cover:
　(a) Birdskins or parts of birdskins, with their feathers or down (heading 05.05 or 67.01);
　(b) Raw hides or skins, with the hair or wool on, of Chapter 41 (see Note 1 (c) to that Chapter);
　(c) Gloves, mittens and mitts, consisting of leather and furskin or of leather and artificial fur (heading 42.03);
　(d) Articles of Chapter 64;
　(e) Headgear or parts thereof of Chapter 65; or
　(f) Articles of Chapter 95 (for example, toys, games, sports requisites).
3.- Heading 43.03 includes furskins and parts thereof, assembled with the addition of other materials, and furskins and parts thereof, sewn together in the form of garments or parts or accessories of garments or in the form of other articles.
4.- Articles of apparel and clothing accessories (except those excluded by Note 2) lined with furskin or artificial fur or to which furskin or artificial fur is attached on the outside except as mere trimming are to be classified in heading 43.03 or 43.04 as the case may be.
5.- Throughout the Nomenclature the expression "artificial fur" means any imitation of furskin consisting of wool, hair or other fibres gummed or sewn on to leather, woven fabric or other materials, but does not include imitation furskins obtained by weaving or knitting (generally, heading 58.01 or 60.01).

番 号 No.	統計 細分 Stat. Code No.	NACCS用	品 名	税 率 Rate of Duty				単位 Unit	Description
				基 本 General	協 定 WTO	特 恵 Prefer- ential	暫 定 Tempo- rary		
43.03			衣類、衣類附属品その他の毛皮製品						Articles of apparel, clothing accessories and other articles of furskin
4303.10			衣類及び衣類附属品	20%	(20%)				Articles of apparel and clothing accessories:
			一衣類						Articles of apparel:
	011	5	ーー羊又はやぎの毛皮製のもの					NO KG	Of furskin of sheep or goat
	012	6	ーーうさぎの毛皮製のもの					NO KG	Of furskin of rabbit or hare
	013	0	ーーミンクの毛皮製のもの			*無税 Free		NO KG	Of furskin of mink
	014	1	ーーきつねの毛皮製のもの			*無税 Free		NO KG	Of furskin of fox
	019	6	ーーその他のもの			*無税 Free		NO KG	Other
			一衣類附属品						Clothing accessories:
	091	1	ーー羊、やぎ又はうさぎの毛皮製のもの					NO KG	Of furskin of sheep, goat, rabbit or hare
	099	2	ーーその他のもの			*無税 Free		NO KG	Other
4303.90			その他のもの	20%	(20%)				Other:
	010	1	一羊、やぎ又はうさぎの毛皮製のもの					NO KG	Of furskin of sheep, goat, rabbit or hare
	090	4	一その他のもの			*無税 Free		NO KG	Other
43.04									
4304.00	000	2	人造毛皮及びその製品	6%	5%	無税 Free		KG	Artificial fur and articles thereof

(注) 43.03 鳥獣の保護及び管理並びに狩猟の適正化に関する法律

ワシントン条約

(Note) 43.03 Protection and Control of Wild Birds and Mammals and Hunting Management Law
Convention on International Trade in Endangered Species of Wild Fauna and Flora

解答・解説⑦（革製品等）

解 説

換算レート：1 ドル＝ 100.00 円、100 モンゴルトグログ＝ 5.00 円（9 月 9 日〜 9 月 15 日）
（9 月 29 日の属する週の前々週のレート）

引渡しの際の検査費用：問題文記 8 にある売手（輸出者）が貨物の調達先であるメーカー
から貨物の引渡しを受ける際に行った検査は売手が自己のために行った検査であ
り、買手（輸入者）が売手から貨物の引渡しを受ける際に行う検査ではない。した
がって、売手が自己のために行う検査費用で買手が負担しているため、課税価格
に 210,000MNT を加算する。

買付手数料の対価と金利：問題文記 9 にある買付手数料について、買手が負担する買付
手数料の対価は課税価格に算入されない。なお、買手の買付代理人が一の輸入取
引に関し売手と買手の双方を代理していないので、やはり課税価格に算入する必
要はない。また、同記 9 にある買手が買付代理人に支払う金利は、売手のために
支払うものではなく、買付代理人と買手の間で支払方法により発生する金利のた
め課税価格には算入しない。

本邦到着までの運送料等：問題文記 10 にある仕入書価格とは別に買手が支払っている
費用について、①海上運送料と③海上保険料は課税価格に算入するが、②出港
前報告に伴い発生する手数料と④着払運賃取扱料は算入しない。したがって、①
140,000 円と③ 14,000 円を課税価格に算入する。

少額貨物の確認：上記の条件を基に仕入書の 1 から 8 までの商品の課税価格を計算する
と以下のようになる。
※ 仕入書の商品すべてに係る加算要素 210,000MNT、154,000 円（＝ 140,000 円＋
14,000 円）（すべての貨物に価格按分にて加算する。）

仕入書番号	計算式	課税価格
1	US\$1,500.00×100.00 円＋（210,000MNT×US\$1,500.00÷US\$14,000.00÷100MNT×5.00 円）＋（154,000 円×US\$1,500.00÷US\$14,000.00）	167,625 円
2	US\$1,700.00×100.00 円＋（210,000MNT×US\$1,700.00÷US\$14,000.00÷100MNT×5.00 円）＋（154,000 円×US\$1,700.00÷US\$14,000.00）	189,975 円
3	US\$1,400.00×100.00 円＋（210,000MNT×US\$1,400.00÷US\$14,000.00÷100MNT×5.00 円）＋（154,000 円×US\$1,400.00÷US\$14,000.00）	156,450 円
4	US\$1,300.00×100.00 円＋（210,000MNT×US\$1,300.00÷US\$14,000.00÷100MNT×5.00 円）＋（154,000 円×US\$1,300.00÷US\$14,000.00）	145,275 円
5	US\$2,200.00×100.00 円＋（210,000MNT×US\$2,200.00÷US\$14,000.00÷100MNT×5.00 円）＋（154,000 円×US\$2,200.00÷US\$14,000.00）	245,850 円
6	US\$1,800.00×100.00 円＋（210,000MNT×US\$1,800.00÷US\$14,000.00÷100MNT×5.00 円）＋（154,000 円×US\$1,800.00÷US\$14,000.00）	201,150 円
7	US\$2,000.00×100.00 円＋（210,000MNT×US\$2,000.00÷US\$14,000.00÷100MNT×5.00 円）＋（154,000 円×US\$2,000.00÷US\$14,000.00）	223,500 円
8	US\$2,100.00×100.00 円＋（210,000MNT×US\$2,100.00÷US\$14,000.00÷100MNT×5.00 円）＋（154,000 円×US\$2,100.00÷US\$14,000.00）	234,675 円

したがって、20 万円以下となる可能性がある商品は仕入書番号 1 から 4 である。

商品分類：

（少額貨物の可能性のあるものは、各 10 桁の最後の数字に（ ）を付けている。）

1：420329110（5） 「革及び毛皮製の男性用手袋、革 60％、羊の毛皮 40％」

①第 43 類の類注 2（c）より、革と毛皮から成る手袋は第 42 類に分類される。

②第 42 類の類注 4 より手袋は衣類付属品に該当するので第 42.03 項に分類される。

③手袋は第 4203.21 号又は第 4203.29 号に分類される。

④問題文記 7①より特に運動用に製造したものではないので、その他のものとして第 4203.29 号に分類される。

⑤問題文記 7①より毛皮付きのものであるので「4203.29.1105」又は「4203.29.1901」に分類される。

⑥革製のものであるので「4203.29.110（5）」に分類される。

2：420329200（4） 「革及び人造毛皮製の男性用手袋、革 70％、人造毛皮 30％」

①第 43 類の類注 2（c）より、革と人造毛皮から成る手袋は第 42 類に分類される。

②第 42 類の類注 4 より手袋は衣類付属品に該当するので第 42.03 項に分類される。

③手袋は第 4203.21 号又は第 4203.29 号に分類される。

④問題文記 7 ①より特に運動用に製造したものではないので、その他のものとして第 4203.29 号に分類される。

⑤毛皮付きのものではなく、人造毛皮付きのものであり問題文記 7 ②より貴金属や貴石等を使用したものではないので「4203.29.200（4）」に分類される。

3：420329190（1）「コンポジションレザー及び毛皮製の女性用手袋、コンポジションレザー 60％、羊の毛皮 40％」

①第 43 類の類注 2（c）より、革と毛皮から成る手袋は第 42 類に分類される。

②第 42 類の類注 4 より手袋は衣類付属品に該当するので第 42.03 項に分類される。

③手袋は第 4203.21 号又は第 4203.29 号に分類される。

④問題文記 7 ①より特に運動用に製造したものではないので、その他のものとして第 4203.29 号に分類される。

⑤問題文記 7 ①より毛皮付きのものであるので「4203.29.1105」又は「4203.29.1901」に分類される。

⑥コンポジションレザー製のものであるので「4203.29.190（1）」に分類される。

4：430310011（5）「革製の男性用ジャケット、毛皮を裏張りしたもの、革 60％、羊の毛皮 40％」

①第 42 類の類注 2（b）及び第 43 類の類注 4 より毛皮を裏張りした衣類は第 43 類に分類される。

②毛皮製の衣類は第 43.03 項に分類される。

③衣類は第 4303.10 号に分類される。

④衣類は「4303.10.0115」から「4303.10.0196」に分類される。

⑤羊の毛皮製のものであるので「4303.10.011（5）」に分類される。

5：4304000002「革製の男性用ジャケット、人造毛皮を裏張りしたもの、革 60％、人造毛皮 40％」

①第 42 類の類注 2（b）及び第 43 類の類注 4 より人造毛皮を裏張りした衣類は第 43 類に分類される。

②人造毛皮の製品は第 43.04 項に分類される。

③人造毛皮の製品は第 4304.00 号に分類される。

④第 4304.00 号はさらに細分されていないので、「4304.00.0002」に分類される。

6：190219092† 「うどん（1個1kg）、加熱による調理をしたパスタではない、詰物をしたものではない、調製をしたものではない、小麦100％からなるものである」

①パスタ（うどん）は第19類に分類される。

②パスタは第19.02項に分類される。

③問題文記7③より卵を含有するものではないので、その他のものとして第1902.19号に分類される。

④ビーフンではないので、その他のものとして「1902.19.0931」から「1902.19.099†」に分類される。

⑤マカロニ及びスパゲッティではないので、その他のものとして「1902.19.092†」又は「1902.19.099†」に分類される。

⑥うどんであるので「1902.19.092†」に分類される。

7：190219099† 「ヌードル（1個3kg）、加熱による調理をしたパスタではない、詰物をしたものではない、調製をしたものではない、小麦50％及び米50％からなるものである」

①パスタ（ヌードル）は第19類に分類される。

②パスタは第19.02項に分類される。

③問題文記7③より卵を含有するものではないので、その他のものとして第1902.19号に分類される。

④ビーフンではないので、その他のものとして「1902.19.0931」から「1902.19.099†」に分類される。

⑤マカロニ及びスパゲッティではないので、その他のものとして「1902.19.092†」又は「1902.19.099†」に分類される。

⑥うどん、そうめん及びそばではないので、その他のものとして「1902.19.099†」に分類される。

8：1902110000 「うどん（1個5kg）、加熱による調理をしたパスタではない、詰物をしたものではない、調製をしたものではない、小麦96％及び卵4％からなるものである」

①パスタ（うどん）は第19類に分類される。

②パスタは第19.02項に分類される。

③問題文記7③より卵を含有するものなので第1902.11号に分類される。

④第1902.11号はさらに細分されていないので、「1902.11.0000」に分類される。

解答欄の確認：品目分類番号が同じものはなく、既に確認している上記の計算結果から仕入書番号1から4までの貨物が少額貨物であることが分かるので、それぞれの関税率を確認していく。ここで仕入書番号1はモンゴル協定税率12.7%、仕入書番号2は基本税率10%、仕入書番号3はモンゴル協定税率14.5%、仕入書番号4は基本税率20%であるので、これらの少額貨物はすべて有税品であることから、問題文に従い関税率の最も高い仕入書番号4の「430310011」に分類し、10桁目を「X」とする。さらに、少額貨物のFOB価格を合計しておくと、

US$1,500.00 ＋ US$1,700.00 ＋ US$1,400.00 ＋ US$1,300.00 ＝ US$5,900.00

となる。

最後に問題文に従い価格の大きい順に解答していき、少額貨物は最後に解答する。

解答：

a. ⑫ 4304000002（US$2,200.00）

f. US$2,200.00×100.00円＋（210,000MNT×US$2,200.00÷US$14,000.00÷100MNT×5.00円）＋（154,000円×US$2,200.00÷US$14,000.00）＝ 245,850円

b. ① 1902110000（US$2,100.00）

g. US$2,100.00×100.00円＋（210,000MNT×US$2,100.00÷US$14,000.00÷100MNT×5.00円）＋（154,000円×US$2,100.00÷US$14,000.00）＝ 234,675円

c. ④ 190219099†（US$2,000.00）

h. US$2,000.00×100.00円＋（210,000MNT×US$2,000.00÷US$14,000.00÷100MNT×5.00円）＋（154,000円×US$2,000.00÷US$14,000.00）＝ 223,500円

d. ③ 190219092†（US$1,800.00）

i. US$1,800.00×100.00円＋（210,000MNT×US$1,800.00÷US$14,000.00÷100MNT×5.00円）＋（154,000円×US$1,800.00÷US$14,000.00）＝ 201,150円

e. ⑮ 430310011X（US$5,900.00）

j. US$5,900.00×100.00円＋（210,000MNT×US$5,900.00÷US$14,000.00÷100MNT×5.00円）＋（154,000円×US$5,900.00÷US$14,000.00）＝ 659,325円

第3章

計算問題

3

3-0 計算問題の攻略法

　ここでは、「関税」「延滞税」「過少申告加算税」「無申告加算税」「課税価格」のそれぞれについて計算問題の解き方を説明する。

⚓ 攻略法その①：関税の計算式の確認

ⅰ．一申告の貨物がひとつの場合の関税の計算式（従価税の場合）：

　課税標準（千円未満切捨）× 関税率＝関税額（百円未満切捨）

ⅱ．一申告の貨物がふたつの場合の関税の計算式（従価税の場合）：

　（課税標準（千円未満切捨）× 関税率）＋（課税標準（千円未満切捨）× 関税率）
　＝関税額（百円未満切捨）

⚓ 攻略法その②：延滞税の計算式の確認

延滞税の計算式：

　関税額（1万円未満切捨）× 延滞税率 × 延滞日数 ÷365日＝延滞税額（百円未満切捨）

延滞日数の算出：

　法定納期限等の翌日から延滞税の計算に係る関税の納付日までの日数

※4月、6月、9月、11月は31日がない。2月は閏年なら29日まで、閏年以外なら28日まで。これらの月以外の月は31日で延滞日数を計算する。

※ただし、上記の計算式は、納期限の翌日から2月を経過する日後の延滞税額がない場合の計算式である。ちなみに、最近の本試験の延滞税の計算問題で、納期限の翌日から2月を経過する日後の延滞税額を計算させる問題は出題されていない。よって、上記の計算式で十分に対応できるが、興味のある方は、姉妹書の『通関士完全攻略ガイド』第1編第11章の「3 附帯税」の中の延滞税についての説明を参照していただきたい。

⚓ 攻略法その③：過少申告加算税の計算式の確認

ⅰ．加重分の過少申告加算税がない場合の過少申告加算税の計算式：

　関税額（1万円未満切捨）×10％（※）＝過少申告加算税（百円未満切捨）（通常分のみ）

ⅱ．加重分の過少申告加算税がある場合の過少申告加算税の計算式：

（関税額（１万円未満切捨）×10％（※））＋｛（関税額－当初申告税額と 50 万円とのいずれか多い金額）（１万円未満切捨）× 5 %｝＝過少申告加算税（百円未満切捨）（通常分＋加重分）

※税関長の調査があったことにより関税について更正があるべきことを予知してされたものでない修正申告（税関長の調査の通知後のものに限る。）に対して過少申告加算税が課されるときは、10％ではなく 5 ％になる。

攻略法その④：無申告加算税の計算式の確認

ⅰ．加重分の無申告加算税がない場合の無申告加算税の計算式：

関税額（１万円未満切捨）×15％（※）＝無申告加算税（百円未満切捨）（通常分のみ）

ⅱ．加重分の無申告加算税がある場合の無申告加算税の計算式：

（関税額（１万円未満切捨）×15％（※））＋｛（関税額－ 50 万円）（１万円未満切捨）× 5 %｝＝無申告加算税（百円未満切捨）（通常分＋加重分）

※税関長の調査があったことにより関税について更正又は決定があるべきことを予知してされたものでない無申告に対しての決定の後の修正申告や更正、期限後特例申告書の提出等（税関長の調査の通知後のものに限る。）に対して無申告加算税が課されるときは、15％ではなく 10％になる。

攻略法その⑤：課税価格の計算問題の学習方法

課税価格の計算問題については、次のような３ステップで学習するとよい。

関税定率法・関税定率法施行令の条文を理解する。⇒本章の「3-2」「3-4」

関税定率法基本通達の内容を理解する。⇒本章の「3-3」

課税価格の計算問題を解く。⇒本章の「3-8」

3-1 関税定率法などの法律知識を学ぶ前に

ここでは、法律知識を学ぶ前に習得しておくべき貿易実務の基礎であるインコタームズについて説明する。

インコタームズの知識の必要性

通関士試験では、インコタームズを完全に理解していないと、問題文に出題されるさまざまな費用を現実支払価格に加算すべきか、それとも加算しなくてよいのか、容易には判断できない。

また、直近の試験ではFOB、CFR（C & F）、CIF といった通関士試験を受験する方であればよく知っていると思われる伝統的なインコタームズを使用した問題が多いのだが、過去の試験ではFCA などの普段あまり利用されていないインコタームズを使用した問題も出題されている。

知っているインコタームズを使用した問題であれば安心して問題を解くことができると思うが、知らないインコタームズを使用した問題が出題された場合には、100%自信をもって解答することができない可能性がある。

通関士試験を受験するのであれば、既にインコタームズを完全に理解してから、試験の学習を始めていると思うが、もしそうでない場合はここで学習しておいていただきたい。

インコタームズ2020

インコタームズは、国際商業会議所が策定した貿易条件の定義のことである。最近は10年おきに改訂されており、最新版はインコタームズ2020である。インコタームズは最新版だけではなく、それ以前のインコタームズもすべて使用することができる。

また、インコタームズは任意規則であるため、貿易取引に適用する強制力はない。取引の契約書に「本契約で使用されている貿易条件は、インコタームズ2020によって解釈する。」というような約款を入れることが一般的で、その際にどのインコタームズを使用するかは取引を行う当事者の自由である（使用する・しないも自由だが、実際の貿易取引では、インコタームズはほとんどの場合で使用されている）。

つまり、輸出者と輸入者が合意すれば、インコタームズ2010やインコタームズ2000によって貿易条件を解釈することもできるので、インコタームズ2020だけではなく、それ以前に策定されたインコタームズも学習する必要がありそうだが、直近の本試験

では最新のインコタームズを使用して問題が作成されている。したがってここでも最新のインコタームズであるインコタームズ2020を学習していく。

① EXW (Ex Works)

輸出者 (又は売主。以下「輸出者」) の工場 (又は倉庫) 渡し条件。輸出者は、輸出者の工場や倉庫などで輸入者 (又は買主。以下輸入者) に商品を引き渡し、引き渡し以降の運賃、保険料、リスクの一切は輸入者が負担する。貨物の受け渡し場所は輸出者の工場や倉庫前となる。

② FCA (Free Carrier)

運送人渡し条件。輸出者は、契約で指定された場所 (輸出地のコンテナーヤード、倉庫等) で貨物を輸入者が手配した運送人 (船会社、トラック会社など) に引き渡すまでの一切の費用とリスクを負担し、引き渡し以降の運賃、保険料、リスクは輸入者が負担する。貨物の受け渡し場所は輸入者が手配した運送人に貨物を引き渡す場所となっているが、例えば、FCA TOKYOとなっている場合、東京のどの場所で輸入者が手配した運送人に貨物を引き渡すかが明確でないため、その受け渡し時点を明確にする必要がある。

③ CPT (Carriage Paid To)

輸送費込み条件 (FCA条件に輸入地までの輸送費が含まれている条件という意味である。)。輸出者は、契約で指定された場所 (輸出地のコンテナーヤード、倉庫等) で貨物を輸入者が手配した運送人 (船会社、トラック会社等) に引き渡すまでの一切のリスクに加えて輸入地までの海上輸送費を負担し、契約で指定された場所で貨物が引き渡されて以降のコスト (ただし、海上輸送費は除く。) とリスクは輸入者が負担する。例えば、CPT SHANGHAIとなっている場合、上海までの輸送費が含まれているという意味だが、どの国の輸出地で輸出者から輸入者が手配した運送人に貨物が引き渡されるのかが分からないため、別途その受け渡し時点を明確にする必要がある。

④ CIP (Carriage and Insurance Paid To)

輸送費・保険料込み条件 (FCA条件に輸入地までの輸送費と保険料が含まれている条件という意味である。)。輸出者は、契約で指定された場所 (輸出地のコンテナーヤード、倉庫等) で貨物を輸入者が手配した運送人 (船会社、トラック会社等) に引き渡すまでの一切のリスクに加えて輸入地までの海上輸送費と海上保険料を負担し、契約で指定された場所で貨物が引き渡されて以降のコスト (ただし、海上輸送費と海上保険料は除く) とリスクは輸入者が負担する。例えば、CIP SHANGHAIとなっている場合、上海までの輸送費と海上保険料が含まれているという意味だが、どの国の輸出地で輸出者から輸入者が手配した運送人に貨物が引き渡されるのかが分からないため、別途その受け渡し時点を明確にする必要がある。

⑤ DAP（Delivered At Place）

仕向地持込渡し条件。輸入地の契約で指定された場所までのコストとリスクを輸出者が負担するが、輸入地での輸入通関手続及び関税は輸入者が負担する。輸出者は契約で指定された場所で輸送手段から貨物を降ろすことなく、車上や船上等で輸入者に貨物を引き渡す条件であるため、輸入地の指定された場所で貨物を輸送手段から降ろす費用はDAP価格に含まれていない。貨物の受け渡し場所は契約で指定された場所となる。

⑥ DPU（Delivered at Place Unloaded）

荷卸持ち込み渡し条件。輸入地の契約で指定された場所までのコストとリスクを輸出者が負担するが、輸入地での輸入通関手続及び関税は輸入者が負担する。輸出者は契約で指定された場所で輸送手段から貨物を降ろして輸入者に貨物を引き渡す必要があるため、輸入地の指定された場所で貨物を降ろす費用はDPU価格に含まれている。貨物の受け渡し場所は契約で指定された場所となる。

⑦ DDP（Delivered Duty Paid）

仕向地持ち込み渡し・関税込み条件。輸入地の契約で指定された場所までのコストとリスクを輸出者が負担し、輸入地での輸入通関手続及び関税・消費税等まで輸出者が負担する。つまりすべてDDP価格に含まれている。ただし、輸出者は契約で指定された場所で輸送手段から貨物を降ろすことなく、車上や船上等で輸入者に貨物を引き渡す条件であるため、輸入地の指定された場所で貨物を輸送手段から降ろす費用はDDP価格に含まれていない。貨物の受け渡し場所は契約で指定された場所となる。

⑧ FAS（Free Alongside Ship）

船側渡し条件。輸出者は、貨物を船積みする港（輸出港）で本船の横に貨物を着けるまでの費用を負担し、引き渡し以降の費用及びリスクは輸入者が負担する。貨物の受け渡し場所は船積港に停泊中の船の横であり、船積みにかかる費用はFAS価格に含まれていない。

⑨ FOB（Free On Board）

本船甲板渡し条件。輸出者は、貨物を船積みする港（輸出港）で本船に貨物を積み込むまでの費用を負担し、引き渡し以降の費用及びリスクは輸入者が負担する。貨物の受け渡し場所は船積港に停泊中の船上であり、船積みにかかる費用はFOB価格に含まれている。

⑩ CFR（＝ C&F, Cost and Freight）

運賃込み条件（FOB条件に輸入地までの運賃が含まれている条件という意味である。）。輸出者は、貨物を船積みする港（輸出港）で本船に貨物を積み込むまでの費用に加えて輸入港までの海上運賃を負担し、引き渡し以降の費用（ただし、海上運賃を

除く。）及びリスクは輸入者が負担する。貨物の受け渡し場所は船積港に停泊中の船上である。

⑪ CIF（Cost, Insurance and Freight）
運賃・保険料込み条件（FOB条件に輸入地までの運賃と保険料が含まれている条件という意味である。）。輸出者は、貨物を船積みする港（輸出港）で本船に貨物を積み込むまでの費用に加えて輸入港までの海上運賃と海上保険料を負担し、引き渡し以降の費用（ただし、海上運賃と海上保険料を除く。）及びリスクは輸入者が負担する。貨物の受け渡し場所は船積港に停泊中の船上である。

3-2 課税価格計算のルール（基礎：関税定率法、関税定率法施行令）

課税価格の計算には一定のルールがある。ここでは、そのうち、関税定率法や関税定率法施行令に基づく基本的なものについて解説する。

課税価格の決定

輸入貨物の課税価格は、特別な事情等がある場合を除いて、その輸入貨物の輸入取引（本邦に住所、居所、本店、支店、事務所、事業所等を有しない者が買手となる輸入取引は除く。）がされた場合において、その輸入取引に関し買手により売手に対し又は売手のために、その輸入貨物について現実に支払われた又は支払われるべき価格（以下、**現実支払価格**という。なお、輸出国において輸出の際に軽減又は払戻しを受けるべき関税その他の公課は現実支払価格から控除する。）に、その含まれていない限度において運賃等の限定列挙加算要素を加えた価格となる。

控除費用

現実支払価格は、輸入貨物について、買手により売手に対し又は売手のために行われた又は行われるべき支払の総額であるが、以下に掲げる費用等は現実支払価格から控除することができる。ただし、以下に掲げる費用等でその額を明らかにすることができないものがあり、その明らかにすることができない費用等の額を含んだものとしてでなければ支払の総額を把握することができない場合は、その明らかにすることができない費用等の額を含めた額が現実支払価格となる。つまり、その費用等の額は控除することはできない。

① 輸入貨物の輸入申告の時（課税物件確定の時）の属する日以後に行われるその輸入貨物に係る据付け、組立て、整備又は技術指導に要する役務の費用

② 輸入貨物の輸入港到着後の運送に要する運賃、保険料その他運送に関連する費用

③ 本邦において輸入貨物に課される関税その他の公課

④ 輸入貨物に係る輸入取引が延払条件付取引である場合における延払金利

加算費用

現実支払価格は、輸入貨物について、買手により売手に対し又は売手のために行わ

れた又は行われるべき支払の総額であるが、買手により売手のために行われた又は行われるべき売手の債務の全部又は一部の弁済その他の間接的な支払の額も現実支払価格に含まれる。

限定列挙加算要素

　課税価格を計算する際に、現実支払価格とは別に課税価格に加える必要のある費用の額は以下のものである。ただし、その費用の額で現実支払価格に含まれている範囲の額については課税価格に加算する必要はない。

① 輸入貨物が輸入港に到着するまでの運送に要する運賃、保険料その他運送に関連する費用

② 輸入貨物に係る輸入取引に関し買手により負担される手数料又は費用のうち次に掲げるもの
　（イ）仲介料その他の手数料（買付けに関し買手を代理する者に対し、その買付けに係る業務の対価として支払われるものを除く。）
　（ロ）輸入貨物の容器の費用（ただし、輸入貨物の通常の容器と同一の種類及び価値を有するものに限る。）
　（ハ）輸入貨物の包装に要する費用

③ 輸入貨物の生産及び輸入取引に関連して、買手により無償で又は値引きをして直接又は間接に提供された物品又は役務のうち次に掲げるものに要する費用
　（イ）輸入貨物に組み込まれている材料、部分品又はこれらに類するもの
　（ロ）輸入貨物の生産のために使用された工具、鋳型又はこれらに類するもの
　（ハ）輸入貨物の生産の過程で消費された物品
　（ニ）技術、設計、考案、工芸及び意匠その他輸入貨物の生産に関する役務であって本邦以外において開発されたもの

　※上記（イ）から（ハ）までに掲げる物品に要する費用は、以下のⅰ及びⅱに掲げる物品の区分に応じ、それらの費用に、その物品を輸入貨物の生産等に提供するために要した運賃、保険料その他の費用であって買手により負担されるものを加算した費用とする。なお、その物品が輸入貨物以外の貨物にも組み込まれ、輸入貨物以外の貨物の生産のためにも使用され又は輸入貨物以外の貨物の生産の過程でも消費されるものである場合には、その輸入貨物に組み込まれ、輸入貨物の生産のために使用され又は輸入貨物の生産の過程で消費された物品の使用の程度に応じて按分した費用とする。この場合において、その物品につき加工、改良その他の価値を増加させるための行為による価値の増加又は使用による減耗、変質その他のやむを得ない理由による価値の減少があったときは、その価値の増加又は価値の減少に相当する額を加算又は控除する。（なお、以下のⅰに掲げる物品についてはその物品が生産された後、買手により輸入貨物の生産等に提供されるまでの間の価値の増加又は価値の減少に限り、以下のⅱに掲げる物品についてはその物品が買手に取得された後、買手により輸入貨物の生産等に提供されるまでの間の価値の増加又は価値の減少に限る。）

ⅰ. 買手が自ら生産した物品又は買手と特殊関係にある者が生産した物品であって買手がその者から直接に取得したもの…………その物品の生産に要した費用

ⅱ. ⅰに掲げる物品以外の物品（買手と特殊関係にない者が生産した物品であって買手がその者から直接に取得したものなど）…………買手がその物品を取得するために通常要する費用

※上記（ニ）に掲げる役務に要する費用は、以下のⅰ及びⅱに掲げる役務の区分に応じ、それらの費用に、その役務を輸入貨物の生産に関連して提供するために要した運賃、保険料その他の費用であって買手により負担されるものを加算した費用とする。なお、その役務が輸入貨物以外の貨物の生産のためにも利用されるものである場合には、輸入貨物の生産のために利用されたその役務の利用の程度に応じて按分した費用とする。この場合において、その役務につき改良その他の価値を増加させるための行為による価値の増加又は陳腐化その他のやむを得ない理由による価値の減少があったときは、その価値の増加又は価値の減少に相当する額を加算又は控除する。（なお、以下のⅰに掲げる役務についてはその役務が開発された後、買手により輸入貨物の生産に関連して提供されるまでの間の価値の増加又は価値の減少に限り、以下のⅱに掲げる役務についてはその役務が買手に提供された後、買手により輸入貨物の生産に関連して提供されるまでの間の価値の増加又は価値の減少に限る。）

ⅰ. 買手が自ら開発した役務又は買手と特殊関係にある者が開発した役務であって買手がその者から直接に提供を受けたもの…………その役務の開発に要した費用

ⅱ. ⅰに掲げる役務以外の役務（買手と特殊関係にない者が開発した役務であって買手がその者から直接に提供を受けたものなど）…………買手がその役務の提供を受けるために通常要する費用

④ 輸入貨物に係る特許権、意匠権、商標権その他これらに類するもの（輸入貨物を本邦において複製する権利を除く。）で、政令で定めるものの使用に伴う対価で、その輸入貨物に係る取引の状況その他の事情からみて輸入貨物の輸入取引をするために買手により直接又は間接に支払われるもの

※上記の政令で定めるものは、実用新案権、著作権及び著作隣接権並びに特別の技術による生産方式その他のロイヤルティ又はライセンス料の支払の対象となるものである。

⑤ 買手による輸入貨物の処分又は使用による収益で直接又は間接に売手に帰属するものとされているもの（売手帰属収益）でその額が明らかなもの

3-3 課税価格計算のルール（応用：関税定率法基本通達）

　ここでは、課税価格の計算のルールのうち、関税定率法基本通達に基づく応用的なものについて解説する。

総則（税率の適用・事実認定）

1 税率の適用について（関税定率法基本通達3−1）

　基本税率、協定税率（便益税率を含む。）、EPA 税率、暫定税率の適用関係については、以下のとおりとなる。

1. 同一品目について基本税率と暫定税率とがある場合においては、暫定税率を適用し、暫定税率がない場合においては、基本税率を適用する。

2. 協定税率がある場合において、その協定税率が上記1により適用されることとなる税率より低いときは、その協定税率を適用する。

3. 協定税率がある場合において、その協定税率が上記1により適用されることとなった税率と同一のときは、上記1により適用される税率、つまり、基本税率又は暫定税率となる。

4. EPA 税率がある場合において、その EPA 税率が上記1から3までにより適用されることとなる税率より低いときは、その EPA 税率を適用する。

5. EPA 税率がある場合において、その EPA 税率が上記1又は2により適用されていることとなる税率と同一のときは、上記1又は2により適用されることとなる税率を適用する。

6. 関税暫定法第8条の2及び第8条の3の規定に基づき特恵関税の適用がある場合には、他の税率に優先して特恵税率を適用する。

2 課税価格を計算する場合における事実認定
（関税定率法基本通達4〜4の9−1）

　関税定率法第4条（課税価格の決定の原則）から第4条の9（政令への委任）までの規定により輸入貨物の課税価格を計算する場合において、その計算の基礎となる額その他の事項の認定は、輸入者等の説明及び納税申告に係る添付書類の形式的記載内容のみに基づくのではなく、提出された輸入貨物に係る契約書等の内容が真の取引実態を反映したものか否かについて確認する等、輸入取引に関し判明した個別的な事実を総合的に考慮して行う。

※輸入貨物の課税価格を計算する場合において、その計算の基礎となる額その他の事項は、合理的な根拠を示す資料により証明されるものでなければならず、かつ、一般に公正妥当と認められる会計の慣行に従って算定されたものでなければならない。(関税定率法第4条の8)。

課税価格決定の原則

1 輸入取引の意義及び取扱い（関税定率法基本通達4-1）

関税定率法第4条第1項（課税価格の決定の原則）に規定する「輸入取引」、「買手」及び「売手」の意義及び取扱いについては以下のとおりとなる。

1. 「輸入取引」とは、本邦に拠点（住所、居所、本店、支店、事務所、事業所等）を有する者（個人であるか法人であるかを問わない。）が買手として貨物を本邦に到着させることを目的として売手との間で行った売買であって、現実に貨物が本邦に到着することとなったものをいい、通常、現実に貨物を輸入することとなる売買がこれに該当する。したがって、現実に貨物が本邦に到着することとなった取引が売買以外のものである場合には、その貨物は輸入取引によらない輸入貨物に該当し、関税定率法第4条の2（同種又は類似の貨物に係る取引価格による課税価格の決定）以下の規定により課税価格を計算する。つまり、課税価格決定の原則により課税価格を決定するのではなく、課税価格決定の例外の規定により課税価格を決定していく。

2. 貨物が輸入されるまでにその貨物について複数の取引（売買以外の取引を含む。）が行われている場合には、現実にその貨物が本邦に到着することとなった売買が「輸入取引」となる。例えば、以下のような場合には、それぞれに定めるものが「輸入取引」となる。

    ① 外国の居住者Xと本邦の居住者Aとの間で貨物を本邦に到着させることを目的とした売買契約が締結された後、Aと本邦のA以外の居住者Bとの間でその貨物を本邦に到着させることを目的とした売買契約が締結され、Aの指示により、貨物がXからBへ向けて輸出され、Bにより輸入された場合は、AとBとの間の売買が「現実に貨物が本邦に到着することとなった売買」であることから、AとBとの間の売買が輸入取引となる。

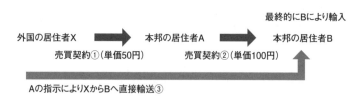

    ② 外国の居住者Yと本邦の居住者Cとの間で貨物を本邦に到着させることを目的

として締結された売買契約に基づいて外国から本邦へ向けて貨物が輸出された後、本邦への運送途上において、Cと本邦のC以外の居住者Dとの間で貨物を本邦に到着させることを目的とした売買契約が締結され、Dにより輸入された場合は、CとDとの間の売買が「現実に貨物が本邦に到着することとなった売買」であることから、CとDとの間の売買が輸入取引となる。

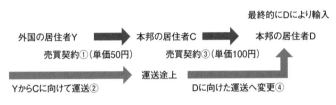

③ 外国の居住者Zと本邦の居住者Eとの間で貨物を本邦に到着させることを目的として締結された売買契約に基づいて貨物が本邦に到着した場合であって、その貨物が本邦到着後又は保税地域に蔵置中に本邦のE以外の居住者Fに転売されて輸入されるときは、ZとEとの間の売買が「現実に貨物が本邦に到着することとなった売買」であることから、ZとEとの間の売買が輸入取引となる。

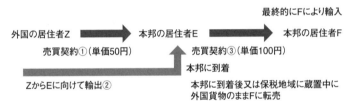

3. 輸入取引における「買手」とは、本邦に拠点を有する者であって、その拠点において実質的に自己の計算と危険負担の下に売手との間で輸入貨物に係る輸入取引をする者をいい、輸入取引における「売手」とは、実質的に自己の計算と危険負担の下に買手との間で輸入貨物に係る輸入取引をする者をいう。具体的には、買手及び売手は、自ら輸入取引における輸入貨物の品質、数量、価格等について取り決め、瑕疵、数量不足、事故、不良債権等の危険を負担する者とする。例えば、外国法人の本邦事務所が名目上輸入貨物の買手とされている場合であっても、その事務所が実質的に外国法人の計算と危険負担の下に輸入貨物の売買をしているような場合には、その事務所は輸入取引における「買手」とはならない。

2 課税価格の決定の原則により課税価格を決定することができない輸入貨物（関税定率法基本通達4-1の2）

関税定率法第4条第1項（課税価格の決定の原則）の規定により課税価格を計算することができない輸入貨物は、以下に掲げる貨物である。

① **輸入取引によらない輸入貨物**

  i 無償貨物（例えば、寄贈品、見本、宣伝用物品）

  ii 委託販売のために輸入される貨物（例えば、本邦において開催されるオークションで販売するために受託者により輸入される貨物）

  iii 売手の代理人により輸入され、その後売手の計算と危険負担によって輸入国で販売される貨物（※ 売手の代理人により輸入される貨物であっても、売手と買手との間で締結された売買契約を履行するために輸入される貨物は輸入取引による輸入貨物に該当し、課税価格の決定の原則の規定により課税価格を計算する。）

  iv 賃貸借契約（買取権付であるか否かを問わない。）に基づき輸入される貨物

  v 送り人の所有権が存続する貸与貨物（例：外国の発注者から本邦の製造者に貸与される注文品生産のための特殊機械）

  vi 同一の法人格を有する本支店間の取引により輸入される貨物

  vii 本邦で滅却するために、輸出者が輸入者に滅却費用を支払うことにより輸入される貨物（例：廃棄物、スクラップ）

② **輸入取引に関し、関税定率法第4条第2項第1号から第4号まで（特別な事情）に掲げる事情がある輸入貨物。つまり、特別な事情に該当する貨物（ただし、同項第4号（売手と買手の間の特殊関係）に該当する場合において、輸入者が取引価格が特殊関係により影響を受けていないことの証明をした場合を除く。）**

  なお、変質若しくは損傷に係る貨物、航空運送貨物で法令に定めるもの又は輸入者等の個人的な使用に供する貨物は、変質又は損傷に係る輸入貨物の課税価格の決定又は航空運送貨物等に係る課税価格の決定の特例の規定により必要な調整を行って課税価格を計算する。

③ **課税価格への疑義が解明されない貨物**

  例えば、輸入貨物の課税価格を計算する場合において、その計算の基礎となる額その他の事項を証明するものとして提出された書類が真実なものであるか又は正確なものであるかについて疑義がある貨物で、輸入者による補足説明及び追加書類の提出によってもその疑義が解明されないものや、補足説明及び追加書類の提出がされなかった貨物で関税定率法第4条第1項に規定する「現実に支払われた又は支払われるべき価格」等を確認できないものが該当する。

3 売手、買手及び現実支払価格の意義及び取扱い（関税定率法基本通達4−2）

　課税価格の決定の原則において「現実に支払われた又は支払われるべき価格」（＝「現実支払価格」）の意義及び取扱いについては、次のとおりとなる。

① **現実支払価格とは**

　現実支払価格とは、買手が売手に対して又は売手のために、輸入貨物に係る取引の状況その他の事情からみて輸入貨物の輸入取引をするために現実に支払った又は支払うべき総額をいい、その支払は、必ずしも金銭の移転によるものであることを要しない。この場合において「輸入貨物に係る取引の状況その他の事情」とは、輸入貨物の生産及び輸入貨物に係る取引（輸入取引以外の取引を含む。）に関する契約の内容及び実態、輸入貨物に係る取引に関与する者がその取引に関して果たす役割、その取引に関与する者の間の関係その他の取引に関する事情をいう。

② **控除費用の用語の意義**

　関税定率法施行令第1条の4各号（現実支払価格に含まれない費用等）に掲げるその額が明らかである費用等は現実支払価格に含まれないと規定されているが、同条各号の規定に関する用語の意義及び取扱いは、以下のとおりとなる。

　ⅰ 関税定率法施行令第1条の4第1号に規定する「据付け」に要する役務の費用には、輸入貨物の据付作業の一環としてその輸入貨物の輸入前に本邦において行われる役務（例えば、据付用土台の設置作業）の費用を含む。

　ⅱ 関税定率法施行令第1条の4第1号に規定する「整備」は、輸入貨物の機能を維持するために恒常的に行われる予防的措置をいい、輸入貨物の瑕疵を是正するために行われる保証の履行（修繕、取替え）は含まない。

　ⅲ 関税定率法施行令第1条の4第3号に規定する「関税その他の公課」は、その性質上その額を明らかにすることができることから、現実支払価格に含まれることはない。

③ **仕入書価格以外に支払われる場合について**

　現実支払価格は、輸入貨物の輸入取引に係る仕入書又はこれに代わる書類（以下「仕入書」という。）であって、その取引の価格その他の条件を正当に表示するものがある場合には、その仕入書に表示された金額（以下「仕入書価格」という。）に基づき認定するものとするが、例えば、以下のような場合には、現実支払価格と仕入書価格とが一致しないこととなるので留意する。

　ⅰ 輸入貨物に係る仕入書価格の支払に加えて、輸入貨物に係る取引の状況その他の事情からみて割増金、契約料等がその輸入貨物の輸入取引をするために支払われる場合（この場合の現実支払価格は、仕入書価格に割増金、契約料等を加えた価格となる。）

　ⅱ 輸入貨物の売手が買手以外の第三者に対して何らかの債務を負っており、その債務を買手に弁済させることとし、輸入貨物に係る価格からその弁済される額を控

除した残額を輸入貨物の仕入書価格とした場合（この場合の現実支払価格は、仕入書価格に弁済される額を加えた価格となる。）

iii 輸入貨物の売手が買手に対して何らかの債務（例えば、融資金若しくは立替金を返済すべきこと又は過去の輸入取引に係る価格調整金、違約金若しくは損害賠償金を支払うべきこと）を負っており、その債務の全部又は一部を輸入貨物に係る価格の一部と相殺するため、その債務の額を控除した残額を輸入貨物の仕入書価格とした場合（この場合の現実支払価格は、仕入書価格に相殺される額を加えた価格となる。）

iv 輸入貨物の輸入取引に付されている価格調整条項の適用により輸入貨物に係る仕入書価格について調整が行われる場合（この場合の現実支払価格は、調整を行った後の輸入貨物に係る価格となる。なお、このような価格調整条項のあることが課税価格の決定を困難とする条件に該当すると認められる場合には、この取扱いは適用しないものとする。）

v 輸入貨物に係る仕入書価格に関税定率法施行令第1条の4各号に規定するその額が明らかである費用等が含まれている場合（この場合の現実支払価格は、仕入書価格からその費用等の額を控除した価格である。）

④ **広告宣伝費用、アフターサービスの費用等について**

買手が自己のために行う活動のうち関税定率法第4条第1項各号（加算要素）に規定する加算の対象となる活動以外の活動に係る支払（例えば、買手のための広告宣伝、販売促進、アフターサービス等に係る支払）は、売手の利益になると認められる活動に係るものであっても、売手に対する間接的な支払に該当しないものとする。したがって、その活動に係る費用は、現実支払価格に加算しない。また、買手による売手への配当金の移転その他の支払であって輸入貨物と関係のないもの（例えば、売手から受けた融資に対する金利の支払）は、輸入貨物の課税価格に算入しない。

⑤ **買手が負担する輸出国での保管費用について**

i 輸入貨物が、その輸入取引に係る取引条件に従って売手から買手に引き渡されるまでの間に輸出国（積替え国を含む。）で保管される場合、その保管に要する費用で買手が負担するものは現実支払価格に含まれるものとする。

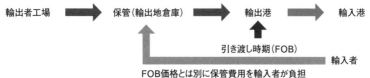

<FOB価格での取引の例>

現実支払価格（上の例ではFOB価格）に輸出地での保管費用を加算する。

ii 輸入貨物が、輸入取引条件に従って売手から買手に引き渡された後に、本邦への輸出に先立ち、買手が自己のためにその輸入貨物を輸出国において保管する場合、買手が負担するその保管に要する費用は現実支払価格に含まれない。ただし、その保管に要する費用がその輸入貨物が輸入港に到着するまでの運送に関連する費用等に該当する場合には、現実支払価格に加算することとなる。

<EXW価格（輸出者の工場渡し価格）での取引の例>

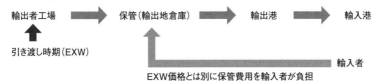

①保管理由：買手が自己のために保管（在庫調整など）
　　現実支払価格（上の例ではEXW価格）に輸出地での保管費用を加算しない。
②保管理由：輸入港に到着するまでの運送に関連する保管（船の到着待ちなど）
　　現実支払価格（上の例ではEXW価格）に輸出地での保管費用を加算する。

4 別払金等がある場合の現実支払価格の算出 （関税定率法基本通達4−2の2）

別払金等があることにより、輸入貨物の輸入取引に係る仕入書価格と現実支払価格が一致しないこととなる場合の取扱いは、以下のとおりとなる。

① 輸入貨物に係る仕入書価格の支払に加えて、輸入取引の状況その他の事情からみて輸入取引をするために買手により売手に対し又は売手のために行われる何らかの支払（以下「別払金」という。）がある場合の現実支払価格は、その仕入書価格に別払金を加えた価格である。

② 買手による輸入貨物に係る仕入書価格の支払後に、輸入取引に付されている価格調整条項の適用等により輸入貨物の価格について調整が行われ、別払金の支払が行われる場合の現実支払価格は、仕入書価格にその別払金を加えた価格となる。その輸入貨物に係る納税申告が行われた後にその調整が行われ、別払金の支払が行われたときも仕入書価格にその別払金を加えた価格となる。なお、納税申告が行われた後にその調整が行われたときは、その納税申告に係る課税標準又は税額を修正申告する必要がある。その修正申告がされなければ、税関長によりその税額等を更正することとなることに留意する。

③ 買手による輸入貨物に係る仕入書価格の支払後に、輸入取引に付されている価格調整条項の適用等により輸入貨物に係る価格について調整が行われ、その支払額の一部が買手に返金された場合の現実支払価格は、その仕入書価格から返戻金を控除した価格となる。輸入貨物に係る納税申告が行われた後にその調整が行われ、買手によ

る返戻金の受領が行われたときもその仕入書価格から返戻金を控除した価格となる。またこの場合には、納税申告をした者は、その納税申告に係る税額等につき更正の請求をすることができる。

※ 売手が本邦における販売代理店である買手に対して支払うリターン・コミッションの取扱いは、契約内容及び販売代理店としての活動実態等を勘案して個別に判断するものとするが、そのリターン・コミッションは、一般的には国内販売等の費用の補てんとして支払われるものであり、その場合には輸入貨物に係る価格の調整として支払われる返戻金とは認められないので、現実支払価格の算出に際して仕入書価格から控除しないものとする。

④ 上記②及び③に定める取扱いは、その価格調整条項があることが関税定率法第4条第2項第2号（課税価格の決定を困難とする条件）に該当すると認められる場合には、適用しない。

5 輸入貨物に係る検査費用の取扱い（関税定率法基本通達4−2の3）

輸出国における輸入貨物の検査に要する費用の取扱いは以下のとおりとなる。なお、「検査」とは、輸入貨物が売買契約に定める品質、規格、純度、数量等に合致しているか否かを確認するための検査又は分析をいう。

① 売手（売手の依頼を受けた検査機関等の第三者を含む。）が自己のために行った検査に要した費用で買手が負担する場合は、課税価格に算入する。

② 買手（買手の依頼を受けた検査機関等の第三者を含む。）が自己のために行った検査に要した費用で買手が負担する場合は、課税価格に算入しない。なお、売手と買手との合意に基づき検査機関等の第三者が行った検査に要した費用の全部又は一部を買手が負担する場合の買手の負担する検査費用も課税価格に算入しない。ただし、買手が検査機関等の第三者に支払う検査費用が売手への間接支払（売手が買手以外の第三者に対して負っている債務を買手が弁済する場合等）に該当する場合は、課税価格に算入する。

③ 輸入貨物の製造過程において買手が検査を行う場合、その検査に要する費用は、課税価格に算入しない。ただし、検査と合わせて製造作業に従事している場合は、その業務を行う者に係る費用は売手のために行われた間接支払に該当するので、課税価格に算入する。なお、「製造作業」とは、加工又は生産のための作業と、加工又は生産のための運搬等のことであり、「その業務を行う者に係る費用」には、渡航費（支度金を含む。）、滞在費、賃金等（直接労務費に相当する費用）の費用が含まれる。

6 輸入貨物に係る保証費用の取扱い（関税定率法基本通達4−2の4）

輸入貨物に係る保証費用の取扱いは以下のとおりとなる。なお、「保証」とは、当事者間で合意された所定の条件を満たす場合に行われる対象貨物に係る瑕疵の是正（修

繕、取替え又はそれらに要した費用の補てん）をいい、いわゆるワランティ（Warranty）又はギャランティ（Guarantee）と称されるものがこれに該当する。なお、輸入貨物が輸入された後、輸入貨物に係る保証の履行として輸入貨物の買手に対して交換部品等が外国から無償で提供される場合、その部品等は輸入取引により輸入される貨物には該当せず、その部品等の課税価格は関税定率法第4条の2（同種又は類似の貨物に係る取引価格による課税価格の決定）以下の規定により課税価格を計算する。

① 輸入貨物の輸入取引に係る契約において売手が買手に対して輸入貨物に係る保証を履行することとなっている場合で、売手が負担する保証の費用を考慮して輸入貨物の価格が設定されているときは、その費用は現実支払価格に含まれ、その額を明らかにすることができる場合であっても、現実支払価格から控除しない。また、売手がその費用を買手に対して仕入書価格とは別に請求し、買手がその費用を支払う場合は、その費用の額は仕入書価格に加算され、現実支払価格に含まれる。

② 輸入貨物の輸入取引に係る契約において売手が買手に対して輸入貨物に係る保証を履行することとなっている場合で、売手が第三者との間で締結した保証契約によりその保証履行義務を第三者に移転し、買手が売手からの指示により保証の費用を第三者に支払うときは、その費用は売手に対する間接支払に該当し、現実支払価格に含まれる。

③ 売手と買手との間で輸入貨物の輸入取引に係る契約とは別に、売手が買手に対して輸入貨物に係る保証を履行する契約を締結し、買手が売手に対して輸入貨物の代金と保証の費用を各々支払う場合において、輸入取引の状況その他の事情からみて、売手が買手に対して輸入貨物の輸入取引をするために保証契約の締結を義務付けているときは、その費用は現実支払価格に含まれる。

④ 輸入貨物の買手が自己のために輸入貨物に係る保証の取決めを行い、その保証の費用を負担するときは、その費用は現実支払価格に含まれず、また、関税定率法第4条第1項各号（加算要素）に掲げる費用等にも該当しない。

⑦ 現実支払価格と数量値引きとの関係（関税定率法基本通達4−3）

　輸入貨物の売手が数量値引きを行うこととしている場合で、納税申告の際にその値引きが行われることが確定しており、かつ、値引き後の価格が買手により現実に支払われるときは、値引き後の価格が現実支払価格となる。具体的には、以下のとおりとなる。

① 売手が個々の輸入取引における取引数量に応じて値引きを行うこととしている場合において、買手が値引きの適用される数量の貨物を購入し、その貨物について値引き後の価格を現実に支払うときは、貨物が分割して輸入され、個々の納税申告に係る輸入貨物の数量が値引きの適用される数量に満たない場合であっても、値引き後の価

格が現実支払価格となる。

例①
値引きの条件

購入数量	値引き割合	輸入貨物の単価
1 – 9 個	0 %	100 円
10 – 49 個	5 %	95 円
50 個以上	10%	90 円

この条件で、27 個を輸入したときの価格を計算する。

27 個 ×95 円（5 ％値引き）= 2,565 円

この場合、5 ％の数量値引き後の単価（95 円）に基づく支払額（2,565 円）が現実支払価格となり、27 単位について 9 単位ずつ 3 回に分割して輸入される場合にも、5 ％の数量値引き後の単価（95 円）に基づく支払額（各 855 円）が現実支払価格となる。

② 売手が特定の期間（例えば 1 暦年）における累積取引数量に応じて値引きを行うこととしている場合において、買手によるその期間における累積取引数量が値引きの適用される数量となったため、買手が納税申告に係る輸入貨物について値引き後の価格を現実に支払うときは、値引き後の価格が現実支払価格となる。なお、買手がその輸入貨物について支払う価格が、その値引きに加えて値引きが適用される前に輸入された貨物に係る遡及値引き相当額を控除した価格であるときは、その遡及値引き相当額の控除は売手が買手に対して負っている債務を輸入貨物に係る価格の一部と相殺するものであることから容認されず、遡及値引き相当額は現実支払価格に含まれることになる。

※ 過去に輸入された貨物に係る現実支払価格は、その貨物に係る納税申告の時点において遡及値引きが適用されることとなっていた場合には、遡及値引き後の価格となる。

例②－1（遡及値引きがない場合）
値引きの条件

年間累計取引数量	値引き割合	輸入貨物の単価
1 – 9 個	0 %	100 円
10 – 49 個	5 %	95 円
50 個以上	10%	90 円

この条件で、1 回目（4 月）に 30 個、2 回目（10 月）に 40 個を輸入したときの価格を計算する。

1回目：30個 ×95円（5％値引き）= 2,850円

この場合、5％の数量値引き後の単価（95円）に基づく支払額（2,850円）が現実支払価格となる。

2回目：40個 ×90円（10％値引き）= 3,600円

この場合、10％の数量値引き後の単価（90円）に基づく支払額（3,600円）が現実支払価格となる。

例②−2（遡及値引きがある場合）
値引きの条件

年間累計取引数量	値引き割合	輸入貨物の単価
1 − 9 個	0 ％	100 円
10 − 49 個	5 ％	95 円
50 個以上	10％	90 円

この条件で、1回目（4月）に30個、2回目（10月）に40個を輸入したときの価格を計算する。

1回目：30個 ×95円（5％値引き）= 2,850円

この場合、5％の数量値引き後の単価（95円）に基づく支払額（2,850円）が現実支払価格となる。

2回目：年間累計取引数量は70個。

したがって、70個のすべてについて10％の値引きが与えられる。

40個 ×90円（10％値引き）− 150円（30個 ×5円：遡及値引き額）= 3,450円

この場合、年間累計取引数量が70個となったことから、1回目の輸入取引に係る30個の貨物に関しても10％の数量値引きが遡及的に適用されることとなり、40個の貨物に係る10％の数量値引きに加えて、1回目に輸入した30個の貨物に関して既に行われた5％の数量値引きとの差額分(150円)に相当する遡及値引きも併せて適用され、その値引き後の価格（3,450円）が買手から売手に支払われるが、その遡及値引きについては売手が買手に対して負っている債務の相殺に当たることから容認されず、2回目に輸入した40個の輸入貨物自体に係る10％の数量値引き後の単価（90円）に基づく支払額（3,600円）が現実支払価格となる。

※ 1回目の輸入取引に係る30個の貨物について、その貨物に係る納税申告の時点において遡及値引きが適用されることとなっていた場合は、その貨物に係る現実支払価格は遡及値引き後の価格（2,700円）となる。

8 現実支払価格と決済条件との関係（関税定率法基本通達4−4）

現実支払価格と決済条件との関係については、以下のとおりとなる。

① 現実支払価格は、輸入取引における実際の決済条件に対応する価格である。したがって、輸入貨物に係る輸入取引の決済条件が輸入貨物若しくはその船積書類の受領と同時又はそれ以前に代金を支払う条件である場合には、その決済条件に基づき現実に支払われる価格が現実支払価格となる。

② 輸入貨物の輸入取引に係る契約において現金値引きが取り決められている場合の取扱いは、以下のとおりとなる。

　i 輸入貨物に係る納税申告の時までに値引き後の価格が買手により現実に支払われているときは、その価格が現実支払価格となる。

　ii 輸入貨物に係る納税申告の時までに代金が支払われていない場合であっても、買手が値引き後の価格を現実に支払うことを予定しているときは、値引き後の価格を現実支払価格として取り扱って差し支えない。ただし、輸入貨物に係る納税申告が行われた後に、予定していた値引きが適用されないことが明らかになったときは、その納税申告に係る税額等について修正申告されなければ、税関長がその税額等を更正する。

③ 輸入貨物に係る輸入取引が延払条件付取引（＝輸入貨物又はその船積書類の受領後に代金を支払う条件が付された取引）である場合において、延払金利の額が明らかであるときは、その延払金利の額は、現実支払価格に含まれないこととなる。この場合において「延払金利の額が明らかであるとき」とは、次のすべての要件を充足する場合をいう。

　i 延払金利の額が現実支払価格と区別されていること

　ii 延払金利に関する取決めが書面で行われていること

　iii 税関が要請する場合、買手は一定の資料等を提示することができること

9 輸出国において輸出の際に軽減又は払戻しを受けるべき関税その他の公課の意義（関税定率法基本通達4−6）

関税定率法第4条第1項（課税価格の決定の原則）に規定する「輸出国において輸出の際に軽減又は払戻しを受けるべき関税その他の公課」とは、輸出国において輸入貨物について課せられるべき関税、内国消費税その他の租税及び課徴金であって、輸出国の法令の規定によって、貨物の輸出を条件として軽減、免除又は払戻しをされるものをいう。

10 現実支払価格への運賃等の加算（関税定率法基本通達4−7）

現実支払価格に運賃等の額を加算する場合の取扱いは、以下のとおりとなる。

① 現実支払価格に運賃等の額を加算する場合には、運賃等の額で現実支払価格に含まれていないものを加算する。

② 運賃等の額の加算は、客観的かつ数値化された資料に基づいて行う。なお、運賃等を加算する必要がある場合において、その運賃等に係る客観的かつ数値化された資料がないときは、特別な事情に該当し、関税定率法第4条の2（同種又は類似の貨物に係る取引価格による課税価格の決定）以下の規定により課税価格を計算する。

③ 複数の輸入貨物に係る運賃等が一括して支払われる場合には、その運賃等を個々の輸入貨物の数量等に応じた合理的な方法により按分してその輸入貨物の課税価格に算入する。ただし、関税定率法第4条第1項各号に掲げる費用等であって、個々の輸入貨物への按分が困難と認められるものなどの額の加算について輸入者から希望する旨の申し出があり、かつ、課税上その他特に支障がないと認められるときは、その費用等の額は、便宜特定の輸入貨物の課税価格に一括して算入することとして差し支えない。

ⅡⅠ 課税価格に含まれる輸入港までの運賃等（関税定率法基本通達4−8）

課税価格に含まれる輸入港までの運賃等に関する用語の意義及び取扱いについては、以下のとおりとなる。

① 「輸入港」とは、本邦において外国貿易船又は外国貿易機から輸入貨物の船卸し又は取卸し（仮陸揚げを除く。）がされた港をいう。

② 「輸入港に到着する」とは、単に輸入港の港域に到着することを意味するのではなく、輸入貨物の船卸し等ができる状態になることをいう。

③ 「輸入港に到着するまでの運送に要する運賃」とは、輸入貨物を輸入港まで運送するために実際に要した運送費用をいい、輸出港までの運送費用を含み、以下に掲げる場合には、それぞれに定めるところにより課税価格に含まれるかどうかを決定する。

i 輸入貨物が運送契約に基づき運送された場合は、その運送契約に基づきその運送の対価として運送人又は運送取扱人等に最終的に支払われる費用をいい、次のAからCに掲げる費用を含む。なお、輸入貨物が最低運賃（Minimum Freight）が適用される少量貨物である場合は、実際に支払われるその最低運賃となる。また、輸入貨物が積載数量を特約した航海用船契約に基づき運送された場合は、実際の積載数量が特約数量に満たなかったときであっても、その契約に基づき実際に支払われた運賃となる。ただし、実際の積載数量が特約数量より著しく少ない場合には、支払われた運賃に合理的な調整を加えて「通常必要とされる輸入港までの運賃等」を計算する。

A 輸入貨物を運送するために要した積付資材費、船舶改装費等の費用（なお、これらの費用が2回以上の運送のためのものであるときは、原則として、運送回

数、数量等を考慮して按分した額となる。）

 B 為替相場の変動による補てん金

 C コンテナー賃借料（なお、輸入港到着日までの期間に対応する額が明らかな場合には、その賃借料の額は、その期間に対応する額によるものとし、輸入港到着日の翌日以降の期間に対応する額を含まない。）

ⅱ 輸入貨物が運送貨物を積載しないで引渡港から輸入港まで自力運航により直行した船舶又は航空機である場合は、その船舶又は航空機の燃料費、乗組員費等の運航に要した費用をいう。

ⅲ 輸入貨物が買手の所有する船舶（航空機）又は買手が定期（期間）用船（機）し若しくは裸用船（機）した船舶（航空機）により運送された場合は、その船舶（航空機）の減価償却費又は用船（機）料に、燃料費、乗組員費、保険料等の費用を加えたものをいう。ただし、その運送の状況を勘案して、通常必要とされる費用の額を著しく超える費用の額がある場合には、その著しく超える額を控除するものとする。

ⅳ 輸入貨物が用船契約に基づき船舶により運送された場合において、その船舶が用船契約において約定された許容停泊期間を超えて停泊したことにより用船者が船主に対し支払う割増料金は運賃に含まれる。ただし、実際の停泊期間が船舶の大きさ、港湾の状況等に応じて標準的な許容停泊期間と認められる期間を著しく超える場合であって、その発生原因からみてその割増料金を課税価格に算入することが適当でないと認められるような特別の事情があるときは、運賃に含まれない。

ⅴ 輸入貨物が用船契約に基づき船舶により運送された場合において、その用船契約において予定された航海日数を超える航海日数を要したことにより用船者が船主に対し支払う割増料金は運賃に含まれる。ただし、実際の航海日数が船舶の性能、航路の状況等に応じて標準的な航海日数と認められる日数を著しく超える場合であって、その発生原因からみてその割増料金を課税価格に算入することが適当でないと認められるような特別な事情があるときは、運賃に含まれない。

ⅵ 輸入貨物の運送に関し、輸入港において発生する滞船料（発生の時点が輸入港到着後であるかないかを問わない。）及び早出料は、輸入港までの運賃の計算上考慮しない。例えば、輸入港までの運賃（80）に輸入港において滞船料（10）が発生し運賃として 90 を支払う場合、又は輸入港までの運賃（80）に輸入港において早出料（10）が発生し運賃として 70 を支払う場合における輸入港までの運賃はいずれも 80 となる。

④ 「保険料」とは、輸入貨物の輸入港までの運送に関して実際に要した保険料をいい、輸出港までの運送に係る保険料を含み、以下に掲げる場合には、それぞれに定めるところにより課税価格に含まれるかどうかを決定する。

ⅰ 輸入貨物に保険が付されていない場合は、通常必要とされる保険料を見積もることとはならない。つまり、通常かかる保険料等の金額を課税価格に加算すること

はない。

ⅱ 輸入貨物に付された保険がFuller Conditionによる保険（分損担保を基本とし、これにより担保されない雨淡水濡れ担保、汗蒸れ担保等を付加するもの）等で、損害がなかった場合に保険料の一部が払い戻されることとなっており、かつ、納税申告時の状況により払い戻される保険料の額が明らかである場合は、その払い戻される額を控除した保険料となる。

ⅲ 輸入貨物に保険が付されている場合であって、その輸入貨物に係る納税申告時にその保険料の額が明らかでないことを理由として、輸入者が、輸入申告実績に基づき通常要すると認められる保険料の額として税関長が公示する額をその輸入貨物に係る保険料として申告するときは、これを認めても差し支えないこととする。ただし、以下のAからCについて留意する。

 A 納税申告が行われた後に実際に要した保険料の額が申告額と異なることが明らかになったときは、納税義務者による税額等を修正する修正申告がされなければ、税関長がその税額等を更正する。

 B 納税申告が上記の税関長が公示する額により行われた場合で、上記Aの修正申告又は更正が行われたときは、関税法第12条第6項（延滞税の免除）に規定する「やむを得ない理由により税額等に誤りがあったため」に該当しない。

 C 納税申告が上記の税関長が公示する額により行われた場合で、上記Aの修正申告又は更正が行われたときは、関税法第12条の2第3項（過少申告加算税）に規定する「正当な理由」に該当しない。

※「税関長が公示する額」とは、暦年（1月から12月）の輸入申告実績に基づき通常要すると認められる保険料の額であり、輸入申告実績を基に関税局長が毎年決定する。

⑤ 「その他当該運送に関連する費用」とは、輸入貨物の輸入港までの運送に付随して発生する積卸しその他の役務の対価として支払われる費用をいい、以下に掲げる費用を含む。

ⅰ 輸出国における積込み前の一時的保管料（例えば、輸出国の工場渡価格で購入された貨物が、船積予定船の到着遅延により、その船舶が到着するまでの間一時的に輸出港で保管される場合の保管に要する費用）

ⅱ 輸出の際に税関手続等に要した費用

ⅲ 輸出国において要したコンテナー・サービス・チャージ

⑥ 輸入港までの運賃等は、買手により負担されるものであるか否かを問わず、現実支払価格に含まれていない限度において、その現実支払価格に加算する。例えば、以下に掲げる場合は、それぞれに定めるところにより課税価格に含まれるかどうかを決定する。

ⅰ 輸入取引に係る契約において輸入貨物の輸入港までの運賃を売手が負担することとされている場合（CFR又はCIF契約等の場合）は、その運賃は現実支払価格に含まれているものとして取り扱い、輸入貨物を輸入港まで運送するために実際に

要した運送費用の額を確認することはしない。ただし、買手が現実支払価格のほかに輸入港までの運送費用を別途負担するときは、買手によるその別途負担額を現実支払価格に加算する。

ⅱ 輸入取引に係る契約において輸入港までの運賃を買手が負担することとされている場合（FOB契約等の場合）は、その運賃は現実支払価格に含まれていないものとして取り扱い、輸入港まで運送するために実際に要した運送費用の額を、その負担者を問わず、現実支払価格に加算する。

ⅲ 輸入取引に係る契約において船舶により運送されることとされていた輸入貨物が航空機によって運送された場合の取扱いは、関税定率法第4条の6第1項（航空運送貨物に係る課税価格の決定の特例）の規定の適用を受ける場合を除き、以下のとおりとなる。

A 売買契約において売手が輸入港までの運賃を負担することとされていた場合（CFR又はCIF契約等の場合）は、運送方法の変更に伴う費用を買手が負担するときは、買手による負担額を現実支払価格に加算するが、運送方法の変更に伴う費用を売手が負担するときは、売手による負担額は現実支払価格に含まれているものとして取り扱う（つまり、この場合は加算しない。）。

B 売買契約において買手が輸入港までの運賃を負担することとされていた場合（FOB契約等の場合）は、その運送方法の変更に伴う費用の額を、その負担者を問わず、現実支払価格に加算する。ただし、運送方法の変更に伴う費用が、売買契約における取決めに従って売手により負担される場合は、売手による負担額は現実支払価格に含まれているものとして取り扱う（つまり、この場合は加算しない。）。

⑦ 輸入港までの運賃等は、以下に掲げるような輸入貨物の輸入港到着後の運賃等を含まない。ただし、以下に掲げる輸入港到着後の運賃等の額が明らかでなく、その明らかでない額を含んだものとしてでなければ輸入貨物の運賃等を把握できない場合は、その明らかでない額を含んだ額を輸入港までの運賃等として取り扱う。

ⅰ 輸入港における船卸し等の費用（例えば、船内荷役、沿岸荷役その他これらに類する荷役のための費用）

ⅱ 輸入港到着後に行われた船舶の復旧に係る費用

ⅲ 国内運賃

ⅳ 航海用船契約に基づき輸入貨物の運送をした船舶の復路の空船回漕料

ⅴ 輸入税保険（Duty Insurance）に係る保険料

ⅵ 国内運送に係る保険料

ⅶ 輸入貨物の運送に関連する「着払運賃取扱料」（Collect Charge）及び「立替手数料」（Disbursement Fee）

⑧ 輸入港までの運賃等は、輸入貨物（関税定率法第4条の6第1項（航空運送貨物に係

る課税価格の決定の特例）に規定する貨物に該当するものは除く。）の運送が特殊な事情の下において行われたことにより、輸入貨物の実際に要した輸入港までの運賃等の額が通常必要とされる輸入港までの運賃等の額を著しく超えるものである場合には、通常必要とされる輸入港までの運賃等を課税価格に加算する。この場合において、「通常必要とされる輸入港までの運賃等」とは、貨物の種類及び数量並びに運送条件（運送手段の種類、運送経路等をいう。）等を勘案して、通常必要とされると認められる輸入港までの運送のための運賃等をいい、例えば、以下に掲げる場合は、「通常必要とされる輸入港までの運賃等の額を著しく超えるものである場合」に該当するものとして、それぞれに定める運賃等を「通常必要とされる当該輸入港までの運賃等」として取り扱う。

i 輸入貨物の輸入取引に係る契約（運送条項を含む契約に限る。）又は輸入貨物の運送契約の成立の時以後に、天災、戦争、動乱、港湾ストライキ等その貨物の輸出者（売手を含む。）又は輸入者（買手を含む。）の責めに帰し難い理由により、売買契約に基づく運送方法及び運送経路により運送することができなかった場合には、実際の運送方法及び運送経路のいかんにかかわらず、売買契約が前提とする運送方法及び運送経路により運送されたものとした場合の通常の運賃を課税価格に加算する。

ii 運送契約に係る揚港若しくは入港順位を変更し、又は積港若しくは揚港を追加したため割増料金を支払っている場合において、その割増料金の額が、変更後の揚港で船卸し等をし、若しくは変更後の入港順位で寄港し、又は追加後の積港若しくは揚港で積込み若しくは船卸し等をすることを条件として運送契約をしていたものとした場合に支払うことを要したと認められる割増料金の額（例えば、運送距離の増加により必要とされる額）を著しく超えることとなった場合には、その支払うことを要したと認められる割増料金の額を課税価格に加算する。なお、この場合において、その支払うことを要したと認められる割増料金の額は、原則として、その変更又は追加に係る貨物の課税価格に含めるものとするが、運送委託者からこれと異なる運賃の計算について申出（運送委託者が複数の場合には、全運送委託者の合意に基づく申出）があり、課税上支障がないと認められるときは、その申出に係る計算方法によることができる。ただし、当初から変更後又は追加後の条件により運送契約をしていたものとした場合に支払うことを要しなかったと認められる額（例えば、揚地変更に伴う荷繰りに要する費用）は、通常必要とされる運賃等に含まれない。

12 課税価格に含まれる仲介料その他の手数料（関税定率法基本通達4−9）

関税定率法第4条第1項第2号イに規定する「仲介料その他の手数料（買付けに関し買手を代理する者に対し、その買付けに係る業務の対価として支払われるものを除

く。)」の意義及び取扱いについては、以下のとおりとなる。

① 仲介料その他の手数料とは、輸入取引に関して業務を行う者に対し買手が支払う手数料をいい、このうち、「買付けに関し買手を代理する者に対し、その買付けに係る業務の対価として買手により支払われる手数料（以下「買付手数料」）」以外のものは、課税価格に算入する。

② 仲介料その他の手数料に該当するか否かの判断は、契約書等における名称のみによるものではなく、手数料を受領する者が輸入取引において果たしている役割及び提供している役務の性質を考慮して行うものとし、下記③により買付手数料に該当する手数料を除く以下のような手数料は、課税価格に算入する。（なお、これらの手数料の額は、通常、その業務の内容に応じ輸入取引の額（＝輸入貨物代金）に対する百分率（○○％）として約定される。）

　i 売手及び買手のために輸入取引の成立のための仲介業務を行う者に対し買手が支払う手数料

　ii 輸入貨物の売手による販売に関し売手に代わり業務を行う者に対し買手が支払う手数料。この場合において、「売手に代わり業務を行う者」とは、売手の管理の下で、売手の計算と危険負担により以下のような業務を行う者をいう。

　　A 契約の成立までの業務（例えば、買手を探し、買手から注文を取る業務）

　　B 商品の引渡しに関する業務（例えば、貨物を保管し、配送を手配する業務）

　　C その他の業務（例えば、クレーム処理に関する交渉を行う業務）

　iii 輸入取引に関連して売手以外の者に対して買手が支払う手数料（なお、これらの手数料が「仲介料その他の手数料（買付手数料を除く。）」に該当するか否かの判断は、コンサルタント・フィ、情報提供手数料等の名称のみによるものではなく、その手数料を受領する者が輸入取引において果たしている役割及び提供している役務の性質を考慮して行うものとする。）

③ 買付手数料に該当するか否かの判断は、契約書等における名称のみによるものではなく、手数料を受領する者が輸入取引において果たしている役割及び提供している役務の性質を考慮して行うものとし、具体的には、以下のとおりとなる（なお、買付手数料は、通常、貨物代金とは別に支払われること、また、その額は、通常、手数料を受領する者が輸入貨物の買付けに関し買手を代理して行う業務の内容に応じ輸入貨物代金に対する百分率（○○％）として約定される。）。

　i 手数料を受領する者が「買付けに関し買手を代理してその買付けに係る業務を行う者」であることが、買付委託契約書等の文書により明らかであること。この場合において、「買付けに関し買手を代理してその買付けに係る業務を行う者」とは、買手の管理の下で、買手の計算と危険負担により以下のような業務を行う者をいう。ただし、手数料を受領する者が一の輸入取引に関し売手と買手の双方を代理している場合には、その手数料は買付手数料には該当せず、課税価格に算入する

手数料となる。

A 契約の成立までの業務（例えば、供給者を探し、買手の要求を売手に通知し、見本を集める業務）

B 商品の引渡しに関する業務（例えば、貨物を検査し、貨物についての付保、運送、保管、引渡しを手配する業務）

C 決済の代行に関する業務

D その他の業務（例えば、クレーム処理に関する交渉を行う業務）

ⅱ 手数料を受領する者が買付けに関し買手を代理してその買付けに係る業務を実際に行っているという実態の存在が文書や記録その他の資料により確認できること

ⅲ 税関の要請がある場合には、売手と買手との間の売買契約書、輸入貨物の売手（製造者等）が買手に宛てて作成した仕入書等を提示することが可能であること。

※ なお、手数料を受領する者が、上記ⅰに掲げるような輸入貨物の買付けに関し買手を代理して行うその買付けに係る業務に加えてその他の役務（例えば、輸入貨物を工場から輸出港又は輸出場所へ輸送することについて手配するのではなく、自ら貨物を輸送する等）を提供し、その役務の対価を含む手数料を買手が支払う場合、その手数料の総額を買付手数料に該当するものとして取り扱うことはできない。ただし、その手数料のうち、輸入貨物の買付けに関し買手を代理して行う買付けに係る業務の対価に相当する額を買手が証明した場合は、その額は買付手数料に該当するものとして取り扱う。

⅓ 課税価格に含まれる容器の費用（関税定率法基本通達4−10）

　輸入貨物の容器の費用については、その費用が輸入取引に関し買手により負担される場合には関税定率法第4条第1項第2号ロ（課税価格に含まれる容器の費用）に規定する費用に該当し、その容器が輸入貨物の一部を構成する場合で輸入貨物の生産及び輸入取引に関連して、買手により無償で又は値引きをして直接又は間接に提供された物品又は役務に係るものである場合には、同項第3号（買手が無償で又は値引きをして提供した物品又は役務の費用）に規定する費用に該当する。なお、「容器」とは、関税定率法別表関税率表の解釈に関する通則5（ケースその他これに類する容器並びに包装材料及び包装容器の取扱い）の規定により「当該物品に含まれる」ものとされるケースその他これに類する容器及び包装容器をいい、関税定率法第14条第11号（再輸入する容器の無条件免税）、同法第14条の2（再輸入減税）又は同法第17条第1項第2号（再輸出する容器の免税）規定により、関税が軽減され又は免税されるものを除く。

⅔ 課税価格に含まれる包装に要する費用（関税定率法基本通達4−11）

　輸入貨物の包装に要する費用については、その費用が輸入取引に関し買手により負担される場合には関税定率法第4条第1項第2号ハ（課税価格に含まれる包装に要する費用）に規定する費用に該当し、その包装が輸入貨物の一部を構成する場合で輸入貨物の生産及び輸入取引に関連して、買手により無償で又は値引きをして直接又は間

接に提供された物品又は役務に係るものである場合には、関税定率法第4条第1項第3号（買手が無償で又は値引きをして提供した物品又は役務の費用）に規定する費用に該当する。なお、関税定率法第4条第1項第2号ハ（課税価格に含まれる包装に要する費用）に規定する「包装に要する費用」には、材料費のほか、人件費その他の費用を含む。

🔟 課税価格に含まれる物品又は役務に要する費用 （関税定率法基本通達4−12）

関税定率法第4条第1項第3号の費用に関する取扱いについては、以下のとおりとなる。

① 「材料、部分品又はこれらに類するもの」には、商標ラベル、商品ラベル等（我が国の法律等に基づき表示することが義務付けられている品質表示が併せて表示されているものを含む。）を含む。ただし、食品衛生法に基づく品名、原産国、原材料等の表示ラベル、家庭用品品質表示法に基づく繊維製品に対する品質、洗濯ラベル等我が国の法律等に基づき表示することが義務付けられている事項のみが表示されているラベルは含まないものとし、そのラベルに要する費用の額は課税価格に算入しない。

② 「工具、鋳型又はこれらに類するもの」には、機械、設備、金型、ダイス等を含む。

③ 「輸入貨物の生産の過程で消費された物品」には、燃料、触媒等を含むものとする。

④ 「技術、設計その他当該輸入貨物の生産に関する役務で政令で定めるもの」（以下「技術等」という。）とは、輸入貨物の生産のために必要とされた技術、設計、考案、工芸及び意匠であって本邦以外において開発されたものをいい、例えば、以下のような場合が該当する。この場合において、「本邦以外において開発された」とは、実際の作成が、本邦以外の場所で行われたことをいい、その技術等に係る契約が締結された場所、作成者の国籍は問わない。

　　ⅰ 買手が外国において開発された製法に係る技術（ノウハウを含む。）を有償で取得し、その技術を無償で海外の生産者に提供し、これに基づき輸入貨物を生産させた場合

　　ⅱ 買手が外国において作成された意匠を購入し、その意匠を無償で海外の生産者に提供し、これに基づき輸入貨物を生産させた場合

⑤ 関税定率法施行令第1条の5第2項第2号に規定する「買手がその物品を取得するために通常要する費用」及び同条第4項第2号に規定する「買手がその役務の提供を受けるために通常要する費用」とは、一般的な競争的条件の下に輸入貨物の買手がその物品又は技術等を購入又は賃借をするとした場合に、その購入又は賃借のために通常必要とされる費用をいう。例えば、買手が自己と特殊関係にある者から、その特殊関係による影響を受けた価格によりその物品を購入するような場合には、一般的な競

争的条件の下に買手がその物品を購入していないことから、その価格に基づく費用を「通常要する費用」とすることはできない。

⑥ 次のような場合には、それぞれに定める方法により関税定率法第4条第1項第3号の費用の額を計算する。

ⅰ 買手により提供された物品中に生産ロスを見込んだスペア部品等が含まれている場合には、そのスペア部品等を含む費用の総額とする。

ⅱ 買手により提供された物品を生産するために他の物品又は役務（本邦において開発されたものを含む。）が使用された場合において、買手（輸入貨物の国内販売先等を含む。）が直接又は間接に他の物品又は役務の費用を負担しているときは、他の物品又は役務の費用を含む費用の総額とする。

ⅲ 買手により提供された物品又は技術等を賃借した場合には、賃借料を基に上記⑤の「通常要する費用」の額を計算するものとする。なお、技術等の権利が消滅状態にある場合には、その技術等に係る資料の写し等を入手するための費用の額による。

ⅳ 買手が物品を取得する又は技術等の提供を受けるために要した費用（買手が自己の代理人に対し支払う手数料等）の額は、関税定率法施行令第1条の5第2項第2号及び同条第4項第2号に定める「通常要する費用」の額に含める。

ⅴ 買手が物品又は技術等を携帯して輸出し提供した場合等であって、その提供に要した「運賃、保険料その他の費用」の額が明らかでないときは、通常必要とされる運賃、保険料その他費用の額により算出する。

16 課税価格に含まれる特許権等の対価（関税定率法基本通達4−13）

関税定率法第4条第1項第4号（課税価格に含まれる特許権等の対価）に関する用語の意義及び取扱いについては、以下のとおりとなる。

① 「特許権、意匠権、商標権その他これらに類するもので政令で定めるもの」（以下「特許権等」という。）とは、特許権、実用新案権、意匠権、商標権、著作権及び著作隣接権並びに特別の技術による生産方式その他のロイヤルティ又はライセンス料の支払の対象となるものをいう。なお、「特別の技術による生産方式その他のロイヤルティ又はライセンス料の支払の対象となるもの」とは、特許権その他の工業所有権にはいたらないが、生産その他の事業等に関して繰り返して使用される程度に確立された技術上の創作、独自の考案、秘けつその他経済的価値を有するもの（例えば、ノウハウ、登録されていない意匠等）をいう。

② 特許権等の使用に伴う対価は、「輸入貨物に係る」ものであり、かつ、「輸入取引の状況その他の事情からみて輸入貨物の輸入取引をするために買手により直接又は間接に支払われるもの」である場合には、輸入貨物の課税価格に算入する。

③ 「輸入貨物に係る」特許権等の使用に伴う対価とは、輸入貨物に関連のあるものをいい、例えば、以下のような場合における特許権等の対価をいう。
　ⅰ 特許権（実用新案権についても同じ。）については、輸入貨物が特許発明である物品（特許発明である物品の生産に専ら使用される部品、材料等を含む。）である場合、特許製法による生産物である場合、方法特許を実施するための物品である場合
　ⅱ 意匠権については、輸入貨物が意匠（模様、形状等）を有している場合
　ⅲ 商標権については、輸入貨物が商標を付したものである場合又は加工後に商標が付されるものである場合
　ⅳ 著作権（著作隣接権についても同じ。）については、輸入貨物が著作権の対象を含んでいるものである場合（例えば、録音したテープに著作権の具体的内容である歌詞、旋律等が記録されている場合）

④ 「輸入貨物に係る取引の状況その他の事情からみて輸入貨物の輸入取引をするために買手により支払われるもの」とは、輸入貨物に係る特許権等の使用に伴う対価であって、買手がその対価を特許権者等に支払わなければ、実質的に輸入貨物に係る輸入取引を行うことができないこととなる又は行われないこととなるものをいい、その判断は、輸入貨物に係る売買契約やライセンス契約の内容だけではなく、輸入貨物に係る取引に関する契約の内容及び実態、取引に関与する者がその取引に関して果たす役割、取引に関与する者の間の関係その他の取引に関する事情を考慮して行うものとし、例えば以下のような対価をこれに該当するものとして取り扱う。
　ⅰ 輸入貨物に係る特許権者等（特許権者、実用新案権者、意匠権者、商標権者、著作権者及び著作隣接権者並びに特別の技術による生産方式その他のロイヤルティ又はライセンス料の支払の対象となるものを有する者をいう。以下同じ。）が輸入貨物の売手である場合において、買手が売手に対して支払う特許権等の使用に伴う対価
　ⅱ 輸入貨物に係る特許権者等が売手及び買手以外の第三者である場合において、売手と買手との取決めにより買手が特許権者等に対して支払う特許権等の使用に伴う対価
　ⅲ 輸入貨物に係る特許権者等が売手の親会社である場合において、買手が特許権者等に対して支払う特許権等の使用に伴う対価
　ⅳ 売手が輸入貨物に係る特許権者等の下請会社である場合において、買手が特許権者等に対して支払う特許権等の使用に伴う対価
　ⅴ 売手が輸入貨物に係る特許権者からその特許権についての専用実施権の許諾を受けている場合において、売手が買手に対して特許権についての通常実施権を許諾したときに、買手が売手に対して支払う特許権の使用に伴う対価
　ⅵ 買手が輸入貨物に係る特許権者からその特許権についての専用実施権の許諾を受

けている場合において、買手が売手に対して特許権についての通常実施権を許諾
したときに、買手が特許権者に対して支払う特許権の使用に伴う対価

⑤ 「輸入貨物を本邦において複製する権利」（以下「複製する権利」という。）とは、輸入
貨物を本邦において物理的に複製する権利その他の輸入貨物に化体され又は表現さ
れている考案、創作等を本邦において複製する権利をいい、例えば、以下に掲げる権
利が該当する。

  i　特許発明が実施されている機械が輸入された場合において、これと同じものを本
邦において製造する権利

  ii　特許発明が実施されている遺伝子操作により生み出された昆虫種が輸入された場
合において、その昆虫種を本邦において繁殖させる権利

  iii　特許発明が実施されている細菌株であってワクチン製造に使用するものが輸入さ
れた場合において、その細菌株を本邦において純粋培養する権利

  iv　意匠が実施されているおもちゃの原型が輸入された場合において、その原型を使
用して、同じものを本邦において製造する権利

  v　著作権の対象である写真が輸入された場合において、その写真を使用した写真集
を作成するため、その写真を本邦において印刷する権利

  vi　著作権の対象である音楽が編集された録音テープが輸入された場合において、そ
の録音テープを本邦においてダビングする権利

  vii　回路基盤を効率的に利用するため開発された、回路配置利用権の対象である回路
図が輸入された場合において、その回路図を利用して、回路基盤を本邦において
作成する権利

  viii　意匠が実施されている新型自動車の縮小モデルが輸入された場合において、その
縮小モデルを使用して、その意匠が実施されている自動車を本邦において製造す
る権利

  ix　意匠が実施されている彫像の原型が輸入された場合において、その原型を使用し
て、その意匠が実施されている小売販売用の彫像ミニチュアを本邦において製造
する権利

  x　意匠（衣服デザイン）が実施されている型紙又はトワルが輸入された場合におい
て、型紙又はトワルを使用して、その意匠が実施されている衣類を本邦において
製造する権利

  xi　著作権の対象である漫画キャラクタが描かれたセル画が輸入された場合におい
て、そのセル画を使用して、漫画キャラクタを本邦においてポストカードに付す権
利

  xii　著作権の対象である小説の原稿が輸入された場合において、その原稿を使用して、
小説を本邦において書籍化する権利

  xiii　著作権の対象である映画が収録されたフィルムが輸入された場合において、その

フィルムを使用して、映画を本邦において上映する権利

⑥ 輸入取引の状況その他の事情からみて、買手により支払われたその輸入貨物を本邦において頒布し又は再販売するための権利を取得するための対価は、輸入貨物の輸入取引をするために支払われたものでないときは、輸入貨物の課税価格に算入しない。

⑦ 輸入貨物に係る特許権等の使用に伴う対価で、輸入貨物の輸入取引の条件として支払われるものを課税価格に算入する場合の具体的な計算は、以下のとおりとなる。
　ⅰ 対価が一括して支払われる場合には、支払われる総額を算入する。
　ⅱ 対価が分割して支払われる場合において、各分割支払額が確定しているときは、その総額を算入する。
　ⅲ 対価が輸入貨物を使用して生産される製品の出来高に応じて支払われる場合において、支払われることとなる総額（支払の最低額について取決めがあり、総額がその最低額を超えるときは、その総額）を計算することができるときは、その総額を算入する。この場合における使用年数については、輸入貨物の耐用年数、技術革新による陳腐化等を考慮し、出来高については、輸入貨物の生産能力、生産される製品の需要状況等を考慮する。

17 課税価格に含まれる売手帰属収益（関税定率法基本通達4−14）

関税定率法第4条第1項第5号（課税価格に含まれる売手帰属収益）に関する用語の意義及び取扱いについては、以下のとおりとなる。

① 「輸入貨物の処分又は使用による収益」とは、輸入貨物の再販売その他の処分又は使用により得られる売上代金、賃貸料、加工賃等を構成するものをいう。

② 関税定率法第4条第1項第5号の規定により課税価格に算入することとなる収益には、例えば、輸入貨物の利潤分配取引に基づき買手が売手に分配する利潤がある。なお、買手による売手への配当金の移転その他の支払であって輸入貨物と関係のないものは、その収益に該当しない。

課税価格決定の例外、その他

1 特殊関係による取引価格への影響（関税定率法基本通達4−19）

輸入取引の売手と買手とが関税定率法第4条第2項第4号に規定する特殊関係にある場合においてその特殊関係が輸入貨物の取引価格に影響を与えているか否かについて審査する場合の取扱いについては、以下のとおりとなる。

① 輸入者から提出された資料その他の資料を参考として、輸入貨物の価格の成立の仕組み、取引関係の実態その他輸入取引の種種の側面について必要な検討を行うこと

により、その特殊関係の取引価格への影響の有無について審査する。この場合におい
て、輸入取引の売手と買手が特殊関係にないような状態で輸入取引を行っていること
が判明したときは、その特殊関係による取引価格への影響がないものとして取り扱
う。例えば、以下のような場合が該当する。

ⅰ 輸入貨物に係る産業での通常の価格設定に関する慣行に適合する方法で輸入貨物
の価格が設定されている場合

ⅱ 輸入貨物の売手がこれと特殊関係にない本邦の買手に販売する場合の価格設定方
式に適合する方法で輸入貨物の価格が設定されている場合

ⅲ 輸入貨物の価格が輸入貨物に係るすべての費用に、売手によるこれと同類の貨物
の販売に係る通常の利潤を加えた額を回収するのに十分な価格である場合

ⅳ 輸入貨物の価格が、買手と特殊関係にない他の製造者等から購入する輸入貨物と
同種又は類似の貨物の価格と同一又は近似していると認められる価格である場合

ⅴ 買手が、その海外現地法人（独自の法人格を有する支店を含む。）が特殊関係にな
い製造者等から購入した貨物をその海外現地法人から輸入する場合において、輸
入貨物の価格がその製造者等からの購入価格に海外現地法人の販売に係る通常の
利潤が上乗せされている価格である場合

ⅵ 買手と売手が特殊関係にあり、売手が製造者等から購入した貨物を買手が輸入す
る場合において、輸入貨物の価格がその製造者等から他の売手を経て、これと特
殊関係にない他の買手が輸入する輸入貨物と同種又は類似の貨物の価格と同一又
は近似していると認められる価格である場合

② 特殊関係が輸入貨物の取引価格に影響を与えているとの心証を得た場合には、その
理由を輸入者に通知するものとし、また、輸入者に対しては、その通知について意見
を述べるための機会を与える。なお、輸入者が要請する場合には、理由の通知は書面
で行う。

② 当事者間で合意された外国為替相場の取扱い
（関税定率法基本通達4の7−2）

取引の当事者の間において、その取引に係る仕入書等に表示されている価格を、当
事者間で合意された外国為替相場により、その表示において用いられている通貨とは
異なる通貨に換算し、その通貨により支払うことが取り決められている場合で、その
通貨により現実に支払が行われるときは、その通貨による価格に基づいて課税価格を
計算する。具体的取扱いについては、以下のとおりとなる。

① 外国通貨により表示されている価格が当事者間で合意された外国為替相場により本
邦通貨に換算され、本邦通貨により現実に支払われる場合は、本邦通貨による価格に
基づいて課税価格を計算する。

例①

仕入書価格	当事者間で合意された外国為替相場	実際の支払価格
10,000 米ドル	1 米ドル = 120 円	1,200,000 円

この場合、課税価格の計算に際し、関税定率法第4条の7第2項の規定により財務省令で定める外国為替相場（輸入申告日の前々週の外国為替相場）による本邦通貨への換算は要しない。つまり、1,200,000 円を基礎として課税価格を計算する。

② 外国通貨により表示されている価格が当事者間で合意された外国為替相場により第三国通貨に換算され、その第三国通貨により現実に支払われる場合は、その第三国通貨による価格に基づいて課税価格を計算する。

例②

仕入書価格	当事者間で合意された外国為替相場	実際の支払価格
10,000 米ドル	1 米ドル = 0.75 ユーロ	7,500 ユーロ

この場合、課税価格の計算に際し、7,500 ユーロを関税定率法第4条の7第2項の規定により財務省令で定める外国為替相場（輸入申告日の前々週の外国為替相場）により本邦通貨へ換算する。

③ 本邦通貨により表示されている価格が当事者間で合意された外国為替相場により外国通貨に換算され、その外国通貨により現実に支払われる場合は、その外国通貨による価格に基づいて課税価格を計算する。

例③

仕入書価格	当事者間で合意された外国為替相場	実際の支払価格
1,000,000 円	100 円 = 0.8 米ドル	8,000 米ドル

この場合、課税価格の計算に際し、8,000 米ドルを関税定率法第4条の7第2項の規定により財務省令で定める外国為替相場（輸入申告日の前々週の外国為替相場）により本邦通貨へ換算する。

3-4 参考資料　関税定率法(抜粋)

参考資料として、通関実務に関連する関税定率法の条文を、以下に抜粋して紹介する。

(課税価格の決定の原則)

第4条 輸入貨物の課税標準となる価格(以下「課税価格」という。)は、次項本文の規定の適用がある場合を除き、当該輸入貨物に係る輸入取引(買手が本邦に住所、居所、本店、支店、事務所、事業所その他これらに準ずるものを有しない者であるものを除く。以下同じ。)がされた場合において、当該輸入取引に関し買手により売手に対し又は売手のために、当該輸入貨物につき現実に支払われた又は支払われるべき価格(輸出国において輸出の際に軽減又は払戻しを受けるべき関税その他の公課を除くものとする。)に、その含まれていない限度において次に掲げる運賃等の額を加えた価格(以下「取引価格」という。)とする。

① 当該輸入貨物が輸入港に到着するまでの運送に要する運賃、保険料その他当該運送に関連する費用(次条及び第4条の3第2項において「輸入港までの運賃等」という。)

② 当該輸入貨物に係る輸入取引に関し買手により負担される手数料又は費用のうち次に掲げるもの

　イ 仲介料その他の手数料(買付けに関し当該買手を代理する者に対し、当該買付けに係る業務の対価として支払われるものを除く。)

　ロ 当該輸入貨物の容器(当該輸入貨物の通常の容器と同一の種類及び価値を有するものに限る。)の費用

　ハ 当該輸入貨物の包装に要する費用

③ 当該輸入貨物の生産及び輸入取引に関連して、買手により無償で又は値引きをして直接又は間接に提供された物品又は役務のうち次に掲げるものに要する費用

　イ 当該輸入貨物に組み込まれている材料、部分品又はこれらに類するもの

　ロ 当該輸入貨物の生産のために使用された工具、鋳型又はこれらに類するもの

　ハ 当該輸入貨物の生産の過程で消費された物品

　ニ 技術、設計その他当該輸入貨物の生産に関する役務で政令で定めるもの

④ 当該輸入貨物に係る特許権、意匠権、商標権その他これらに類するもの(当該輸入貨物を本邦において複製する権利を除く。)で政令で定めるものの使用に伴う対価で、当該輸入貨物に係る取引の状況その他の事情からみて当該輸入貨物の輸入取引をするために買手により直接又は間接に支払われるもの

⑤　買手による当該輸入貨物の処分又は使用による収益で直接又は間接に売手に帰
　　属するものとされているもの

2　輸入貨物に係る輸入取引に関し、次に掲げる事情のいずれかがある場合における
　当該輸入貨物の課税価格の決定については、次条から第4条の4までに定めるとこ
　ろによる。ただし、第4号に該当する場合において、当該輸入貨物の取引価格が、当
　該輸入貨物と同種又は類似の貨物（当該輸入貨物の本邦への輸出の日又はこれに近
　接する日に本邦へ輸出されたもので、当該輸入貨物の生産国で生産されたものに限
　る。以下この項において同じ。）に係る前項又は第4条の3（国内販売価格又は製造
　原価に基づく課税価格の決定）の規定により計算された課税価格（当該輸入貨物と
　の間の取引段階、取引数量又は同項各号に掲げる運賃等の差異その他政令で定める
　費用の差異により生じた価格差につき、政令で定めるところにより、必要な調整を
　行った後の価格とし、同項の規定により計算された課税価格にあっては、第4号に
　規定する特殊関係のない売手と買手との間で輸入取引がされた当該輸入貨物と同種
　又は類似の貨物に係る課税価格に限る。）と同一の額又は近似する額であることを、
　当該輸入貨物を輸入しようとする者が、政令で定めるところにより、証明した場合
　を除く。
①　買手による当該輸入貨物の処分又は使用につき制限（買手による輸入貨物の販
　　売が認められる地域についての制限その他の政令で定める制限を除く。）がある
　　こと。
②　当該輸入貨物の取引価格が当該輸入貨物の売手と買手との間で取引される当該
　　輸入貨物以外の貨物の取引数量又は取引価格に依存して決定されるべき旨の条
　　件その他当該輸入貨物の課税価格の決定を困難とする条件が当該輸入貨物の輸
　　入取引に付されていること。
③　買手による当該輸入貨物の処分又は使用による収益で直接又は間接に売手に帰
　　属するものとされているものの額が明らかでないこと。
④　売手と買手との間に特殊関係（一方の者と他方の者とがその行う事業に関し相
　　互に事業の取締役その他の役員となつていることその他政令で定める一方の者と
　　他方の者との間の特殊な関係をいう。以下この号及び第4条の3第1項において
　　同じ。）がある場合において、当該特殊関係のあることが当該輸入貨物の取引価格
　　に影響を与えていると認められること。

3　本邦にある者（以下この項において「委託者」という。）から委託を受けた者（以下
　この項において「受託者」という。）が当該委託者から直接又は間接に提供された原
　料又は材料を外国において加工又は組立（以下この項において「加工等」という。）
　をし、当該委託者が当該加工等によってできた製品を取得することを内容とする当
　該委託者と当該受託者との間の取引に基づき当該製品が本邦に到着することとなる
　場合には、当該取引を輸入取引と、当該委託者を買手と、当該受託者を売手と、当該

加工等の対価として現実に支払われた又は支払われるべき額を輸入貨物につき現実に支払われた又は支払われるべき価格とそれぞれみなして、前二項の規定を適用する。この場合において、第1項第2号イ中「手数料（買付けに関し当該買手を代理する者に対し、当該買付けに係る業務の対価として支払われるものを除く。）」とあるのは、「手数料」とする。

（同種又は類似の貨物に係る取引価格による課税価格の決定）
第4条の2 前条第1項の規定により輸入貨物の課税価格を計算することができない場合又は同条第2項本文の規定の適用がある場合において、当該輸入貨物と同種又は類似の貨物（当該輸入貨物の本邦への輸出の日又はこれに近接する日に本邦へ輸出されたもので、当該輸入貨物の生産国で生産されたものに限る。以下この条において「同種又は類似の貨物」という。）に係る取引価格（前条第1項の規定により課税価格とされたものに限る。以下この条において同じ。）があるときは、当該輸入貨物の課税価格は、当該同種又は類似の貨物に係る取引価格（これらの取引価格の双方があるときは、同種の貨物に係る取引価格）とする。この場合において、同種又は類似の貨物に係る取引価格は、当該輸入貨物の取引段階と同一の取引段階及び当該輸入貨物の取引数量と実質的に同一の取引数量により輸入取引がされた同種又は類似の貨物（以下この条において「同一の取引段階及び同一の取引数量による同種又は類似の貨物」という。）に係る取引価格とし、当該輸入貨物と当該同一の取引段階及び同一の取引数量による同種又は類似の貨物との間に運送距離又は運送形態が異なることにより輸入港までの運賃等に相当する差異があるときは、その差異により生じた価格差につき、政令で定めるところにより、必要な調整を行った後の取引価格とする。
2　前項に規定する同一の取引段階及び同一の取引数量による同種又は類似の貨物に係る取引価格がない場合には、同項に規定する同種又は類似の貨物に係る取引価格は、取引段階又は取引数量の差異及び輸入港までの運賃等の差異による当該輸入貨物と当該同種又は類似の貨物との間の価格差につき、政令で定めるところにより、必要な調整を行った後の同種又は類似の貨物に係る取引価格とする。

（国内販売価格又は製造原価に基づく課税価格の決定）
第4条の3 前2条の規定により輸入貨物の課税価格を計算することができない場合において、当該輸入貨物の国内販売価格（関税法第73条第1項（輸入の許可前における貨物の引取り）の規定により税関長の承認を受けて引き取られた当該輸入貨物の国内販売価格を含む。以下この項において同じ。）又は当該輸入貨物と同種若しくは類似の貨物（当該輸入貨物の生産国で生産されたものに限る。以下この項において同じ。）に係る国内販売価格があるときは、当該輸入貨物の課税価格は、次の各号

に掲げる国内販売価格の区分に応じ、当該各号に定める価格とする。ただし、第2号の規定の適用については、第1号の規定を適用することができない場合で、かつ、当該輸入貨物を輸入しようとする者が第2号の規定の適用を希望する旨を税関長に申し出た場合に限るものとする。

① その輸入申告の時（関税法第4条第1項各号（課税物件の確定の時期）に掲げる貨物にあっては、当該各号に定める時。以下この号及び次号において「課税物件確定の時」という。）における性質及び形状により、当該輸入貨物の課税物件確定の時の属する日又はこれに近接する期間内に国内における売手と特殊関係のない買手に対し国内において販売された当該輸入貨物又はこれと同種若しくは類似の貨物に係る国内販売価格　当該国内販売価格から次に掲げる手数料等の額を控除して得られる価格

   イ　当該輸入貨物と同類の貨物（同一の産業部門において生産された当該輸入貨物と同一の範疇に属する貨物をいう。次項において同じ。）で輸入されたものの国内における販売に係る通常の手数料又は利潤及び一般経費（ロに掲げる費用を除く。）

   ロ　当該国内において販売された輸入貨物又はこれと同種若しくは類似の貨物に係る輸入港到着後国内において販売するまでの運送に要する通常の運賃、保険料その他当該運送に関連する費用

   ハ　当該国内において販売された輸入貨物又はこれと同種若しくは類似の貨物に係る本邦において課された関税その他の公課

② 課税物件確定の時の属する日後加工の上、国内における売手と特殊関係のない買手に対し国内において販売された当該輸入貨物の国内販売価格　当該国内販売価格から当該加工により付加された価額及び前号イからハまでに掲げる手数料等の額を控除して得られる価格

2　前項の規定により当該輸入貨物の課税価格を計算することができない場合において、当該輸入貨物の製造原価を確認することができるとき（当該輸入貨物を輸入しようとする者と当該輸入貨物の生産者との間の当該輸入貨物に係る取引に基づき当該輸入貨物が本邦に到着することとなる場合に限る。次項において同じ。）は、当該輸入貨物の課税価格は、当該輸入貨物の製造原価に当該輸入貨物の生産国で生産された当該輸入貨物と同類の貨物の本邦への輸出のための販売に係る通常の利潤及び一般経費並びに当該輸入貨物の輸入港までの運賃等の額を加えた価格とする。

3　当該輸入貨物の製造原価を確認することができる場合において、当該輸入貨物を輸入しようとする者が希望する旨を税関長に申し出たときは、第1項の規定に先立って前項の規定により当該輸入貨物の課税価格を計算するものとする。

（特殊な輸入貨物に係る課税価格の決定）

第4条の4　前3条の規定により課税価格を計算することができない輸入貨物の課税価格は、これらの規定により計算される課税価格に準ずるものとして政令で定めるところにより計算される価格とする。

（変質又は損傷に係る輸入貨物の課税価格の決定）

第4条の5　第4条から前条までの規定により課税価格を計算する場合において、その輸入貨物に係る取引の状況その他の事情からみて輸入申告の時（関税法第4条第1項第2号から第8号まで（課税物件の確定の時期）に掲げる貨物にあっては、当該各号に定める時。第10条第1項ただし書において「輸入申告等の時」という。）までに当該輸入貨物に変質又は損傷があったと認められるときは、当該輸入貨物の課税価格は、当該変質又は損傷がなかったものとした場合に計算される課税価格からその変質又は損傷があつたことによる減価に相当する額を控除して得られる価格とする。

（航空運送貨物等に係る課税価格の決定の特例）

第4条の6　（省略）

（価格の換算に用いる外国為替相場）

第4条の7　第4条から前条までの規定により課税価格を計算する場合において、外国通貨により表示された価格の本邦通貨への換算は、当該輸入貨物に係る輸入申告の日（関税法第5条第1号（適用法令の特例）に掲げる貨物の課税価格を計算する場合にあっては、同号に定める日）における外国為替相場によるものとする。

2　前項の外国為替相場は、財務省令で定める。

（課税価格の計算に用いる資料等）

第4条の8　第4条から前条までの規定により輸入貨物の課税価格を計算する場合において、当該計算の基礎となる額その他の事項は、合理的な根拠を示す資料により証明されるものでなければならず、かつ、一般に公正妥当と認められる会計の慣行に従って算定されたものでなければならない。

3-5 関税の計算問題

第1問 下表に掲げる2品目について、一の輸入（納税）申告書で申告し許可を受けたが、許可後において、下表のとおり適用税率が誤っていることが判明し、修正申告をすることとなった。当該修正申告により納付すべき関税額を計算しなさい。

品名	課税価格	当初申告において適用した税率	正しい税率
A	719,770 円	2.3%	3.2%
B	896,350 円	5.1%	7.2%

第2問 下表に掲げる2品目について、一の輸入（納税）申告書で申告し許可を受けたが、許可後において、下表のとおり課税標準が誤っていることが判明し、修正申告をすることとなった。当該修正申告により納付すべき関税額を計算しなさい。

品名	修正申告前（輸入（納税）申告時）の課税標準額	修正申告後の課税標準額	適用税率
C	135,980 円	186,820 円	4.4%
D	79,550 円	98,290 円	11.9%

第3問 税関長の承認を受けて保税蔵置場に置かれた外国貨物で課税価格が 1,793,236 円のものを、下表の経緯で輸入する場合に、当該外国貨物について納付すべき関税額を計算しなさい。なお、当該外国貨物に適用される関税率は下表の「関税率改正の内容」のとおり法令の改正がなされたものとし、その施行日は令和 ×× 年 4 月 1 日とする。

輸入（納税）申告の日	輸入の許可前における貨物の引取りの承認の申請及びその承認の日	輸入許可の日	関税率改正の内容	
			改正前	改正後
令和 ×× 年 3 月 29 日	令和 ×× 年 3 月 31 日	令和 ×× 年 4 月 10 日	7.4%	5.9%

第4問　下表の事例について、関税納付後、関税法の規定に基づき更正の請求を行うこととなった。この場合に関税更正請求書に記載すべき減額する関税額を計算しなさい。

	課税標準額	適用税率
更正の請求前の課税標準及び適用税率	974,238 円	10.0%
更正後の課税標準及び適用税率	785,190 円	6.0%

第5問　課税価格が 3,554,000 円、正味数量が 20 トンの鉛の塊（協定税率適用国で生産されたもの）を輸入する場合に、この貨物に適用すべき税率を下表から選んで、納付すべき関税の額を計算しなさい。

基本税率	8 円／ kg
協定税率	2.70 円／ kg
暫定税率	180 円 – 1 キロ当たりの課税価格／ kg

第6問　下表に掲げる 2 品目について、一の輸入（納税）申告書により申告し、輸入の許可を受けたが、当該許可後において、下表のとおり課税標準額及び適用税率に誤りがあることが判明し、当該申告に係る課税標準及び納付すべき関税額について、関税法第 7 条の 16 の規定に基づき更正されることとなった。当該更正により結果として過納金となる額を計算しなさい。

品目	当初申告		更正	
	課税標準額	適用税率	課税標準額	適用税率
E	9,657,384 円	10.7%	965,738 円	4.8%
F	6,883,229 円	3.7%	6,883,229 円	5.7%

関税の計算問題　解答・解説

第1問　解答：25,300 円

解 説

① 当初申告（輸入（納税）申告）において納税した関税額を計算する。

A：719,000 円（千円未満切捨）×2.3% = 16,537 円

B：896,000 円（千円未満切捨）×5.1% = 45,696 円

A ＋ B：16,537 円 + 45,696 円 = 62,233 円

当初申告において納税した関税額：62,200 円（百円未満切捨）

② 正しい税率で関税額を計算する。

A：719,000 円（千円未満切捨）×3.2% = 23,008 円

B：896,000 円（千円未満切捨）×7.2% = 64,512 円

A ＋ B：23,008 円 + 64,512 円 = 87,520 円

正しい税率で計算した関税額：87,500 円（百円未満切捨）

③ 正しい税率で計算した関税額から当初申告において納税した関税額を控除して修正申告税額を計算する。

②－①：87,500 円 － 62,200 円 = 25,300 円

第2問　解答：4,500 円

解 説

① 当初申告（輸入（納税）申告）において納税した関税額を計算する。

C：135,000 円（千円未満切捨）×4.4% = 5,940 円

D：79,000 円（千円未満切捨）×11.9% = 9,401 円

C ＋ D：5,940 円 + 9,401 円 = 15,341 円

当初申告において納税した関税額：15,300 円（百円未満切捨）

② 正しい課税標準で関税額を計算する。

C：186,000 円（千円未満切捨）×4.4% = 8,184 円

D：98,000 円（千円未満切捨）×11.9% = 11,662 円

C ＋ D：8,184 円 + 11,662 円 = 19,846 円

正しい税率で計算した関税額：19,800 円（百円未満切捨）

③ 正しい課税標準で計算した関税額から当初申告において納税した関税額を控除して修正申告税額を計算する。

②－①：19,800 円 － 15,300 円 = 4,500 円

第3問　解答：132,600円

解 説

　保税蔵置場に置くことの承認（＝蔵入承認）を受けた外国貨物であって、輸入申告をした後、輸入許可前引取承認を受けた貨物について、その引取承認がされる前に適用される法令（税率）の改正があった場合には、その引取承認の日の法令（税率）が適用されることになるが、その引取承認の後に法令（税率）が改正された場合には、原則どおり輸入申告の日の法令（税率）が適用されることになる。

　そこで、問題の設定を確認すると、法令（税率）の改正が4月1日であり、引取承認の日は3月31日となっているため、引取承認の日の後に法令（税率）が改正されている。したがって、法令改正前の税率（7.4％）にて関税額を計算する。

　　　1,793,000円（千円未満切捨）×7.4％ = 132,682円

　　　納付すべき関税額：132,600円（百円未満切捨）

第4問　解答：50,300円

解 説

① 更正の請求前の誤って納付した税額を計算する。
　974,000円（千円未満切捨）×10.0％ = 97,400円→ 97,400円（百円未満切捨）
② 更正の請求の際の正しい税額を計算する。
　785,000円（千円未満切捨）×6.0％ = 47,100円→ 47,100円（百円未満切捨）
③ 誤って納付した関税額から、正しい関税額を控除して更正の請求額を計算する。
　97,400円 − 47,100円 = 50,300円

第5問　解答：46,000円

解 説

① まず、適用される関税率を確認していく。そこで、基本税率と暫定税率の両方がある場合には常に暫定税率が優先して適用される。次に国定税率（基本税率・暫定税率）と協定税率では、協定税率で計算した額のほうが低くなる場合のみ協定税率で計算する。したがって、今回は協定税率を適用した関税額と暫定税率を適用した関税額の双方を計算し、低いほうを適用することになる。
② 協定税率による関税額を計算する。
　20,000kg×2.70円 = 54,000円→ 54,000円（百円未満切捨）
③ 暫定税率による関税額を計算する。
　{180円 −（3,554,000円 ÷20,000kg）}×20,000kg = 46,000円
　→ 46,000円（百円未満切捨）

④ 関税額の低いほうが納付すべき関税額となる。

54,000 円（協定税率）＞ 46,000 円（暫定税率）→ 46,000 円

第6問　解答　849,300 円

解説

① 当初申告（輸入（納税）申告）において納税した関税額を計算する。

E：9,657,000 円（千円未満切捨）× 10.7% = 1,033,299 円

F：6,883,000 円（千円未満切捨）× 3.7% = 254,671 円

E ＋ F：1,033,299 円 + 254,671 円 = 1,287,970 円

当初申告において納税した関税額：1,287,900 円（百円未満切捨）

② 税関長の調査により判明した正しい課税標準額及び税率で関税額を計算する。

E：965,000 円（千円未満切捨）× 4.8% = 46,320 円

F：6,883,000 円（千円未満切捨）× 5.7% = 392,331 円

E ＋ F：46,320 円 + 392,331 円 = 438,651 円

正しい税率で計算した関税額：438,600 円（百円未満切捨）

③ 当初申告において納税した関税額から正しい課税標準額及び税率で計算した関税額を控除して過納金となる額を計算する。

①－②：1,287,900 円 － 438,600 円 = 849,300 円

延滞税の計算問題

第1問 下表の経緯で税関長による決定の後にされた更正に際し、更正通知書に記載された関税額 982,900 円を納付することとなった。その際に当該関税額に併せて納付すべき延滞税の額を計算しなさい。なお、延滞税の税率は年率 2.6％、1 年は 365 日として計算しなさい。

令和 ×× 年 4 月 22 日　保税地域へ貨物が搬入された日

令和 ×× 年 5 月 12 日　誤って輸入の許可を受けずに外国貨物のまま貨物が引取られた日

令和 ×× 年 8 月 25 日　税関長の調査により決定通知書が発せられた日

令和 ×× 年 9 月 10 日　決定通知書に記載された税額を納付した日

令和 ×× 年 11 月 20 日　税関長の再調査が行われた日

令和 ×× 年 11 月 30 日　税関長の再調査により更正通知書が発せられた日

令和 ×× 年 12 月 10 日　更正通知書に記載された税額を納付した日

令和 ×× 年 12 月 30 日　更正通知書に記載された納期限の日

第2問 下表の経緯で、税関長の調査による更正により関税額 504,300 円を納付することとなった場合において、当該関税額に併せて納付すべき延滞税の額を計算しなさい。なお、延滞税の税率は令和 ×1 年及び令和 ×2 年共に年率 2.6％、1 年は 365 日として計算しなさい（なお、令和 ×1 年、令和 ×2 年は閏年ではない。）。

令和 ×1 年 10 月 28 日　輸入（納税）申告の日及び関税納期限延長（個別）申請書を提出した日

令和 ×1 年 10 月 29 日　輸入許可の日及び税関長からの納期限延長通知（3 カ月（納期限：平成 ×2 年 1 月 29 日）の日

令和 ×2 年 1 月 20 日　納期限延長に係る関税を納付した日

令和 ×2 年 5 月 10 日　税関の事後調査に係る連絡があった日

令和 ×2 年 5 月 13 日　税関による調査が開始された日

令和 ×2 年 5 月 17 日　税関による調査が終了した日

令和 ×2 年 6 月 5 日　税関長により事後調査に係る更正通知書が発せられた日

令和 ×2 年 6 月 29 日　更正に係る関税を一括納付した日

第3問 下表の経緯で、輸入許可の後にされた修正申告に際し、関税額 325,900 円を納付することとなった場合において、当該関税額に併せて納付すべき延滞税の額を計算しなさい。なお、延滞税の税率は令和 ×3 年及び令和 ×4 年共に年率 2.6％、1 年は 365 日として計算しなさい（なお、令和 ×3 年、令和 ×4 年は閏年ではない。）。

令和 ×3 年 5 月 19 日	保税工場へ貨物を搬入した日
令和 ×3 年 8 月 10 日	移入承認の日
令和 ×3 年 12 月 26 日	移出輸入申告をした日
令和 ×4 年 1 月 1 日	移出輸入申告した貨物に係る税率が改正された日
令和 ×4 年 1 月 4 日	輸入許可の日
令和 ×4 年 5 月 10 日	税関の事後調査のための連絡があった日
令和 ×4 年 5 月 20 日	税関の事後調査が開始され、かつ、終了した日
令和 ×4 年 6 月 14 日	税関長の指導により修正申告を行い、税額を納付した日

第4問 下表の経緯で、特例輸入者が輸入許可の後に行う修正申告に際し、関税額 698,100 円を納付することとなった場合において、当該関税額に併せて納付すべき延滞税の額を計算しなさい。なお、延滞税の税率は年 2.6％、1 年は 365 日として計算しなさい。

令和 ×× 年 4 月 12 日	輸入（引取）申告の日及び輸入許可の日
令和 ×× 年 7 月 10 日	期限後特例申告書を提出した日及び期限後特例申告に係る関税額を納付した日
令和 ×× 年 10 月 3 日	修正申告をした日及び修正申告に係る関税額を納付した日

第5問 下表の経緯で輸入許可の後にされた修正申告に際し、関税額 482,200 円を納付することとなった場合において、当該関税額に併せて納付すべき延滞税の額を計算しなさい。なお、延滞税の税率は令和 ×5 年及び令和 ×6 年共に年率 2.6％、1 年は 365 日として計算しなさい（なお、令和 ×5 年、令和 ×6 年は閏年ではない。）。

令和 ×5 年 4 月 29 日	輸入申告及び輸入許可の日
令和 ×6 年 6 月 29 日	税関による事後調査が行われ、調査が終了した日
令和 ×6 年 7 月 11 日	税関の指導に従い修正申告を行い、修正申告に係る税額を納付した日（修正申告は、偽りその他不正の行為によ

り関税を免れ当該関税について更正があるべきことを予
知してされたものではない。）

第6問 外国貨物について輸入（納税）申告をし、輸入の許可を受けたが、当該許可後に
おいて下表1のとおり課税標準額及び適用税率に誤りがあることが判明し、下表
2の経緯で関税法第7条の16第1項の規定に基づき税関長が関税額を更正する
場合に、当該更正により納付すべき関税額及び延滞税の額を計算し、これらの合
計額を計算しなさい。なお、延滞税は、法定納期限の翌日から当該関税額を納付
する日までの日数に応じ、年2.6%（当該関税額の納期限の翌日から2月を経過す
る日後は年8.9%）の割合を乗じ、1年は365日として計算するものとする。

（表1）

	課税標準額	適用税率
更正前（輸入（納税）申告時）	5,458,785 円	4.5%
更正時	8,584,750 円	13.5%

（表2）

令和××年3月24日	輸入（納税）申告の日、輸入の許可前における貨物の引取りの承認の日、貨物の引取りの日
令和××年4月20日	「輸入許可前引取承認貨物に係る関税納付通知書」が発せられた日
令和××年5月1日	当初の輸入（納税）申告に係る関税額の納付の日、輸入の許可の日
令和××年6月25日	税関長による申告税額に係る調査が行われた日
令和××年7月10日	税関長の調査により判明した誤りに基づき、「関税更正通知書」が発せられた日
令和××年7月31日	更正通知書に係る関税額の納付の日

（注）上記の過程において、延滞税の免除事由に該当する事実はない。

（参考）令和××年の暦

令和××年3月1日から3月31日まで（31日間）
令和××年4月1日から4月30日まで（30日間）
令和××年5月1日から5月31日まで（31日間）
令和××年6月1日から6月30日まで（30日間）
令和××年7月1日から7月31日まで（31日間）

第7問 特例輸入者が外国貨物について輸入（引取）申告をし、輸入の許可を受けたが、当該許可後において下表1のとおり課税標準額及び適用税率に誤りがあることが判明し、下表2の経緯で関税法第7条の14の規定に基づき修正申告を行う場合に、当該修正申告により納付すべき関税額及び延滞税の額を計算し、これらの合計額を計算しなさい。なお、延滞税は、法定納期限の翌日から当該関税額を納付する日までの日数に応じ、年2.6％（当該関税額の納期限の翌日から2月を経過する日後は年8.9％）の割合を乗じ、1年は365日として計算するものとする。

（表1）

	課税標準額	適用税率
修正申告前（特例申告時）	3,254,859 円	3.3％
修正申告時	6,987,668 円	7.4％

（表2）

令和 ×× 年5月20日	輸入（引取）申告の日、輸入の許可の日、貨物の引取りの日
令和 ×× 年6月26日	特例申告書を提出した日、特例申告書に係る関税の納期限の延長が承認された日
令和 ×× 年8月25日	特例申告書に係る関税額の納付の日
令和 ×× 年8月31日	特例申告書に係る関税の納期限の延長の期限日
令和 ×× 年10月15日	修正申告及び修正申告に係る関税額の納付の日

（注）上記の過程において、延滞税の免除事由に該当する事実はない。

（参考）令和 ×× 年の暦

令和 ×× 年5月1日から5月31日まで（31日間）
令和 ×× 年6月1日から6月30日まで（30日間）
令和 ×× 年7月1日から7月31日まで（31日間）
令和 ×× 年8月1日から8月31日まで（31日間）
令和 ×× 年9月1日から9月30日まで（30日間）
令和 ×× 年10月1日から10月31日まで（31日間）

延滞税の計算問題　解答・解説

第1問　解答：14,700円

解説

　法定納期限　5月12日（輸入の許可を受けずに輸入された貨物の法定納期限は、輸入の時、つまり、保税地域から外国貨物のまま引き取られた日である。）

　延滞日数212日（5月13日 – 12月10日）（延滞税が課される期間は、法定納期限の翌日から、関税が納付された日までとなる。この設問では、更正通知書に記載された関税額に併せて納付すべき延滞税を計算するので、更正通知書に記載された関税額を納付する日である12月10日までとなる。なお、決定通知書に記載された関税額を納付した日である9月10日は、決定通知書に記載された関税額に併せて納付すべき延滞税を計算する場合には、必要な情報となるが、今回の設問では必要のない情報である。）

　　980,000円（1万円未満切捨）×2.6%　×212日　÷365日
　　＝14,799円→14,700円（百円未満切捨）

第2問　解答：8,600円

解説

　法定納期限　令和×1年10月29日（更正通知書に記載された税額については、納期限の延長がされていないので、法定納期限は輸入の許可の日である。）

　延滞日数243日（令和×1年10月30日－令和×2年6月29日：令和×1年は63日、令和×2年は180日）（延滞税が課される期間は、法定納期限の翌日から、関税が納付された日までとなる。この設問では、更正通知書に記載された関税額に併せて納付すべき延滞税を計算するので、更正通知書に記載された関税額を納付する日である6月29日までとなる。なお、税関の事後調査期間などは延滞税の計算に影響を与えないため、今回の設問では必要のない情報である。）

　　500,000円（1万円未満切捨）×2.6%　×243日　÷365日
　　＝8,654円→8,600円（百円未満切捨）

第3問　解答：3,600円

解説

　法定納期限　令和×4年1月4日（移入承認を受けているが、その後に輸入の許可を受けているので、法定納期限は輸入の許可の日である。）

3

計算問題

延滞日数 161 日（1 月 5 日 − 6 月 14 日）（延滞税が課される期間は、法定納期限の翌日から、関税が納付された日までとなる。この設問では、修正申告に係る関税額に併せて納付すべき延滞税を計算するので、修正申告に係る関税額を納付する日である 6 月 14 日までとなる。なお、税関の事後調査などは延滞税の計算に影響を与えないため、今回の設問では必要のない情報である。）

　　320,000 円（1 万円未満切捨）×2.6％ ×161 日 ÷365 日
　　= 3,669 円→ 3,600 円（百円未満切捨）

第4問　解答：6,100 円

解説

　法定納期限　令和 ×× 年 5 月 31 日（特例輸入者が輸入（引取）申告を行い、輸入許可を受けた貨物に係る関税の法定納期限は特例申告書の提出期限、つまり、輸入許可の日の属する月の翌月末日である。）

　延滞日数 125 日（6 月 1 日 − 10 月 3 日）（延滞税が課される期間は、法定納期限の翌日から、関税が納付された日までとなる。この設問では、修正申告に係る関税額に併せて納付すべき延滞税を計算するので、修正申告に係る関税額を納付する日である 10 月 3 日までとなる。なお、期限後特例申告書の提出は法定納期限に影響を与えないため、今回の設問では必要のない情報である。）

　　690,000 円（1 万円未満切捨）×2.6％ ×125 日 ÷365 日
　　= 6,143 円→ 6,100 円（百円未満切捨）

第5問　解答：12,400 円

解説

　法定納期限　令和 × 5 年 4 月 29 日（輸入申告を行い、輸入許可を受けた貨物に係る関税の法定納期限は輸入許可の日である。）

　延滞日数 365 日（令和 × 5 年 4 月 30 日 −令和 × 6 年 4 月 29 日：令和 × 5 年は 246 日、令和 × 6 年は 119 日）（延滞税が課される期間は、法定納期限の翌日から、関税が納付された日までとなる。しかし、この設問では、法定納期限から関税の納付日までの日数が、1 年を超えているので、延滞税の軽減措置により、法定納期限から 1 年を経過する日（令和 × 6 年 4 月 29 日）の翌日から修正申告がされた日までの日数は、延滞税を計算するうえで算入しなくてよい。）

　　480,000 円（1 万円未満切捨）×2.6％ ×365 日 ÷365 日
　　= 12,480 円→ 12,400 円（百円未満切捨）

第6問　解答：919,800円

　まず税関長が更正した関税額を計算する。続いてその更正された関税額に係る納付すべき延滞税の額を計算し、最後に関税額と延滞税の額を合計する。

① 税関長が更正した関税額の計算

　　更正時の正しい関税額：8,584,000円（千円未満切捨）×13.5%

　　　= 1,158,840円　→　1,158,800円（百円未満切捨）

　　更正前（輸入（納税）申告時）の関税額：5,458,000円（千円未満切捨）×4.5%

　　　= 245,610円　→　245,600円（百円未満切捨）

　　更正により納付すべき関税額：1,158,800円 − 245,600円 = 913,200円

② 延滞税額の計算

　　法定納期限　令和××年4月20日（輸入の許可前における貨物の引取りの承認の後に、納税に係る通知書が2回以上発せられた場合には、最初に納税通知書が発せられた日が法定納期限となるので、最初に発せられた納税通知書である「輸入許可前引取承認貨物に係る関税納付通知書」が発せられた日である。）

　　延滞日数102日（令和××年4月21日 − 7月31日）（延滞税が課される期間は、法定納期限の翌日から、関税が納付された日までとなる。この設問では、更正通知書に記載された関税額に併せて納付すべき延滞税を計算するので、更正通知書に記載された関税額を納付する日である7月31日までとなる。）

　　910,000円（1万円未満切捨）×2.6% ×102日 ÷365日

　　　= 6,611円　→　6,600円（百円未満切捨）

③ 関税額と延滞税の額の合計額の計算

　　913,200円 + 6,600円 = 919,800円

第7問　解答：412,700円

　まず修正申告に係る関税額を計算する。続いてその修正申告する関税額に係る納付すべき延滞税の額を計算し、最後に関税額と延滞税の額を合計する。

① 修正申告する関税額の計算

　　修正申告時の正しい関税額：6,987,000円（千円未満切捨）×7.4%

　　　= 517,038円　→　517,000円（百円未満切捨）

　　修正申告前（特例申告時）の関税額：3,254,000円（千円未満切捨）×3.3%

　　　= 107,382円　→　107,300円（百円未満切捨）

修正申告により納付すべき関税額：517,000 円 − 107,300 円 = 409,700 円

② 延滞税額の計算

　法定納期限　令和 ×× 年 6 月 30 日（特例申告貨物につき納付すべき関税の法定納期限は、特例申告書の提出期限である。つまり、輸入許可の日の属する月の翌月末日である。なお、6 月 26 日に提出した期限内特例申告書に係る関税の法定納期限は 8 月 31 日まで延長されているが、修正申告に係る関税の法定納期限は延長されていないため、特例申告書の提出期限が法定納期限となる。）

　延滞日数 107 日（令和 ×× 年 7 月 1 日 − 10 月 15 日）（延滞税が課される期間は、法定納期限の翌日から、関税が納付された日までとなる。この設問では、修正申告書に記載された関税額に併せて納付すべき延滞税を計算するので、修正申告に係る関税額を納付する日である 10 月 15 日までとなる。）

　400,000 円（1 万円未満切捨）×2.6% ×107 日 ÷365 日

　= 3,048 円　→　3,000 円（百円未満切捨）

③ 関税額と延滞税の額の合計額の計算

　409,700 円 + 3,000 円 = 412,700 円

3-7 過少申告加算税・無申告加算税の計算問題

第1問 以下の経緯で輸入の許可の後に税関長による更正が行われ、その更正により増差税額 754,300 円を納付することとなった。この増差税額には過少申告加算税が課されることになったが、その納付すべき過少申告加算税の額を計算しなさい。

当初の輸入申告に係る納付すべき税額は 619,500 円であった。その後、税関長の調査により納付すべき税額に誤りがあることが判明し更正が行われたが、当該更正により納付すべき税額(増差税額)は 754,300 円であった。

第2問 輸入貨物 A について輸入(納税)申告をしたが、納税後において下表のとおり課税標準となる価格及び適用税率に誤りがあることが判明し、修正申告をすることとなった。当該修正申告により納付すべき関税額には過少申告加算税が課されることとなったが、その過少申告加算税額を計算しなさい。なお、当該修正申告は、税関長の調査があったことにより関税について更正があるべきことを予知してされたものである。

	課税標準となる価格	適用税率
当初の誤った課税価格及び適用税率	2,455,911 円	23.3%
正しい課税価格及び適用税率	4,979,392 円	25.9%

第3問 下表の貨物 B 及び C について一枚の輸入(納税)申告書により申告をしたが、納税後において下表のとおり課税標準となる価格及び適用税率に誤りがあることが判明し、修正申告をすることになった。当該修正申告により納付すべき関税額には過少申告加算税が課されることになったが、その過少申告加算税額を計算しなさい。なお、当該修正申告は、税関長の調査があったことにより関税について更正があるべきことを予知してされたものである。

貨物	当初申告時の課税標準及び適用税率		正しい課税標準及び適用税率	
B	1,544,209 円	14.3%	2,557,864 円	17.3%
C	499,224 円	11.3%	790,755 円	13.9%

第4問 輸入貨物Dについて輸入(納税)申告をしたが、納税後において下表のとおり課税標準及び適用税率に誤りがあることが判明し、修正申告をすることとなった。当該修正申告により納付すべき関税額には過少申告加算税が課されることとなったが、その過少申告加算税額を計算しなさい。なお、当該修正申告は、税関長の調査があったことにより関税について更正があるべきことを予知してされたものである。

	課税標準となる価格及び数量	適用税率
当初の誤った課税標準及び適用税率	4,567,998 円	12.3%
正しい課税標準及び適用税率	13,964.924kg	98.65 円／kg

第5問 商品Eについて輸入(納税)申告をしたが、納税後において税関の事後調査により下表のとおり課税標準となる価格及び適用税率に誤りがあることが判明し、修正申告をすることとなった。当該修正申告にかかる関税には過少申告加算税が課されることとなったが、当該過少申告加算税の額を計算し、その額を解答しなさい。なお、当該修正申告は、税関長の調査があったことにより関税について更正があるべきことを予知してされたものである。

	課税標準となる価格	適用税率
当初の誤った課税価格及び適用税率	1,490,200 円	8.3%
正しい課税価格及び適用税率	4,712,300 円	28.9%

第6問 申告納税方式が適用される貨物Fを輸入したが、税関の事後調査により当該貨物について輸入申告をせずに輸入していることが判明した。当該貨物については税関長が決定の処分をすることになったが当該決定に際して納付すべき無申告加算税の額を計算しなさい。

輸入貨物	関税の課税標準	関税率
F	9,248,159 円	13.7%

過少申告加算税・無申告加算税の計算問題 解答・解説

第1問　解答：81,500円

解説

通常分の過少申告加算税の計算：

750,000円（1万円未満切捨）×10% = 75,000円

加重分の過少申告加算税の計算：

加重分の過少申告加算税の基準額50万円と当初申告税額619,500円を比較し、当初申告税額のほうが大きいので、当初申告税額を使用して加重分の過少申告加算税を計算していく。

619,500円（当初申告税額）＜ 754,300円（増差税額）

当初申告税額と増差税額を比較し、増差税額のほうが大きいので、加重分の過少申告加算税を計算していく。

754,300円 − 619,500円 = 134,800円

130,000円（1万円未満切捨）×5% = 6,500円

合計：75,000円 + 6,500円 = 81,500円

第2問　解答：78,000円

解説

① 修正申告により納付すべき関税額の計算

誤った課税価格及び適用税率による関税額：

2,455,000円（千円未満切捨）×23.3%

= 572,015円 → 572,000円（百円未満切捨）（当初申告税額）

正しい課税価格及び適用税率による関税額：

4,979,000円（千円未満切捨）×25.9%

= 1,289,561円 → 1,289,500円（百円未満切捨）

修正申告により納付すべき関税額：

1,289,500円 − 572,000円 = 717,500円（増差税額）

② 過少申告加算税の計算

通常分の過少申告加算税の計算：

710,000 円（1万円未満切捨）×10%（※）＝ 71,000 円

※税関長の調査があったことにより関税について更正があるべきことを予知して修正申告がされているので、通常分の過少申告加算税の税率は10%となる。

加重分の過少申告加算税の計算：

加重分の過少申告加算税の基準額50万円と当初申告税額572,000円を比較し、当初申告税額のほうが大きいので、当初申告税額を使用して加重分の過少申告加算税を計算していく。

572,000 円（当初申告税額）＜ 717,500 円（増差税額）

当初申告税額と増差税額を比較し、増差税額のほうが大きいので、加重分の過少申告加算税を計算していく。

717,500 円 − 572,000 円 ＝ 145,500 円

140,000 円（1万円未満切捨）×5% ＝ 7,000 円

合計：71,000 円 ＋ 7,000 円 ＝ 78,000 円

第3問　解答：27,000円

解説

① 修正申告により納付すべき関税額の計算

誤った課税価格及び適用税率による関税額：

1,544,000 円（千円未満切捨）×14.3% ＋ 499,000 円（千円未満切捨）

×11.3% ＝ 277,179 円 → 277,100 円（百円未満切捨）（当初申告税額）

正しい課税価格及び適用税率による関税額：

2,557,000 円（千円未満切捨）×17.3% ＋ 790,000 円（千円未満切捨）

×13.9% ＝ 552,171 円 → 552,100 円（百円未満切捨）

修正申告により納付すべき関税額：

552,100 円 − 277,100 円 ＝ 275,000 円（増差税額）

② 過少申告加算税の計算

通常分の過少申告加算税の計算：

270,000 円（1万円未満切捨）×10%（※）＝ 27,000 円

※税関長の調査があったことにより関税について更正があるべきことを予知して修正申告がされているので、通常分の過少申告加算税の税率は10%となる。

加重分の過少申告加算税の計算：

加重分の過少申告加算税の基準額 50 万円と当初申告税額 277,100 円を比較し、基準額の 50 万円のほうが大きいので、基準額の 50 万円を使用して加重分の過少申告加算税を計算していく。

500,000 円（基準額）> 275,000 円（増差税額）

基準額の 50 万円と増差税額を比較し、50 万円のほうが大きいので、加重分の過少申告加算税は課されない。

合計：27,000 円 + 0 円 = 27,000 円

第4問　解答：93,500 円

解説

① 修正申告により納付すべき関税額の計算

誤った課税標準及び適用税率による関税額：

4,567,000 円（千円未満切捨）×12.3%

= 561,741 円→ 561,700 円（百円未満切捨）（当初申告税額）

正しい課税価格及び適用税率による関税額：

13,964.000kg（小数点以下切捨（※））×98.65 円／kg

= 1,377,548 円→ 1,377,500 円（百円未満切捨）

※ 関税率が 98.65 円／kg である。このように整数位（98 の部分）が 2 桁である場合には、小数点以下を切り捨ててから関税率をかけていく。なお、当問題のように従量税の場合には、関税率の整数位が 1 桁と 2 桁の場合には、小数点以下をすべて切り捨てて関税率をかけるが、3 桁の場合には、小数点第 2 位以下を切り捨てて関税率をかけることになる。

修正申告により納付すべき関税額：

1,377,500 円 − 561,700 円 = 815,800 円（増差税額）

② 過少申告加算税の計算

通常分の過少申告加算税の計算：

810,000 円（1 万円未満切捨）×10%（※）= 81,000 円

※税関長の調査があったことにより関税について更正があるべきことを予知して修正申告がされているので、通常分の過少申告加算税の税率は 10% となる。

加重分の過少申告加算税の計算：

加重分の過少申告加算税の基準額 50 万円と当初申告税額 561,700 円を比較し、当初申告税額のほうが大きいので、当初申告税額を使用して加重分の過少申告加算税を計算していく。

561,700 円（当初申告税額）＜ 815,800 円（増差税額）

当初申告税額と増差税額を比較し、増差税額のほうが大きいので、加重分の過少申告加算税を計算していく。

815,800 円 − 561,700 円 = 254,100 円

250,000 円（1 万円未満切捨）×5% = 12,500 円

合計：81,000 円 + 12,500 円 = 93,500 円

第5問　解答：159,500 円

解説

① 修正申告により納付すべき関税額の計算

誤った課税価格及び適用税率による関税額：

1,490,000 円（千円未満切捨）×8.3%

= 123,670 円→ 123,600 円（百円未満切捨）（当初申告税額）

正しい課税価格及び適用税率による関税額：

4,712,000 円（千円未満切捨）×28.9%

= 1,361,768 円→ 1,361,700 円（百円未満切捨）

修正申告により納付すべき関税額：

1,361,700 円 − 123,600 円 = 1,238,100 円（増差税額）

② 過少申告加算税の計算

通常分の過少申告加算税の計算：

1,230,000 円（1 万円未満切捨）×10%（※） = 123,000 円

※税関長の調査があったことにより関税について更正があるべきことを予知して修正申告がされているので、通常分の過少申告加算税の税率は 10% となる。

加重分の過少申告加算税の計算：

加重分の過少申告加算税の基準額 50 万円と当初申告税額 123,600 円を比較し、基準額のほうが大きいので、基準額を使用して加重分の過少申告加算税を計算していく。

500,000 円（基準額）＞ 123,600 円（当初申告税額）

基準額の 50 万円と増差税額を比較し、増差税額のほうが大きいので、加重分の過少申告加算税を計算していく。

1,238,100 円 − 500,000 円 = 738,100 円

730,000（1 万円未満切捨）×5% = 36,500 円

合計：123,000 円 + 36,500 円 = 159,500 円

第6問　解答：227,000円

解 説

① 決定により納付すべき関税額の計算：

　　9,248,000円（千円未満切捨）×13.7%

　　＝ 1,266,976円→ 1,266,900円（百円未満切捨）（納付税額）

② 無申告加算税の計算

　　通常分の無申告加算税の計算：

　　1,260,000円（1万円未満切捨）×15% = 189,000円

　　加重分の無申告加算税の計算：

　　加重分の無申告加算税の基準額50万円と決定の際の納付税額1,266,900円を比較し、基準額の50万円を納付税額が超えているので、納付税額から基準額の50万円を控除して加重分の無申告加算税を計算していく。

　　500,000円（基準額）< 1,266,900円（納付税額）

　　1,266,900円 − 500,000円 = 766,900円

　　760,000円（1万円未満切捨）×5% = 38,000円

　　合計：189,000円 + 38,000円 = 227,000円

3-8 課税価格の計算問題

第1問 次の取引内容に係る輸入貨物の課税価格を計算しなさい。

1. 輸入者 M（買手）は、輸出者 X（売手）から食品加工機械 20 台を輸入する。
2. 当該特殊機械の売買契約書には、次の事項が規定されている。
   - イ　当該特殊機械の1台当たりの CPT 価格（500,000 円）
   - ロ　M は、X による販売に関し X に代わり商品の引き渡しに関する業務を行う Y に対して当該業務に対する手数料として上記契約価格の 7% を当該価格とは別に支払う旨
   - ハ　当該機械の契約に際し輸入後 5 年間は、X の在日代理店 Z が X に代わり保証履行義務を負い、M は 5 年間の保証費用として、Z に対し当該貨物を M が受領後 30 日以内に上記契約価格の支払とは別に 1 台当たり 50,000 を支払う旨
   - ニ　当該特殊機械の販売促進のため、上記契約価格の 5% の費用で広告宣伝を行うことが M に義務付けられており、当該広告宣伝費用は M と X が半額ずつ負担することになっており、X は当該特殊機械の代金請求時に X 負担分の費用を控除して請求する旨
   - ホ　X が輸出地で本邦の保険会社 A の輸出地の代理店と海上保険契約を締結し、海上保険料を支払うこと。当該海上保険料は、X から M に上記契約価格とともに請求し、海上保険証券は他の書類とともに X から M に送付される旨
3. 当該特殊事務用機器に係る仕入書の明細は次のとおりである。

仕　入　書		
食品加工機械（CPT）		10,000,000 円
海上保険料（立替）	+)	50,000 円
広告宣伝費（X 負担分）	−)	250,000 円
	計	9,800,000 円

4. M は、本邦において船会社に対して以下の費用を負担している。
   - イ　輸入港における船卸しに係る費用 ‥‥‥‥‥‥‥‥‥‥‥‥‥‥‥‥ 120,000 円
   - ロ　輸入港におけるコンテナーターミナルでの保管料 ‥‥‥‥‥‥‥ 80,000 円
   - ハ　コンテナー返却時のコンテナー洗浄料 ‥‥‥‥‥‥‥‥‥‥‥‥‥ 40,000 円

5．上記の者の間には特殊関係はない。

第2問 次の取引内容に係る輸入貨物（50,000 個）の課税価格を計算しなさい。

1．輸入者 M は、機械部品を輸入するため、A 国の輸出者 X との間で年間における機械部品の売買に係る基本契約を締結した。なお、当該契約は本邦に所在する X の子会社 P を介して行われている。

2．当該基本契約には、次の事項が規定されている。

イ　M は、基本契約締結後速やかに、契約期間（1 年間）における当該機械部品の輸入予定数量を X に通知する旨

ロ　M と X との間の当該機械部品の売買単価は 30 円／個（FCA 価格）とする旨

ハ　M は、基本契約締結後速やかに、年間輸入予定数量に対して 1 個当たりの売買単価 30 円／個のうち 5 円／個を A 国の X の生産委託工場である製造者 Y に前払いする旨

ニ　X は、M が Y に前払いした額を控除して、M 宛ての仕入書を作成する旨

ホ　上記仕入書価格の半額を X に送金し、残金を P に支払う旨

ヘ　当該機械部品の生産のために使用される金型は、M が自社で生産し P を経由して X に無償で提供する旨

ト　X は、輸入予定数量分の当該機械部品を製造した後には、上記金型を廃棄する旨

3．M は、上記 2．イの年間輸入予定数量が 130 万個である旨を X に通知し、当該通知より 10 日後に 6,500,000 円を Y に支払った。

4．今般、M は、年間輸入予定数量のうち 50,000 個の当該機械部品を X から輸入した。当該機械部品の仕入書価格は 1,250,000 円（FCA 価格）であり、M はその半額を X に送金し、残金を P に小切手で支払った。

5．M は、当該機械部品の製造に使用された金型の X への無償提供に関連して、金型の生産費として 130,000 円（ちなみに、M が当該金型と同等の金型を本邦において販売するときの販売価格は 200,000 円である。）を上記契約価格とは別に負担している。なお、当該金型を X へ提供するために要した運賃及び保険料 13,000 円は P が負担する。さらに、当該金型は M が輸入する上記 3 における年間輸入予定数量の部品の製造のみに使用され当該機械部品の製造に使用された後、X により廃棄される。最後に、当該金型に係る費用を、課税価格に加算する場合には、年間輸入予定数量に対して均等に按分する。

6．M は、当該機械部品（50,000 個）が本邦に到着するまでの海上運賃及び保険

料として、上記仕入書価格とは別に 100,000 円を負担している。

7．M、X 及び Y の間には、それぞれ特殊関係はない。

第3問　次の取引内容に係る輸入貨物の課税価格を計算しなさい。

1．輸入者 M（買手）は、A 国の輸出者 X（売手）から X の工場渡し価格で女子用スーツ（600 着）を 1 着 5,000 円で輸入する。また M と X の間では、基本契約書として以下の内容の契約を締結している。

　　基本契約書の内容：1 年間（1 月から 12 月まで）の総輸入数量が 1,000 着以上となった場合には、その時点でそれまでに輸入されたものも含めてすべて一律 5％の値引きが与えられる旨。

2．M と X の間の輸入取引は今年になって 3 回目であり、1 回目に 100 着、2 回目に 400 着を輸入している。今回の輸入により今年の総輸入数量が 1000 着を超えたため、当初の契約どおり今年輸入したすべての貨物に対して一律 5％の値引きが与えられることになった。これにより 1 回目と 2 回目の値引き額を控除して今回の仕入書が作成され、その仕入書価格を M が X に支払う。仕入書価格は値引き額などが控除された後の価格である 2,625,000 円となっている。

3．M は、X との取決めに従って、当該輸入貨物を購入するために上記仕入書価格とは別に次の支払を行うこととなっている。

　イ　著名な外国人デザイナー B 氏が本邦において作成した、今回輸入された 600 着の女子用スーツに係るデザイン（X に対し無償提供されたもの）の費用（X に対して無償提供した際の送料 10,000 円を含む。）………… 110,000 円

　ロ　X の依頼に基づき、A 国の検査機関が A 国で行った当該輸入貨物（600 着）の検査費用 ……………………………………………………… 60,000 円

4．M は、当該輸入貨物を輸入するために上記仕入書価格とは別に次の支払を行う。

　イ　X の工場から輸出港までの運送料及び保険料………………… 50,000 円

　ロ　輸出港での倉庫保管料（輸入地の輸入者の倉庫が満杯であったため、在庫調整のため保管した際に生じた費用）………………………… 20,000 円

　ハ　コンテナー詰めの費用、輸出通関手数料 ……………………… 20,000 円

　ニ　輸出港でのコンテナーターミナル使用料……………………… 30,000 円

　ホ　輸出港から輸入港到着までの海上運賃………………………… 150,000 円

　ヘ　輸出港から輸入港到着までの海上保険料……………………… 50,000 円

　ト　輸入港でのコンテナーターミナル使用料……………………… 30,000 円

5．M は、今回の貨物の輸入に際し、上記仕入書価格とは別に輸入貨物の材料と

なる生地を X に無償で提供している。今年 1 年間で女子用スーツを 2,000 着輸入する予定であったため、2,000 着を生産するための生地（本邦の M と特殊関係にない者からの購入費用 1,000,000 円）を送付していた。その後、輸入予定総数量が 1,500 着に変更されたため、実際に使用される生地は、送付した生地の 4 分の 3 の数量のみであり、残りの生地は現地の第三者 Y に売却された。当該 Y への売却については当該 Y との契約書により証明が可能である。なお、M は当該生地の購入費用とは別に、当該生地の X への送付費用として 50,000 円を負担している。なお、当該生地に係る費用を課税価格に加算する場合には、輸入予定総数量に対して均等に按分する。

6．M は、X から委託されて、今回輸入された女子用スーツの販売のための広告宣伝を行った。この広告宣伝の費用は X が負担することとなっているが、今回は広告宣伝費用を M が立て替えて支払っているため、当該広告宣伝にかかった費用を今回輸入する貨物代金から差し引いて請求してきている。当該広告宣伝にかかった費用は 100,000 円であり、上記 2 の仕入書価格は当該費用を差し引いた後の価格である。

7．上記の者の間には特殊関係はない。

第4問　次の取引内容に係る輸入貨物の課税価格を計算しなさい。

1．輸入者 M（買手）は、T 国の輸出者 X（売手）から乾燥食品 20m³（5 トン）を 1 m³ 当たり 50,000 円（DAT 価格）の仕入書価格で輸入する。X は T 国の食品メーカー Y と当該乾燥食品に係る契約を結び、Y は X に代わって M に当該貨物を輸送する。なお、X は Y から当該乾燥食品を 1 m³ 当たり 40,000 円で購入する。

2．M は X の本邦の販売代理人であり、X の営業上の理由により、仕入書価格は 1 m³ 当たり 50,000 円であるが、契約により 1 m³ 当たり 48,000 円で値決めしているため、当該貨物代金の支払直後に X から 1 m³ 当たり 2,000 円が M に割戻される。なお、仕入書価格の支払は、船積み前に前払いで行い、割戻金の受領も船積み前に行われ、割戻金の受領について、証明することが可能である。また、当該割戻は、下記 3 の内訳のうちのイの「乾燥食品の代金」の一部として割戻される。

3．X から M に送付される仕入書価格には以下の費用が含まれており、当該仕入書に記載されているそれぞれの内訳は以下のとおりである。

イ　乾燥食品の代金　……………………………………　40,000 円／m³

ロ　輸出国の国内運賃・保険料　……………………………　3,000 円／m³

ハ　輸出港での船積み費用　…………………………………　1,000 円／m³

ニ　輸出港から輸入港までの海上運賃・保険料……………………　5,000 円／ m³
　　ホ　輸入港での船卸し費用　…………………………………………　1,000 円／ m³
4．M は T 国の P 社に、M に代わって Y の工場へ 1 名の派遣を依頼し、輸入貨
　　物のコンテナー詰の際の立ち合いに従事させることを委託した。M は当該委
　　託費用として P 社へ 30,000 円を支払う。なお、当該派遣された者は、コンテナー
　　詰の作業に従事することはなく、作業の確認のみを行う。
5．M は、本邦での輸入貨物の引取手続を本邦の物流業者 Q に委託しているが、
　　Q 社は、当該輸入貨物が本邦に到着する前に当該輸入貨物の情報を入手するた
　　めに、T 国の Q 社の現地営業所に対して、X 社及び船会社から、仕入書の写し
　　と積荷目録をそれぞれ入手させ、これを M 宛てに FAX で送信する。M は当
　　該送信料として、Q に対して 20,000 円を支払うことになっている。
6．M と X の間に特殊関係はない。

第5問　次の情報に基づき、輸入者 M が輸入する食品サンプル 100 個の課税価格を計算
しなさい。

1．輸入者 M は、A 国の M と特殊関係にない生産者 X から食品サンプル 100 個
　を無償にて輸入する。
2．当該食品サンプルと同種又は類似の貨物に係る国内販売の状況について、次
　に掲げるものが確認されている。なお、すべての国内販売価格は特殊関係にな
　い買手に対する国内販売価格であり、国内の最初の取引段階における価格であ
　る。
　　イ　M が A 国の特殊関係にない生産者 Y から輸入した当該食品サンプルと類
　　　似の貨物 3,000 個を輸入したときの当該 3,000 個の国内販売価格（輸入貨物
　　　の課税物件の確定の時の属する日から 20 日前の国内販売価格）2,200 円／個
　　ロ　M が A 国の X から輸入した当該食品サンプルと同種の貨物 2,000 個のう
　　　ち 500 個を販売したときの当該貨物の国内販売価格（輸入貨物の課税物件の
　　　確定の時の属する日から 25 日前の国内販売価格）……………… 2,500 円／個
　　ハ　M が A 国の X から輸入した当該食品サンプルと同種の貨物 2,000 個のう
　　　ち 1,500 個を販売したときの当該貨物の国内販売価格（輸入貨物の課税物件
　　　の確定の時の属する日から 60 日前の国内販売価格）…………… 2,000 円／個
　　ニ　M 以外の輸入者 N が A 国の X から輸入した当該食品サンプルと同種の
　　　貨物 1,000 個を輸入したときの当該 1,000 個の国内販売価格（輸入貨物の課
　　　税物件の確定の時の属する日から 20 日前の国内販売価格）…… 2,100 円／個
3．上記 2 のイからニまでの国内販売価格には、以下の A から D までの費用が含

まれている。なお、イからニまでの国内販売価格は同一の条件において輸入し販売されたものとする。

A　国内販売に係る通常の利潤及び一般経費は、900円／個である。

B　輸入港に到着するまでの運送に要する通常の運賃、保険料その他当該運送に関連する費用は、300円／個である。

C　輸入港到着後国内において販売するまでの運送に要する通常の運賃、保険料その他当該運送に関連する費用は、200円／個である。

D　本邦の輸入港において課された消費税は、課税価格の計算に用いる国内販売価格の3％である。

第6問　次の取引内容に係る輸入貨物の課税価格を計算しなさい。

1. 本邦の輸入者M（買手）は、ヘッドフォン500個を輸入するため、A国の輸出者X（売手）との間で、CFR条件により売買単価US$20.00で当該ヘッドフォンに係る売買契約を締結した。

2. 当該売買契約は、A国の仲介者Yを介して締結されたものであり、MとXはその仲介業務の対価として下記5の値引き前の売買価格の5％をそれぞれYに支払った。

3. Mは、A国での事業拡大を予定しており、上記2の支払とは別にYに対して取引先の開拓のための調査を依頼し、調査費用としてUS$500をYに支払った。

4. Mは上記1の売買代金をXへの当該代金の送金日当日の換算レート120円／US$で換算した円貨額を銀行に支払いXにUS$で送金し、上記2の仲介業務の対価及び上記3の調査費用をYへの当該対価等の送金日当日の換算レート115円／US$で換算した円貨額を銀行に支払いYにUS$で送金している。

5. 当該売買契約には、当該ヘッドフォンの代金を一括して支払う場合には売買価格から10％の値引きが与えられることが規定されている。

6. Mは、当該売買契約に基づき、Xからヘッドフォン500個を輸入し、その代金を一括してXに支払った。

7. Mは、当該ヘッドフォンの輸入港到着後の運送に係る費用30,000円を本邦の運送会社に支払い、輸入港までの保険料3,000円を本邦の保険会社に支払った。

8. 当該ヘッドフォンを本邦で輸入申告する際の輸入申告の日における財務省令で定められた外国為替相場（US$）は110円／US$である。

9. 上記の者のいずれの間にも特殊関係はない。

第7問 次の取引内容に係る輸入貨物の課税価格を計算しなさい。

1. 輸入者M（買手）は、冷凍果実を輸入するため、A国の輸出者X（売手）との間で、Xの倉庫前渡し条件により1年間で30トンの貨物の本邦への輸入のため、売買単価500,000円／トンで当該冷凍果実30トンに係る基本売買契約を締結した。また、当該売買契約により、輸入する冷凍果実の製造に使用する生産者Yが無農薬で栽培した果実に係る栽培費用を、1年分前払いでMがXに上記売買単価とは別に10,000円／トンを当該売買契約締結後に一括で支払うことを決めている。

2. Mは上記売買契約に係る貨物の代金及び前払費用等を、X国に所在する自己の100％出資子会社Nを通じて支払う。

3. Mは、Nを通じてXに対し1年間に輸入する冷凍果実に使用する果実の栽培費用として一括で300,000円を支払った。

4. 今般、MはXと上記基本売買契約に係る貨物の輸入のため、20トンの契約を履行し貨物の受け渡しが完了した。

5. 当該冷凍果実20トンは、XよりMに受け渡しが完了した後、Xの倉庫で保管しNの指示により出荷する。そのため、MはNを通じてXに対して当該冷凍果実の保管料として1トン当たり3,000円／月を当該冷凍果実の出荷の際に支払う。なお、当該保管理由は、本邦での保管よりも保管料が安価であるための経済的な事情で保管しているものである。

6. MはNを通じて当該冷凍果実20トンのうち10トンの本邦への出荷を指示した。当該冷凍果実はXからMへの受け渡し完了後2カ月間保管されていたため、当該冷凍果実10トンの2カ月分の保管料をNがXに対して支払った。

7. Mは、当該冷凍果実10トンを本邦に輸入するに当たり、本邦所在の物流企業TへMの倉庫までの運送を依頼し上記貨物代金とは別に、次の費用を負担している。

   イ　A国の輸出港における通関手数料 ・・・・・・・・・・・・・・・・・・・・ 30,000円
   ロ　A国でのコンテナ詰費用 ・・・・・・・・・・・・・・・・・・・・・・・・・・ 40,000円
   ハ　A国から本邦までの海上輸送費 ・・・・・・・・・・・・・・・・・・・・ 80,000円
   ニ　本邦の港からMの倉庫までの運送費用 ・・・・・・・・・・・・・・ 20,000円
   ホ　A国で課された関税 ・・・・・・・・・・・・・・・・・・・・・・・・・・・・・・ 80,000円
   ヘ　A国から本邦までの海上保険料 ・・・・・・・・・・・・・・・・・・・・ 20,000円
   ト　Mの倉庫でのコンテナ出し費用 ・・・・・・・・・・・・・・・・・・・・ 30,000円
   チ　A国からMの倉庫までの運送に係るTに対する手数料 ・・・・・・・ 80,000円

8. 上記の者のいずれの間にも、特殊関係はない。

課税価格の計算問題　解答・解説

第1問　解答：11,750,000 円

解 説

1. 契約価格（CPT 価格）：500,000 円 ×20 台＝ 10,000,000 円
2. 「販売に関し X に代わり商品の引き渡しに関する業務を行う Y」に対して支払う手数料は、販売手数料に該当し課税価格に算入する。したがって、700,000 円（＝契約価格 10,000,000 円 × 7％）を課税価格に算入する。
3. 契約の条件とされている保証履行義務に係る費用は課税価格に算入する。したがって、X の在日代理店 Z に支払う 5 年間の保証費用 1,000,000 円（＝ 50,000 円 ×20 台）を課税価格に算入する。
4. 販売促進のための広告宣伝費用は、課税価格から控除することはできない。輸出者が負担する契約価格の 5％ の半額の広告宣伝費用が、仕入書において控除されているが、課税価格から控除することはできない。
5. 輸出者が輸出地で契約し、輸入者が支払う海上保険料 50,000 円は課税価格に算入する。
6. 輸入者が本邦において船会社に支払う費用は、すべて課税価格に算入されない。輸入港における船卸しに係る費用、輸入港におけるコンテナーターミナルでの保管料、コンテナー返却時のコンテナー洗浄料はすべて本邦に貨物が到着した後に生じる費用となるため、課税価格に算入されない。

　　計算：10,000,000 円＋ 700,000 円＋ 1,000,000 円＋ 50,000 円＝ 11,750,000 円

第2問　解答：1,605,000 円

解 説

1. 契約価格（FCA 価格）：30 円 ×50,000 個＝ 1,500,000 円
　年間購入予定数量や製造者 Y への前払い（5 円／個 × 年間購入予定数量）、X の子会社 P への仕入書価格の半額の支払は課税価格の計算に直接影響を及ぼさないため、これらについては考慮する必要がない。また、今回の問題では、X が作成して M に送付する仕入書に記載されている仕入書価格（1,250,000 円）についても課税価格の計算に影響を及ぼさないため考慮する必要はない。なお、契約価格 1,500,000 円から Y への前払い 250,000 円（＝ 5 円／個 ×50,000 個）が控除されているため、仕入書価格が 1,250,000 円となっている。

2. Yへの支払額である 6,500,000 円については今回の課税価格の計算に影響を及ぼさないため考慮する必要はない。ただし、年間購入予定数量の 130 万個については、金型の費用を課税価格に加算する際に必要となるため、そちらは重要な情報である。

3. MがXに無償提供した金型は、M自身が製造しているため生産費を加算する。つまり、生産費 130,000 円を加算する必要があるが、この金型で製造される貨物の数量は年間輸入予定数量である 130 万個であり、130 万個の製造終了後に廃棄されることから生産費 130,000 円を年間輸入予定数量 130 万個で均等按分し課税価格に加算する必要がある。したがって、130,000 円 ×5 万個 ÷130 万個 = 5,000 円を課税価格に加算する。なお、この金型を X に送付した費用 13,000 円は P が負担しているため、課税価格に加算する必要はない。

4. 海上運賃及び海上保険料 100,000 円は加算する。

$$1,500,000 \text{円} + 5,000 \text{円} + 100,000 \text{円} = 1,605,000 \text{円}$$

第3問　解答：3,525,000 円

解説

1. 契約価格（輸出者の工場渡し価格）：5,000 円 ×600 着 = 3,000,000 円

2. MとYの年間取引数量が今回の取引で 1,000 着を超えたため、輸入価格から 5％の値引きが与えられるが、今回、輸出者が作成した仕入書の価格からは 1 回目の値引き額と 2 回目の値引き額も控除されている。ただし、これは相殺値引きとなるため、控除することはできない。したがって、今回の値引き額のみ課税価格から控除する。つまり、150,000 円（= 3,000,000 円 × 5％）を課税価格から控除する。

※ 仕入書価格 2,625,000 円の内訳（参考）

仕　入　書	
工場渡し価格（EXW 価格）	3,000,000 円
600 着に対する値引き額（今回の値引き額）	－）150,000 円
100 着に対する値引き額（1 回目の値引き額）	－）25,000 円
400 着に対する値引き額（2 回目の値引き額）	－）100,000 円
M が立て替えている広告宣伝費	－）100,000 円
	2,625,000 円

3. MがXに無償提供している輸入貨物に使用されているデザインの費用は、そのデザインが本邦において作成されたものであるから、送料ともに課税価格に加算しない。Mが仕入書価格とは別に負担する X の依頼に基づき A 国の検査機関が A 国で行った検査費用 60,000 円は、X が行う検査費用を M が負担しているために課税価格に加算する。

4．Mが輸入貨物を輸入するために仕入書価格とは別に支払った運賃などの費用で課税価格に加算する必要があるものは次のとおりである。

- Xの工場から輸出港までの運送料及び保険料（50,000円）
- コンテナー詰の費用、輸出通関手数料（20,000円）
- 輸出港でのコンテナーターミナル使用料（30,000円）
- 輸出港から輸入港到着までの海上運賃（150,000円）
- 輸出港から輸入港到着までの海上保険料（50,000円）

なお、「輸出港での倉庫保管料（輸入地の輸入者の倉庫が満杯であったため、在庫調整のため保管した際に生じた費用）」は、輸出者から輸入者に貨物の受け渡しが完了した後に、輸入者が自己のため（在庫調整のため）に保管した費用であるから、課税価格に加算する必要はない。さらに、「輸入港でのコンテナーターミナル使用料」も輸入港に貨物が到着した後に生じる費用なので、課税価格に加算する必要はない。

5．MがXに無償提供した輸入貨物に係る生地の費用は課税価格に加算する必要がある。そこで加算すべき費用は、当初 2,000 着の生地を送付しているが、500 着分の生地は現地で Y に売却し、そのことを証明することが可能であるので、残りの 1,500 着分の生地の金額を総輸入予定数量である 1,500 着で按分して計算する。

1,000,000 円 ×1,500 着 ÷2,000 着＝ 750,000 円（1,500 着分の生地の金額）

750,000 円 ÷1,500 着＝ 500 円（1 着当たりの生地の加算費用）

500 円 ×600 着＝ 300,000 円（加算すべき生地の費用）

また、生地の送付費用も M が負担しているため、これについても生地の金額と同様に課税価格に加算する必要がある。

50,000 円 ×1,500 着 ÷2,000 着＝ 37,500 円（1,500 着分の生地の送料）

37,500 円 ÷1,500 着＝ 25 円（1 着当たりの生地の送料）

25 円 ×600 着＝ 15,000 円（加算すべき生地の送料）

6．M が X から委託されて行った広告宣伝費用は、課税価格に加算すべき費用ではない。したがって、課税価格に加算する必要はないが、X がその費用を負担する契約のため、仕入書価格からその費用を控除していることについて、その費用は相殺値引きに該当し、課税価格から控除することはできない。

計算：3,000,000 円 − 150,000 円 ＋ 60,000 円 ＋ 50,000 円 ＋ 20,000 円 ＋ 30,000 円 ＋ 150,000 円 ＋ 50,000 円 ＋ 300,000 円 ＋ 15,000 円＝ 3,525,000 円

第4問　解答：940,000円

解説

1．仕入書価格（DAT 価格）：50,000 円／ m³×20m³ ＝ 1,000,000 円

「輸入取引」は、貨物を外国から本邦へ引き取ることを目的として行われた売買とな

る。そして、本邦に引き取ることを目的とした売買は、MとXの間の売買であり、それを実行するためにXとYの売買が行われているので、課税価格の計算に使用する売買価格はMとXの間の売買価格となる。

2. MはXより割戻金を受領しているが、この割戻金は、XからMに実際に戻されており、そのことを証明することが可能であることから控除することができる。したがって、2,000円／m³×20m³ = 40,000円を課税価格から控除する。

3. 仕入書価格がDAT価格であるので、輸入地のターミナルで輸入貨物をMに引き渡すまでの費用が仕入書価格に含まれているが、その内訳から、ホの「輸入港での船卸し費用」は課税価格から控除することができる。したがって、1,000円／m³×20m³ = 20,000円を控除する。

4. コンテナー詰の際の立ち合いの費用は、派遣された者が作業に従事していないため課税価格に加算する必要はない。

5. 輸入国の物流業者が営業上のサービスとして行う書類の送付は課税価格に加算する必要はない。

計算：1,000,000円 − 40,000円 − 20,000円 = 940,000円

第5問　解答：132,500円

解説

1. 無償で輸入した貨物であるので、国内販売価格より課税価格を計算していく。

2. 国内販売価格の条件を確認すると、イの価格は、輸入貨物と類似の貨物の国内販売価格であり、ロ、ハ、ニの価格は、輸入貨物と同種の貨物の国内販売価格であるから、ロ、ハ、ニの価格から検討していく。

3. ロ、ハ、ニのうち、ハの国内販売価格は、輸入貨物の課税物件の確定の時の属する日から60日前の国内販売価格であるので、課税価格の決定に使用することはできない。

4. したがって、ロとニの国内販売価格が残るが、いずれの国内販売価格も輸入貨物の課税物件の確定の時に近接する期間（前後1カ月以内）の価格であることから、これら価格について検討していく。そして、ロの国内販売価格はMが輸入した輸入貨物と同種の貨物の国内販売価格であるが、ニの国内販売価格はM以外の輸入者Nが輸入した輸入貨物と同種の貨物の国内販売価格であるので、輸入者Mが輸入した輸入貨物と同種の貨物の国内販売価格が優先されることになる。これにより、ロの国内販売価格である2,500円／個により輸入貨物の課税価格を計算する。

2,500円／個 ×100個 = 250,000円

5. 国内販売価格から控除することができる費用は、Aの「国内販売に係る通常の利潤及び一般経費」（900円／個）と、Cの「輸入港到着後国内において販売するまでの運送に要する通常の運賃、保険料その他当該運送に関連する費用」（200円／個）と、

Dの「本邦の輸入港において課された消費税」(課税価格の計算に用いる国内販売価格の３％)である。したがって、これらの金額を計算しておく。

　　A：900円／個 ×100個 = 90,000円

　　C：200円／個 ×100個 = 20,000円

　　D：2,500円／個 ×100個 ×3% = 7,500円

なお、Bの「輸入港に到着するまでの運送に要する通常の運賃、保険料その他当該運送に関連する費用」は本邦に到着するまでの費用であるので、控除することはできない。

　　計算：250,000円 − 90,000円 − 20,000円 − 7,500円 = 132,500円

第6問　解答：1,048,000円

解説

1. 契約価格 (CFR価格)：US$20.00×500個 ×90% ×110円／US$ = 990,000円
   ※ 一括払いによる値引き額が売買価格の10%となる。
   ※US$での送金のため輸入申告日の前々週のレート110円／US$で計算する。
2. 買手が支払う仲介料55,000円 (= US$20.00×500個 × 5 % ×110円／US$) は課税価格に算入する。
3. 買手が支払う輸入港までの保険料3,000円は課税価格に算入する
4. 取引先の開拓のための調査費用は、輸入貨物に係る支払ではないので課税価格に算入されない。
5. 輸入港到着後の運送費用は課税価格に算入されない。

　　計算：990,000円 + 55,000円 + 3,000円 = 1,048,000円

第7問　解答：5,430,000円

解説

1. 契約価格 (輸出者Xの倉庫前渡し価格)：500,000円 ×10トン = 5,000,000円
   ※ 輸出者と輸入者の間で20トンの貨物の受け渡しが完了しているが、本邦へ輸入される貨物は10トンであるため貨物の輸入重量は10トンで課税価格を計算する。
2. 原料果実の栽培費用の前払い金100,000円 (= 10,000円 ×10トン) は課税価格に算入する。
3. 本邦に輸入貨物が到着するまでの費用である、A国の輸出港における通関手数料30,000円、A国でのコンテナ詰費用40,000円、A国から本邦までの海上輸送費80,000円、A国で課された関税80,000円、A国から本邦までの海上保険料20,000円、　A国からMの倉庫までの運送に係るTに対する手数料80,000円は

課税価格に算入する。

4. Xの倉庫での保管料は、保管理由が本邦での保管よりも保管料が安価であるための経済的な事情で保管しているとのことであり、このような理由での保管は買手が自己のためにする保管に該当する。そして、買手が自己のために本邦への輸出に先立ち、輸出地において保管する場合の保管料は、輸出者から輸入者へ貨物の引き渡しが完了した後の保管であれば、その保管料を課税価格に算入する必要はない。したがって、設問にある1トン当たり3,000円の保管料は課税価格に算入されない。

5. 本邦の港からMの倉庫までの運送費用20,000円とMの倉庫でのコンテナー出し費用30,000円は、貨物が本邦に到着した後の運送及び作業にかかる費用であるため、課税価格に算入されない。

　　計算：5,000,000円 + 100,000円 + 30,000円 + 40,000円 + 80,000円 + 80,000円 + 20,000円 + 80,000円 = 5,430,000円

第4章

分類問題

4-0 商品分類問題の攻略法

商品分類問題の攻略法を紹介する。ポイントとなるのは以下の2つである。

攻略法その①：商品分類の一覧表（本書の付録「商品分類一覧」）を使って、覚えやすい商品から分類される類を覚えていく

i．食品や衣類又は靴など、その商品を容易にイメージできる身近な商品から分類される類を覚える。

ii．ある類に分類される商品を覚えたら、その前後の類を覚えていき、徐々に広げていく。ある類の前後には、似たような商品が多数並んでいるので関連づけて覚えていく。例えば、44類（木材）、45類（コルク）、46類（わらなど）のように似たような材質で並んでいたり、64類（靴）、65類（帽子）、66類（傘）のように身に着けるものでまとまっていたりする。

攻略法その②：各類の注の規定を覚える

　商品分類の一覧表などを使用して、どの類にどのような商品が分類されるのかを覚えたら、次に各類の注を覚えていく。各類に分類される商品を覚えることも大事であるが、各類から除外される商品を覚えることも大事である。各類から除外される商品については、各類の注に規定されているので、まずここを確認していく。それ以外でも、各類の注の規定には、各項についての記述もあるのでこれも確認していく。

A. 下表の右欄に掲げる物品のうち、同表の左欄に掲げる関税率表の類に含まれるものをすべて選びなさい。なお、すべて含まれない場合には、「0」と解答しなさい。

関　税　率　表	物　品
① 第1類（動物（生きているものに限る。））	1：いせえび 2：うみがめ 3：うなぎ 　※ いずれも生きているものとする。
② 第1類（動物（生きているものに限る。））	1：両生類 2：巡回サーカスに使用される動物 3：かたつむり 　※ いずれも生きているものとする。
③ 第4類（酪農品、鳥卵、天然はちみつ及び他の類に該当しない食用の動物性生産品）	1：脱脂粉乳 2：アイスクリーム 3：チーズ
④ 第4類（酪農品、鳥卵、天然はちみつ及び他の類に該当しない食用の動物性生産品）	1：バターミルク 2：ラード 3：ホエイ
⑤ 第5類（動物性生産品（他の類に該当するものを除く。））	1：バター 2：未加工の羽毛 3：毛皮
⑥ 第7類（食用の野菜、根及び塊茎）	1：大豆 2：しょうが 3：たまねぎ
⑦ 第10類（穀物）	1：オート 2：そば 3：スイートコーン
⑧ 第12類（採油用の種及び果実、各種の種及び果実、工業用又は……飼料用植物）	1：生鮮のとうもろこし（穀粒のあるもの） 2：いってない落花生 3：いってないごま
⑨ 第15類（動物性又は植物性の油脂……調製食用脂並びに動物性又は植物性のろう）	1：魚の肝油 2：ひまし油 3：カカオ脂
⑩ 第16類（肉、魚又は甲殻類、軟体動物若しくはその他の水棲無脊椎動物の調製品）	1：ソーセージ 2：コンビーフ 3：キャビア

4

分類問題

⑪	第20類（野菜、果実、ナットその他植物の部分の調製品）	1：ぶどう酒 2：マーマレード 3：マロングラッセ
⑫	第21類（各種の調製食料品）	1：インスタントコーヒー 2：チョコレート 3：スパゲッティ
⑬	第22類（飲料、アルコール及び食酢）	1：オレンジジュース 2：ウイスキー 3：ミネラルウォーター（鉱水）
⑭	第23類（食品工業において生ずる残留物及びくず並びに調製飼料）	1：魚粉（食用に適しないもの） 2：大豆油かす 3：不活性酵母
⑮	第25類（塩、硫黄、土石類、プラスター、石灰及びセメント）	1：海水 2：竹炭 3：天然黒鉛
⑯	第27類（鉱物性燃料及び鉱物油並びにこれらの蒸留物、歴青物質並びに鉱物性ろう）	1：木炭 2：石炭 3：天然ガス
⑰	第30類（医療用品）	1：人血 2：脱脂綿 3：石けん
⑱	第30類（医療用品）	1：ガーゼ 2：救急箱 3：喫煙者の禁煙補助用の経皮投与剤
⑲	第35類（たんぱく系物質、変性でん粉、膠着剤及び酵素）	1：乾燥した卵黄 2：カゼイン 3：ゼラチン
⑳	第39類（プラスチック及びその製品）	1：プラスチック製の板 2：プラスチック製のスーツケース 3：プラスチック製の窓枠
㉑	第42類（革製品及び動物用装着具並びに旅行用具、ハンドバッグ……腸の製品）	1：紡織用繊維製の犬の引き綱 2：革製の手袋 3：革製のスポーツ用履物
㉒	第44類（木材及びその製品並びに木炭）	1：竹製のくし 2：コルク製の栓 3：木製の喫煙パイプ
㉓	第44類（木材及びその製品並びに木炭）	1：木製の人形 2：木製のテーブル 3：木製の建具
㉔	第48類（紙及び板紙並びに製紙用パルプ、紙又は板紙の製品）	1：紙コップ 2：トイレットペーパー 3：新聞用紙
㉕	第61類（衣類及び衣類附属品（メリヤス編み又はクロセ編みのものに限る。））	1：クロセ編みのネクタイ 2：メリヤス編みのカーディガン 3：織物製の男子用スーツ

㉖	第61類（衣類及び衣類附属品（メリヤス編み又はクロセ編みのものに限る。））	1：中古のジーンズ 2：パンティストッキング 3：模様編みのセーター
㉗	第62類（衣類及び衣類附属品（メリヤス編み又はクロセ編みのものを除く。））	1：綿製ハンカチ 2：絹製ネクタイ 3：革製ベルト
㉘	第63類（紡織用繊維のその他の製品、セット、中古の衣類、紡織用繊維の中古の物品……）	1：紡織用繊維製のボート用の帆 2：じゅうたん 3：カーテン
㉙	第63類（紡織用繊維のその他の製品、セット、中古の衣類、紡織用繊維の中古の物品……）	1：ぞうきん 2：救命胴衣 3：モップ
㉚	第64類（履物及びゲートルその他これに類する物品並びにこれらの部分品）	1：スキー靴 2：サッカー用のスパイクシューズ 3：整形外科用の履物
㉛	第84類（原子炉、ボイラー及び機械類並びにこれらの部分品）	1：冷蔵庫 2：電話機 3：自動販売機
㉜	第85類（電気機器及びその部分品並びに録音機、音声再生機……部分品及び附属品）	1：エアコンディショナー 2：電気毛布 3：電気かみそり
㉝	第87類（鉄道用及び軌道用以外の車両並びにその部分品及び附属品）	1：ブルドーザー 2：クレーン車 3：乳母車
㉞	第90類（光学機器、写真用機器、映画用機器、測定機器、検査機器……附属品）	1：光学式カメラ 2：映画用の撮影機 3：コンタクトレンズ
㉟	第90類（光学機器、写真用機器、映画用機器、測定機器、検査機器……附属品）	1：顕微鏡 2：腕時計 3：松葉づえ

B. 次の記述のうち、正しいものに○を、誤っているものに×印を付けなさい。

① 関税率表第2類（肉及び食用のくず肉）には、動物の血を含む。

② 生きていない魚で、食用に適しない種類又は状態のものは、第3類の魚に分類しない。

③ 第05.07項のアイボリーには、かばのきばを含まない。

④ 牛肉及びえびを含有するピラフは、牛肉の含有量及びえびの含有量がそれぞれ全重量の20％以下であっても、牛肉及びえびの含有量の合計が全重量の20％を超える場合には、第16類に分類する。

⑤ レバーパテの缶詰（第16.02項）、チーズの缶詰（第04.06項）及び薄切りベーコンの缶詰（第16.02項）を一緒に小売用の紙箱に入れたものは、第16.02項に

分類する。

⑥　スパゲッティ（第 19.02 項）、粉チーズ（第 04.06 項）及びトマトソース（第 21.03 項）をスパゲッティ料理に使用するためのセットとして、小売用の紙箱に入れたものは、第 19.02 項に分類する。

⑦　第 20.09 項のぶどうジュースと第 22.04 項のぶどう搾汁は、アルコール分が全容量の 1 ％以上であるかどうかで区分する。

⑧　第 28 類（無機化学品及び貴金属、希土類金属、放射性元素又は同位元素の無機又は有機の化合物）には、化学的に単一の元素及び化合物（不純物を含有するかしないかは問わない。）の水溶液を含む。

⑨　化学的に単一のメタン及びプロパンは、第 29 類（有機化学品）には分類されない。

⑩　第 35 類（たんぱく系物質、変性でん粉、膠着材及び酵素）には、酵母を含む。

⑪　特別な廃棄処置が要求される薬剤で汚染された使用済みの注射器は、医療廃棄物として第 38 類に分類する。

⑫　取手付きのプラスチックシート製の袋（長期間の使用を目的としないもの。）は、第 42.02 項の容器に分類される。

⑬　革製の野球用のグラブは、第 42 類の類注の規定により、第 95 類の運動用具ではなく、第 42 類の革製品に分類する。

⑭　銀製のシガレットケースは、第 42.02 項の容器に分類される。

⑮　重量比で羊毛 50 ％、ポリエステル 50 ％から成る織物は、羊毛に重要な特性があると認められるので、羊毛製の織物として分類する。

⑯　第 51.01 項の羊毛には、カシミヤやぎの毛も含まれる。

⑰　第 56.02 項のフェルト（染み込ませ、塗布し、被覆し又は積層したものであるかないかを問わない。）には、フェルトにプラスチック又はゴムを染み込ませ、塗布し、被覆し又は積層したもので、紡織用繊維の重量が全重量の 50 ％以下の物品を含まない。

⑱　第 58.10 項のししゅう布（モチーフを含む。）には、金属糸又はガラス繊維の糸によりししゅうした物品で紡織用繊維の織物類の基布が見えるものを含まない。

⑲　自動車用のものと認定できるタフトしたじゅうたんは、自動車の附属品として第 87.08 項には属さず、じゅうたんとしてより特殊な限定をして記載した第 57.03 項に分類する。

⑳　第 11 部（紡織用繊維及びその製品）において、男子用の衣類であるか女子用の衣類であるかを判別することができないものは、女子用の衣類が属する項に属する。

㉑　第 11 部には、毛皮製品を含む。

㉒　第61.05項（男子用のシャツ（メリヤス編み又はクロセ編みのもの））には、袖無しの衣類を含まない。

㉓　第61類（衣類及び衣類附属品（メリヤス編み又はクロセ編みのもの））には、整形外科用機器、外科用ベルト、脱腸帯その他これらに類する製品を含まない。

㉔　第61類（衣類及び衣類附属品（メリヤス編み又はクロセ編みのものに限る。））の衣類については、衣類の裁断により男子用の衣類であるか女子用の衣類であるかを明らかに判別することができるものを除き、正面で左を右の上にして閉じるものは男子用の衣類とみなし、正面で右を左の上にして閉じるものは女子用の衣類とみなす。

㉕　第71類の貴金属は、金及び白金をいい、銀を含まない。

㉖　鉄鋼製のボルト及びナットは、自動車に使用するものであっても、第15部注2に規定する「はん用性の部分品」に該当するので、第87類の自動車の部分品ではなく、第73類の鉄鋼製品に分類する。

㉗　鉄鋼製のボルト、スクリュー、ばね等の汎用性のある物品は、機械類及び電気機器の部分品として第16部に分類する。

㉘　第85.41項において「ダイオード、トランジスターその他これらに類する半導体デバイス」とは、その働きが電界の作用に基づく抵抗率の変動により行われる半導体デバイスをいう。

㉙　自動車用のじゅうたんは、自動車の附属品として、第87類に分類する。

㉚　1台の自転車を輸送のために便宜上10個の部分に分解し、ひとつの箱に入れたものは、自転車の部分品にそれぞれ分類する。

㉛　第87.12項の自転車には、幼児用自転車も含まれる。

㉜　野球用の革製のグローブは、運動用具として第95類に分類する。

㉝　スキー靴は履物として第64類に分類されるが、アイススケートを取り付けたスケート靴は、運動用具として第95類に分類する。

㉞　プラスチックシートから製造したスポーツバッグは、運動用具として第95類に分類する。

㉟　第97.03項の鋳像には、大量生産した複製品も含まれる。

商品分類の問題　解答・解説

A.

	関　税　率　表	物　品	所属類	解答
①	第1類（動物（生きているものに限る。））	1：いせえび 2：うみがめ 3：うなぎ ※いずれも生きているものとする。	⇒第3類 ⇒第1類 ⇒第3類	2
②	第1類（動物（生きているものに限る。））	1：両生類 2：巡回サーカスに使用される動物 3：かたつむり ※いずれも生きているものとする。	⇒第1類 ⇒第95類 ⇒第3類	1
③	第4類（酪農品、鳥卵、天然はちみつ及び他の類に該当しない食用の動物性生産品）	1：脱脂粉乳 2：アイスクリーム 3：チーズ	⇒第4類 ⇒第21類 ⇒第4類	1 3
④	第4類（酪農品、鳥卵、天然はちみつ及び他の類に該当しない食用の動物性生産品）	1：バターミルク 2：ラード 3：ホエイ	⇒第4類 ⇒第15類 ⇒第4類	1 3
⑤	第5類（動物性生産品（他の類に該当するものを除く。））	1：バター 2：未加工の羽毛 3：毛皮	⇒第4類 ⇒第5類 ⇒第43類	2
⑥	第7類（食用の野菜、根及び塊茎）	1：大豆 2：しょうが 3：たまねぎ	⇒第12類 ⇒第9類 ⇒第7類	3
⑦	第10類（穀物）	1：オート 2：そば 3：スイートコーン	⇒第10類 ⇒第10類 ⇒第7類	1 2
⑧	第12類（採油用の種及び果実、各種の種及び果実、工業用又は……飼料用植物）	1：生鮮のとうもろこし（穀粒のあるもの） 2：いってない落花生 3：いってないごま	⇒第10類 ⇒第12類 ⇒第12類	2 3
⑨	第15類（動物性又は植物性の油脂……調製食用脂並びに動物性又は植物性のろう）	1：魚の肝油 2：ひまし油 3：カカオ脂	⇒第15類 ⇒第15類 ⇒第18類	1 2
⑩	第16類（肉、魚又は甲殻類、軟体動物若しくはその他の水棲無脊椎動物の調製品）	1：ソーセージ 2：コンビーフ 3：キャビア	⇒第16類 ⇒第16類 ⇒第16類	1 2 3
⑪	第20類（野菜、果実、ナットその他植物の部分の調製品）	1：ぶどう酒 2：マーマレード 3：マロングラッセ	⇒第22類 ⇒第20類 ⇒第20類	2 3
⑫	第21類（各種の調製食料品）	1：インスタントコーヒー 2：チョコレート 3：スパゲッティ	⇒第21類 ⇒第18類 ⇒第19類	1

⑬	第22類（飲料、アルコール及び食酢）	1：オレンジジュース 2：ウイスキー 3：ミネラルウォーター（鉱水）	⇒第20類 ⇒第22類 ⇒第22類	2 3
⑭	第23類（食品工業において生ずる残留物及びくず並びに調製飼料）	1：魚粉（食用に適しないもの） 2：大豆油かす 3：不活性酵母	⇒第23類 ⇒第23類 ⇒第21類	1 2
⑮	第25類（塩、硫黄、土石類、プラスター、石灰及びセメント）	1：海水 2：竹炭 3：天然黒鉛	⇒第25類 ⇒第44類 ⇒第25類	1 3
⑯	第27類（鉱物性燃料及び鉱物油並びにこれらの蒸留物、歴青物質並びに鉱物性ろう）	1：木炭 2：石炭 3：天然ガス	⇒第44類 ⇒第27類 ⇒第27類	2 3
⑰	第30類（医療用品）	1：人血 2：脱脂綿 3：石けん	⇒第30類 ⇒第30類 ⇒第34類	1 2
⑱	第30類（医療用品）	1：ガーゼ 2：救急箱 3：喫煙者の禁煙補助用の経皮投与剤	⇒第30類 ⇒第30類 ⇒第21類 ・第38類	1 2
⑲	第35類（たんぱく系物質、変性でん粉、膠着剤及び酵素）	1：乾燥した卵黄 2：カゼイン 3：ゼラチン	⇒第4類 ⇒第35類 ⇒第35類	2 3
⑳	第39類（プラスチック及びその製品）	1：プラスチック製の板 2：プラスチック製のスーツケース 3：プラスチック製の窓枠	⇒第39類 ⇒第42類 ⇒第39類	1 3
㉑	第42類（革製品及び動物用装着具並びに旅行用具、ハンドバッグ……腸の製品）	1：紡織用繊維製の犬用の引き綱 2：革製の手袋 3：革製のスポーツ用履物	⇒第42類 ⇒第42類 ⇒第64類	1 2
㉒	第44類（木材及びその製品並びに木炭）	1：竹製のくし 2：コルク製の栓 3：木製の喫煙パイプ	⇒第44類 ⇒第45類 ⇒第96類	1
㉓	第44類（木材及びその製品並びに木炭）	1：木製の人形 2：木製のテーブル 3：木製の建具	⇒第95類 ⇒第94類 ⇒第44類	3
㉔	第48類（紙及び板紙並びに製紙用パルプ、紙又は板紙の製品）	1：紙コップ 2：トイレットペーパー 3：新聞用紙	⇒第48類 ⇒第48類 ⇒第48類	1 2 3
㉕	第61類（衣類及び衣類附属品（メリヤス編み又はクロセ編みのものに限る。））	1：クロセ編みのネクタイ 2：メリヤス編みのカーディガン 3：織物製の男子用スーツ	⇒第61類 ⇒第61類 ⇒第62類	1 2
㉖	第61類（衣類及び衣類附属品（メリヤス編み又はクロセ編みのものに限る。））	1：中古のジーンズ 2：パンティストッキング 3：模様編みのセーター	⇒第63類 ⇒第61類 ⇒第61類	2 3
㉗	第62類（衣類及び衣類附属品（メリヤス編み又はクロセ編みのものを除く。））	1：綿製ハンカチ 2：絹製ネクタイ 3：革製ベルト	⇒第62類 ⇒第62類 ⇒第42類	1 2

4

分類問題

㉘	第63類（紡織用繊維のその他の製品、セット、中古の衣類、紡織用繊維の中古の物品……）	1：紡織用繊維製のボート用の帆	⇒第63類	1
		2：じゅうたん	⇒第57類	
		3：カーテン	⇒第63類	3
㉙	第63類（紡織用繊維のその他の製品、セット、中古の衣類、紡織用繊維の中古の物品……）	1：ぞうきん	⇒第63類	1
		2：救命胴衣	⇒第63類	
		3：モップ	⇒第96類	2
㉚	第64類（履物及びゲートルその他これに類する物品並びにこれらの部分品）	1：スキー靴	⇒第64類	1
		2：サッカー用のスパイクシューズ	⇒第64類	
		3：整形外科用の履物	⇒第90類	2
㉛	第84類（原子炉、ボイラー及び機械類並びにこれらの部分品）	1：冷蔵庫	⇒第84類	1
		2：電話機	⇒第85類	
		3：自動販売機	⇒第84類	3
㉜	第85類（電気機器及びその部分品並びに録音機、音声再生機……部分品及び附属品）	1：エアコンディショナー	⇒第84類	
		2：電気毛布	⇒第63類	3
		3：電気かみそり	⇒第85類	
㉝	第87類（鉄道用及び軌道用以外の車両並びにその部分品及び附属品）	1：ブルドーザー	⇒第84類	2
		2：クレーン車	⇒第87類	
		3：乳母車	⇒第87類	3
㉞	第90類（光学機器、写真用機器、映画用機器、測定機器、検査機器……附属品）	1：光学式カメラ	⇒第90類	1
		2：映画用の撮影機	⇒第90類	2
		3：コンタクトレンズ	⇒第90類	3
㉟	第90類（光学機器、写真用機器、映画用機器、測定機器、検査機器……附属品）	1：顕微鏡	⇒第90類	1
		2：腕時計	⇒第91類	
		3：松葉づえ	⇒第90類	3

B.

① ×：動物の血は、第2類に分類されない。第5類（動物性生産品）又は第30類（医療用品）に分類される。（第2類注1（b））

② ○：生きていない魚で、食用に適しない種類又は状態のものは、第3類の魚に分類しない。食用に適しない種類又は状態のものは第5類に分類する。（第3類注1（c））

③ ×：第05.07項のアイボリーには、かばのきばを含むと規定されている。なお、第5類注の規定に、「関税率表において象、かば、せいうち、いっかく又はいのししのきば、さい角及びすべての動物の歯は、アイボリーとする。」と規定されている。（第5類注3）

④ ○：ソーセージや肉、魚、甲殻類、軟体動物等の一種類以上を含有する調製食料品（ピラフも調製食料品）で、これらの物品を複数含有し、それぞれの含有量が全重量の20％以下であっても、それらの含有量の合計が全重量の20％を超えるものは、第16類に分類される。なお、この場合には最大の重量を占める成分が属する項に分類する。（第16類注2）

⑤　×：レバーパテの缶詰（第16.02項）、チーズの缶詰（第04.06項）及び薄切りベーコンの缶詰（第16.02項）を一緒に小売用の紙箱に入れたものは、通則3（b）のセットに該当しないことから、それぞれの物品について、それぞれ該当する項に分類する。したがって、セットとして第16.02項に分類されることはない。（通則3（b））

⑥　○：スパゲッティ（第19.02項）、粉チーズ（第04.06項）及びトマトソース（第21.03項）をスパゲッティ料理に使用するためのセットとして、小売用の紙箱に入れたものは、このセットに重要な特性を与えている構成要素であるスパゲッティから成るものとしてその所属を決定し、第19.02項に分類する。（通則3（b））

⑦　×：第20.09項のぶどうジュースと第22.04項のぶどう搾汁は、アルコール分が全容量の0.5％以上であるかどうかで区分する。「1.0％」ではない。（第20類注6）

⑧　○：関税率表第28類には、化学的に単一の元素及び化合物（不純物を含有するかしないかは問わない。）の水溶液を含むと規定されている。（第28類注1（b））

⑨　○：化学的に単一のメタン及びプロパンは、第29類には分類されず、第27類に分類される。（第29類注2（c））

⑩　×：酵母は、第35類ではなく、第21類に分類される。（第35類注1（a））

⑪　○：病原菌又は薬剤を含んでいることが多い汚染された廃棄物で、特別な廃棄処置が要求される薬剤で汚染された使用済みの注射器や汚染された衣類、使用済みの手袋は、医療廃棄物として第38類に分類する。（第38類注6（a））

⑫　×：長期間の使用を目的としない取手付きのプラスチックシート製の袋（使い捨てのスーパーなどで配布する袋）は、プラスチック製の運搬用又は包装用の製品として第39類に分類される。第42類に分類される容器は、比較的長期間使用する容器である。（第42類注3（A）（a））

⑬　○：革製の野球用のグラブは、第42類の類注の規定により、第95類の運動用具ではなく、第42類の革製品に分類される。（第42類注4）

⑭　×：銀製のシガレットケースは、第42.02項の容器ではなく、貴金属の製品として第71類に分類される。（第42類注3（B））

⑮　×：重量比で羊毛50％、ポリエステル50％から成る織物は、羊毛製の織物であれば第51類、ポリエステル製の織物であれば第54類又は55類に分類されることになるが、いずれの材料も重量比が同じであるためいずれかに分類することができない。したがって、通則3（c）を適用し、等しく考慮に値する項のうち数字上の配列において最後となる項に分類され、ポリエステル製の織物として分類されることになる。設問にあるように、羊毛に重要な特性があると認められないため、羊毛製の織物として分類されることはない。（通則3（c））。

⑯　×：第51.01項の羊毛には、カシミヤやぎの毛は含まれない。第51類の注の規定に、「羊毛」とは、羊又は子羊の天然繊維をいい、「繊獣毛」とは、アルパカ、ラマ、ビ

クナ、らくだ（ヒトコブラクダを含む。）、やく、うさぎ（アンゴラうさぎを含む。）、ビーバー、ヌートリヤ又はマスクラットの毛及びアンゴラやぎ、チベットやぎ、カシミヤやぎその他これらに類するやぎの毛をいい、「粗獣毛」とは、先の「羊毛」及び先の「繊獣毛」以外の獣毛をいうと規定されている。（第51類注1（b））

⑰　○：第56.02項のフェルトには、フェルトにプラスチック又はゴムを染み込ませ、塗布し、被覆し又は積層したもので、紡織用繊維の重量が全重量の50％以下の物品を含まない。このようにフェルトにプラスチックを染み込ませるなどしたものは、プラスチック製品として第39類に、ゴムを染み込ませるなどしたものは、ゴムの製品として第40類に分類される。（第56類注3（a））

⑱　×：第58.10項のししゅう布（モチーフを含む。）には、金属糸又はガラス繊維の糸によりししゅうした物品で紡織用繊維の織物類の基布が見えるもの及び紡織用繊維その他の材料の薄片、ビーズ又は装飾品を縫い付けてアプリケにした物品を含むと規定されている。（第58類注6）

⑲　○：自動車用のものと認定できるタフトしたじゅうたんは、通則3（a）の規定より自動車の附属品として第87.08項に分類するのではなく、じゅうたんとしてより特殊な限定をして記載した第57.03項に分類される。（通則3（a））

⑳　○：第11部（第50類から第63類）において、男子用の衣類であるか女子用の衣類であるかを判別することができないものは、女子用の衣類が属する項に属すると規定されている。（第61類注9、第62類注8）

㉑　×：毛皮製品は、第11部（第50類から第63類）には分類されず、第43類に分類される。（第11部注1（k））

㉒　○：第61.05項には、袖無しの衣類を含まないと規定されている。（第61類注4）

㉓　○：整形外科用機器、外科用ベルト、脱腸帯その他これらに類する製品は、第90類に分類され、第61類に分類されない。（第61類注2（c））

㉔　○：第61類の衣類については、衣類の裁断により男子用の衣類であるか女子用の衣類であるかを明らかに判別することができるものを除き、正面で左を右の上にして閉じるものは男子用の衣類とみなし、正面で右を左の上にして閉じるものは女子用の衣類とみなすと規定されている。（第61類注9）

㉕　×：第71類の貴金属は、金、銀及び白金をいい、銀は含まれる。（第71類注4（A））

㉖　○：鉄鋼製のボルト及びナットは、自動車に使用するものであっても、第15部注2に規定する「はん用性の部分品」に該当するので、第87類の自動車の部分品ではなく、第73類の鉄鋼製品に分類する。（第15部注2、第17部注2（b））

㉗　×：鉄鋼製のボルト、スクリュー、ばね等の汎用性のある物品は、汎用性のある鉄鋼製品として第73類に分類する。機械類及び電気機器の部分品として第16部（第84類・第85類）に分類されることはない。（第15部注2）

㉘　○：第85.41項において「ダイオード、トランジスターその他これらに類する半導体デバイス」とは、その働きが電界の作用に基づく抵抗率の変動により行われる

半導体デバイスをいうと規定されている。(第85類注8(a))

㉙　×：自動車用のじゅうたんは、じゅうたんとして第57類に分類される。第87類の自動車の附属品として分類されることはない。(通則3(a))

㉚　×：1台の自転車を輸送のために便宜上10個の部分に分解し、ひとつの箱に入れたものは、通則2(a)の規定を適用し、提示の際に分解してあるものでも自転車に分類される。輸送のための便宜上分解されている自転車は自転車の部分品にそれぞれ分類されることはない。(通則2(a))

㉛　○：第87.12項の自転車には、幼児用自転車も含まれる。(第95類注1(o))

㉜　×：野球用の革製のグローブは、革製品として第42類に分類される。第95類の運動用具に分類されることはない。(第95類注1(d))

㉝　○：スキー靴は履物として第64類に分類されるが、アイススケートを取り付けたスケート靴は、運動用具として第95類に分類される。(第64類注1(f))

㉞　×：プラスチックシートから製造したスポーツバッグは、スポーツバッグ又は容器として第42類に分類する。(第95類注1(d))

㉟　×：第97.03項の鋳像には、大量生産した複製品は含まれない。第97類の注の規定に、第97.03項には、大量生産した複製品、芸術家がデザインし又は創作し大量生産した複製品及び芸術家でない者が製作した商業的性格を有する製品、芸術家がデザインし又は創作した商業的性格を有する製品を含まないと規定されている。(第97類注3)

商品分類一覧

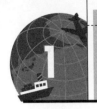

第1類-第97類 商品分類一覧

　商品分類問題の学習のために、どの類にどのような商品が分類されるのか、また除外されるのかを以下の一覧表に示す（※ この一覧は、実行関税率表をもとに著者がまとめたものである。）。

部		類		分類されるもの	分類されないもの（※）
第1部	動物（生きているものに限る。）及び動物性生産品	第1類	動物（生きているものに限る。）	牛、馬、豚、いのしし、羊、鯨、いるか等の哺乳類、へび、とかげ、かめ、うみがめ等の爬虫類、かえる等の両生類、鳥類、七面鳥（※ すべて生きているもの）	生きているいせえび（3）、うなぎ（3）、かたつむり（3）、鶏（ガルルス・ドメスティクス）から産まれたふ化用の受精卵（4）、培養微生物（30）、巡回サーカス用の動物（95）
		第2類	肉及び食用のくず肉	生鮮の牛の肝臓、冷凍の牛の牛肉・舌・肝臓、冷蔵・乾燥・くん製した牛肉、塩蔵の豚肉、豚の筋肉層のない脂肪、冷凍の鶏肉、鶏の骨付きもも肉	動物の腸（5）、動物のぼうこう（5）、動物の胃（5）、動物の血（5、30）、豚脂（15）、牛肉の味付け缶詰（16）
		第3類	魚並びに甲殻類、軟体動物及びびその他の水棲無脊椎動物	生きているうなぎ・たこ、冷蔵・冷凍のあじ、冷凍・冷蔵のえび、塩蔵のはまぐり・あさり、くん製のいか・たこ・さんま・にしん・さけ、魚の肝臓、塩水漬けした魚、乾燥した魚、たらの卵、しらこ、冷凍の魚のフィレ・いせえび・なまこ、かたつむり、単に殻を除いたえび、水煮による調理をした殻つきのえび（冷凍のもの）、あじのフィレ	生きているかめ（1）、生きているわに（1）、生きていない魚で食用に不適な種類・状態のもの（5）、水煮による調理をした殻を除いたえび（冷凍のもの）（16）、キャビア（16）
		第4類	酪農品、鳥卵、天然はちみつ及び他の類に該当しない食用の動物性生産品	脱脂粉乳、チーズ、バター、ミルク、ヨーグルト、バターミルク、ホエイ、鳥の卵、卵黄、乾燥した卵黄、天然はちみつ	マーガリン（15）、アイスクリーム（21）、卵白（35）
		第5類	動物性生産品（他の類に該当するものを除く。）	動物の腸・ぼうこう・胃・血（食用に適したもの）、未加工の人髪、未加工の羽毛、未加工のアイボリー、未加工の角・骨、未加工のかめの甲	バター（4）、人血（30）、治療用又は予防用の動物の血（30）、ゼラチン（35）、毛皮（43）

※ 分類されないものの表中の商品名の後にあるかっこ内の数字は、その商品が分類される類を表す。

部		類		分類されるもの	分類されないもの
第2部	植物性生産品	第6類	生きている樹木その他の植物及びりん茎、根その他これらに類する物品並びに切花及び装飾用の葉	ばら、カーネーション、切花、こけ、葉、樹木	食用の野菜(7)、たまねぎ(7)、シャロット(7)、コラージュ(97)
		第7類	食用の野菜、根及び塊茎	生鮮のトマト・きゅうり・豆・まつたけ、冷凍そらまめ（水煮で調理したもの）、乾燥そらまめ・きのこ、塩水漬けオリーブ、たまねぎ、スイートコーン、ばれいしょ、にんにく	乾燥したくるみ(8)、すいか(8)、しょうが等の香辛料(9)、ばれいしょの粉(11)、大豆(12)
		第8類	食用の果実及びナット、かんきつ類の果皮並びにメロンの皮	生鮮のすいか・レモン・アボガドー・アーモンド、ここやしの実、干しぶどう（小売り用缶入り）、乾燥した殻なしくるみ、冷蔵・冷凍・乾燥・一時保存処理をしたメロンの皮	果実又はナットの粉(11)、マロングラッセ(20)、りんごジュース(20)、ぶどうから得られた発酵していないぶどう搾汁(20)
		第9類	コーヒー、茶、マテ及び香辛料	コーヒー（挽いたもの）、茶（香味をつけてあるかないかを問わない）、しょうが、乾燥した月桂樹の葉、乾燥とうがらし	生鮮のにんにく(7)、クベバ(12)、ココアの粉(18)、インスタントコーヒー(21)、インスタントティー(21)
		第10類	穀物	玄米、精米、砕米、そば、オート、ライ麦、生鮮のとうもろこし（穀粒のあるもの）	スイートコーン(7)、殻を除去したとうもろこし(11)
		第11類	穀粉、加工穀物、麦芽、でん粉、イヌリン及び小麦グルテン	いった麦芽、でん粉、イヌリン、ばれいしょの粉、とうもろこしの粉、乾燥したさやを除いた豆の粉、バナナの粉、ばれいしょでん粉	ひき割り大豆(12)、大豆の粉(12)
		第12類	採油用の種及び果実、各種の種及び果実、工業用又は医薬用の植物並びにわら及び飼料用植物	大豆、ひき割り大豆、大豆の粉、いってないごま、ホップ、海草、こんぶ、穀物のわら、落花生、いってない落花生、油やしの実、けしの種	いんげん等の豆(7)、スイートコーン(7)、オリーブ(7)、ココやしの実(8)、生鮮のとうもろこし（穀粒のあるもの）(10)、大豆油かす(23)
		第13類	ラック並びにガム、樹脂その他の植物性の液汁及びエキス	寒天、アラビアゴム、生あへん、植物エキス、ホップエキス、アロエエキス	コーヒーエキス(21)、インスタントコーヒー(21)、なめしエキス(32)
		第14類	植物性の組物材料及び他の類に該当しない植物性生産品	とう、あし、いぐさ、コットンリンター、組み物に使用する竹	木毛(44)、竹製のくし(44)、組物材料の製品(46)、かご細工物(46)、ほうき(96)

部		類		分類されるもの	分類されないもの
第3部	動植物性の油脂及びその分解生産物、調製食用脂並びに動植物性のろう	第15類	動物性又は植物性の油脂及びその分解生産物、調製食用脂並びに動物性又は植物性のろう	マーガリン、ひまし油、ごま油、豚脂（ラード）、魚の肝油、牛の脂肪、羊の脂肪、みつろう	豚の筋肉層のない脂肪又は家きんの脂肪(2)、カカオ脂(18)、獣脂かす(23)

部		類	分類されるもの	分類されないもの
第4部	調製食料品、飲料、アルコール、食酢、たばこ及び製造たばこ代用品	第16類 肉、魚又は甲殻類、軟体動物若しくはその他の水棲無脊椎動物の調製品	ソーセージ、コンビーフ、キャビア、牛肉の味付け缶詰、牛肉及びえびの合計含有量が20%を超えるピラフ、食餌療法用の食料	冷凍えび(3)、くん製のにしん(3)、水煮による調理をした殻付えび(3)、詰物をしたパスタで肉の含有量が全重量の20%を超えるもの(19)
		第17類 糖類及び砂糖菓子	しょ糖、乳糖、ぶどう糖、甘しゃ糖、てん菜糖、砂糖を含有するチューインガム、ホワイトチョコレート	チョコレート(18)、ココアを含有する砂糖菓子(18)、砂糖を含有するビスケット(19)、マロングラッセ(20)、アイスクリーム(21)
		第18類 ココア及びその調製品	カカオ脂、チョコレート、ココアを含有する砂糖菓子(キャラメルなど)、ココア粉	ホワイトチョコレート(17)、ベーカリー製品(19)、ココアの含有量が6%以下のコーンフレークなど(19)
		第19類 穀物、穀粉、でん粉又はミルクの調製品及びベーカリー製品	ビスケット、スパゲッティ、パン、パン用の生地、ケーキ、コーンフレーク、詰め物をしたパスタで肉の含有量が20%を超えるパスタ、麦芽のエキスの調製品	パスタ以外で肉等の含有量が20%を超える調製食料品(16)、チョコレート(18)、飼料用のビスケット(23)、医薬品(30)
		第20類 野菜、果実、ナットその他植物の部分の調製品	マロングラッセ、マーマレード、ピーナッツバター、果汁、グレープフルーツジュース、パイナップルジュース、オレンジジュース、野菜ジュース、食酢による保存処理をしたきゅうり	干しぶどう(8)、いった麦芽(11)、コーヒーエキス(21)、ぶどう酒(22)
		第21類 各種の調製食料品	インスタントコーヒー、インスタントティー、砂糖を含有するアイスクリーム、コーヒーエキス、マヨネーズ、トマトソース、ソース、スープ、酵母、食料品の調製用の化学品と食用品の混合物	コーヒーを含有するコーヒー代用物(コーヒーの含有量のいかんを問わない。)(9)、チョコレート(18)、スパゲッティ(19)
		第22類 飲料、アルコール及び食酢	ミネラルウォーター、水、鉱水、エチルアルコール、ウイスキー、ブランデー、ぶどう酒、シェリー酒、アルコール飲料(アルコール度数0.5%超)、発泡酒、食酢	果汁(20)、グレープフルーツジュース(20)、オレンジジュース(20)、海水(25)、蒸留水(28)、純水(28)、メチルアルコール(29)
		第23類 食品工業において生ずる残留物及びくず並びに調製飼料	大豆油かす、落花生油かす、肉・魚のミール、魚粉(食用に適しないもの)、ビートパルプ、ふすま、ぬか、獣脂かす、飼料調製品	飼料用の乾草(12)、不活性酵母(21)
		第24類 たばこ及び製造たばこ代用品	たばこ、葉巻たばこ、紙巻たばこ、たばこのエキス、たばこのエッセンス	薬用の紙巻たばこ(30)

部		類		分類されるもの	分類されないもの
第5部	鉱物性生産品	第25類	塩、硫黄、土石類、プラスター、石灰及びセメント	食塩、純塩化ナトリウム、海水、天然黒鉛、石膏、石灰、歯科用に特に焼き又は細かく粉砕したプラスター	木炭 (44)、舗装用の石 (68)、スレート製品 (68)
		第26類	鉱石、スラグ及び灰	鉄鉱、チタン鉱、マンガン鉱、ドロス、スラグ、灰、都市廃棄物の焼却によって生じた残留物	天然の炭酸マグネシウム (25)、都市廃棄物 (38)
		第27類	鉱物性燃料及び鉱物油並びにこれらの蒸留物、歴青物質並びに鉱物性ろう	石炭、石油、重油、天然ガス、プロパン、石油残留物	化学的に単一の有機化合物 (29)、木炭 (44)

部		類		分類されるもの	分類されないもの
第6部	化学工業（類似の工業を含む。）の生産品	第28類	無機化学品及び貴金属、希土類金属、放射性元素又は同位元素の無機又は有機の化合物	液体窒素、窒素ガス、かせいソーダ、硫酸、フッ素、水素、水銀の無機又は有機化合物、蒸留水、伝導度水その他の純水、液体空気、化学的に単一の元素及び化合物 (水溶液)	食塩 (25)、天然ガス (27)、尿素 (31)
		第29類	有機化学品	グルタミン酸ソーダ、メチルアルコール（メタノール）、クエン酸、酢酸、カフェイン、ビタミンA、ビタミンC、抗生物質、化学的に単一の有機化合物及びその水溶液、エチレン、ベンゼン、塩化ビニル、コカイン	しょ糖 (17)、ぶどう糖 (17)、エチルアルコール (22)、プロパン (27)、ポリエチレン (39)
		第30類	医療用品	人血、脱脂綿、医薬品、培養微生物、ガーゼ、救急箱、歯科用充填材料、期限切れの薬剤廃棄物、ペニシリン及びストレプトマイシンを含有する医薬品、ストレプトマイシン誘導体とインスリンを含有する医薬品	食餌療法用の食料 (16〜24)、薬用せっけん (34)、喫煙者の禁煙補助用の経皮投与剤 (38)
		第31類	肥料	動物性肥料、植物性肥料、窒素、りん酸、カリ肥料（硝酸アンモニウム、硝酸マグネシウム、硝酸ナトリウム、尿素等に限る）	石灰 (25)
		第32類	なめしエキス、染色エキス、タンニン及びその誘導体、染料、顔料その他の着色料、ペイント、ワニス、パテその他のマスチック並びにインキ	植物性なめしエキス、染料、印刷用インキ、絵の具、ポスターカラー、有機合成着色料、調製顔料	化学的に単一の元素及び化合物 (29)
		第33類	精油、レジノイド、調製香料及び化粧品類	精油、香水、まゆずみその他化粧用の鉛筆、口紅、オーデコロン、シャンプー、歯磨き粉、デンタルフロス	天然のオレオレジン (13)、植物性エキス (13)、固形せっけん (34)、化粧用せっけん (34)

		第34類	せつけん、有機界面活性剤、洗剤、調製潤滑剤、人造ろう、調製ろう、磨き剤、ろうそくその他これに類する物品、モデリングペースト、歯科用ワックス及びプラスターをもととした歯科用の調製品	化粧用せっけん、固形せっけん、有機界面活性剤、ろうそく、クリスマス用ろうそく、モデリングペースト、歯科用ワックス	シャンプー(33)、ひげそりクリーム(33)、歯磨き(33)、浴用の調製品(33)
		第35類	たんぱく系物質、変性でん粉、膠着剤及び酵素	卵白、カゼイン、ゼラチン、アルブミン、酵素	鳥卵(4)、乾燥した卵黄(4)、酵母(21)、硬化たんぱく質(39)、ゼラチンに印刷した物品(49)
		第36類	火薬類、火工品、マッチ、発火性合金及び調製燃料	花火、導火線、爆薬、ライター用燃料	狩猟用の銃弾(93)
		第37類	写真用又は映画用の材料	露光した写真用の紙、露光したフィルム、露光し現像した映画フィルム、写真用フィルムの現像液・定着液、写真用・映画用プレート	写真(49)、映写用スクリーン(90)
		第38類	各種の化学工業生産品	活性炭、人造黒鉛、殺虫剤、医療用廃棄物(例：薬剤で汚染された使用済み注射器、使用済みの外科用手袋)、調製不凍液、耐火性セメント、担体付触媒、都市廃棄物	石油を主成分とする廃棄物(27)、都市廃棄物から分別された個々の物質又は物品(それぞれ該当する類)

	部		類	分類されるもの	分類されないもの
第7部	プラスチック及びゴム並びにこれらの製品	第39類	プラスチック及びその製品	ポリエチレン、プラスチック製の板・窓枠、取手付きのプラスチックシート製の袋(長期間の使用を目的としないもの)、エチレン重合体、エチレン‐酢酸エチル共重合体、音声再生機用の人造プラスチック製リール	プラスチック製のスーツケース(42)、身辺用模造細貨類(71)
		第40類	ゴム及びその製品	天然ゴムのラテックス、乗用自動車のタイヤ、ゴム製手袋、ゴム製空気まくら・衣類、消しゴム、加硫したゴム(硬質ゴムを除く。)製の外科手術用の手袋、ゴム製のタイヤ	ゴム製の長靴(64)、ゴム製の水泳帽(65)

部		類		分類されるもの	分類されないもの
第8部	皮革及び毛皮並びにこれらの製品、動物用装着具並びに旅行用具、ハンドバッグその他これらに類する容器並びに腸の製品	第41類	原皮（毛皮を除く。）及び革	牛・馬類の動物・羊の原皮、羊のなめした皮・牛革、ワニ革、牛のなめした革、革のくず	原皮のくず（5）、毛皮（43）
		第42類	革製品及び動物用装着具並びに旅行用具、ハンドバッグその他これらに類する容器並びに腸の製品	革製の旅行用バッグ・エプロン等の保護衣類・ズボンつり・衣類用ベルト・手袋・動物用装着具・財布・宝石箱・カメラケース・トランク・衣類、プラスチック製のスポーツバッグ・スーツケース、楽器用ケース、革製の野球用グローブ、野球用のミット用の革、腸・ぼうこう等の製品、紡織用繊維製の犬用の引き綱・眼鏡用ケース、板紙製のトランク、木製の携帯用化粧道具入れ、外面が金属製のスーツケース、外面が革製のバイオリンケース	取手付きのプラスチックシート製の袋（長期間の使用を目的としないもの）（39）、外面が竹製の買物袋（44・46）、革製の靴（64）、履物（64）、帽子（65）、銀製のシガレットケース（71）、革製の携帯時計用バンド（91）、バイオリンとともに輸入するバイオリンケース（92）、楽器用の革（92）、ボタン（96）
		第43類	毛皮及び人造毛皮並びにこれらの製品	毛皮、毛皮を裏張りした毛織物製のコート	織物のみで作った模造毛皮（58、60）

部		類		分類されるもの	分類されないもの
第9部	木材及びその製品、木炭、コルク及びその製品並びにわら、エスパルトその他の組物材料の製品並びにかご細工物及び枝条細工物	第44類	木材及びその製品並びに木炭	木炭、木製の枕木・割り箸・欄間・建具、竹製の串、靴の木型、合板（竹製・木製）	活性炭（38）、コルク製の栓（45）、竹ひごの組篭（46）、竹の組物（46）、木製のたんす（94）、木製の家具（94）、木製の人形（95）、木製の喫煙用パイプ（96）
		第45類	コルク及びその製品	天然コルク製の栓、凝集コルクのシート	履物（64）、帽子（65）
		第46類	わら、エスパルトその他の組物材料の製品並びにかご細工物及び枝条細工物	竹ひごで組んだ籠、組物材料から成るむしろ・すだれ・うちわ	ひも（56）、綱（56）、ケーブル（56）、履物（64）、帽子（65）、家具（94）

部		類		分類されるもの	分類されないもの
第10部	木材パルプ、繊維素繊維を原料とするその他のパルプ、古紙並びに紙及び板紙並びにこれらの製品	第47類	木材パルプ、繊維素繊維を原料とするその他のパルプ及び古紙	化学木材パルプ、古紙パルプ	
		第48類	紙及び板紙並びに製紙用パルプ、紙又は板紙の製品	紙製のコップ、トイレットペーパー、新聞用紙、日記帳、帳簿、段ボール箱、カーボン紙	せっけん等を含んだ紙（34）、カレンダー（49）、研磨紙（68）、トランプ（95）
		第49類	印刷した書籍、新聞、絵画その他の印刷物並びに手書き文書、タイプ文書、設計図及び図案	書籍、地図、紙幣、郵便切手（発行国で通用するもので使用していないもの）、幼児用の習画本、カレンダー、地球儀、写真、株券	日記帳（48）、トランプ（95）、遊戯用カード（95）

部		類		分類されるもの	分類されないもの
第11部	紡織用繊維及びその製品	第50類	絹及び絹織物	絹糸、繭、生糸、絹織物	
		第51類	羊毛、繊獣毛、粗獣毛及び馬毛の糸並びにこれらの織物	糸、羊毛、紡毛及び梳毛の織物、繊獣毛（カシミヤやぎの毛）	
		第52類	綿及び綿織物	実綿、繰綿、綿糸、正方形の綿織物	三角形の綿織物（63）、綿製カーテン（63）
		第53類	その他の植物性紡織用繊維及びその織物並びに紙糸及びその織物	亜麻、大麻、ジュート、ラミーのもの	
		第54類	人造繊維の長繊維並びに人造繊維の織物及びストリップその他これに類する人造繊維製品	長繊維（フィラメント）	
		第55類	人造繊維の短繊維及びその織物	短繊維（ステープル）	
		第56類	ウォッディング、フェルト、不織布及び特殊糸並びにひも、網及びケーブル並びにこれらの製品	ひも、網、ウォッディング、ダストフェルト、ゴム糸、フェルトにゴムを染み込ませたもの（フェルトが50%超のもの）	香料（33）、せっけん（34）、プラスチック又はゴムを塗布又は被覆したもので、紡織用繊維の含有量が50%以下の物品（39、40）
		第57類	じゅうたんその他の紡織用繊維の床用敷物	自動車用じゅうたん	床用敷物の下敷き
		第58類	特殊織物、タフテッド織物類、レース、つづれ織物、トリミング及びししゅう布	パイル織物、もじり織物、シェニール織物、ゴブラン織物、テリータオル地、ししゅう布	
		第59類	染み込ませ、塗布し、被覆し又は積層した紡織用繊維の織物類及び工業用の紡織用繊維製品	紡織用繊維製のホース、ふるい用の布、伝動用又はコンベヤ用のベルト	
		第60類	メリヤス編物及びクロセ編物	パイル編物	クロセ編みのレース（58）
		第61類	衣類及び衣類附属品（メリヤス編み又はクロセ編みのものに限る。）	羊毛製マフラー、毛糸の手袋、ナイロン製下着、パンティストッキング、クロセ編みのネクタイ、メリヤス編み運動用着・カーディガン、模様編みセーター、編物製のスーツ・シャツ・ブラウス	織物製男子用スーツ（62）、ブラジャー（62）、サスペンダー（62）、中古のジーンズ（63）、中古の衣類（63）

	第62類	衣類及び衣類附属品（メリヤス編み又はクロセ編みのものを除く。）	織物製の男子用スーツ、麻のスーツ、絹製ネクタイ・ハンカチ、ブラジャー、サスペンダー（メリヤス編み又はクロセ編みであるかを問わない。）、紡織用繊維の織物製下着（男女用の判別困難なものを含む。）	革製の手袋(42)、革製のベルト(42)、毛皮を裏張りした毛織物製のコート(43)、絹糸(50)、中古の衣類(63)
	第63類	紡織用繊維のその他の製品、セット、中古の衣類、紡織用繊維の中古の物品及びぼろ	電気毛布、カーテン、ベットリネン、三角形の綿織物、ぞうきん、救命胴衣、中古の衣類等（衣類、毛布、帽子、履物：ばら積み又はサック入りで提示されるもの）	モップ(96)

部		類		分類されるもの	分類されないもの
第12部	履物、帽子、傘、つえ、シートステッキ及びむち並びにこれらの部分品、調製羽毛、羽毛製品、造花並びに人髪製品	第64類	履物及びゲートルその他これに類する物品並びにこれらの部分品	幼児用のゴム製長靴、サッカー用スパイクシューズ、野球用スパイクシューズ、スキー靴、ゴム製長靴、スリッパ、電気加熱式スリッパ、革製の靴	中古の履物(63)、整形外科用の履物(90)、アイススケート付のスケート靴(95)、ローラースケート付の靴(95)
		第65類	帽子及びその部分品	ゴム製水泳帽、革製の帽子、帽体、ヘアネット	中古の帽子(63)、人形の帽子(95)
		第66類	傘、つえ、シートステッキ及びむち並びにこれらの部分品	ビーチパラソル、傘、傘の骨	鉛を詰めた護身用のつえ(93)、がん具の傘(95)
		第67類	調製羽毛、羽毛製品、造花及び人髪製品	造花（他の類に該当するものを除く。）、かつら、人造の果実、付けひげ、羽毛皮	ガラス製の造花(70)

部		類		分類されるもの	分類されないもの
第13部	石、プラスター、セメント、石綿、雲母その他これらに類する材料の製品、陶磁製品並びにガラス及びその製品	第68類	石、プラスター、セメント、石綿、雲母その他これらに類する材料の製品	炭素繊維、石綿製品、セメント製品、研磨紙、研磨板紙、コンクリート製の軌道用まくら木	岩石(25)、がい子(85)、時計(91)、家具(94)
		第69類	陶磁製品	磁器製の台所用品、陶磁製の食卓用品・小像、ファインセラミック製の機械の部分品、有名な芸術家が作成した陶磁器の皿、陶器製水差し	床置用いす(94)、公園で使用される陶磁製の腰掛け(94)、美術品(97)
		第70類	ガラス及びその製品	ガラス製のコップ、断熱用複層ガラス、ガラス繊維、ガラス繊維製のマット、自動車用又は航空機用の強化ガラス、模造真珠、人形のガラス製の眼、ガラスの造花、時計用ガラス	陶磁器製の水差し(69)、光ファイバーケーブル(85・90)、ガラス製浮きばかり(90)、クリスタルガラス製のシャンデリア(94)

部		類		分類されるもの	分類されないもの
第14部	天然又は養殖の真珠、貴石、半貴石、貴金属及び貴金属を張つた金属並びにこれらの製品、身辺用模造細貨類並びに貨幣	第71類	天然又は養殖の真珠、貴石、半貴石、貴金属及び貴金属を張つた金属並びにこれらの製品、身辺用模造細貨類並びに貨幣	金、白金、銀、身辺用模造細貨類、金の塊、金の指輪、卑金属の合金（金、銀、白金のいずれかひとつの含有量が全重量の2％以上のもの）、ダイヤモンド	硝酸銀（28）、担体付触媒（38）、模造・人造真珠（70）、銅（74）

部		類		分類されるもの	分類されないもの
第15部	卑金属及びその製品	第72類	鉄鋼	銑鉄、インゴット、フェロアロイ、くず、棒、線（※すべて鉄鋼製のもの）	
		第73類	鉄鋼製品	鉄鋼製のねじ・ボルト・ナット等の汎用性部品、手縫針、画びょう、鋼矢板、レール、管、構造物、自動車用ボルト・ナット、いすの製造に使用する鉄鋼製ばね （※すべて鉄鋼製のもの）	ミシン針（84）
		第74類	銅及びその製品	精製銅、銅の線	
		第75類	ニッケル及びその製品	ニッケルの塊、ニッケルのくず	
		第76類	アルミニウム及びその製品	アルミニウムの塊・板・はく・構造物	
		第77類	欠番		
		第78類	鉛及びその製品	鉛の塊、鉛の棒・板	
		第79類	亜鉛及びその製品	亜鉛の塊、亜鉛の棒・板	
		第80類	すず及びその製品	すずの塊、すずの棒・板	
		第81類	その他の卑金属及びサーメット並びにこれらの製品	タングステン及びその製品	
		第82類	卑金属製の工具、道具、刃物、スプーン及びフォーク並びにこれらの部分品	手のこぎり、やすり、のみ、ハンマー、フォーク、互換性工具、ショベル、つるはし、のこぎりのブレード、テーブルナイフで鉄製の刃と木製の柄のもの	研磨紙（68）、電動式のこぎり（84）、電気かみそり（85）
		第83類	各種の卑金属製品	錠、南京錠、金庫、ベル、サイレン、バックル、キャスター	

部		類		分類されるもの	分類されないもの
第16部	機械類及び電気機器並びにこれらの部分品並びに録音機、音声再生機並びにテレビジョンの映像及び音声の記録用又は再生用の機器並びにこれらの部分品及び附属品	第84類	原子炉、ボイラー及び機械類並びにこれらの部分品	自動データ処理機（コンピュータ）、プリンター、ファクシミリ、エアコン、自動車用エアコン、扇風機、自動販売機、自動車用又は航空機用エンジン、電動式のこぎり、家庭用電気ミシン、ミシン針、電気洗濯機、冷蔵庫、工作機械、ポンプ、重量測定機器（感量50mg以内を除く。）、ブルドーザー、フォークリフト	陶磁器製のポンプ（69）、鉄鋼製のボルト・ナット（73）、手のこぎり（82）、床磨き機（85）、レコードプレーヤー（85）、電気導体（85）、電話機（85）、デジタルカメラ（85）、自動車のハンドル（87）、はかり（感量50mg以内）（90）
		第85類	電気機器及びその部分品並びに録音機、音声再生機並びにテレビジョンの映像及び音声の記録用又は再生用の機器並びにこれらの部分品及び附属品	家庭用電気掃除機、自転車用又は自動車用サーチライト、電球、電気かみそり、ラジオ受信機、テレビジョン受信機、レコードプレーヤー、デジタルカメラ、家庭用電気機器（食物用ミキサー、床磨き機）、電気アイロン、ヘッドフォン、磁気テープ（未記録のもの・ソフト記録済みのもの）、真空式掃除機、光ファイバーケーブルで個々に被覆したケーブルからなるもの、音響機器、モニター、プロジェクター、ビデオの再生用の機器、電話機、電気導体、電気絶縁をした銅線、コンピュータと提示のソフトウェア記録のＣＤ－ＲＯＭ、電気モーター、携帯電話	電気加熱式の衣類（61、62）、電気毛布（63）、電気加熱式の毛布（63）、足温器（64）、電気加熱式履物（64）、電気洗濯機（84）、エアコンディショナー（84）、整形外科用機器（90）、ランプその他の照明器具（94）

部		類		分類されるもの	分類されないもの
第17部	車両、航空機、船舶及び輸送機器関連品	第86類	鉄道用又は軌道用の機関車及び車両並びにこれらの部分品、鉄道又は軌道の線路用装備品及びその部分品並びに機械式交通信号用機器（電気機械式のものを含む。）	鉄道用又は軌道用の客車・貨車、コンテナー、電気ディーゼル機関車、エアブレーキ、鉄道用機関車	木製まくら木（44）、コンクリート製の軌道用まくら木（68）
		第87類	鉄道用及び軌道用以外の車両並びにその部分品及び附属品	トラクター、コンクリートミキサー車、バス、トラック、クレーン車、トレーラー、原動機付シャーシ、戦車、装甲車、自転車、幼児用自転車、乳母車、水陸両用自動車、自動車用のハンドル・バンパー、車体	自動車用タイヤ（40）、自動車用じゅうたん（57）、自動車用強化ガラス（70）、自動車用エンジン（84）、自動車用エアコン（84）、ブルドーザー（84）
		第88類	航空機及び宇宙飛行体並びにこれらの部分品	気球、飛行船、落下傘、グライダー	航空機用エンジン（84）

付録 ｜ 商品分類一覧

	部	類	分類されるもの	分類されないもの
		第89類	船舶及び浮き構造物	スポーツ用のボート、カヌー、客船、貨物船、ヨット、いかだ、ぶい	水陸両用自動車（87）

部		類	分類されるもの	分類されないもの
第18部	光学機器、写真用機器、映画用機器、測定機器、検査機器、精密機器、医療用機器、時計及び楽器並びにこれらの部分品及び附属品	第90類	光学機器、写真用機器、映画用機器、測定機器、検査機器、精密機器及び医療用機器並びにこれらの部分品及び附属品	映画用撮影機、映写用スクリーン、写真機、フィルム式光学カメラ、顕微鏡、光学式顕微鏡、松葉づえ、整形外科用機器、整形外科用履物、外科用ベルト、脱腸帯、眼鏡、コンタクトレンズ、メガネレンズ（枠付めがね）、レンズ、鏡、ガラス製浮きばかり、はかり（感量50mg以内）、温度計、光ファイバーケーブル、武器用望遠照準器、羅針盤、医療用注射器	写真用フィルム（37）、写真用現像液（37）、技術的用途に供するゴム製品（40）、革製品（42）、陶磁製品（69）、デジタルカメラ（85）、光ファイバーケーブル（個々に被覆したファイバーからなるもの）（85）、自転車・自動車に使用するサーチライト（85）、腕時計（91）、タイムレコーダー（91）
		第91類	時計及びその部分品	革製又は貴金属製の時計用のバンド、腕時計、タイムスイッチ、時計のケース、時計用ばね	時計用のガラス（70）
		第92類	楽器並びにその部分品及び附属品	電気ギター、オルゴール、メトロノーム、バイオリンとともに輸入するバイオリンケース、ドラムその他これらに類する楽器の革	がん具（95）、楽器用の清掃用ブラシ（96）、こっとう（97）

部		類	分類されるもの	分類されないもの
第19部	武器及び銃砲弾並びにこれらの部分品及び附属品	第93類	武器及び銃砲弾並びにこれらの部分品及び附属品	けん銃、刀、爆弾、鉛を詰めた護身用のつえ、狩猟用銃弾	雷管（36）、戦車（87）、武器用望遠照準器（90）、弓（95）、矢（95）

部		類	分類されるもの	分類されないもの
第20部	雑品	第94類	家具、寝具、マットレス、マットレスサポート、クッションその他これらに類する詰物をした物品並びにランプその他の照明器具（他の類に該当するものを除く。）及びイルミネーションサイン、発光ネームプレートその他これらに類する物品並びにプレハブ建築物	公園で使用する陶器製の腰掛け、陶器製の床置きいす、寝具、羽根布団、木製のたんす・家具・テーブル、乗用自動車の運転席用のいす、詰め物をした寝袋、照明器具（クリスタルガラス製のシャンデリアなど）、イルミネーションサイン、プレハブ建築物	空気又は水を入れて使用するマットレス・枕（39、40、63）、いすの製造用の鉄鋼製ばね（73）、ミシン用に制作した家具（84）、ビリヤード台（95）

	部		類	分類されるもの	分類されないもの

| | | 第95類 | がん具、遊戯用具及び運動用具並びにこれらの部分品及び附属品 | 木製のテニスラケット、プラスチック製又は木製のおもちゃの人形、人形の帽子・ゴム製長靴、スポーツ又は戸外遊戯用具（革製サッカーボール、サーフボード、水上スキー）、ローラースケートを取り付けたスケート靴、アイススケートを取り付けたスケート靴、紙製のトランプ、遊戯用カード、ビリヤード台、巡回サーカス用の動物（象・馬）、釣竿、人造クリスマスツリー、金属製ゴルフクラブ、プラモデル , 弓、矢、フェンシング用の剣 | 多泡性ポリウレタンシート製のスキー用の手袋 (39)、革製の野球用グローブ・ミット (42)、メリヤス編み製の運動用衣類・紡織用繊維編物製のゴルフ用の手袋 (61)、紡織用繊維織物製の剣道用の小手・紡織用繊維織物製の水中ダイビング用の手袋 (62)、スキー靴 (64)、人形のガラス製の眼 (70)、幼児用自転車 (87)、カヌー (89)、スポーツ用ボード (89)、動物用のがん具（構成材料により分類） |
| | | 第96類 | 雑品 | 万年筆、鉛筆、クレヨン、ボールペン、木製の喫煙用パイプ、喫煙用ライター、楽器清掃用ブラシ、化粧用トラベルセット、アイボリー等の製品、ほうき、ボタン、くし、ヘアピン、マネキンの人形、乳児用のおむつ、成人の失禁者用の紙おむつ、綿製の布おむつ、吸水性を有する母乳パッド | まゆずみその他の化粧用鉛筆 (33)、傘 (66)、身辺用模造細貨類 (71)、車いす用の吸収製パッド・使い捨ての外科用ドレープ（材質により該当する類に分類） |

	部		類	分類されるもの	分類されないもの
第21部	美術品、収集品及びこつとう		第97類	美術品、収集品及びこつとう	肉筆の書画、芸術家が原版から手作業で作成した銅版画、木版画、石版画、収集品、標本、郵便切手（発行国で通用する未使用の切手を除く。）	郵便切手（発行国で通用する未使用の切手）(49)、劇場又はスタジオ用の背景幕 (59)、大量生産した鋳像の複製品（構成材料により分類）

1 第1類-第97類 商品分類一覧 | 373

付録 — 商品分類一覧

プロフィール

ヒューマンアカデミー

1985年に予備校で出発、グループ親会社のヒューマンホールディングスが2004年JASDAQへ上場。全日制、社会人、海外留学など、多種多様な教育事業を全国主要都市のほか、海外でも展開。

笠原純一（かさはら・じゅんいち）

大手物流会社にて輸出入の第一線で活躍後、経営コンサルタントとして独立。現在は大阪を中心に活動中。特に食品流通業務に強みを持つ。コンサルタントの傍ら通関士・貿易実務講座の講師を多数務める。FP・社労士の資格も有する人気講師。

校 閲	石原 真理子	
協 力	リトルインレット	

装 丁	坂井 正規
カバーイラスト	カワチ・レン
	iStock.com/kathykonkle
本文デザイン	株式会社トップスタジオ
D T P	株式会社トップスタジオ

本書第1〜2章で輸出入申告書問題の「別冊資料」として記載されている「統計品目表」と「実行関税率表」は、日本関税協会の許諾を得て下記の出典から引用させていただきました。記して感謝申し上げます。
『輸出統計品目表 ―2020―』
（2020年12月19日 日本関税協会発行）
『実行関税率表 ―2020―』
（2020年4月1日 日本関税協会発行）

通関士教科書

通関士試験「通関実務」集中対策問題集 第3版

2013年	5月20日	初 版	第1刷発行
2020年	6月22日	第3版	第1刷発行
2024年	2月 5日	第3版	第3刷発行

著 者	ヒューマンアカデミー
監 修	笠原 純一（かさはら じゅんいち）
発 行 人	佐々木 幹夫
発 行 所	株式会社 翔泳社　（https://www.shoeisha.co.jp）
印 刷	昭和情報プロセス株式会社
製 本	株式会社国宝社

ISBN978-4-7981-6632-2　　　　　　　　　　　Printed in Japan